国家图书馆《袁同礼文集》编纂出版工作委员会

工作组

张志清　郭又陵　徐蜀　严向东　张彦

苏品红　林世田　张维

编辑组

林世田　李文洁　刘波

编务

李燕晖　彭福英　徐亚娟

袁同禮文集

袁同礼◎著
国家图书馆◎编

國家圖書館出版社

图书在版编目（CIP）数据

袁同礼文集 = 1895～1965 / 袁同礼著. —北京：国家图书馆出版社，2010. 4
ISBN 978 - 7 - 5013 - 4374 - 4

Ⅰ. ①袁…　Ⅱ. ①袁…　Ⅲ. ①袁同礼（1895～1965）- 文集　Ⅳ. ①C53

中国版本图书馆 CIP 数据核字（2010）第 088059 号

书名　袁同礼文集
著者　袁同礼著　国家图书馆编

出版　国家图书馆出版社（100034　北京市西城区文津街 7 号）
（原北京图书馆出版社）
发行　010 - 66139745，　66175620，　66126153
66174391（传真），66126156（门市部）
E-mail　btsfxb@ nlc. gov. cn（邮购）
Website　www. nlcpress. com→投稿中心
经销　新华书店
印刷　北京华正印刷有限公司

开本　787×1092（毫米）　1/16
印张　21
版次　2010 年 6 月第 1 版　2010 年 6 月第 1 次印刷
印数　1—2000 册

书号　ISBN 978 - 7 - 5013 - 4374 - 4
定价　65. 00 元

编辑说明

一、本书收录袁同礼先生所著单篇文章、书评、演讲词与序跋；袁先生所编各类文献目录多已专书刊行，且卷帙浩繁，不在本书收录之列。

二、袁先生早年留心调查《永乐大典》遗存卷目，迭经增补整理，数次发表。这些文章内容多有重叠，若仅保留最晚一篇，虽足以展现其调查成果，但无以见其搜讨之辛勤与铢积寸累之过程，今不避文繁，一并选入。

二、本书依类编排，分列图书馆事业、文献研究、序跋、杂著四编。每编之内，复按主题类聚。同类者则以发表时间为序。

三、原载于著作首尾的序跋，文题往往简缩为“序”、“袁序”或“Preface”，本书酌改为“某书序”格式；书评原均以所评书名为文章名，今在书名前冠以“评某某”字样，使其名实相符。

四、诸文原散载于报章杂志或书刊卷首，版式不尽一致。此次结集，以尽可能保留原初版式为原则，以见文稿原貌；但也进行了一些必要的改变，将原刊本中文竖排者改为横排，表格版式也相应略作调整。

五、原刊本中的中文繁体字，均改用规范简体字，但少数有区别意义者仍保留繁体字形。

六、原刊本偶有文字错讹，皆手民之误，经考订后径改正字，不出校记。

七、部分原刊本未加标点，或偶有标点排印疏误，今酌为添加或修正。

八、文末附注原刊本出版信息，以便查核。

九、部分文章为袁先生与他人合撰合编，原署名方式于文末注出。

目　录

图书馆事业编

文献研究编

序跋编

杂著编

图书馆事业编

国立北平图书馆之使命

近代觇国者于政治修明之外，尤须窥其民智之通塞；而民智之通塞，又与其图书馆事业之盛衰相为表里。换言之，谓一国民智之表见，以及于政治修明俱系于此，亦未为过也。吾华立国五千年，岁历绵渺，载籍之盛蔚为大观，汉隋著录，可谓彬彬。然往昔藏书大都萃于天府，庶人不得而观。天水一朝，刊书之风大盛，文化始渐溥及。当时书院率有藏书，公诸士林，嘉惠寒素。吾国公共图书馆之征兆，其始于兹乎。清代《四库》书成，东南三阁，士子可以就阁观书，可谓进焉。若夫今日之图书馆，犹未之有焉。咸同以来，中外大通，万国户庭，西方养士教民化风成俗之法，因而东渐。光宣两代之维新即为此一时期之反映，而图书馆之创设，其一端也。

中国正式采取新法以图书馆名藏书之所者，似以端午桥方创办江南图书馆为最著。端氏既以丁氏八千卷楼归之于公，又取姚徐藏书运之而北。宣统纪元，乃取学部所有，益以内阁残存旧籍、文津阁《四库》书、敦煌写经之属，以为京师图书馆。吾国之正式有近代式的国立图书馆，当以此为其椎轮矣。

唯当日京师图书馆所藏，汉籍居其十九而强，东西新书不逮百一，可以保存旧籍，犹未足云启迪新知。民国十七年，国运聿新，图书馆在教育上之重要亦为秉政者所注意。国家于是乃有重组国立北平图书馆之议，卒之合北平图书馆与中华教育文化基金董事会主办之北平北海图书馆而为一，以有今日之规模。汉籍而外，更肆力于东西重要典籍之搜集，谋为中国之科学树一基础，并建新馆，以垂久远。二年以来约略可观焉。

今日者，此巍然新厦落成。论其所藏：汉籍方面，有文津之《四库》，内阁之旧籍，宋元之精椠，敦煌之写经以及西夏文经典，率属人间秘籍；外国文书方面，举凡东西洋学术上重要之杂志，力求全份，古今名著极意搜罗，而于所谓东方学书籍之探求，尤为不遗余力，以为言边防、治国闻、留心学术者之览观焉。

凡此所有，求之今日，吾国尚少其匹。唯迩来世乱日殷，故家旧藏散佚者多，而在外国则学术进步一日千里，典籍纷出，美不胜收，吾人于固有旧籍自当力为搜进，毋使远渡异国，有求野之叹；外国新书，亦应广事探求，庶几学术可与国家新运而俱进。其志在成为中国文化之宝库，作中外学术之重镇，使受学之士观摩有所，以一洗往日艰闷之风。吾人深愿陆续以所有揭诸国人，而孤虑难周，亦祈大雅君子不我遐弃，赐予针规。此其一也。复次，中外大通，学术界亦不闭关自守，是以欧战而还，国际联盟乃有国际知识合作委员会之设，盖所以谋万国知识之沟通，化除畛域之见，以跻世界于大同也。吾人深愿以此通中外图书之邮，为文化交通之介。蚊蝱负山，区区之志，或亦不以为妄乎？此其二也。前不言乎？一国民智之通塞，与其图书馆事业之盛衰相为表里。吾国今日图书馆事业已由爝火微光日即于黎明之境。然而发挥光大，尚复有待。吾人不敏，愿与全国同仁，互相提携，以期为国家树长治久安之基。此其三也。夫为吾国已往之文化结其总账，为未来之新运启一途经，其为任之大，岂吾人所克负荷？然而，兴亡之责在于匹夫，吾人安敢不以此自勉？亦唯愿邦人君子有以督而促之也！

（原载《中华图书馆协会会报》第六卷第六期）

本馆略史

沿革及组织

民国十三年九月，政府设立中华教育文化基金董事会，为保管及处置美国第二次退还庚款之机关。十四年六月，董事会举行第一次年会，议决文化事业暂从图书馆入手。嗣以京师为人文荟萃之地，宜有规模宏大之图书馆，以广效用。又以教育部原有之京师图书馆所藏中文书籍甚富，其中且多善本，徒以地址偏僻，馆舍亦复简陋，致阅览者多感不便。如能两方合办，并择适宜之地，建筑新馆，则旧馆书籍，既得善藏之所，而新馆亦可腾出一部分经费，为购置他种图书之用。爰于十月间与教育部拟定合组国立京师图书馆契约十条，旋经双方签字，正式成立。契约中规定本图书馆之管理权，属于部与会所共同组织之委员会。此委员会由部推三人，会推三人，并由两方共推教育界具有声望者三人，合计九人组成之。正副馆长则由委员会推荐，由部聘任。馆中经费分两种：（一）临时费——为一百万元，供开办时建筑设备及购置书籍之用。由董事会完全担任，分四年支出。（二）经常费——第一年度内暂定为每月五千元，由董事会与教育部各任其半。旋即依约组织国立京师图书馆委员会，订定委员会章程，聘定梁启超、李四光为正副馆长，袁同礼为图书部主任。并租定北海公园内之庆霄楼、悦心殿、静憩轩、普安殿一带房屋，拨京师图书馆原有职员之一部，着手筹备。十五年一月，教育部以政局多故，于履行契约发生困难，经二月二十八日董事会第一次常会协议，在约定条件未能履行以前，所结契约从缓实行，而原定计画中之图书馆暂由董事会独力进行，并改名为北京图书馆。所有原定之临时费一百万元仍分四年支付，并聘梁李二君为正副馆长，袁君为图书部主任。又由董事会派委员五人组织北京图书馆委员会，以为管理机关，本馆遂于十五年三月一日成立。

馆中组织，初于正副馆长下，分图书与总务两部，各设主任；而总务主任，即以副馆长兼之。十六年六月正副馆长辞职，经董事会第三次年会允准，改聘范源廉为馆长，袁同礼为副馆长。七月裁撤两部，改分三科，一编目，二采访，三总务。十二月馆长范源廉病故，十七年二月以委员会委员长兼代馆长。当本馆开办之始，馆员总数十一人，迄兹十七年五月，为二十七人。

建　筑

董事会与教育部商订契约之初，即择定北海西南墙外御马圈空地约四十亩与养蜂夹道迤西之公府操场约三十亩，为建筑馆舍之地。地属于官，故契约有无偿拨用之规定，不意公府操场既不易得，而御马圈尚待价赎。不得已，仍由董事会于建筑费项下提纳二万元于陆军部，至十五年三月末始克成议。先是图书馆委员会议定建设费一百万元中，以六十至六十五万营建筑；至是乃丈量基地，绘图既成，即嘱托北京长老会建筑师丁恩氏（S. M. Denn）拟绘设计草图，并由馆中提出新馆应有之设备。经委员会讨议，建筑决取宫殿式，庶与环境调和，而征募图案之事，须聘专家为顾问。顾国中名师，类有所务，亦或愿与应募之列。七月获协和医院同意，得其建筑师安那氏（C. W. Anner）慨允担任名誉顾问。由安氏参酌美国前例，拟订征募条例；数经委员会审议修改，十一月乃成。约定应募者二十一人，中国人十一，欧美人十，十六年三月竞争图样先后寄到。乃固封作者姓名，而影其图寄之于美。委托美国建筑学会为之审查，由该会推定顾理治等三人（O. A. Coolidge，G. H. Edgell，W. Aldrioh）组织审查委员会，评定甲乙。八月得其报告，以丹麦国建筑师莫律兰氏（V. Leth-Moller）之图案为首奖，乃依征募条例，聘为本馆建筑师。是月以建筑事务日繁，乃组建筑委员会，专司建筑事宜。十七年二月别聘安那氏（O. J. Anner）为监工专员，协助建筑委员会，详审内部之布置计画，及监视工事之实施。惟馆地为军用所占，迄未迁移，故未能与工焉。

采　购

基金董事会核定之本馆建设费计一百万元，后由委员会决定以三十万元购置图书，而中文及西文购书费，则为二与八之比。中文图书亟谋补充京师图书馆所未备。西文书则以略具各科学之主要著作及普通参考书为方针。两年来购书，未渝此旨。筹备之始，即编造京师图书馆普通书目片一份，凡购一书必先检核此目，必其所无，而后采购。又复通函各地学者，征求购书意见。制定格式，请予介绍。讫兹所购，中文书凡五万五千册，西文书约一万五千册。此外满蒙回藏之书，亦择其佳者购置，别为书目，陆续刊布。其中所可纪者，条举大要如左：

一、书目　书目为馆中采购上所必需之工具，而载籍存亡，亦可藉此而参稽，故本馆成立之始，即辟一专藏。年来访求，颇多善本。已入藏者三百余种。

二、志书　郡邑之有志，犹邦国之有史，征文考献，端赖于斯。京师图书馆所藏志书现有二千五百八十四种，惜限于经费，未能扩充。本馆择该馆所未备者，陆续增入，前后四百八十一种之外，明刊本志书亦逾十种。

三、丛书　丛书该括群籍，网罗散佚，尤为图书馆中所必备之书。京师图书馆所藏凡三百五十八种，本馆补其未备，购入者约二百四十种。

四、稿本　本馆采购书籍，注重应用。故购入者以普通版本者为多。惟学者之稿本，其价值有永久性质者，亦在搜集之列。已购入者如杨循吉之《松寿堂集》，陈澧之《学思录》，邵晋涵之《旧五代史考异》，周耀藻之《春秋世系表》，雷学淇之《竹书纪年义证》，熊廷弼之《按辽疏稿》，姚觐元之《涪州石鱼文字所见录目》、《集韵校正汇编》，严可均之《韵会举要》，陈莱孝之《谁园全集》，卞永誉之《式古堂书史画史》，张荫棠之《使藏纪事》等均其最著者也。

五、批校本　名人批校之书，随处可见其努力及心得之处，本馆访求所得，择要购入。如陈澧手批之《燕乐考原》，鲍以文手校之《颜氏家训》，手写手校之《建炎以来朝野杂记》、《佩韦斋辑闻》、《寓简》、《名迹录》、《圭塘欸乃》，吴翌凤手校之《卢浦笔记》，孙渊如手校之《孙子》及《王无功集》，吴玉墀手校之《广韵》，王鸣盛手校之《古今韵略》，均称善本。

六、李越缦藏书　会稽李爱伯先生慈铭为同光著名学者，于史学致力尤勤。其藏书共九千一百余册，内中手批手校之书，共二百余种，约二千七百余册。考证经史，殊可珍宝。本馆经地方当局之介绍，全部收入，另将李氏批校文字，编为读书札记，布于本刊。

七、谱牒　搜集谱牒，本馆实为嚆矢。计受赠者十七种，购入者三十四种。此外通函征求，亦不下数百通。惜家藏者碍于旧习，往往不肯捐赠，应者寥寥。而政治纷扰，交通不便，未能作大规模之搜集也。

八、外国政府出版品　政府出版品代表一国之政治得失，晚近科学发达，各国政府于其中央或地方政府之下，另设局所，促进科学事业。其出版品之价值，恒在各学会之上。本馆于十五年四月，由政府委托为承受外国政府出版品之机关。对于此种官书，另派专人整理。凡与中国发生国际交换关系者，如美国、捷克国、波兰、乌拉圭、瑞士、比利士、新南威尔斯、多米尼加共和国、哥斯达黎加，均送其出版品于本馆，而以美国为最多，计前后由各国寄到者约四千四百册，小册子约一万一千四百册。

九、中国政府出版品　本馆既接收外国政府出版品，对于缔约各国，例应交换，乃先搜集中央政府所出版者，以备国际之交换。赖各部院之协助，共搜得约一千种，编为专目，业已出版。

十、重要参考书　参考书虽供一时之翻检，然为图书馆之中坚。本馆所藏以字典、传记、索引、书目四类为最备。字典约二百余种。传记如英国人名辞典 *Dictionary of National Biography*，美国人名辞书 *National Cyclopaedia of American Biography*，法国德国出版之普通人名辞典 Michaud：*Biographie universelle*，Hoeffer：*Nouvelle Biographie Generale*，*Allgemeine Dentsche Biographie*，*Biographie Jahrbuch and Deutsches Nekrolog*，比国人名辞典 *Biographie Nationale*（*Belgique*）；索引如 *Readers Guide*，*International Index*，*Agricultural Index*，*Industrial Arts Index*，*Quarterly Cumulative Index Medicus*，*Index to Legal Periodicals*；书目如英国皇家学会之 *Cotalogue of Scientific Papers*，*International Catalogue of Scientific Literature*，均其最著者也。

十一、整部专门杂志　本馆对于欧美专门杂志，力求完备，而能自第一卷第一号起，全份出让者，尤予以充分之注意。关于自然科学各书，即先从专门杂志入手，已有八十余种。

十二、英文文学　本馆对于近代文学，拟先从英文文学入手，已购入可纪者，有下列诸人之全集：Fielding，Wordsworth，Scott，Dickens，Thackeray，Bronte，Meredith，Damb，Bulwer-Lytton，Disralli，Hardy，Stevenson，Kipling，Wilde，Wells，Galsworthy，Shaw，Hudson，Merrick，Conrad，Barrio。

十三、音乐美术　馆藏中国乐书，约九十余种。西文乐书，约五百余种。足供初学研究之用。美术书数百种，而关于西人研究中国艺术之书，如 *Eumorfopoulos Catalogues*，Siren's *Chinese Sculpture*，*Ars Asiatien*，均购入焉。

十四、考古学重要报告　西人在中亚细亚及新疆考古之报告如 Stein，Pelliot，Sven Hedin，Le Coq，Kozlov，在波斯发掘之报告如 Morgun：*Delegation en Perse*；Foureau-Lamy：*Documents Scientifiques de la Mission Saharienne*，类已搜备。又如英人 Challenger 关于动物学之探险报告，亦属不易得全之巨帙也。

十五、满蒙回藏文书　满文书凡七十一种，而字典一项已有二十余种。蒙文书凡九十九种，藏文书除续藏外，约二十百六十种。回文及亚剌伯文书，约二百二十种。

目录事业

本馆入藏之书，立即分别部居，依类插架。除阅览室之卡片目录外，中文书另有写本分类目录，西文书另有排架目录。馆藏之外，尚有进行中之目录事业数项，略记如左：

一、《中国图书大辞典》之编纂　我国图籍浩如烟海，而存佚不常，版刻复杂。专门藏家尚苦钩稽之难，一般学子益觉其无从搜择。本馆以著录考订为今日急切之需求，自十六年七月起，乃有《图书大辞典》之编纂，由前馆长梁任公先生主持其事。数月以来，已编成者有丛书书目、书目书目、词曲书目、年谱书目、方志书目、明代别集书目等，均系稿本，尚待增补。此外已写成之卡片不下数十万张，预计民国十八年六月，方能脱稿。

二、专门目录之编纂　本馆为便利专门学者起见，随时编制专科书目。已编就者有蒋复璁之《论语集目》、《孟子集目》、《四书集目》，袁同礼之《中国乐书举要》，爨汝僖之《孝经集目》，汪长炳之《华籍西译书目》，李文裿之《中国定期刊物一览》，均先后在《中华图书馆协会会报》发表。此外答复国内外关于专科书目之咨询者不下数十起，均待刊。

三、新版书之调查　我国每年出版新书向无统计，尤缺乏相当机关为之记载，以致所刊之书流传不易。本馆有鉴于此，爰有新版调查之举，凡坊刻家刻官刻之书，就所知见，随时著录。惟事属创举，仅有一部分之成绩也。

四、《道咸同光四朝外交始末记》之编纂　《外交始末记》乃黄岩王弢夫先生在军机所录之章奏档稿也。先生久直枢垣，凡遇章奏有关外交者，皆手自甄录，一字不遗。积岁所得，约二百册，为外交史上之重要史料。本馆受王希尹先生之委托，另派专人从事整理。惟卷帙既多，不得不先从摘由入手。完成后另制分类索引，以便检查。

阅　览

本馆于十六年一月十六日开始阅览。阅览人每日平均不及二十人。一年以来，逐渐增加，迄本年四月每日平均约六十人，而星期日之阅览者，恒增至一百三四十人。本馆临时馆址既设在北海公园内，来阅览者例须购公园之入门票。本馆为便利学子起见，叠与公园董事会接洽，请予免费，旋由该会每月赠入门免费券三百张，其不足者，由馆备价购之。本馆对于专门学者并予以借书权，准其借书出馆，限以两周。现持有借书证者有一百余人。开馆时间自十六年七月起，又复延长。除例假外，星期日亦照常阅览。暑假中并不改短时刻，用便读书。十七年四月以阅览者日增，再请于公园，得赠免费券额二百张，余则仍由馆购赠焉。

本馆自开办以来，仅逾二载。凡所经营，决非本馆同人谫陋之学识所能为力。倘承海内外学人予以赞助，共策厥成，是则本馆同人所企望者也。

民国十七年五月

（原载《北京图书馆月刊》第一卷第一期）

国立北平图书馆概况

沿　革

有清末季，国家推行新政，张之洞以大学士筦学部，奏请设立京师图书馆，以缪筱山荃孙、徐梧生坊两先生为正副监督，暂僦十刹海广化寺为馆址，取南学典籍及内阁大库残卷为基本图书，又由江督端方采进南陵徐氏及归安姚氏咫进斋藏书若干种，于宣统二年八月开办，是为本馆成立之始。又甘省藩司采进敦煌石室唐人写经八千余卷，均由学部发馆庋藏。复奏请移庋热河文津阁《四库全书》，得旨俞允。未及实行而清鼎已革，馆务缘此中辍。民国建元五月，新政府成立，教育部延聘江叔海瀚先生为馆长赓续筹办，并由教育部分咨各省调取官书，计陆续解到者有直隶、东三省、河南、山西、广东、山东、江苏、江西、四川、浙江、福建、湖北等省，复由部咨请国务院将前翰林院所存《永乐大典》残本六十册发交本馆储藏，并由部拨到前外务部影印《古今图书集成》一部，其年八月二十七日开馆，二年二月江先生出任四川鹾政，部令暂由教育部社会教育司司长夏穗卿曾佑先生管理。六月呈准教育部设立分馆于宣武门外前青厂，以便阅者。是年十月，部议以本馆位置偏北，房舍湫隘，不便发展，令馆暂行停办，所有存储图书物品悉移贮教育部，酌留馆员数人在分馆借地办公，另行筹觅适宜之地为馆址，因之馆务再行停顿。至四年六月，部议就方家胡同前国子监南学房舍为馆址，筹备改组，并根据前清奏案由部咨行内务部调取文津阁《四库全书》发馆庋藏，并通行各省检送方志及金石拓本，遂于六年一月二十六日开馆。自是厥后政局不宁，度支告匮，经费艰绌，仅能维持，建设事业均未能兴办。十七年七月，北伐告成，南北统一，大学院乃聘陈援庵垣、马幼渔裕藻、马叔平衡、陈颂平懋治、黄幼轩世晖诸先生为本馆筹备委员，七月末委员会成立，就原京师图书馆改易今名，又以方家胡同南学旧址偏僻简陋，不易发展，函请国民政府特派接收府院办公处转呈国民政府，将中海居仁堂全部及附近房地拨充本馆馆址。既报可，遂于十二月杪将图书迁入，十八年一月十日开馆，继续公开阅览。三月初旬，委员以筹备竣事解职，部聘马夷初叙伦先生为馆长。八月马馆长辞职，本馆与北平北海图书馆合组为国立北平图书馆。

北平北海图书馆为中华教育文化基金董事会所设立。民国十四年董事会成立之始，以北京为人文荟萃之地，宜有规模宏大之图书馆以广其用，又以教育部原有之京师图书馆所藏中文书籍甚富，内中尤多珍本，顾以馆址无定，灾损堪虞，亟宜建筑新馆以资扩充，爰于是年十月间与教育部订立合办国立京师图书馆契约，依约成立国立京师图书馆委员会，委员九人，并聘梁任公启超、李仲揆四光两先生为正副馆长，税北海公园之庆霄楼、悦心殿、静憩轩、普安殿等处房舍为筹备处，调旧馆职员十数人司事其中。十五年一月，以政局多故，前项契约未能履行，二月二十八日董事会第一次常会议定合组一事暂缓实行，而原议建设之图书馆则暂由董事会独立经营，初名为北京图书馆，迁都后易名为北平北海图书馆，历年进行概况具详馆务报告。此两馆未合组以前之概况也。

十八年六月，中华教育文化基金董事会举行第五届年会，教育部提议仍将国立北平图书馆与北平北海图书馆合并改组为国立北平图书馆，即经会议可决施行，并由会公推蔡孑民元培、袁守和同礼两先生分任正副馆长，由教育部正式聘任。八月合组国立北平图书馆委员会，延聘马夷初叙伦、陈援庵垣、傅孟真斯年、刘半农复、任叔永鸿隽、周寄梅诒春、孙洪芬洪芬诸先生为委员。八月三十一日由委员会接收本馆，即于是日实行合组成立，仍各就原馆分别办公，暂称中海部分为第一馆，北海部分为第二馆，兹新馆建筑工程业已告竣，乃合两馆之所藏而萃于一馆焉。

组　织

第一馆　民国以前本馆初创，设正副监督各一人、提调一人、总校及编纂若干人，下分各科，就学部员司调用。民国改元，废正副监督制，改设馆长一人，初皆聘任，嗣以经费支绌，多由教育次长兼领。四年冬季设主任一人，每以教育部员兼充，下设馆员若干人，分司馆务。十五年十月分设总务、图书两部，各设主任一人。十六年八月增设副馆长一人。十七年七月大学院特派员接收本馆，正副馆长均解职，改聘委员五人筹备改组，而主任、馆员仍旧。十八年三月五委员辞职，又恢复馆长制焉。

第二馆　民国十四年十月，教育部与中华教育文化基金董事会订立契约，合组国立京师图书馆委员会，设委员九人，由部推荐三人，董事会推荐三人，部会合推教育界有声望者三人组织之。馆设正副馆长各一人，下分总务、图书两部，各设主任一人，总务主任即以副馆长兼摄，管理文书、会计、庶务、建筑事宜，图书主任管理采访、编目、阅览事宜。十五年二月合组之议中辍，委员会亦因而改组，设委员五人，均由董事会推聘，而馆中组织如旧。十六年七月取消总务、图书两部，馆长之下设总务、采访、编目三科，增加委员为七人，另设建筑委员会，推定委员五人，专司建筑事宜。十七年九月增设参考科。十八年二月设购书委员会，协助馆长定购书之方针焉。十八年八月两馆合组，依照教育部与中华教育文化基金董事会所订《合组国立北平图书馆办法》第三条及《国立北平图书馆委员会组织大纲》之规定，设立委员九人，除正副馆长为当然委员外，其余七人第一任由部聘任之，并分别指定任期一年二年者各二人，三年者三人，嗣后委员缺出即由委员会自行推补，其任期俱为三年。此外另设建筑委员会及购书委员会，委员为七人。至内部组织，设正副馆长各一人，下设总务、采访、编纂、阅览、善本、金石、舆图、期刊八部，各设主任一人，各部之下复分设若干组，分别处理该管事务。又以学术上之必要，设编纂委员会，本馆现在组织详下列之组织表。

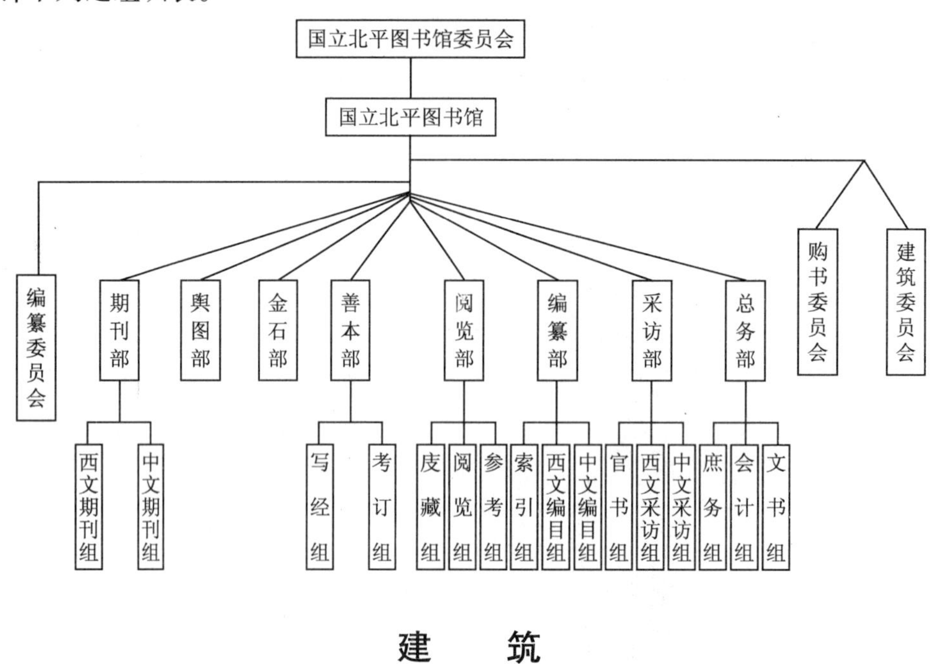

建　　筑

本馆自教育部与中华教育文化基金董事会订定契约后，即择定御马圈空地约四十余亩与养蜂夹道迤西之公府操场约三十亩，为建筑馆舍之地。地属于官，故契约有无偿拨用之规定，并定建筑费为七十万元。不意公府操场既不易得，而御马圈地复经陆军部索缴地价，事不获已，乃由董事会拨付银二万元，于十五年三月始克成议。于是丈量地基，测绘成图，并由馆中提出新馆应有之设备。七月，聘协和医院建筑师安那氏 C. W. Anner 为名誉顾问。安氏参酌美国建筑学会前例，拟订征募条例，又经委员会几度审议，修改于十一月十五日，议成，开始征募，陆续应募者二十有一人。至十六年三月，先后收到图样共十七份，当由委员会监督编号，委托美国建筑学会代为审查，是年八月，该会电告审查事竣，图案第八号得首奖，启封检视，作者为丹麦人莫律兰工程师 V. Leth. Moller，遂与该氏缔约，聘为本馆建筑师。十七年春，莫氏制成全部详图，经委员之审核，颇多修改，计书库可容书四十万册，阅览室同时容二百人。计划既定，原可即日兴工，惟建筑地自十六年秋为汽车队占用，屡经交涉，讫未交还。至十七年六月军队撤退，乃得收回。于是招商投标，包工承造。至九月初始决定委托天津复新建筑公司承造。其时平奉铁路阻滞尚多，运输至难，建筑所需材料未获尅期运平，因是不得不延期开工，而新馆之暖汽炉、通风机、卫生工程、电气工程各项设备亦为至要，乃委托协和医院工程师代绘详图招商投标，当即决定委托天津美丰机器厂承造，即于是年十二月杪签约，而新建筑于十八年三月开工，五月十一日举行奠基礼焉。

新馆自开工以来进行至为顺利，盖既有良好之建筑师，复得可靠之营造厂分别施工，进行自易。惟建筑师之最初图样虽甚美观，但于适用上不无缺点，叠经建筑委员会之审议，多所改正，因之面积较前加增，而发电厂之建筑、钢铁书库之增加，均直接影响于建筑费，兼以两年以来金价大涨，而新馆各项设备势须购自国外，此建筑费之所以增加也。

新馆建筑采用中国宫殿式，全部房顶用绿色琉璃瓦，各项窗门及内外部油饰亦采用中国式。今改正之图，凡可以利用空间者，莫不充分利用。由南面正门入馆为通室，两旁为寄存衣物室；通室后部左为图书陈列室，右为杂志阅览室；循两室之南左右出为广廊，左为馆长室及文书室，右为会议室，两翼别为善本阅览室、四库阅览室、梁任公纪念室、金石部舆图部各阅览室；通室之北端为阶梯，由此上达于第二层，导入阅览室，室容二百人；梯北为目录室及图书收发柜，柜内另有运书机与书库相联络；目录室之后为阅览组及参考组办公室及研究室四间，目录室之下为编目室，后为书库，其四层容书约四十万册；书库之地下室为采访部办公室、编纂室、食堂、厨房及通风机器室，由此北行为总务部各办公室，再北行则为正楼之地下室，内设新闻阅览室、四库室、善本书库、写经室、模型室、舆图库、期刊及新闻纸庋藏室。

发电厂为新馆之主要设备，依建筑师最初计划，原置于地下室，诸多不便，本馆建筑委员会为利用地下室面积作为书库起见，曾议决将发电厂移出新建筑之外，另在养蜂夹道迤西新馆址觅定地基，委托北平协和医院 E. E. Leavitt 工程师代绘详图，招商投标，开标后决定委托德商喇特玛哈承做，于二十年四月落成为一极完备之发电厂。

书库中钢铁书架，为天津美丰机器厂承做，除四层钢架外，兼包括运书机及石质地板。此项钢架乃由外国输入，钢版在天津制造，价廉而美观。此外另有地下室书库三所（善本书库、舆图库、期刊库），其钢架则购自伦敦 Roneo 钢厂焉。

此外养蜂夹道迤西之公府操场广约三十亩，屡请拨归本馆，迄未获允。十七年八月复由馆呈请大学院转呈国府拨用，奉令照准，于是本馆就该项空地建筑研究所与发电厂，并商请北平市政府将旧养蜂夹道归入馆址，并将新馆址西界北界各退让英尺二丈四尺，改建石碴马路，以利交通。此项马路于十九年十二月由北平工务局修筑竣工。又本馆东面与北海公园隔有围墙一段，经馆与公园事务所商洽，拆改为石栏，以便隔墙眺览而增助阅览者之兴趣。至原有第一第二两馆址，虽以离宫旧址，风景宜人，然为一时权宜之计，不合于图书馆之用，无待赘言，兹概从略。

经　费

京师图书馆在民国以前未有预算，职员薪金、办公杂费均由学部请领，月不过千余两。民国六年国务会议通过本馆全年预算五千元，购书费两万元，惟因经费支绌不能如数支拨。嗣中华教育文化基金董事会以曾与教育部订有合组之约，十六年度曾由该会补助三万元，十七年八月委员会成立，每月由教育部支领维持费一千五百元，又不足更请由中央研究院每月补助千元，亦仅拨一次。十八年三月财政委员会通过十七年度预算，本馆经费定为五万元，自四月份起支，迨两馆合组，委员会追加十八年度第一馆经常费预算为四万二千八百九十元，购书费为一万二千元。

北海图书馆历年经费概由中华教育文化基金董事会支付，计分建筑、购书及经常三种。筹备之初，除由董事会拨付新馆地基费二万元外，并拨建设费一百万元，规定分四年支付，计民国十四年度支付六万二千五百元，十五、十六、十七各年度各支付二十五万元，十八年度支付十八万七千五百元，就中以七十万元为建筑费，三十万元为购书费，此外并拨付建筑准备金项下投资利息，十五年度八千五百元，十六年度三万元，十七年度二万五千元，以上三项均作为购书之用，至本馆经常费计十四年度拨付一万元，十五年度三万六千元，十六年度四万元，十七年度五万元。

十八年八月两馆合组，各项预算均有增加，计拨付（一）十八年度经常费九万七千八百九十元（第一馆四万二千八百九十元，第二馆五万五千元），十九年度十二万元。（二）购书费除在上述十八年度支付之建设费十八万七千五百元提出一部分外，并追加第一馆购中文书购书费一万二千元，第二馆中西文书购书费二万七千元，西夏文书一万元，圆明园三海模型五千元。十九年度购书费复有增加，计西文书购书费美金二万七千五百元，中文书购书费六万六千元。（三）建筑费十八年度增加二十五万元，十九年度增加二十二万元，二十年度增加十万八千元。

本馆经费用途均经基金董事会之考核方能支领，各项用款按期由该会派会计师查核，所有本馆经常费，购书、设备、建筑费收支表及资产负债表等，均详本馆历年馆务报告，兹不赘。

藏　书

本馆藏书原系分庋两馆，各编目录，自合组后移第一馆西文书于第二馆，而中日文采访事务则均集中于第一馆，其旧藏与新购者略如下述。

第一馆　旧藏书籍共分四项：（一）普通图书，（二）善本图书，（三）《四库全书》，（四）唐人写经及金石拓本。分述如左：

（一）普通图书

（1）中文书籍　共一万四千余部十四万三千九百余册，内有康乾两朝《赋役全书》，为他处不经见之本，又历朝各省府厅州县志书，自唐宋迄今约共二千余种。

（2）满蒙文书籍　共七十六部三千七百十三册。

（3）西文书籍共　六百七十二册。

（4）日文书籍共　一百七十八册。

（5）杂志　共四百八十种六千四百四十二册。

（6）报纸　六十六种一千九百八十册。

（二）善本图书　本馆善本泰半为清学部拨给之《永乐大典》残本，缪筱山监督精钞江南瞿氏本，端方采进南陵徐氏及归安姚氏咫进斋本与内阁大库检出残帙，内中以红本为最多，而明清两朝案牍足备文献之征取者，与夫宋元明刊书籍亦各不尠，今就库藏者具列如左：

（1）宋刊本一百二十九部二千一百十六册，宋写本二部五十一册，翻宋本十三部一百零三册，仿宋本二部三十四册，影宋本十五部九十三册，校宋本五十部三百十三册。

（2）金刊本二部三册，翻金本一部二十四册，影金本一部三册。

（3）元刊本二百六十一部三千九百九十五册，元写本一部四册，翻元本十二部一百八十六册，仿元本四部十八册，影元本四部四十四册。

（4）明刊本四百五十七部四千二百九十二册，旧写本四百四十一部一万零六百三十六册，稿本四十二部三百八十七册。

（5）清精刊本二十二部一百零三册。

（6）日本刊本六部四十二册，日本写本一部二册。

（7）朝鲜刊本八部六十一册。

（三）《四库全书》　本馆所藏系热河文津阁藏本，完全无缺，民国四年由内务部运平暂庋于古物陈列所。是年十月，经教育部根据前清奏案咨行内务部拨交到馆，而原附之殿本《图书集成》一部未经一并移交，殊为憾事。次年复将原架交来，计经史子集四部共一百零三架六千一百四十四函三万六千三百册，外有分架图四函四册，殿本《四库全书提要》二十函一百二十四册，经史子集卷帙以四色别之：经绿色，史红色，子蓝色，集灰色。每册卷首盖有“文津阁宝”，末叶盖有“避暑山庄太上皇帝之宝”小篆朱文方印各一颗，史部《八旗通志》成于嘉庆初年，后再补入，故仅有“嘉庆御览之宝”一方。全书与通行印本之《四库全书》目录微有不同，盖写成较晚，自有修订改易之处也。

（四）唐人写经、地图及金石拓本　本馆敦煌经卷系甘肃省藩司采进，由学部发交藏储者，纸之种类各复不同，有附记写经人之姓名者，上至晋魏下迄开元以后，灼然可别，惟多半皆唐人所写，故总之曰“唐人写经”。地图为明清御府所藏，旧本居多，率由内阁大库红本中拾出者。金石拓本则由征集购买而来。兹列目如次：

（1）唐人写经　八千六百五十一卷。

（2）地图　绢绫纱本六十五帧，又四十八册，纸本九十七帧，又五十五册，又一百五十五页。

（3）图画　明画本二十一张，图画四十张又四十册，明刊本图赞四册。

（4）拓本　唐开成石经拓本一百七十八卷，近代金石拓本共一千一百四十九种二千五百五十张，又二十三册，明代以前拓本一百三十四张，又四册，清代帝王御书拓本二百五十七张，又四册，又墨迹等件九十五张，又十三册，五包。

十八年春，本馆委员会函请教育部将北平旧教育部图书室所藏书籍为本馆所未备者拨给本馆，共中文书一千二百六十三种，计一万三千一百五十四册。

第二馆　自十五年北京图书馆成立以来，对于北平各图书馆现藏之书首为系统之调查，而采访方面又与各馆通力合作，藉以分途发展而避免重复之工作，如医药书既备于协和医学校，地质地文书既备于地质调查所，政治经济书既备于政治学会者，不独本馆不复收藏，同时尤希望各该馆对于各该特殊科学之资料尽量补充，庶成一完备之专藏。又鉴于北平各图书馆藏书最感缺乏者为自然科学，而整部之专门杂志尤属凤毛麟角，故年来对此类之搜集尤费辛勤，馆中所藏整部专门杂志约一百五十余种，俱自创刊号起讫最近出版者止，内中大半均属于自然科学者也。至中文书方面，补充京师图书馆所未备，年来采购图书未渝此旨，计自开馆以来经本馆购买与各方捐赠及国际交换所得之官书具列如左：

（1）中文书籍　七万四千五百册（内善本书三千册，王静安手校书一百八十余种，李越缦手校书二千余册）。

（2）西文书籍　二万七千册。

（3）西文小册　三万三千零八十二册。

（4）日文书籍　三千余册。

（5）杂志　九百九十一种三千二百册。

（6）地图　七十一册又七百五十六幅。

（7）金石拓片　一千七百余种又十六包（最著者景石斋吉金墨本四巨册，冯氏环玺斋旧藏吉金墨本十二巨册，周希丁氏手拓吉金墨本一千二百余种，又新出土之石刻拓本三百余种）。

两馆合组以后，购书费较前增加，致力最勤者亦以采访为最，惟年来旧椠日稀，书价腾贵，本馆斤斤自励，力求多方发展，兹将两年所得略具如左：

（一）中文书

（1）清乾隆间禁书　此二年来所收得之清乾隆间禁书都一百余种，实开以前未有之纪录，举其著者如陈仁锡《无梦园集》、徐如翰《檀燕山藏稿》、岳和声之《餐微子集》、范允临之《输寥馆集》、叶向高之《苍霞草》、沈承《即山集》、金堡《遍行堂集》、茅瑞征《皇明象胥录》、诸葛元声《两朝平壤录》、焦竑《献征录》、范景文《昭代武功编》、朱长祚《玉镜新谭》、陈济生《启祯遗诗选》、王锡侯《诗观》、陈懿典《吏隐斋集》、无名氏《十种传奇》等均是，本馆且拟大规模作清乾隆间禁书之研究，不久当有论文发表，以供史学界参考也。

（2）古地志书　宇内藏古地志最富者当推范氏天一阁，此二年来本馆所收得者大半皆范氏故物，如嘉靖《四川总志》、《保宁府志》、《醴泉县志》、《韶州府志》、《广西通志》，成化《山西通志》，万历《四川总志》、《顺德县志》等均是，此外如成化《河南通志》、嘉靖《海宁县志》、崇祯《泰州志》，虽非范氏书，然在今日亦希如星凤矣。

（3）海源阁藏书　聊城杨氏藏书去秋散出，本馆竭力罗致，复经无数波折，共得三十余种，中以《对床夜话》、《宝晋英光集》、《麈史》、《诗律武库》、《剡录》、《汪水云三种》、《碧云集》为最精，黄丕烈手校《楹书隅录》均著于录，又收得刘敏中《文简公集》全帙，允为海内孤本，四库本据《永乐大典》辑出，此则元刊原书也。

（4）通俗文学书　此二年来所收得之珍本戏曲小说书已详于十九年度展览会书目，小说则有嘉靖本《三国志演义》、天启本《列国志》、万历《三国志》；杂剧则有《息机子古今杂剧》，陈与郊《古名家杂剧》、尊生馆《阳春奏》、周宪王《诚斋杂剧》，海内均无第二本；传奇则有富春堂、世德堂、文林阁校刻之绣刻演剧五十一种，凌刻朱墨本传奇六种；散曲则有《南九宫词》、《步雪初声》、《彩笔情词》等，总数在百五十以上，而近刻本尚不与焉。

此外如西夏文元刻大藏经、清地志、近代史料、明清人别集、宗教、术数及钞校精本，数亦与上举四者相埒，遇宋元本有足补旧藏之缺者则稍收之，亦各得三十余种，以限于篇幅，均从略。

（二）西文书　采购西文书仍本向来之计画，特重自然科学与整部之专门杂志。两年之中续增此项杂志共五十种，与前数年所得者约二百种，可称巨观，其名称卷数具详馆务报告。

（三）日文书　采购日文书亦注重专门杂志，已购入者有《考古学杂志》、《人类学杂志》、《国华》、《植物杂志》、《史学杂志》、《史林》、《斯文》、《支那学》、《东洋学报》、《艺文》、《历史地理》全帙，均属不易得之刊物也。

（四）舆图　本馆成立舆图部，对于旧存者集中整理，而两年增益者约四千余种，内以锡清弼良氏所藏为不易得（锡氏历官各省，辄绘其山川形势，以资考查，都凡一百六十四幅，以片马间岛各图尤关重要）。

（五）金石拓本及其他特种物品

（1）金石拓本　近年购藏之重要者为王廉生所藏碑志八百余种，端陶斋所藏金石拓片一千余种，新出土之碑志造像四百余种（内有数种为前贤未经著录者，其宝贵可知），陈簠斋手辑金文二十巨册，又商同北平研究院募工椎拓北平各祠宇碑文全份。

（2）汉熹平石经后记残石　洛阳城东洛水北岸朱疙疸村为东京太学旧址，十七年中有新出土熹平石经一方，宽尺余，长二尺许，作斜方形，两面存字约一百四十余，本馆于十八年间购藏，于经学所裨至巨。

（3）工程模型　十九年夏季购得北平雷氏所藏圆明园、三海、普陀峪等处工程模型三十七箱，各项工程图样数百种。雷氏世业工程，自明迄清数百年，人称为“样子雷”，国家每有大工，先由样子雷绘图烫样，故此项模型实前民艺术之表现也。

赠　书　附寄存书籍

本馆近年以来屡承国内外团体及私人赞助，惠赠图书为数至夥，不惟本馆有庆，抑亦文艺之光。所有捐赠之书均详历年馆务报告。此外寄存图书于本馆者，亦有数起，兹将重要者分述于次：

（一）梁任公先生遗书　任公先生遗嘱，愿将生平所藏书籍寄存本馆。十九年二月经梁氏家族会遵照遗嘱，特请黄宗法律师函托本馆，以该项书籍全部寄存本馆。计中文书二千八百三十一种，日文书四百三十三册，共四万一千余册。此外并有墨迹及未刊稿本及私人信札，均为重要史料。

（二）朱桂莘先生寄存书　朱先生于民国三年间购得宁波总税务司德人穆麟德氏遗书十二箱，十余年来寄存于北平古物陈列所，十九年十月经朱先生由该所取出，永久寄存本馆。计二千三百八十八种，内中颇多罕见之书，而以各国人士研究中国语言文字之著作为最可宝贵。

（三）藏文大藏经　上海商务印书馆以北平为藏文研究之中心，于十八年十一月将该馆所购之藏文甘珠尔经 Kanjur 全部寄存本馆，供众阅览，发扬学术，以利研究。凡从事藏文之研究者当极感谢也。

（四）加尼基国际和平基金会出版品全部　加尼基基金会为美国重要学术机关，其所刊之书籍颇多关于国际公法及国际关系之重要著作，本馆特承其寄存全部出版品，并允将以后出版者陆续寄赠。

（五）国际联合会出版品全部　国际联合会之工作不仅限于国际政治，举凡国际间之劳工、社会、教育、文化、卫生、实业诸问题，莫不有专家从事研究，故其出版亦极为可贵。本馆由该联合会行政院之通过，自十七年八月以后所有该会之出版书报均承寄赠一部，以供众览。

目　录

（一）中文书目

前京师图书馆书目大致依四库书目例而略加变通，分为经、史、子、集及汇刻五大类，汇刻之中仍各分别子目。普通书目分写六十册，惟历年艰于经费，迄未付印，且于陆续添购之书未能随时编入，颇不合用。自两馆合组以来，重写卡片一一校录，至于善本目录曾经付印一次，现正重新编辑为馆藏善本书志，详考板刻时代、著者仕历及与今本或他刻异同之处，除一部分已在《馆刊》发表外，其余之书正在编订，已完成全数之半矣。

前北京图书馆初以分类法及编目条例尚未规定，故目录暂分二种，一为卡片，一为写本，上年制定正式编目条例及新分类法，已写定正式卡片，计分四种：（一）书名目录。以书名首字笔画繁简为序。（二）著者目录。以著者姓名笔画繁简为序，笔画同者则依起笔第其先后。（三）分类目录。按新分类法分类并将丛书零种加入。（四）排架目录。依书籍在架上之位置排列。现已全部告竣矣。

（二）西文书目

西文书之分类编目在欧美各国均有相当之历史及研究，美国杜威十进法一般咸以为便，惟二十年来新出之书日新月异，该分类法对于侧重科学研寻之图书馆往往苦未足备，本馆为应将来之需要起见，故采用美国国会图书馆分类法，虽间有不当之类目，而大致合乎科学，颇适用于大图书馆之收藏也。国会图书馆印有书目片，上注书名、著者、版本、页数、分类号码等项，极便应用，故本馆西文书卡片均由该馆订购，凡该馆未印之书片则由馆自编焉。

（三）索引

我国古籍及近代文学向无索引，检查匪易。本馆为便利学者起见，特将新旧书籍编成索引，业经编就者约有十种：（1）西番译语索引。（2）诸佛菩萨圣像赞中满汉四种文字三百六十诸佛菩萨名号索引。（3）西藏名人著作集十余种之联合索引。（4）

藏文丹珠经索引，又梵文索引。（5）满蒙姓氏部落及方舆全览索引。（6）国学论文索引及续编。（7）文学论文索引。（8）清代文集索引。（9）传讨索引（《耆献类征》、《碑传集》，《续碑传集》，《清代诗人征略》，《清代闺阁诗人征略》，《昭代名人尺牍小传》，《先正事略》等）。（10）金石文字索引。

（四）西文书联合目录

本馆于十八年十月与国立北平研究院商定，编印北平二十六图书馆所藏西文图书总目，由该院补助经费四千元，其编辑事宜归本馆担任。计一年又六阅月而书成，实为近两年来本馆西文编目组之重要工作。总计各图书馆西文书籍去其重复、订其错误，共得十万余种，分订四大册，其第一至第三册为书籍总目录，第四册为定期刊物目录。手此一编者，可知某书现藏某地，于采访、借阅、参考上均有莫大便利。

编纂及出版

本馆出版物分定期及不定期二种。定期出版者为：（一）《月刊》　原为每月发行一次，本馆改组前曾出十二期，嗣又续出六期，自四卷一号起改名《馆刊》，每两个月出版一次，现已出至五卷三期。（二）英文两月刊　每月发行一次，专载西文书入藏概况，已出至第二卷第二期。（三）《年报》　每年发行一次，专载一年度馆务进行概况，已出四期。不定期出版者：（一）李慈铭《越缦堂读史札记》十一种（《史记》二卷，《汉书》七卷，《后汉书》七卷，《三国志》一卷，《晋书》五卷，《宋书》、《梁书》、《魏书》、《隋书》各一卷，《南史》一卷，《北史》三卷）。（二）李慈铭《越缦堂文集》八卷。（三）《大宝积经论》。（四）本馆十八十九两年展览会目录。（五）《〈永乐大典〉现存卷目表》。（六）本馆阅览室参考书目（英文）。（七）汉熹平石经后记残石拓片。（八）清开国史料目录。（九）现藏政府出版品目录。编辑之书或在印刷中或待付印者有：（一）《晚明史籍考》。（二）《中国小说书目》。（三）小学考订补。（四）书画目录。（五）中西交通史料汉籍解题。（六）圆明园史料汇编。（七）戏曲书目。

十八年杪，学术界同人发起珍本经籍刊行会，就本馆所藏善本与夫近世名人论著各种小品，仿《知不足斋丛书》例招股刊行，即名为“国立北平图书馆丛书”，现已出书者有《全边略记》、《通制条格》、《埋剑记传奇》、《想当然传奇》、《郁冈斋笔麈》、《鸦片事略》、《平寇志》等七种。

阅　览

两年以来，本馆第一第二两馆分设于中海及北海，阅览室狭小，诸多不便。今移至新馆，特将阅览时间延长为每日十三小时，除大阅览室可容二百人外，尚有杂志阅览室、新闻阅览室、善本阅览室、四库阅览室、舆图阅览室等。本馆所藏善本多为海内孤本，为慎重起见，不得不略加限制，凡欲入善本及四库阅览室研究者，须先由学术机关介绍，并提出研究范围，经本馆审核特许后，方发给阅览券。本馆性质注重研究参考，故中文旧籍暂不出借，其西文书及新版书籍经特许后可借出馆外，凡欲借书者必须先详具职业住所，而于北平有一定住所之保证人二人以上连署保证，向馆请求，馆长认为可以允许者，付以借书证，然后得持证借书，其各学校学生愿借书者须请各该校之图书馆代为转借，由各校图书馆负责归还焉。

民国二十年六月

（原载《图书馆学季刊》第五卷第二期）

国立北平图书馆工作概况

本馆自二十六年北平沦陷后，奉教育部令暂在长沙设办事处。嗣于翌年春，重奉部令迁至昆明，恢复已往事业。数年以来，规模略具。

本馆为国立图书馆，与普通图书馆性质略有不同。职司所重，一在文献典籍之搜藏，以供专家学者之研究与参考；二在中外文化之交流，以促国家文化之发展与提高，因此并尽力于编辑及出版事宜。兹分采购、编辑、出版三项，胪陈如左。

一、采　　购

中文方面

（甲）中日战事史料：本馆自二十七年迄今，继续采购有关此次中日战事之图籍已逾二万余种。其中得自沦陷区者亦复不少。此项史料若不及时访求，此后更少获得之机会。近年更扩大范围，在沦陷区内亦作一系统之搜集。除敌伪之日报、期刊、宣言、标语、传单、照片及一切记录外，凡关于战时及战后之政治、经济、社会书籍，亦在搜罗之列，俾供研究近代史学者之参考。

（乙）西南文献：本馆自迁至昆明后，即锐意搜集川康云贵以及两粤之方志及地方文献，数年以来略具规模。是项资料在后方各图书馆中，当推本馆所藏者为最完备，内中且多罕见之本。此项书目业已编就。惟限于经费，未能付印。

（丙）西北文献：关于陕甘青宁及新疆五省之书籍文献，本年度特加意搜集，并委托专人在后方各重要城市代为访求。目下政府对于开发西北，既拟定具体计划，分年施行；各方对于有关西北之文献需要较殷，本馆除供给参考资料外，并已着手编辑西北书目及新疆书目。

（丁）夷民文献：云南丽江一带之土人，原用么些 Moso 文字。其文字多属象形，其图籍尽属写本。美人罗克博士 Roek 卜居丽江，收藏甚富，所发表之著作渐为国人所注意。本馆于前年特派万斯年君前往丽江肆力搜集，本年返昆，获得此项写本逾四千余种。此外并在云南武定一带搜集啰啰文字多种，且内中有明代写本，为海内仅存之重要文献。

西文方面

（甲）英美学术期刊：英美关于科学发明及发现之重要论文多在期刊发表，故期刊之购置为本馆采访上重要事业之一。自太平洋战事发生后，此项期刊无法邮寄，但均继续预订，委托各该国图书馆代为收存。一俟交通恢复，即行启运来华。

（乙）第二次世界大战文献：我国现与英美苏三国比肩作战，共同抵抗轴心之侵略。凡同盟国英勇抗战之资料，均有搜集保藏之必要。近年以来，本馆除已有之收藏外，本年度并与国外有关各方面分别接洽，继续搜集。凡无法运至国内者，均暂行分存欧美各国；并委托负责机关继续代为搜集，俾能蔚为大观，以供学者之研究。

（丙）印度新书之购置：印度各书店经售英美出版之新书，为数颇多。爰于本年四月间，采购新书三百六十余种，分批运至昆明。又印度各研究机关出版之期刊，尤有收藏之价值。以后倘经费许可，并拟继续购置，以供学术界之参考。

二、编　　辑

（甲）馆藏西南文献书目：就本馆迁昆明后历年访购之西南各省地方志、文集及其他文献共数千种，编为分类书目，现已完稿待印。

（乙）新疆书目解题：内容依文字类别分为四编。（一）中文，（二）日文，（三）英文，（四）俄文。所著录之书籍及期刊论文约数千种，现已完稿待印。

（丙）西北书目：就公私所藏关于西北问题之图书期刊编为分类目录，正在编辑中。

（丁）抗战以来欧美关于中国著作简目：抗战以来，欧美叙论中国之书为数颇多。爰编一简目，以备国人采购参考之用。

三、出　　版

（甲）《图书季刊》中文本：本馆出版之《图书季刊》，自北平沦陷后一度停顿，旋于二十八年三月在昆明复刊。至三十年冬太平洋战事发生，以印刷困难停刊者又一年。本年度决定恢复。新第四卷第一二两期合刊本，业于六月出版。全册二百二十页。内容分论著、书评、图书介绍、期刊介绍、学术界消息、专载等栏。

（乙）《图书季刊》英文本：本馆出版之英文本《图书季刊》，创始于民国二十三年，七七事变后一度停刊。二十九年春在昆明复刊，共出二卷。嗣以印刷困难，再度停刊。本年与本刊中文本同时复刊。内容专载国内学术研究之进展，为我国国际文化宣传之唯一刊物。惟以印刷困难，每年拟暂出两期。

（丙）《经济外交参考资料月刊》（英文本）：本馆鉴于近来国内需要经济及外交之参考资料至为殷切，而国际交通路线因沪港越缅等地沦陷之故，顿为阻塞，国外资料甚难获得，乃于近年出版之西文书籍期刊，以及图书影片内，收集近一年来国际条约协定以及商约、贸易协定等，辑为参考资料。每月印行一期，以供各界之参考，现已印行八期。

以上略陈本馆采访编纂出版工作。至阅览事宜，本馆自迁昆后，曾与西南联大合作，将中西图书期刊大部分寄存该校，爰未自辟阅览室。二十九年将所藏政治经济书籍一批由昆运渝，与南开大学经济研究所合作，供给陪都各界研究之用。惟限于地址，未能积极发展耳。

参考工作亦为本馆主要业务之一，盖以现代图书馆既广事收藏，自愿供人阅览，更愿使人知何所阅览。抗战以来，本馆虽限于人力资力，但对于政府机关与专门学者有关研究资料之咨询，仍愿尽答复之义务，或代编参考书目，或代为搜集其所需。去年出版之《图书季刊》新四卷一二期，尽力介绍西文书志，亦属此志，总期节省学人之时间，而俾获得若干之便利。此又本馆服务社会之旨趣也。

（原载《社会教育季刊》第一卷第四期）

北平故宫博物院图书馆概况

一、组　　织

民国十八年二月本院改组，新理事会正式成立。三月五日国民政府委任本院理事庄思缄蕴宽先生为本馆馆长，袁守和同礼先生为副馆长；就职后，先后提出陈援庵垣、张庾楼允亮、陶兰泉湘、朱逷先希祖、卢慎之弼、余季豫嘉锡、洪范五有丰、赵斐云万里、刘衡如国钧、朱海滨师辙诸先生为专门委员，由院延聘，凡关于专门学术之事咸由专门委员决定施行。本年以庄馆长暂难到任，改聘本院理事江叔海瀚先生代理，业于三月莅馆任事。馆长之下另设科长、科员、办事员、书记若干人。暂设事务、编目两科，分掌馆务焉。

二、馆　　址

本馆成立之始，即以外西路之寿安宫为馆址。据宫史所载，此宫为咸安宫旧址，乾隆辛未（西历一七五一）恭祝孝圣宪皇后六旬所建。其后辛巳（西历一七六一）圣母七旬大庆，复重加修葺，称觞于此，外院东西庑各五间。自本馆成立以来，即以东庑为善本书库，西庑为办公室。内院南殿为春禧殿，北殿为寿安宫，左右延楼，回抱相属，今添置玻璃，改作书库，东楼上下排列经史二部，西楼上下排列子集二部，北殿则辟为殿本书库，南殿西屋辟为满文书库，南殿东屋则专作庋藏杨氏观海堂藏书之用。此外东西后院之福宜斋、萱寿堂则拟辟作重复书书库，正在布置中。其与寿安宫毗连之英华殿业已划归本馆，一俟修饰完竣，即行开馆阅览，以该殿作为陈列室及阅览室焉。

三、藏　　书

本馆藏书如文渊阁之《四库全书》及摛藻堂之《四库全书荟要》，皆保存原状，不予更动，其散在其他各宫殿之图书，俱集中于寿安宫，分类提送各库编目整理。惟宫中图书自乾嘉以后，或被偷窃，或遭虫蛀，以致曩时遗籍任其散佚，亦图籍之一大厄也。自本馆成立，陆续集中，从事整理，自去年四月以来，分工进行，略具规模。兹就已提至馆中之书分类列举于下：

（一）善本书库共七百六十四部，一万一千四百四十三册。内有宋刻本四十六部，七百八十二册；元刻本六十部，一千一百九十四册；明刻本三百九十七部，六千六百零三册；钞本二百七十一部，二千八百六十四册；此外另有宋元明所刻佛经十五种，七十六册；又刺绣佛经五种，七册；名家写本七十三种，二百一十册；又宛委别藏书一百六十四种，七百九十七册（凡宋元刻本及明嘉靖以前所刻古书，无论内容如何，均归入善本，明刻本无宋元本流传者，亦归入善本，至明人所著之书，无论嘉靖前后，所刻均分类入四库，明仿宋元本、明钞本、精钞本、影钞本、校本均归入善本）。

（二）殿本书库共七百九十八部，一万七千三百四十八册；又开花纸《图书集成》一部，五千零一十九册（本库专收钦定书，以《宫史》及《续宫史》所著录者为范围，其刊刻在《续宫史》以后者，如系钦定书亦一律收入，每种只选一部）。

（三）经部书库共八百零七部，一万七百零九册；又重复书七百四十四部，五千五百一十九册（凡版本绝对相同者，除各库留藏三部外，余均重复书，仍按四库分类，编入重复书库）。

（四）史部书库共一千六百零三部，四万零五百零七册；又重复书四百八十六部，六千一百零四十册。

（五）子部书库共一千六百零三部，一万六千六百五十九册。

又殿本竹纸《图书集成》一部，石印本二部，共一万五千一百零八册；又重复书三千四百三十八部；一万零七百三十二册。

（六）集部书库共一千七百一十五部，二万零四十四册；又丛书九十部，四千八百零二册；又重复书四百六十六部，九千四百六十二册。

（七）满文书库共三百零七部，九千二百一十三册。

内有精写本御制五体《清文鉴》一部，三十六册，为海内极罕见之书。

（八）此外尚有去冬由大高殿分馆移入之杨氏观海堂藏书一千五百九十三部，一万四千四百二十七册（今仍另库庋藏）；方略馆书三百七十七部，一万五千四百六十六册；资政院书七百四十七部，四千八百三十五册（以上两部分已分散各库）。

又由旧清史馆提来之书，多属各省志书及普通刻本书，惟内中别集稿本，颇多有价之作，均已整理编目完竣，拟将志书目先印单行本。

四、目　录

本馆编目除善本书、殿本书、满文书、观海堂书另立书库外，其较普通之书，均依四库书目体例，分为经史子集四部，外加丛书部，暂于集部之后。以各处宫殿之书尚未提竣，故暂用卡片。以便随时可以插入。惟本馆所用书签及卡片均系自制，每目片上除书名、著者、卷数、册数、版本外，并注有原藏地点、点查号数两栏，以便检查。关于书签亦标明“旧藏”、“原题版”、“审定版”字样，取其登记严密，易于寻检。至于殿本书库，则暂以《宫史》及《续宫史》所定编次为范围，自实录以迄石刻计分十六类。其编录排架略与其他书库不同，盖专为钦定之书而设，以存前朝文物之盛，合之可成巨观也。

五、出　　版

本馆出版物现有数种。前数年曾编有《观海堂书目》一册、《方略馆资政院书目》一册，均系油印本。十八年六月印行《故宫善本书影初编》。此外影印者尚有宋本《郡斋读书志》，系由上海商务印书馆承印，去年已售预约，不久当可出书。其余影印之《柳贯上京纪行诗》、《太平清调迦陵音》、《李孝美墨谱》、《潘膺祉墨评》、《秦淮海长短句》，排印之明万历本严从简《殊域周咨录》等书，均经陆续印行。

民国十九年五月

（原载《图书馆学季刊》第四卷第二期）

中华图书馆协会之过去现在与将来

一、过去会务之简溯

（一）宗旨组织与略史　本会成立于民国十四年六月。以研究图书馆学术、发展图书馆事业，并谋图书馆界之互助及联系为宗旨，设理事十五人，监事九人，综理会务，下设各种专门委员会。十八年举行第一次年会于南京，二十二年举行第二次年会于北平，二十五年举行第三次年会于青岛。抗战军兴，北平陷敌，本会办事处亦迁于昆明。二十七年举行第四次年会于重庆，三十一年二月，中国教育学会等在陪都举行联合年会，本会亦参加，即举行第五次年会。至于参加国际间之集会，则有十五年之参加国际图书馆会议及美国图书馆协会五十周年纪念大会于芝加哥，十八年参加国际图书馆协会联合会于罗马，二十四年参加国际图书馆及目录学大会于马德里。

（二）图书馆行政之促进　欲健全全国图书馆之组织而推广其业务，图书馆行政上之兴革至关重要。本会对于下列各项事业，如图书馆经费之确定、法令之颁布、专门人才之培养及保障、图书馆专科学校课程之拟订及增设、省立图书馆辅导工作之推进、县立图书馆及民众教育馆工作之标准、防止古书及古写本之出国、各地版片之调查、地方文献之保存，以及各馆图书之互借与流通、复本书刊之交换、联合目录之编辑、工作报告之编制、专门图书馆之设立等等，或呈请政府采择施行，或通告全国各馆办理，历年以来，颇著成效。

（三）图书馆技术之研讨　本会为处理特殊问题起见，陆续设立各项专门委员会，计有图书馆教育委员会、建筑委员会，分类、编目、索引检字、善本调查、版片调查等委员会。关于图书馆教育方面，如在南京举办暑期学校，讲授图书馆学，与文华图书馆专校合办免费生额等，至于分类编目索引等委员会，对于编制分类法与条例，以使此类工作之标准化，颇多予各馆技术上之助力。又为观摩改进起见，始则于十四年夏邀请美国专家鲍士伟博士来华视察，继在二十六年又邀请美国专家毕少博博士来华指导，以谋联系与改进，旋以抗日战起而中止。

（四）调查及出版　本会调查工作，包括图书馆、民众教育馆、书店、新书、期刊、善本、版片等七项。其调查结束，皆在本会《会报》及《图书馆学季刊》发表。此项《会报》在战前已出十二卷，近仍续刊中；《季刊》则已出十卷（各印有总索引一册）。更有《国学论文索引》与《文学论文索引》各四编，《现代中国作家笔名录》一种，供学者参考与工作人员之查检。此外出版《老子考》等书，不胜枚举。以英文编印《中国图书馆概况》二次，则专为参加国际图书馆会议时分送与会之各国代表者。

（五）战时之工作　本会在战时之主要工作，在乎（一）调查战区及后方图书馆之实际状况，以及沦陷区内各图书馆被毁情形，以备战后向敌人索取赔偿之准备，（二）协助全国图书馆战后复兴及战时之发展。关于调查工作，或托中外人士至沦陷区访问，或用私人通讯方法，或由本会拟订表格，征集各项资料，分在《会报》中陆续公布。关于协助全国图书馆复兴之工作，其在国内者，为登记战区图书馆馆员，介绍相当工作，并呈请政府及庚款机关，指定专款在西北及西南各省兴建图书馆，以为社会文化发展之中心。其在国外者，则分向欧美各国，征集图书，免费运华。在一九三一年底即太平洋战事发生以前，已收到之书共二万余册，及日寇掀起太平洋战争后，国际交通梗阻，无法起运，但国际间之联系与援助，始终未尝间断。征集之书，则暂存美国，当俟战争结束，设法运寄，更由本会商定分配于国内各大图书馆也。

二、现在会务之概况

（一）调查工作之继续　本会调查工作，现分数种：（一）后方图书馆及民众教育馆之调查，（二）图书馆战后复兴计划之调查，（三）中等学校图书馆之调查，（四）沦陷区内图书馆被毁之调查，（五）各省市书店之调查，（六）新出期刊之调查。而在此次年会之前，特制表格，分寄各省市立与大学图书馆，于现状各项之外，着重于其复兴之计划与意见，所得结果尤为具体而有价值。

（二）国际图书馆界之联系　本会自本年三月起，编辑英文图书通讯一种，以介绍我国战时图书馆之工作及战后图书馆之复兴计划，俾能使国际间了解我国之实际困难情形，而取得密切之联系与助力。此项英文通讯，分寄英美苏三国，再由该国等分制复本，代为传播。本会并以英文写成《中国图书馆之被毁及战后复兴》一文，业在本年三月十五日《美国图书馆杂志》中发表。又美国图书馆协会拟于本年秋间派一专家来华视察，商洽中美两国图书馆合作办法，藉以促进我国图书馆事业之继长发展。

三、将来事业之展望

（一）战后复兴之准备　本会战后之工作，可分提高及普及两种。提高工作，在促进全国图书馆之专业化、标准化，增加各馆之经费，充实各馆之设备；普及之工作，则为督促各方广设图书馆，例如在保育院幼稚园，各级小学内，均陆续设立儿童图书馆，在中等学校内，设立学校图书馆，在各业务机关内，设立专门图书馆或资料室，并使其联成相当系统，配合相当需要，以增相互联系而策分工合作之效。

（二）获得政府及社会之赞助　本会之工作，非有中央及地方政府之赞助无法推进。十余年来，政府当局对于图书馆运动虽已尽力维护，但限于经费，仍未能积极发展。社会方面，亦尚未能充分了解图书馆之重要，顾私人捐赀兴建图书馆者，较之欧美各国瞠乎其后。今后应如何增进各方对于图书馆事业之认识而助其经费之增加，实为本会中心工作之一。

（三）国际间之联系　我国图书馆之发展，国际间之联系与援助实不可缓。而我国政府及社会两方面，对于图书馆之赞助亦须首尽其应尽之努力。故吾人在取得国际协助之先，必须取得国内之同情与援助，此仍为本会当前之中心工作也。

（四）人材之培养　吾人欲使全国图书馆平均发展，筹募大批经费固属重要，但必须先有健全之图书馆专门人材，方易办理。目前国内此项专门人材，为数过少，本会现已与美国商定合作办法，于战后派遣我国人士赴美研究，并约美国人士来华协助技术上之改进；美国图书馆协会并组织一远东委员会，主持此事。吾人目前自应积极准备此项人材之供给，使其生活安定，并推广其进修之机会，俾能安心任事，以图书馆为其终身之事业，如此方能使我国图书馆事业达成专业化、标准化与技术化之目标，而完成其辅进教育文化与建国事业之使命。

（原载《中华图书馆协会会报》第十八卷第四期）

评李小缘《中国图书馆计划书》

此书为李君在国民政府奠都南京时，所拟关于改进全国图书馆之计划也。书分六章：（一）图书馆之目的，（二）国民政府对于图书馆发展之责任，（三）国立中山图书馆，（四）省立图书馆，（五）公立图书馆，（六）学校图书馆；书内并附组织表，以见各种图书馆应有之设备。言简意赅，颇资参考。惟关于各馆组织，李君主张颇不一致；如国立图书馆谓当隶属于国民政府最高教育行政机关，省立图书馆隶属于省教育最高机关，公立图书馆隶属于地方教育局（页六、页十、页十四）；而对于大学、中学及师范之图书馆则主张为校中之独立行政组织，且于馆长之下设有会计、庶务、工程员诸职。在今日中国现状之下，事实上能否办到，姑不具论。然据吾人已往之经验而言，如国立省立公立图书馆，完全隶属于教育机关之下，则难免不受其支配，馆中行政既受政局之影响，则馆中施政方针随政局而转移，此种不幸之现象，在外国尚且不免，况在中国。今后应如何使图书馆行政与中央或地方政治完全脱离关系，此则愿与李君商榷者一也。又国立图书馆举办事业中，李君列举十八端，惟对于日人关于中国问题及汉学研究之著作则付阙如。此吾人认为亟应加入者也。满蒙回藏文书，各有其相当之历史，在国立图书馆中亦有相当之位置，而四川、广西、云南、贵州关于苗民生活状况之一切资料，尤在采集之列，不审李君何以均未列入。此愿与李君商榷者二也。又馆中事务固宜分工，但分部过多，反于效能有碍，如所列之文学特藏、地志特藏、目录学特藏，在国立图书馆中皆可并入于普通书之内，实无另设专部之必要，而李君于中学及师范图书馆亦一并主张设立（附图四）。又李君所拟图书馆中之博物院，吾人亦未敢苟同，盖博物院之组织与图书馆迥异，其属自然科学、考古学、人类学或美术者，均应由专家任之，非图书馆之事业也。惟中国既有悠久之历史，前人之活动见于文字者，均在搜集之列，如碑帖墨迹拓片等等，应另设一金石部，专司其事，似无须设博物院也。此则愿与李君商榷者三也。此外如国立总馆馆长兼摄各委员会之书记（页七），大学图书馆设儿童部（附图三），中学校图书馆主任不能得适当人材时，可由国文主任教员暂兼（页十八），恐施行时均与事实发生障碍，应详为考虑者也。虽然，李君此文，将具体办法一一列出，可引起全国知识界对于图书馆之注意，实宣传上所必需者也。

（原载《中华图书馆协会会报》第三卷第五期）

《出版法修正草案》意见书

审查现行《出版法》第八条第一项规定：“出版品于发行时，由发行人分别呈缴左列机关各一份：一、内政部，二、中央宣传部，三、地方主管官署，四、国立图书馆及立法院图书馆。”当时以国立图书馆不仅一处，故于同法施行细则第十九条复经注明：“出版法第八条第一项第四款所称国立图书馆，［以］国立中央图书馆及国立北平图书馆为限。”是当时国立两馆，各应呈缴一份，意甚明显。

兹查《出版法修正草案》，已将现行法第八条删除，并于草案第十六条及第十九条分别规定：“新闻或杂志之发行人，于每次发行时，以一份寄送内政部，一份寄送行政院新闻局，一份寄送省政府或隶属于行政院之市政府，一份寄送发行所所在地之主管官署，一份寄送国立图书馆。”“书籍或其他出版品，应于发行时，由发行人分别寄送内政部及国立图书馆各一份。”

现在国立图书馆已成立者，除中央、北平二馆外，尚有兰州图书馆，已筹备至相当程度，公开阅览者，有罗斯福图书馆，其正在积极筹备中者，有西安图书馆；此外，沈阳博物院亦设有图书馆部分，总计共有六馆。《修正草案》规定“以一份寄送国立图书馆”云云，究系各送一份，抑系共送一份，意义殊欠明显，倘不予补充说明，殊难免有窒碍难行之处。

复查出版品之呈缴图书馆，用意原在取之于民，用之于民。以呈缴之制度而言，美国制度，则以国会图书馆兼办出版品登记事宜，登记以后，即以呈缴之件存馆公开阅览，受惠者仍属人民。德国制度，则登记之权不属图书馆，故呈缴二份，一份送登记机关，一份送国立图书馆，而登记机关则亦设有公开阅览之图书馆，登记手续完毕，仍作为民众阅览之用，均能符“取之于民，用之于民”之初旨。我国国立各图书馆，亦俱系为民服务，凡所呈缴，悉付众览，与其他行政机关之偏重审查性质者，用意不同，似应各别分送，以求普及。

再查各国呈缴实例，对于图书馆，则均属特别注重。例如法国则呈缴六份，分存巴黎及各省之图书馆，英国亦呈缴六份，一份存大英博物院图书馆，一份存国立威尔斯图书馆，另四份则分存牛津、剑桥、爱丁堡、杜卜林各大学图书馆。至于乌克兰则呈缴三十五份，苏俄则呈缴五十份，除分存各图书馆外，尚备与各国交换之用。我国国立图书馆虽有六处，但衡以国外事例，似尚不能谓多，允宜分别呈缴，以应需要。

再查图书馆之设，非专为便利学人发展文化之需，兼负有为国家保存文物典章、辅导各种行政推进之义务。盖既经准许之出版品，自有保存之必要，以供机关团体或个人不时参考之需，因是出版品呈缴国立图书馆，比寄存于行政机关效用为宏。试观上述各国，即系如此。我国无妨仿彼成例，将接受呈缴之行政机关，予以减少，而增加接受呈缴之国立图书馆，以资符合，而便事实。

（原载《报学杂志》试刊号）

关于林语堂图书索引新法之通讯二则

一、刘复致袁同礼

新近看见了语堂所作关于图书索引的一篇文章。这一篇文章，就理论方面说，自然是很有价值的。可惜在事实上，如要使用他那一种索引法，第一便要能说得北京话，第二要懂得旧音韵学上的开合齐撮等等话头，第三要懂得新语音学上的舌前舌后等等话头……这样麻烦起来，恐怕图书馆馆员非挑选音韵专家来做不可！我以为索引这一件事，总是愈简单愈好。我们理想中的索引法，总该简单到不但一切图书馆馆员、书记等能于自由使用，便是粗粗识字的小学生，以至于在馆中做事的仆役，也要能自由使用。如果先生以为这话说得不错，我就要大胆将我的一个极笨极笨，说穿了一钱不值的索引法，说给你听听了。

（一）先数书名或人名之字数，作为第一个码子，用汉字记之。

例如你的大名袁同礼是三个字，就写一个“三”字。

（二）次数此书名或人名中各字之笔画，依次用阿拉伯数字记之。

例如袁字是十笔，同字是六笔，礼字是十八笔，并前记“三”字，合成

三 10　6　18　是为袁同礼一名特有之号数。

（三）凡人名地名之多于三个字者，计数笔画，亦只取首三字，其余可以置之不问。

列如《全上古三代秦汉三国六朝文》只取“全上古”三字，得号数为

十二 6　3　5

康有为的《不幸而言中，不听则国亡》只取“不幸而”三字，得号数为

十 4　8　6

（四）其不满三字者自然不必强凑。

例如我的名字刘复的号数是

二 15　11

俞平伯的诗集《忆》的号数是

一 16　（用一个字做书名的中国书恐怕还没有第二部）

你瞧，这不是简单到万分，三分钟内可以说得明白，十一二岁的小孩子也可以一学就会的么？如其你觉得这个方法还有点小价值，就请你代为提出于图书馆协会，请大家讨论讨论。如果在提出之前，你个人有什么意见，也务请先行赐教为荷。此请

著安！

弟刘复顿首　五月二日

二、袁同礼复刘复

语堂的索引法，我也认为有点麻烦。来函所说的方法固然是很简单，但恐怕实行起来，不免亦有困难。现在先就我所想到的写在下面：

（一）中国书书名之字数，颇不易计算。书名上有“钦定”“御定”“御批”“御纂”“御注”“增修”“重修”“原本”“笺注”“增广笺注”“增广注释”“纂图互注”“精选”的却亦不少！这些字的去留，便成了问题。又如一部书往往有许多“集”，如“前集”“后集”“续集”“别集”“新集”“外集”“遗集”等等，照旧式编目方法，均作为一部书；今要确定这书名的字数，亦颇不易！

（三）书名多于三个字者，仅取首三字，恐怕号数最容易重复。例如陆淳的《春秋集传纂例》同他的《春秋集传辨疑》，前三字完全相同。其号数（六9　9　12）当然亦相同了。又如苏辙的《春秋集传》、吕本中的《春秋集解》、高阅的《春秋集注》、李明复的《春秋集义》、张洽的《春秋集注》、赵方的《春秋集传》，其号数亦相同。

这两层是我个人的意见。但还请让我们试验试验，再报告何如？此复，顺候教安！

同礼谨上　五月三日

（原载《图书馆学季刊》第一卷第二期）

中国加入国际交换出版品协约之经过

中国加入国际交换出版品协约，余曾参与其事。十四年九月出版品国际交换局成立，又为之筹划与缔约国发生关系，前后约有十余国。年来政治纷扰，进行停顿，我国应尽之义务多未履行，殊为遗憾，爰将经过事实籍本报披露之。

国际联盟于一九二二年有智育互助委员会之组织，以法哲学家柏格森为委员长。成立之始，即以沟通国际学术事业为目标，而对于国际交换书报之举尤希望其充分发展。先是一八八六年（光绪十二年）三月十五日美利坚、比利时、义大利、巴西、西班牙、葡萄牙、塞尔维亚、瑞士八国曾有《交换公牍及科学文艺出版品公约》及《快捷交换官报与议院记录及文牍公约》，即所谓一八八六年之公约是也（附录二及三）。惟此约仅限八国，范围颇狭，智育互助委员会极图扩充其范围，乃于一九二二年第一次会议时，有请各国加入之议决案，经国际联盟第三届大会通过认为可行。是年十月四日复经行政院之议决，乃于十一月二十日由院长 Gama 通告凡未签字一八八六年公约各国商令加入（附录一），次年（民国十二年）二月二十六日，我国外交部咨文教育部征询意见，三月二十八日教育部提出，国务会议议决由教育部筹备加入，旋以政局不定，事遂停止进行。

一九二四年七月智育互助委员会在日来弗召集一专家会议，讨论改进国际交换事业之方法，而对于科学及文学出版品之交换尤特别注意，爰有新公约之拟定（附录五），经九月之第五届大会之许可，遂于十一月十日由行政院秘书长通告各国，征询对于新公约之意见（附录四）。次年（民国十四年）三月二十六日外交部将原案送交教育部查核，至八月六日复由外交部提出，国务会议议决加入，时章行严长教育部，遂决定组织出版品国际交换局，隶属于教育部。九月十四日国务会议议决该局经费每月暂定三千元，以政费无着，至十一月五日始通告成立，旋由教育部转咨外交部，请将我国正式加入两公约及组织出版品国际交换局经过通知比国政府及国际联盟行政院，并声明中国政府对于新公约表示同意。十二月以外交部之呈请，奉令准予完全加入（附录六），十二月二十二日由驻比公使王景岐正式通知比国政府（附录七），复由比国政府函告国际联盟（附录八）。一九二六年一月二十八日比国函复王公使，报告中国加入公约之举已转知其他签约各国（附录九）。

国际交换局既告成立，所举办之事业较重要者列举如下：

一、政府出版品之调查　关于此种调查，前此向无专书，而政府各机关对于本机关出版品之处置，其组织至为涣散，倘问以其出版品共有若干种，出版后赠寄于何机关，均无纪录可查，不得已，乃委托北京大学图书馆将该馆所藏之政府出版品编一总目，即十五年出版之《北京大学图书馆所藏政府出版品目录》（五十五页）也，虽内容未能完备，然重要者已搜罗无遗。十六年夏北京大学改组，一切归于停顿，乃委托北京图书馆继续其事，现该馆所编之目在印刷中。

二、上海交涉使公署中美交换书报处之接收　十四年十一月十二日由教育部咨外交部，请将上海交涉使公署中美交换书报处之事务归并交换局接收，外交部于十一月二十六日复函认可。先是光绪三十三年间，中美有互换政府出版品之接洽，由苏松太道呈明两江总督，就上海洋务局设立中美换书局，遴派委员以掌其事。民国以来，上海交涉使公署成立，继承洋务局之事业，但未设置专员经理其事，以致历年积存之书散佚损坏时所不免。九年，许秋航沅到任，查得存储美国书报已及一百五十九期之多，乃于署中设中美交换书报处，遴派专员负责清理，并将大部分书暂借与南京科学社图书馆，一小部分暂借与上海总商会。十三年秋，苏浙战事发生，兵士占据交涉使公署，所藏书报多被焚毁，亦一大劫也（此系余在沪时许君告余者）。

三、委托北京图书馆为接受外国政府出版品机关　中美交换书报处自奉令归并后，前后寄来书报共二十五箱，尽为美国政府出版品，其时局中已与其他缔约国发生关系，陆续寄到之书亦不尠，乃于十五年四月由政府委托北京图书馆为承受机关，凡局中以国际交换寄到之出版品，均由该馆编目庋藏，公开阅览，该馆并拟参照美国国立图书馆前例，组织官书部专司其事焉。

四、与缔约国之接洽　我国政府出版品目录既委托北京大学图书馆编印成书，乃与各国交换局正式接洽。十五年一月至十月，先后与美国、日本、新南威鲁斯、西澳大利亚、比利时、义大利、波兰、瑞士、捷克、乌拉圭、鲁满尼亚诸国互交换其出版物，内中以美国出版品为最多，而又按期寄到，毫无迟滞，其行政上之效能，深堪为他国模范也。美国政府出版品寄往国外者分为全部 Full Sets、半部 Partial Sets 两种，计接受全部者六十处，接收半部者四十三处，中国自一九零八年以后即接收其全部，置之于上海交涉使公署，散佚损坏不计其数目，一九二六年五月起改藏于北京图书馆，编目整理，蔚然巨观矣。

五、与总税务司之接洽　前此美国政府出版品递寄上海交涉使公署者，由轮船寄到后往往受海关之检查，且时有置之码头多日而无人过问者。交换局成立之始有鉴于此，乃于十五年三月十七日向税务处及总税务司接洽，请其免验，并派天津海关代为接收，由负责人经理转运，于四月六日得其同意。自是以后，凡书箱到津皆由津海关接收并代转运于北京，极称便利焉。

交换局接受到之外国政府出版品，既由北京图书馆为之编目整理，供众阅览，则其对于缔约国之义务可谓完全履行，盖此两机关之关系，正如美国斯密安学院（即美国交换局）及国会图书馆之关系也，惟尚有其他职务，如分寄国内外学术团体互相交换或寄赠之出版物等等，均以款绌，无由进行，此极待解决者也。

一九二七年十月二十四日，国际联盟行政院将比国政府关于征询加入新公约之调查函告各国，并以智育互助委员会第九次会议讨论之结果及其建议，以及九月二日行政院之议决案征求各国之意见，并请对于第二段予以答复（附录十及十一），政府当局征询于余，爰为拟定办法四项（附录十二），倘能实行，则国际出版品之交换可望逐渐改进矣。至各缔约国参与一八八六年之公约，至一九二七年止，先后共二十三国，兹注明其加入之年，而以非正式参加者及不参加之各国均列于下表。

各国参与一八八六年三月十五日比京会议国际交换出版品一览表

<table>
<tr><th colspan="2">与会各国</th><th rowspan="2">各国与比国另订协定或条件者</th><th colspan="2">各国非正式参与于国际交换出版品者</th><th colspan="2">各国不参与于国际交换出版品者</th></tr>
<tr><th>各国已批准及签押于一八八六年之协约者</th><th>各国事后加入于一八八六年之协约者</th><th>国际联盟会会员</th><th>非国际联盟会会员</th><th>国际联盟会会员</th><th>非国际联盟会会员</th></tr>
<tr><td>比利时
(1)巴西
(1)义大利
(1)葡萄牙
(1)塞尔维
(1)日斯巴尼亚
(3)瑞士
(2)美国</td><td>(2)(1)阿根廷
一八八九
(2)(1)智利
一八八九
捷克斯罗比亚
一九一九
新南威尔士
一八九〇
(2)(1)巴拉圭
一八八九
(2)(1)秘鲁
一八八九
波兰
一九二一
(2)(1)乌拉圭
一八八九
罗马尼亚
一九二三
凶牙利
一九二三
都闽安共和国
一九二三
雷笃尼亚
一九二四
但自西自由城
一九二四
中国
一九二五
埃及
一九二五</td><td>(1)法国
一八九二
卢森堡
一八九三
(1)荷兰
一八九四</td><td>(2)(1)玻利维亚
(1)坎拿大
(2)(1)哥伦比亚
(2)(1)哥斯大利加
(4)古巴
一九一二
(2)(1)瓜地马拉
(2)(1)閧多拉斯
(4)日本
一九一四
(2)(1)尼加拉瓜
(4)那威
一九一一
(2)(1)萨尔伐道
(4)瑞典
一九一二
(1)委内瑞拉
(5)澳大利亚
(西澳，南澳，
昆士兰，达士马利亚，
多维利亚)
(5)保加利亚
(5)希腊
(5)纽丝纶
(5)南非洲</td><td>(1)依瓜多
(4)(2)墨西哥
一九一二
(4)俄国
一八八〇
(2)(1)森多明哥
(1)都宁德</td><td>阿尔贝尼亚
奥国
丹麦
(6)爱司笃尼亚
(6)芬兰
英国
(2)海第
印度
里彼利亚
(6)利苏尼亚
巴拿马
波斯
暹罗
德国</td><td>亚比新尼亚
阿甘利斯顿
亚美尼亚
亚捷比井
保顿
约芝亚
海得夏
爱斯兰
利士顿
孟拉哥
马露克
勒巴尔
阿蛮
森马利露
土耳其
(6)乌克连</td></tr>
</table>

1. 系于一八八〇年以前曾与比利时以国际交换出版品事为非正式之通牒者。
2. 系曾参与一九〇二年一月二十八日在墨西哥京城签订之全美交换出版品协约者。
3. 系指瑞士对于第二公约关于交换议院文牍未曾签字。
4. 系各国自该年以后曾与比国交换局关于国际交换出版品事通讯者。
5. 系各国有相当机关可担任国际出版品交换局之职务者。
6. 系各国前由俄京交换局（现尚未复设）间接受其出版品者，现已直接由比京交换局转送。

附录一　国际联盟行政院院长请中国加入一八八六年公约函

LEAGUE OF NATIONS

Geneva,
November 20th, 1922

Your Excellency,

In conformity with a recommendation voted by the committee on intellectual co-operation and approved by the third Assembly of the League of Nations, the council of the League, at its meeting of October 4th, 1992, accepted the following Resolution:

"The Council instructs its President to send an appea to all countries which have not yet accepted the Convention relating to the international exchange of publications, singed at Brussels on March 15th, 1886, asking them to give their adhesion thereto."

As you country has not yet adhered to these Conventions, I venture to draw your attention to the importance, from the point of view of international intellectual co-operation, whcih attaches to the extension of these Conventions.

I should be greatly obiged if you would be good enough to communicate to the Secretary-General of the League of Nations any decisions which your Government may take on this subject.

I enotose copy of the Convention in question, together whith alist of the countries which have accepted them. (See Doeument C. 732. M. 444. 1922. XII.)

I have the honour to be.

Your Excellency's Obedient Servant,
P. de GAMA.
President of the Council of the League of Nations

H. E. the Minister for Foreign Affairs, Peking.

附录二　国际交换公牍科学文艺出版品公约

Convention for the International Exchange of Official Documents, Scientific and Literary Publications.

Concluded at Brussels, March 15th, 1886.

The President of the United States of America. His Majesty the King of the Belgins, His Majesty the Emperor of Brazil, Her Majesty the Queen Regent of Spain, His Majesty the King of Italy, His Majesty the King of Portugal and of the Algarves, His Majesty the King of Servia, the Federal Council of the Swiss Confederation:

Desiring to establish, on the basis adopted by the Conference which met at Brussels from the 10th to the 14th April, 1883, a system of international exchange of the official documents and of the scientific and literary publications of their respective States, have appointed for their Plenipotentiaries, to wit: The President of the United States of Ameriea:

Mr. Lambert Tree. Minister Resident of the United States of Amrica at Brussels;

His Majesty the King of the Belgians;

The Prince de Caraman, His Minister of Foreign Affairs, and the Chevalier de Moreau, His Minister of Agriculture, Industry and Public Works;

His Majesty the Emperor of Brazil;

The Count de villeneuve, His Envoy Extraordiary and Minister Plenipotentiary near His Majesty the King of the Belgians

His Majesty the Queen Regent of Spain;

M. de Tavira, Change d'affaires ad interium of Spain at Brussels;

His Majesty the King of Italy

The Marquis Maffei, His Envoy Extraordinary and Minister Plenipotentiary near His Majesty the King of Belgians;

His Majesty the King of Portugal and of the Algarves:

The Baron de Sant'Anna, Envoy Extraordinary and Minister Plenipotentinry of His Very Eaithful Majesty:

His Majesty the King of Servia:

M. Marinovitch, His Envoy Extraordinary and Minister Plenipotentiary near His Majesty the King of Belgians;

The Federal Council of the Swiss Confederation:

M. Rivier, its special Plenipotentiary:

Who, after having communicated between themselves their full powers, which are found in good and due form, have agreed upon the following Artieles

Article 1.

There shall be established in each of the contracting States, a bureau charged with the duty of the exchanges

Article 2.

The publications which the contracting States agree to exchange are the following:

1st. The official documents, parlimentary and administrative, whcih are published in the country of their oringin.

2nd. The works executed by order and at the expense of the Governments.

Article 3.

Each bureau shall cause to be printed a list of the publications that it is able to place at the disposal of the contracting Sates.

This list shall be corrected and completed each year and regularly addressed to all of the bureau of exchange.

Article 4.

The bureau of exchange will arrange between themselves the number of copies which they may be able eventually to demand and furnish.

Article 5.

The transmissions shall be made directly from bureau to bureau, Uniform models and formulas will be adopted for the memoranda of the contents of the cases, as well as for all the admimstrative correspondence, requests, acknowledgments of reception, etc.

Article 6.

For exterior transmissions, each State assumes the expense of pecking and transportation to the place of destination. Nevertheless, when the transmissions shall be made by sea, special arrangements will regulate the share of each State in the expense of transportation.

Article 7.

The bureau of exchange will serve, in an officious capa city, as intemediaries between the learned bodies and literary and acientific societies, etc. , of the contracting States for the reception and transmission of their publications.

It remains, however, well understood that, in such case, the duty of the bureau of exchange will be confined to the free transmission of the works exchanged and that these bureau will not in any manner take the initiative to bring about the establishment of such relations.

Article 8.

These provisions apply only to the documents and works published after the date of the present Convention.

Article 9.

The States whcih have not taken part in the present Convention are admitted to adhere to it on their request.

The adhesion will be modified diplomatically to the Belgian Government and by that Government to all the other signatory States.

Article 10.

The present Convention will be ratified and the ratifications will be exchanged at Brussels, as soon as practicable. It is concluded for ten years, from the day of the exchange of ratifications, and it will remain in force beyond that time, so long as one of the Governments shall not have declared six months in advance that it renounces it.

In witness whereof, the respective Plenipotentiaries have signed it, and have thereunto affixed their seals.

Done at Brussels in eight copies the fifteenth day of March one thousand eight hundred eighty-six.

(Signed) (Seal). Pr. de CARAMAN.

(Seal). MAFFEI.
(Seal). Chevalier D. MOREAU
(Seal). Baro de SANTANN.
(Seal). Cte de VILLENEUVE
(Seal). J. MARINOVITCH
(Seal). Jose Ma. de TAVIRA
(Seal). Alphonse RIVIER.
(Seal). Lambert TREE.

译文

国际交换公牍科学文艺出版品公约

(一八八六年三月十五日订于比京)

美利坚合众国总统、比利时国王、巴西国皇帝、日斯巴尼亚摄政女王、义大利国王、葡萄牙兼亚加夫斯国王、塞尔维亚国王、瑞士联邦行政部，现据一八八三年四月十日至十四日比京会议所采决之议案，拟设立一国际上交换各该国公牍并科学暨文艺出版品之制度，兹特各派全权代表如左：

美利坚国
　驻比京美国公使杜利
比利时国
　外交大臣加拉南亲王
　农工大臣毛乌诺
巴西国
　驻比全权公使维勒内夫
日斯巴尼亚国
　驻比代办达夫拉
义大利国
　驻比全权公使麦斐
葡萄牙兼亚加夫斯国
　全权公使森汤纳
塞尔维亚国
　驻比全权公使麦利诺斐捷
瑞士联邦行政部
　特别全权代表利斐尔

各代表将全权任命状互相较阅后认为妥协，兹订定条款如下：

第一条　缔约国应各在其国内设立一交换局以便行使职务。

第二条　缔约国所赞同交换之出版品如下

（一）公牍，为立法或行政而由各国自行印行者。

（二）著作，由各国政府命令发行或由政府出资者。

第三条　各国所设立之交换局应将各出版品编印目录，以便缔约国选择备用。

该目录应每年修补完竣并依期送致各缔约国之交换局。

第四条　各出版品究须若干本方可敷互相求供之用，应由各交换局彼此自行酌定。

第五条　所有交换事宜应由各局直接办理，至各项出版品内容辑要以及一切行政文书、请求书暨回执等，应采用一律格式。

第六条　关于往外运输，各缔约国对于运往地点之包装运输应付费用，惟由海道输运时其运费特订办法，规定每国分担之数。

第七条　各交换局以官立资格，为缔约国对于学界及文艺与科学社团等之媒介，从事接收转送各国出版品，惟似此办理须知各交换局之职务仅限于将各种互换出版品自由转送，但关于此项转送不能有何主动行为。

第八条　此项条款仅适用于本约订立之后所发行之公牍及出版品。

第九条　未参与本约之各国得请愿加入。

此项加入应用外交上手续通知比京政府，并由比政府转知其他各签约国。

第十条　本约应从速批准并将批准书在比京互换，自批准文书交换之日起订以十年为期，倘有一国政府不于六个月之前宣告废约，该协约过此期限仍继续有效。

各缔约国代表特此签字盖印，以昭信守，一千八百八十六年三月十五日订于比京，共计八本。

代表签押　加拉南　麦斐
毛乌诺　森汤纳
维勒内夫　麦利诺斐捷
达夫拉　利斐尔
杜利

附录三　国际快捷交换官报与议院记录及文牍公约

CONVENTION FOR THE IMMEDIATE EXCHANGE OF OFFICIAL JOURNALS, PARLIAMENTARY ANNALS AND DOCUMENTS.

Concluded at Brussels, March 15th, 1886.

The President of the United States of America, His Majesty the King of the Belgians, his Majesty the Emperor of Brazil, Her Majesty the Queen Regent of Spain, His Majesty the King of Italy, His Majesty the King of Portugal and of the Algarves, His Majesty the King of Servia:

Desiring to assure the immediate exchange of the Official Journal as well as of the parliamentary Annals and Documents of their respective States, have named as their Plenipolentiares, to wit:

The President of the United States of America:

Mr. Lambert Tree, Minister Resident of the United States of America at Brussels;

His Majesty the King of the Belgians:

The Prince de Caraman, His Minister of Foreign Affairs, and the Chevalier de Moreau, His Minister of Agriculture, Industry and Public Works;

His Majesty the Emperor of Brazil:

The Connt de Villeneuve, His Envoy Extraordinary and Minister Plenipotentiary near His Majesty the King of Belgians;

Her Majesty the Queen Regent of Spain:

M. de Tavira, Charge d'Affaires ad interim, of Spain at Brussels;

His Majesty the King of Italy:

The Marquis Maffei, His Envoy Extraordinary and Minister Plenipotentiary near His Majesty the King of Belgians;

His Majesty the King of Portugal and of the Algarves:

The Baron de Sant'Anns, Envoy Extraordinary and Minister Plenipotentiary of His Very Faithful Majesty;

His Majesty the King of Servia:

M. Marinovitch, His Envoy Extraordinary and Minister Plenipotentiary near his Majesty the King of Belgians:

Who, after having communicated between themselves their full powers, found in good and due form, have agreed upon the following articles:

Article 1.

Independently of the obligations which result from Article 2 of the General Convention of this day relative to the exchange of official documents and of scientific and literary publications, the respective Governments under take to have transmitted to the legislative chambers of each contracting State, as fast as their publication, a copy of the Official Journal as well as of the parliamentary annals and documents which are given publicity.

Article 2.

The States which have not taken part in the present Convention are admitted to adhere thereto on their request.

This adhesion will be notified diplomatically to the Belgian Government, and by that Government to all the other signatory States.

Article 3.

The present Convention will be ratified and the ratifications will be exchanged at Brussels as soon as practicable. It is concluded for ten years from the day of the exchange of the ratification, and it will remain in force beyond that time, so long as one of the Governments shall not have declared six months in advance that it renounces it.

In witness whereof, the respective Plenipotentiaries have signed it, and have thereunto affixed their seals.

Done at Brussels, in seven copies the fifteenth day of March, one thousand eight hundred and eighty-six.

(Signed) (Seal). Lambert TREE.
(Seal). Pr. de CARAMAN.
(Seal). Cheralier D. MOREAU.
(Seal). Comte de VILLENEUVE.
(Seal). Jose M, de TAVIRA.
(Seal). MAFFEI.
(Seal). Baron de Sant' ANNA.
(Seal). J. MARINOVITCH.

The exchange of ratifications took place at Brussels on January 14th, 1889.

译文

国际快捷交换官报与议院纪录及文牍公约

（一八八六年三月十五日订于比京）

美利坚合众国总统、比利时国王、巴西国皇帝、日斯巴尼亚国摄政女王、义大利国王、葡萄牙兼亚加夫斯国王、塞尔维亚国王，兹因决意各缔约国快捷交换官报与议院纪录及文牍起见，特各派全权代表如左：

美利坚合众国
驻比美国公使杜利
比利时国
外交大臣加拉南亲王
农商大臣毛乌诺
巴西国
驻比全权公使维勒内夫
日斯巴尼亚国
驻比代办达夫拉
义大利国
驻比全权公使麦斐
葡萄牙兼亚加夫斯国
全权公使森汤纳
塞尔维亚国

驻比全权公使麦利诺斐捷

各代表将全权任命状互相较阅后认为妥协，兹订条款如左：

第一条　除同本日所订关于国际交换公牍科学文艺出版品之协约中第二条所发生之义务应单独履行外，现各缔约政府担任将其本国所公布之官报暨议院纪录并文书等一出版时迅即各检一份寄交各缔约国国会。

第二条　未参预本约之各国得请愿加入。

此项加入应用外交上手续通知比京政府，由比政府转知其他各签约国。

第三条　本条应从速批准并将批准书在比京互换，自批准书交换之日起以十年为期，倘有一国政府不于六个月之前宣告废约，该协约过此期限仍继续有效。

各缔约国代表特此签字盖印，以昭信守。

一千八百八十六年三月十五日订于比京，共计七本。

代表签押　杜利　达夫拉

加拉南　麦斐

毛乌诺　森汤纳

维勒内夫　麦利诺斐捷

一八八九年一月十四日业在比京交换批准书

附录四　国际联盟行政院秘书长征询对于新公约之意见函

C. L. 166. 1924. XII.

LEAGUE OF NATIONS.

Geneva.

November 10th, 1924.

Your Excellency,

The International Committee on Intellectual Co-operation, in its desire to give assistance to scholars and research workers in all countries, and to improve the post-war conditions of intellectual work, has taken a keen interest from the beginning in the qucstion of the exchance of publications.

The Committee of Experts which met in July last had to consider not only the possibility of improving the exchange of official publications, but also, and more particularly, the best way of encouraging the exchange of scientific and literary works.

The Committee of Experts decided to employ the same method in dealing with this problem as had been employed in the case of the exchange of parliamentary documents, that is to say, it considered it advisable to supplement the existing convention by drawing up a new Convention consisting of five principal articles, as well as certain protocol clauses which the Secretariat of the League of Nations was requested by that Committee to draft.

The Fifth Assembly adopted the following resolution on this subject:

"The Assembly adopts the report of the Committee of Experts on the international exchange of publications…

"It also requests the Councilto invite all states, whether signatories of the Conventions of 1886 or not, to consider the possibility of accepting the new Convention for the exchange of scientific and literary publications proposed by the Committee."

The Council, in its turn, adopted the following resolution, dated September 30th, 1924: —

"The Council instructs the Secretary-General to ask the States signatories and non signatories of the Conventions of 1886 to consider the possibility of agreeing to the new Convention for the exchange of scientific and literary publications."

I have therefore the honour to forward you herewith the text of the new draft Convention resulting from the decisions of the Committee of Experts, and to request you to be good enough to consider the possibility of agreeing to it.

I also enclose for your use a copy of the report on this subject addressed by the Committee of Experts to the Committee on Intellectual Co-operation.

I have the honour to be,

Your Excellency's obedient servant.

(Signed) Eric Drummond

Secretary-General

附录五　专家会议拟定之新公约

C. L. 166. 1924. XII.

Annex.

DRAFT CONVENTION RECOMMENDED BY THE EXPERTS ON THE EXCHANCE OF PUBLICATIONS (1) AND PROTOCOL CLAUSES (2)

PREANBLE.

The undersigned, duty authorised for the purpose, declare that they accept, on behalf of the countries which they represent, the following stipulations: —

Article 1.

Independently of the obligations which might result for each of them from the previous Conventions relative to the exchange of publications, the High Contracting Parties undertake to exchange as fast as they are published at least in one copy:

(a) all the current repertories of national bibliography of a general character;

(b) as far as possible documents of every kind giving information on the recent acquisitions of their scientific libraries.

Article 2.

Each Contracting State agrees to take all measures which it judges desirable:

(a) in order to make easily accessible to all interested parties the lists communicated to it according to Artcle 1;

(b) in order to secure favourable consideration of all the proposals of exchange which might be addressed to it by all the Contracting States with regard to scientific or literary publications included in the above-mentioned lists.

Article 3.

To facilitate generally the exchange of works which are the most important or most representative of the various types of national culture, the High Contracting Parties shall collect or catalogue the publications received by gift of otherwise which are available for international exchange. They will publish from time to time a list of thsee works.

This list will also give the names of works existing in duplicate in libraries, which may be exchanged.

Article 4.

The High Contracting Parties undertake to encourage in evry way the multiplication of exchanges of scientific and literary publications, whether State-subsidised or not, between academies and learned societies, universities and scientific institutions as laid down in Article 7 of the Convention of 1886.

Article 5.

The High Contracting Parties undertake to publish annual reports on the work of their exchange services. These reports shall be transmitted to the Committee on Intellectual Co-operation, which shall publish extracts therefrom, together with a general report on the work of the international exchanges during the period in question.

Article 6.

The present Convention, which will remain open for the signature of all States, shall be ratified. The ratifications shall be deposited as soon as possible with the Secretary-General of the League of Nations, Who will notify such deposit to all the signatory States.

Article 7.

The present Convention shall come into force as soon as two ratifications have been deposited. Subsequently, the Convention shall come into force in respect of each Contracting State one month after the notification by the Secretary-General of the League of the deposit of its ratification.

Article 8.

The present Convention may be denounced by any Contracting State subject to one year's notice. Denouncement shall be effected by a notification addressed to the Secretary-General of the League of Nations. The latter shall immediately transmit copies of such notification to all the other signatory States together with an intimation as to the date on which it was received. The denoncement will take effect one year after the date of the notification to the Secretary-General It will only be valid in respect of the Contracting State concerned.

Article 9.

The Contracting States shall have the right to declare that their acceptance of the present Convention does not extend to the whole or to a part of the territories hereinafter defined, namely: colonies, possessions or oversea territories, protectorates or mandated territories.

Such States may subsequently adhere to the Convention separately, in respect of any of the tarritories thus excluded. Adhesions will be communicated as soon as possible to the Secretary-General of the League of Nations, who will notify them to all the signatory States and they will take effect one month after they have been notified by the Secretary-General to all the signatory States.

The Contracting States may also denounce the Convention separately in respect of any of the territories referred to above. Article 8 shall apply to such denouncement.

Final Clause.

Done at Geneva on   in a single copy, the English and French texts of which shall both be authentic, and which shall remain deposited in the archives of the League of Nations.

译文

交换出版物专家拟定之公约草案及附增条文

（注）公约草案即专家原拟条款五条，见文卷 A. 19. 1924. P. 6；附增条文即公约大纲与第六条及以下诸条，由联合会秘书厅法律股按照专家委员会报告拟定增入者。该专家委员会之报告业经行政院与大会通过。

大纲

下列各代表均经合例委任声明以各本国名文承认各项条文如下：

第一条　凡缔约各国除与前订《国际交换公牍科学文艺出版品公约》内应尽之义务无关系外，议定将下列文件一俟出版至少以一份迅行交换。

（甲）凡属普通性质之全国出版图书总目。

（乙）凡科学图书馆最近购入图书之各种报告或书目，以尽量能得者为限。

第二条　缔约国允取种种认为适当之方法

（甲）务将按照第一步交换之各国书目，使关系各方面易于取阅。

（乙）务将上述书目内所载之科学或文学出版品，经缔约各国提出交换之一切建议，保证予以善意考量。

第三条　缔约各国为便利交换一切最重要或最足代表一国文化出版品起见，应将由赠送或他种方法收集之出版品可充国际交换之用者编制目录，随时公布。

此项目录应将各图书馆现存之一切重复书籍可以交换者一并载明。

第四条　缔约各国按照一八八六年协约第七条规定，允将科学或文学出版品，无论其是否由国家辅助出版，使各学术团体、各大学及科学机关用种种方法鼓励增进其互相交照事宜。

第五条　缔约各国允公布各国办理交换事宜之周年报告，此项周年报告应送交智育互助委员会，由该委员会摘要公布，会同周年内所有国际交换事宜之总报告一并公布。

第六条　本公约当听由各国签字后即行批准，其批准文件应从速交国际联合会秘书长处存案，由该处转知签订本公约各国。

本公约一俟有两国批准，文件交存后即发生效力，随后每国经国际联合会秘书长将该国批准文件存案通知各国，一个月后本公约即在该国发生效力。

第八条　本公约可由任何缔约国宣告脱离，惟须于一年以前通知之。宣告脱离本公约应备文通知国际联合会秘书长，由秘书长立将此项宣告抄送其他签订各国，并将收到宣告脱离之日期一并通知之。此项宣告脱离于秘书长收到通知之日起一年后始生效力，其效力仅及于宣告脱离之国。

第九条　缔约各国得声明其承认本公约对于其殖民地属地或海外领地被保护或代治各地之全体或一部分不生效力。

随后各该国可将以上除外各地分别加入本公约，其声请加入应从速通知国际联合会秘书长，由该秘书长通知签订各国。俟秘书长通知签订各国一个月后，此项加入即生效力。

缔约各国亦可以上述各领地名义分别宣告脱离本公约，按照第八条办法办理之。

末条　本公约订于　年　月　日在日来弗，正本只具一份，英法两国文字，一律作准，交国际联合会档库存案。

附录六　外交总长沈瑞麟请加入一八八六年公约并予公布呈

为呈请加入国际交换出版品公约两种并予公布仰祈钧鉴事：窃查民国十一年国际联合会行政院曾依据智育互助委员会之请，通告凡未签字一八八六年比美等国在比京签订之《国际交换公牍科学文艺出版品公约》及《国际快捷交换官报与议院纪录及文牍公约》各国，商令加入，当经教育部提出，国务会议议决由该部筹备加入。嗣比国政府以原邀请国资格，从国际联合会之请，由该国驻京公使来函催询。经教育部核复，可予完全加入。复由部提交国务会议，议决交教育部在案。现复准教育部函称，该约算第一条所规定之出版品国际交换局业已奉令组织成立，请通知国际联合会等因。查该两约之主旨不外沟通文化，互审国情，立意至为美善，既经教育部核复可予完全加入，该约规定之出版品国际交换局复经组织成立，自应正式加入，以资进行，理合将两约汉洋文本缮呈钧览，如蒙允准，恭俟令下，即由部电达驻比全权公使王景岐，通知比国政府正式加入，一面通知国际联合会查照，并请准予公布，以完法律手续，所有拟请加入国际交换出版品公约两种并予公布缘由理合呈请执政鉴核，训示施行，谨呈。

十四年十二月十二日奉

临时执政指令第一千八百九十四号

呈悉，应准加入并予公布，此令。

附录七　驻比王公使通告比国政府中国加入公约函

Bruxelles, lé 22 Decembre 1926

Monsieur le Ministre,

J'ai l'honneur de porter à la connissance de Votre Excellence que, conformément aux dispositions de l'article 9 de la Convention concernant les échanges internationaux pour les documents officiels et pour les publications scientifiques et littéraires et de l'article 2 de la Convention pour assurer l'echange du Journal Officiel ainsi que des annales et documents parlementaires. signécs, l'une et l'autre, à Bruzelies, le 15 mars 1886, mon Gouvernement a décidé d'ahérer aux deux susdite conventions.

Il déclare, en outre, approuver le Projet déposé à la 5ème assemblée de la Société des Nations et arretant les dispositions supplémentaires pour l'echange des publications.

Je saisis cette occazion, Monsieur le Ministre, de revouveler, a Votre Excellence, les assurances de ma haute consideration.

Le Ministre,

A Son Excellence Monsieur Emile Vandervelde

Ministre des Affaires Etrangères, Bruxélles.

附录八　比国政府通告国际联盟中国加入公约函

In reply to your letter of October 22nd, 1925, I have the honor to send you herewith a copy of a communication from the Chinese Minister at Brussels informing me that his Government has decided to adhere to the Conventions relating to the Exchange of Official, Sciéntifie and Literary Publications, and to approve the draft submitted to the Fifth Assembly of the League of Nations, which determines the additional arrangement for the exchange of these publications.

For the Minister

(Signed) Costermans

Secretary-General

Brussels, December 31st, 1925.

附录九　比国政府复王公使声明已转知其他签约各国函

Copie

Bruxelles, le 28 Janvier 1926

Monsieur le Ministre,

A la réception de l'office de Votre Excellence du 22 décembre 1925, je m'étais empresse de faire connaitre a M. Le Secrétaire Général de la Société des Nations que le Gouvernement de la République Chinoise avait décidé d'adhérer aux Conventiont signées a Bruxelles, le 15 mars 1886, concernant respectivement les échanges internationaux pour les documents officiels et les publications scientiques et littéraires, ainsi que assurer l'echange immédiat du Journal officel et des annales et documents parlementeires.

J'ai fait savoir également a Sir Eric Drummond que le Gouvernement Chinois declarait approuver le Projet déposé a la 5éme assemblée de la Société des Nations et arretant le a dispositions supplémentaires pour l'échange des publications.

En m'accusant réception de cette communication M. le Secretaire General p. i. de la Societé des Nations m'a informé de ce qu'il ne manquerait pas d'en porter le contenu a la connnais ance des Membres de la Société des Nations ainsi qu'a celle de la Commission de Coopération Intellectuelle.

D'autre part, eonformément aux dispositions de l'article 9 de la Convention concernant les échanges internationaux pour led documents officiels et les publications scientifiques et littéraires et de l'article 2 de celle concernant l'echange itmmediat dujonral officiel ainsi que des annales et documents parlementaires ai fait connaitre aux Etats signataires et adherents la notification jofficielle de la République Chinoise aux susdites Conventions.

J'ajouterai que des mesures sont prises pour l'exécution de ces actes diplomatiques à l'égard de l'Etat que Votre Excellence représente.

Je saisis cette occasion, Monsieur le Ministre, de renouv elar a Voter Excellence l'assurance de ma haute considération,

Son Excellence Monsieur Wang King Ky

Ministre de la Republique Chinoise

a Bruxelles.

附录十 比国政府致国际联盟会秘书长报告调查结果函

C. L. 140, 1927 XII

Annex

Ministry of Foreign Affairs,

Brussels, May 2nd. 1927.

To the Secretary-General.

sir,

With reference to your letter No. 130/4700IX/23131 of October 22nd, 1925, and my previous communication on the subject. I have the honour to inform you that the enquiry conducted by the Belgian Government to ascertain whether Governments signatories and non-signatories of the Exchange Conventions of March 15th, 1886, would be prepared to accept a system of partial exchanges—the Conventions being modified in that sense—has on the whole given a negative result.

Only ten Governments have stated that they agree with the draft submitted to them.

The Italian Government, while it is prepared to admit partial exchange, is opposed to any modification of the Conventions of March 15th 1886.

The Siamese and Abysinnian Governments state that they would not be beable give adequate effect to the proposal laid before them.

The British and Mexican Governments are unable to agree to the suggestion of the Committee on Intellectual Co-operation.

Finally, most of the Governments concerned have either not explained their views, or have deferred their decision.

In these circumstances it would seem unnecessary to continue the enquiry, as obviously no modification of the Conventions of March 15th 1886 can be contemplated unless all the signatory States sgree thereto, which is not the case; an international agreement to institute a system of partial exchanges would be of no value unless a large mumber of countries subscribed to it. This condition has not up to the present been fulfilled, nor does it seem likely to be fulfilled in the near future.

The Egyptian and Sheritian Governments seem to have read into the enquiry conducted by the Belgian Government a meaning which it did not and could not possess, sincs they officially notified me of their *partial accession* to the Conventions of March 15th 1886.

I have informed them that the Belgian Government was able neither to take cognizance of such partial accession nor to notify the fact to the signatory Governments.

I have advised them to negotiate direct with the various foreign Governments, who must themselves decide whether they desire to carry out the proposed exchange in accordance with conditions to be established by common agreement.

I would observe, that my colleague, the Minister of Justice, who is particularly interested in the question, has informed me that, for practical reasons, he does not intend to carry out exchanges of official publications on lines other than those laid down in the Conventions of March 15th, 1886.

I myself consider that we should encourage countries which are not yet signatories to accede to the 1886 Conventions, and that efforts in this direction would have a better chance of success than any proposal for a new and limited agreement.

It would seem desirable to point out that the Governments concerned may, if they wish. accede to any one of these Conventions, for instance that concerning the immediate exchange of Official Journals and Parliamentary papers, which in many cases would seem to be of particular interest.

(Signed) E. Vandervelde.

附录十一　国际联盟秘书长致我国政府征求改良方法函

LEAGUE OF NATIONS. C. L. 140. 1927. XIII.

Geneva,

October 24th, 1927.

Your excellency,

I had the honour to forward to you, on November 10th, 1924, the report and resolutions adopted by the Committee of Experts convened by the Committee on Intellectual Co-operation to consider the possibility of effecting an improvement in the exchange of official publications.

At its Fifth Session in September 1924 the Assembly of the League of Nations expressed its approval of the work of this Committee of Experts and requested the Belgian Government to use its good offices to obtain the partial accessions to the Brussels General Convention of 1886 provided for in the first resolution of the Committee of Experts.

In a letter dated May 2nd 1927 (copy of which is attached), the Council was informed by the Belgian Government of the results of the enquiry instituted by the latter in conformity with the Assembly Resolution. The Belgian Government's letter was referred by the Council to the Committee on Intellectual Co-operation; at its last session that Committee considered the situation in the light of the information furnished by the Belgian Government.

As a result of the Committee's discussion sand on its recommendation, the Council adopted the following resolution on September 2nd 1927:

> "The Council instructs the Secretary-General to forward to the Governments the letter from the Belgian Government stating the results of the enquiry regarding the

possibility of modifying the Convention of 1886 for the Exchange of Publications,

"In forwarding this letter, the Secretary-General will ask the Governments whether they are prepared to conclude a Convention separate from the Convention of 1886, or, if they consider that impossible, to state what steps they could take to facilitate the international exchange of publications."

I should be grateful, therefore, if you would be good enough to send me your reply to the second paragraph of this resolution; I shall in due course inform the Governments concerned of the result of this enquiry.

I have the honour to be,

Your Excellency's obedient servant.

Secretary-General

His Excellency,

The Minister for Foreign Affairs,

Peking.

附录十二 代拟改良国际交换方法案

With reference to the letter of the Secretary General of the League of Nations (C. L. 140, 1927, XII) dated October 24th, 1927, communicating the terms of the resolution adopted by the Council at its meeting of September 2nd, 1927, the Ministry of Education has the honour to state that the Government of the Republic of China, in the light of the information furnished by the Belgian Government, does not consider it necessary to conclude a Convention separate from the Convention of 1886. It is hoped, however, that the League of Nations, through its Committee on Intellectural Co-operation, will use its good offices to secure the co-operation of varions governments to agree to take the following measures:

(1) Exchange of all the current repertories of national bibliography of a general character,

(2) Exchange of all the catalogues of official publications available for international exchanges.

(3) Direet dispatch of publications by the serviee of the conntry of origin to private addressees without such documents passing through the service of the country of destination.

(4) Exemption from international postal charges on publications intended for international exchanges.

The Government of the Republic of China believes that no partiouar difficulty will be presented in the application of these proposals and is prepared to do its share to facilitate the international exchange of publications.

(原载《中华图书馆协会会报》第三卷第三期)

荷兰图书馆参观记

民国十二三年间，余有大陆之游，得参观其图书馆及博物院。每游一地，略有记载，芜杂不可理。兹会报索稿颇急，乃将关于荷兰之部分录出一二，或可供他日国人游其地者之参考。

（一）Dordrecht

十三年四月，余由比国 Anvers 赴柏林，途经荷兰，大小共历七城。第一城则为 Dordrecht，为荷兰南部之小城，全城尚未安设电车，幽静无比，而市民乘自行车者之多，使人回忆牛津大学左近之环境。其公立图书馆 Openbare Leeszaal en Bibiotheek 在 Wijn 街，规模甚小，但室内愉快之空气，颇与美国乡间图书馆相似。居巴黎数月，每受其图书馆之束缚，睹此不胜大快。馆长 N. Snouck Hurgronje 女士，人甚朴拙，能操英语。馆员尽以女子任之。

（二）Rotterdem

Rotterdem 为荷兰重要口岸，小运河甚多。公立图书馆 Bibliotheek en Leeszalen der Gemeente Rotterdem 在新市场，Neuwe markt 为新式之建筑，规模亦甚宏大。各部组织井然不紊，与英法市立图书馆相较，此可首屈一指。总馆下设四分馆，分布于各地。每年经费约荷币十五万三千格丁（约合国币十二万二千四百余元）。以本城为 Erasmus 产地，故特辟一书库，名 Bibliotheca Erasmiana。凡 Erasmus 自著之书，以及他人评论之著述，无论任何文字，罔不搜罗，现所藏已甚完备。馆长为 Willem de Vreese 博士，以是日（四月十八日）为星期六，故未得晤。馆员 O. Fritschy 君以中国图书馆员之来参观者，余实为第一人，嘱与馆长以电话接谈。博士操英语甚熟，于文字学造诣颇深。盖荷兰图书馆馆长多为文字学博士，其馆员亦多通英德法三国文字者。

本城博物院有二：（一）美术博物院（二）人种博物院 Ethnologischen Maritiem Museum，规模均不大，其管理员平日均著大礼服，为他国所仅见。

（三）‘S-Gravenhage

海牙虽为荷兰之首都，然欧洲大政治家、大资本家，往往卜居于此，以终其余年。故生活较他城为昂，附近 Scheveningen 为海滨名胜。

荷兰议会图书馆　在 Binnenhof，所藏各国政府出版品颇为丰富。馆长导引参观上下两院，见会场狭小无比，上院议员五十人，下院百人。馆长谓议员人数虽少，而党派分歧不让他国。惜值休会期，未得一观其详也。

皇家图书馆 Koninklijke Bibliotheek　成立于1798年。馆长 P. C. Molhuysen 博士，出而导引，备承款接。并介绍下列之论文二篇，均关于此馆之沿革者。

（1） Knuttel，W. P.：*Moderne bibliotheken*. In：*Tijdschrift voor boek en bibliothekwezen*，Derde Jaargang，1905，P. 1－11

（2） Wubben，C. H. Ebbinge：*De Koninklijke Bibliotheek sedert 1905*. In：*Het Boek*，Oct，1923：P. 257－274

馆中设备虽逊于 Rotterdem 公立图书馆，但所藏之善本书则远过之。Aldine，Justine，Plantin 诸人刊印之书为数尤多。馆长莫君前任来丁大学写本部主任，就职以来，关于古代写本收藏益富。又藏有关于荷兰问题之小册子无数，名之曰 Bibliotheca Duncaniana。其阅览室专置参考书，有书目 *Indeelung van den systematischen Catalogues…* 1922，58p，体例甚佳。附有小博物馆，藏古钱及奖牌勋章等四万余种。

海牙之和平宫 Palais de la Paix　为美国钢铁大王卡尼基氏以一百五十万美金所捐筑者也。内有图书馆，专搜集国际公法之书籍，书目名 *Catalogue de la Bibliotheque du Pulais de la Paix*，La Haye 1916，又续编及索引各一册 *le Supplement*，1922，*Index Alphabetique*，1922，为现任皇家图书馆馆长莫君 Molhuysen 在和平宫图书馆任馆长时与 E. R. Oppenheim 女士合编。女士为现代法学家 Oppenheim 博士之女公子，与莫君共服务于图书馆界，互相敬爱，遂缔婚焉。后以事离婚，乃服务于来丁大学。其父年八十二矣，仍居海牙。

殖民学院附设之图书馆 Koloniale Bibliotheek 在 Van Galen 街十四号，专搜集关于南洋荷属之书籍，有书目二册，颇详备。海牙公立图书馆成立较晚，然管理得当，不亚他馆。有儿童图书馆、少年图书馆等，均附设在馆外。每年经费约十万八千格丁（约合国币八万六千元），晤馆长 H. E. Greve 博士，知其曾游学英伦，畅谈颇久。

Martimes Nijhoff　为荷兰最大之书店，以出售善本书著名于世。设于 Lange Voorhout 九号，与皇家图书馆遥遥相对。出版品有 *Nederlandsche bibliographie van 1500 tot 1540*，为研究荷兰印书术者不可不备之书。又有 *Nijhoffs Index*，为荷兰杂志之索引，自1909年起，每月出版一次，十余年来，未尝间断。

荷兰国立制图局 Topographische Inrichting　在 Prinsessegr 街十五号，专制各种地图。余所见关于南洋荷属者，制造至为精密，取价亦甚廉。

博物院最著者为 Koninklijk Kabinet van Schilderijen，设在 Mauritshuis 内，原为 Johan Maurits 太子故居，1820年收归国有。展览威廉第四第五两太子藏画，以后陆续增加，凡 Rembrant，Frans Hals，Jan Steen，Vermeer，Fabritius 诸名家杰作，为数逾五百余种。博物院之背面为小湖 Hofvijver，风景绝佳。

博物院规模较小者，有 Bredius 及 Mesday 二处，一藏十八世纪陈设品，一藏现代陈设品，均私人捐赠于国家者，遂以其姓名名之。有市博物院，所藏关于历史物较多。工业博物院 Museum van Kunstnijverheid 藏磁器及织物。

（四） Delft

海牙左近有 Delft 城，荷兰唯一之高等工业专门学校 Technische Hoogeschool 在焉。

规模甚大。其图书馆系一九一五年所建，自成一部，余往参观时，适值春假期内，各处均经封锁，侍者拒焉。余以何时再能来游尚不可知，不可不有所获。坚请之，侍者不得已，电询馆长 H. H. R. Roeiofs Heijnmans，得其许可，始得入内。其阅览室不甚大，书库概以钢架为之。每层所藏之书各有目录一份，另有总目录置于楼下。所藏专门杂志尤多，颇与美京国会图书馆相似。

（五）Leiden

海牙之东北有来丁城，Leiden 为荷兰文化中心点，最古之大学在焉。此大学自一五七五年成立以来，已四百余年，在学术界贡献殊多。荷兰知名之士，殆无一不与该校有关。现分四科，有中国学生二十余人，多来自南洋荷属。或习医，或治法律，正与牛津剑桥之华侨学生相似。在学生会遇许应涵、陈德熊二君，均在此习法律。次日陈君访余于旅馆并导游焉。

来丁大学图书馆为威廉第一所创设，与大学同时成立。曩在美洲治图书史，在教科书中得见该馆十七世纪之建筑，心辄向往。兹身历其地，求稍古之模型而不可得，乃一最新式之图书馆为欧战中所建者也。关于此馆之历史，以 Moihuysen 之书最为详备，盖莫君任此馆写本部主任时所作，书名 *Geschiedenis der Universiteits-Bibliotheek te Leiden*，Leiden，A. W. Sijthoff，1905，78P。莫君尚有短文一篇，略述此馆之沿革，在 *Tijdschrift voor Boek en Bibliotheekwezen*，Jrg. Ⅱ，1904，P. 33 – 44。此馆藏书，至为宏富，而尤以善本书为最。关于希腊拉丁文之写本，尤著名于世。Joseph Scaliger 捐赠之希伯来书，Grotius 捐赠之亚剌伯土耳其波斯文之写本，均有书目行世。又藏中国书数千卷，并有全部大藏经，与日文书共置一室。中文书目为一八八三年前汉学教授 Schlegel 所编，一八八六年又刊续编。然类例不分，前后倒置，识者讥之。继之者为 J. J. M. De Groot，著有《中国的宗教》一书，被人攻击，乃弃职改就柏林大学之聘。现中文讲师为 Duyvendak，日文教授为 Visser 博士，均得晤谈。

来丁大学图书馆馆长，为 S. G. de Vries 教授，为荷兰宿儒。余此次来游，闻其患半身不遂症，深恐无由把晤，颇失望。旋代理馆长 Buchner 博士以余远道而来，不可失之，遂代订谒见时间。下午三时，余访博士于其家。博士老矣，而精神矍铄，奋斗之志不衰。自谓服务图书馆界已逾四十余年，日日与书为缘，实人生之乐趣，谈话约半小时。

本城之公立图书馆规模甚小，左近有 E. J. Brill 书店，备有中文铅字，伯希和氏主撰之《通报》，即在此刊印者也。

古物博物院 Rijksmuseum van oudheden 专收希腊罗马古物，甚完备。人种博物院 Ethnolographisch museum，内分三部陈设，（一）中国日本，（二）亚欧南部，（三）美洲非洲及新基尼，均限于地址，未能扩充，而中国之部，尤芜杂不可理。

（六）Haarlem

由来丁城至哈连姆，火车两旁种有鲜草无数，荷语名 Tupenvelden。红白相杂，异常美观，在他国未之见也。公立图书馆甚小，惟所藏关于印书术之著作颇可观。

此城未设置大学，惟著名之二博物院在焉：（一）Frans Hals Museum　凡 Hals 之杰作皆藏于此，极为丰富。他如 Pieterz 之山水、Decker 之人物，皆杰作也。（二）Teylers Stichtung　为科学仪器博物馆，收藏至为宏富。而油画尤多杰作。附设之图书馆，藏自然科学书及学术团体出版品至富。正如美京之斯密搜院也。图书主任 J. J. Verwynen 君，嘱返国后多为之寄科学刊物，并愿互相交换。此院由 H. A. Lorentz 教授主持。教授为发明 X 光线者，现仍在此继续研究。

科斯特石像，俨然立于通衢。科斯特 L. J. Coster 者，荷人咸奉之为发明活字印书术者也。而德人则否认之，归功于 Johann Gutenberg。两方争执不息，为欧洲学术界数百年来未解决之问题。科斯持所印之书，以学校教科书为多，所谓 Donatus 者是也。凡科氏手印之书，无论片纸只字，荷人无不保存之，总名之曰 costeriana。

（七）Amsterdam

由哈连木北行，为 Amsterdam。与 Rotterdem 均为荷兰重要海口。公立大学为一五七八年所设立，分设于两院，其图书馆以所藏 Hebraica 及 Judaica 著名于世，而尤以关于荷兰戏曲者为多。馆长 C. P. Burger 博士，甫退职，晤副馆长 H. J. Mohler，承指示该馆编纂目录之体例。并蒙赠书目二种。

1. *Gids voor de Bibliotheek der Uuiversiteit van Amsterdam*, *met Catalogus van incunabelen en andere verzamelingen*, 1919.

2. *De incunabelen en de nederlandsche Uitgaven tot* 1540 *in de Bibliotheek der universiteit van Amsterdam*, 1923

公立图书馆为一九一九年所设。用人行政均操于地方董事会，Vereeniging voor Openlbare Leeszaalen en Bibliotheekente Amsterdam，惟经费概由市政府拨给。总馆在 Keizersgracht 街，计分八部：（一）参考部 Inlichtingenbureau，（二）阅览部 Algemeene Leeszaal，（三）杂志部 Couranten en Tijdschriftenzaal，（四）商业部 Handels – Economische Bibliotheek，（五）工艺部 Technische Afdeling，（六）音乐部 Muziek bibliotheek，（七）盲人部 Blinden bibliotheek，（八）出纳部 Uitleenboekerij，盖采取美国图书馆之组织者也。与馆长 T. P. Suevensma（现任国际联合会图书馆馆长）晤谈，招待颇为恳切。

博物院 Bijksmuuseum 为欧洲著名博物院之一，所藏至为宏富，而尤以油画为最，Jan Steen，Van Dyck，Rubebns，Ruysdael，Rembrandt 之杰作具在焉。Rembrandt 之“守夜”Nachtwacht 另置一室，引光线反射于画上，使人爱不忍去。是院藏中国古物甚夥，以瓷器为最，皆 Drucker – Fraser 所捐赠者。

（八）杂记

荷兰大学图书馆规模较大者，尚有乌脱勒希特 Utrecht 及格林根 Gronirngen 诸处，以时间仓促，未及以观。P. Vanrycke 氏有“荷兰四大学图书馆概况”一书 *Les bib-*

liotheques Uuiversitaires ehoetlandaises 在巴黎出版，颇可资参考。

荷兰图书馆协会有二团体：（一）全国图书馆协会 Centrale veneeniging voor Openbare Leeszaaleneean Bibliothkene，（二）图书馆员协会 Nederlandsche Vereniging van Bibliothecarissen en Bibliothekambtenaren。关于图书馆学之杂志有三种（一）*Tijdschrift voor Boek - en Bibliotheekwezen*，（二）*Het Boek*，（三）*Bibliotheekleven*。第一种创始于一九〇二年，第二种创始于一九一三年，在图书杂志中均负盛名。第三种则稍近于通俗者也。

欧洲图书馆之组织，向分四大部，历久而不变更。四部者，写本 Manuscrits、刊本 Imprimes、古物 Medaieleset Antiques、美术 Estamps 是也。荷兰皇家图书馆及来丁大学图书馆之组织，均不能逃出此例。惟写本部主任 Conservator handschr，及刊本部主任 Conservator voor de gedr. werken 位置较高，而尤以写本部为甚，盖馆长 Directsur Bibliothe caris 退职时，其职务每以写本部主任代理。亦可见其对于古书之重视矣。至于新建之公共图书馆所谓 Openbare Leeszaal en Bibliotheek 者，则无一不受美国图书馆制度之影响矣。

（原载《中华图书馆协会会报》第四卷第一期）

近十年来国际目录事业之组织

世界上学术研究愈进步，其研究之范围愈趋于专门。无论任何科学，或其一部分，为便于研究起见，均有专门学会之组织。此种科学之结合，实为近四十年来学术界之特色。但研究事业愈趋专门，愈使研究者趋于极端，而对于研究他种科学者，往往不相联属，研究上不能收互助之效。欧美各国有鉴于此，乃有学会联合会，或学术团体协会之组织。其办法即将全国各种学会，合组一总会。使研究事业，一方面趋重于专门，一方面仍互相联属，俾彼此于互助之中，可以避免重复之工作，而以余力解决新问题也。

学术原无国界，每国有一总组织，如学术团体协会之类者，固属重要。但国际间之组织，在研究上尤所必需。甲国研究某种科学者，对于乙国丙国或其他各国作同样之研究者，亟有确知其研究程度之必要。学术研究愈进步，此种需要愈迫切。因此国际目录学在学术界遂占重要之位置。欧战以前，各国科学界各自为谋，不相联络。虽间有国际组织，然大半是一种会议 Congress 性质，并无永久执行之机关。欧战告终，国际学术界感其需要，乃产生二大团体：（一）属于自然科学者，名曰国际学术研究会议（International Research Council）。（二）属于人文科学者，名曰国际学士院协会（Union Academique Internationale）。此二团体均与国际目录事业有密切关系，兹先将其成立经过分述于下。

国际学术研究会议

此会议经各国科学界代表于一九一八年十月在英伦举行第一次会议，一九一八年十一月在巴黎举行第二次会议，及一九一九年七月在比京举行第三次会议后，始行正式成立。以联络及促进国际科学事业，避免重复工作为目标，为国际间自然科学研究之总机关。其组织以各国之学术研究会议（National Research Cauncils）为基本会员（各国学术研究会议之组织，由各国自定之，惟以团结各该国学术团体为一总机关为原则），并包括下列各科学之国际团体，如：

国际天文协会（International Astrononical Union）

国际地磁及地球物理学协会（International Union of Geodesy and Geophysics）

国际数学协会（Internntional Union of Mathematics）

国际广播无线电协会（International Union of Scientific Radio - telegraphy）

国际化学协会（Internation Union of Pure and Applied Chemistry）

国际物理协会（International Union of Pure and Applied Physics）

国际地理学协会（International Union of Geography）

国际地质学协会（International Union of Geology）

国际生物学协会（International Union of Biology）

国际医学协会（Inteenational Union of Medicine）

国际目录学协会（International Union of Bibiography）

凡参与任何国际协会者，均应在各该国内，组织一关于该学科之专门委员会（national committee），由该委员会推出代表，出席国际协会会议。此项国际协会已成立者，为前列之六团体，其他五团体尚在组织中。

国际学士院协会

欧战告终，各国代表团中，颇多史学家、地学家，及政治社会经济学家，鉴国际间学术联合之必要，乃于一九一九年五月及十月，两次在巴黎举行会议，议决组织一国际学士院协会，为国际间人文科学之联络总机关。于一九二〇年五月正式成立，设总事务所于比京。以各国学士院推举之代表二人共同组织。内中并未设国际团体，但其主要工作，则限于考古学、历史学、语言学、文字学、哲学、政治及社会科学。此与国际学术研究会议组织上之不同也。

此二团体之目的，在使国际学术界有一种密切之联络，于互助之中避免重复之工作。其方法不外给予从事研究者一种工具，使其了解某国某人对于某种问题之研究已有若何之结果，使其利用前人已获之成绩，而发扬其独立研究。盖国际目录学实为研究任何科学之先决工作，自应由各国学术界分工合作，继续进行。上述之二团体，其任务虽在鼓励科学研究，尤注意于国际目录之编纂，即此故也。

此二团体，一限于自然科学，一限于人文科学，其着手编辑之古文字学书目、中古拉丁文大字典、国际生物学书目、国际物理化学书目，以及科书论文总目（*International Catalogue of Seientific Literature*）之继续编辑及刊行，收罗古今著作，为各该科学结一总账，均不朽之目录事业也。惟限于经费，一些进行计划未能积极实行。而国际学术界尚有其他事业为该二大团体所不能该括者，于是有国际智育互助委员会（International Conmmittee on Intellectual Co-operation）之组织。

国际智育互助委员会

此委员会系一九二二年国际联合会行政院所组织，以沟通各国学术事业为目标。并以当代哲学家柏格森为委员长，其他各国代表为委员。自成立以来迄本年八月，仅逾七年。每年或半年举行会议一次，已历十一次。

该委员会为便利工作起见，特组织下列之各分委员会。分委员会中又常召集专家会议，以备咨询。此外又赖法国政府之协助，在巴黎设立国际智育互助社（Institut International de Coperation Intellectuelle），为调查及执行之总机关。已成立之分委员会为：

一、目录委员会（Sub. Committee on Bibliography）

二、大学联络委员会（Sub. Committee on Inter-University Relations）

三、智育权委员会（Sub. Committe on Intellectual Rights）

四、文艺委员会（Sub. Committee on Arts）

五、关于传播国际联合会之旨趣委员会（Sub. Commttee on the Instruction of Youth Concerning the Existence and Objects of the League of Nations）

国际学术上之关系，以目录方面最为重要。盖从事科学研究者，对于科学文字之发表，均有充分注意之必要。国际联合会组织之目录委员会，亦即为解决此问题而设者也。兹将其已获之结果及进行中之事业略述于左，其他分委员会之事业概从略焉。

专门杂志篇目之提要

国际间科学之联络，根本上有两事必须沟通：（一）对于过去之科学成绩见于文字者，应用何种方法编一总目？俾供全世界之资考；（二）对于现在及将来之新发明，应如何使其普及？今日科学研究之方法日精，其所得之结果亦日多。此项结果，应用如何简捷方法，可于最短期内公布于世，实科学界之重要问题。关于解决之法，欧美各国往往有撮要杂志 Abstract Journal，专司著录及解题。但此种杂志，在先进国中往往关于一学科者多至数种，而彼此不相联属。以致工作者既有重复之虞，而用之者必须全数检阅，方能竣事。于两方面均不经济，如再举全世界各国之撮要杂志而统计之，则其数尤多，其检查之不经济尤甚。目录委员会有鉴于此，于一九二三年七月二十八日第一次会议时，乃有以下之建议：

（一）每国内之撮要杂志由一国立机关掌之。此机关遇必要时，应与其他国同类之机关相联络。

（二）每国之撮要杂志除用其本国文字外，应兼用最普通之他国文字。

（三）每国内关于每一种学科，应只有一种撮要杂志。其编辑方法应先统一，以便其资料在关于该学科之国际撮要杂志中可以集中。

（四）篇目撮要应用统一的方法刊印之，以便贴于卡片上，易于检查或交换。

（五）为便利起见，每篇著作者或杂志编辑者应在论文之前作一撮要，在论文之后作一结论。

（六）通告各杂志编辑者，将每一篇目各为起讫，以便易于流传。

此案经国际联合会第四次大会通过，旋又召集各重要杂志编辑者重行讨论，逐渐实行。

此议案有四优点：（一）各国撮要事业互有联属。（二）科学研究结果易于流传。（三）编辑方法藉此统一。（四）检查时间较为经济。

书目总目之编纂

目录委员会鉴于各国关于科学或专门问题之书目为数过多，而无集中机关为之传布，以致参考上时感不便。爰由瑞士国立图书馆馆长 Godet 提议编辑一书目总目 *Index Bibliographicus repertoire internationale dos sources de bibliographie Courante*，将各国书目或介绍新书之定期刊物一并列入。并请各国国立图书馆分任搜集各该国之资料，从事编辑，先后约一年。曾于一九二五年出版。惟内中遗漏尚多，亟待增补。现由国际智育互助社重行审查，明年可再版云。

国际交换出版品协约之增改

一八八六年三月十五日，在比京曾签定一《国际交换公牍科学文艺出版品之公约》。参与其事者，仅有八国。目录委员会以国际交换出版品，为国际智育互助上之重要事业，亟图扩充其范围。乃有下列之建议：（一）国际交换出版品，不应仅限于官书，私人科学著作均应列入。（二）商请各国政府免收国际交换邮费。（三）未签约一八八六年公约各国应请一律加入。（四）召集专家会议。（五）改良各国交换局之组织。（六）各国交换局应按期刊印政府出版品目录。

专家会议于一九二四年七月十七日至十九日在日来弗举行，并有新公约之拟定（见《中华图书馆协会会报》三卷三期），国际联合会行政院采纳其报告，通告各国商请加入公约。民国十四年中国加入公约，即应联合会之请者也。

物理学杂志撮要

目录委员会对于杂志篇目撮要既有统一之规定，乃先从物理学入手。一九二四年五月，在比京召集英法德各国物理撮要杂志 *Science Abstracts Journal de Physique*，*Physikalische Berichte* 之编辑，共同讨论改革办法，当即规定撮要方式，并请各国物理杂志编辑者一律采用，以期统一。又须遵守规定之办法数条：

（一）分类统一。

（二）撮要在未发表前应互相交换。

（三）通告有关系之杂志，准其采用撮要全部或一部分。

自是以后，物理学之撮要均集中于以上之三杂志，便于检查多矣。

生物学书目之编纂

生物学之性质为一种叙述科学，其著述较其他科学为多，而撮要之需要亦较为迫切。国际联合会以其最关重要，曾召集生物学专家会议。有下列之议决案：

（一）凡任何论文在杂志中发表者，应印单行本，即以此项单行本寄于杂志撮要机关。

（二）组织一国际机关，专收受此项单行本，转寄各撮要机关。

（三）在每论文之前，由原作者自备撮要。

（四）函请杂志出版机关，对于无撮要之论文一概不予发表。

（五）撮要字数之长短，以原文百分之三至百分之五为标准。

上项议决案发表未久，以经营之故，尚未实行。美国方面乃着手组织一生物学会联合会（Union of American Biological Societies），由此会组织一撮要机关，名曰生物撮要编辑所（Biological Abstrasts）。将以前出版之《植物学撮要》*Botanical Abstracts* 及《微生物学撮要》*Abstracts of Bacteriology* 合并于内，而大扩充之。并将各国关于生物学之文字，无论为理论方面，或应用方面者，均为大规模之搜集。自一九二六年创刊以来，每月或每两月出版一次，未尝间断。其事业虽为美人所创办，但各国生物学者均参加协助，实具国际性之目录也。

先是十九世纪末叶，生物学方面已有大规模之书目。经营其事者为美人 Zield 博士。博士于一八九六年在瑞士作里西地方，创设一生物学书目学院（Concilium Bibliographicum. Zurich），以编辑及传播生物学论文及书籍为目的。所印之卡片，俱依杜威分类法排列之。至今日已出版者约有四十九万张。依类排比，颇便检查。兹将其分类卡片之数目略记于左：

普通生物学（General Biology）	5, 280 Cards
动物学（Zoology）	340, 000
解剖学（Anatomy）	34, 250
生理学（Human Fhysiology）	63, 140
古生物学（Palaeontology）	41, 850
显微镜使用法（Microscopy）	3, 630

另有书本式目录，如《生理学书目》*Bibiographia Physiologica*、《动物学书目》*Bibigraphia Zoologica* 等，现尚继续进行。凡世界各国新发表之论文，均行收入。全部卡片，约合国币七千余元。此学院受欧战影响，曾经停顿。后赖美国经济之援助，所有卡片照常出版。美国生物学联合会亦与之合作。藉免重复之工作焉。

经济学书目之编纂

欧战告终，各国经济之整理尤为学术界所注意。国际联合会于一九二五年十二月召集经济专家会议，一九二七年又召集第二次专家会议。对于经济学论文撮要之机关，咸认为有互相联络之必要。乃拟定一种分工合作之办法，依据论文文字之类别，使各种资料集中于数大杂志，其撮要即由其任之。其分工合作情形大略如下：

（一）关于用德文，丹麦、荷兰、瑞典、挪威文发表者，由德国 Weltwirtschaftliches Archiv 任之。

（二）关于用法文及罗马尼亚文者，由法国 Revue d'Economie politique 任之。

（三）关于用义文及希腊文发表者，由义国 Giornale degli Economisti 任之。

（四）关于用西班牙文者，由西班牙国 Espana economicay finaneiera 任之。

（五）关于用英文在英国发表者，由伦敦经济学校任之。在美国发表者，由美国经济学会及社会科学研究会议任之。

（六）其不用以上文字发表者，应在最普通文字中译一撮要，寄巴黎国际智育互助社。

文字学书目之编纂

文字学书目在国际学术界中尚未受相当之注意，国际联合会有鉴于此，曾于一九二八年三月召集一文字学专家会议，咸以关于文字学书目并无联络之机关，亟应从速成立。

其议决案较重要者如左：

（一）请国际智育互助社转请各国当局，开一文字学家名单，此项专家可供咨询及协助者。

（二）对于亚洲文字——中文、日文、印度文、亚剌伯文、土耳其文，——向无专刊为之撮要者，亟应设法请其一律加入。

（三）在各国应设文字学目录机关，以引起学者之注意。

（四）编辑书目，先从拉丁民族入手。

（五）撮要字数应占原文一百分至二百分之一，书籍撮要字数不得过二十行。

以上各书目均为目录委员会之重要工作，内中有已成者，有尚在计划中者，但大体已定，倘能得各国学术界之合作，成书当不难也。

此外尚有二书目，均赖国际间之合作，始能永久维持：（一）关于史学方面者，（二）关于目录学方面者。

关于史学方面者，为《国际史学书目年报》（*International Annual of Historial Bibliography*），先是各国关于史学之文字，均由德国 Jabrberichte der Geschichtwisseuschaft 担任著录及撮要，为一集中之机关，不幸以欧战停止出版。一九二三年在比京举行第五次国际史学会议，美国代表提出关于国际史学书目之议案，于是有国际委员会之组织（International Conmmittee on Historical Seiences）。此委员会除出版一会报外，并将各国每年出版之史学书，汇而集之。为《国际史学书目年报》，迄今尚未出版。

关于目录学方面者，为《欧洲古书书目》（*Gesamtkatalog der Wiegeudrucke*）。先是有海因氏（Hain）者将一五〇〇年以前出版之古书，所谓 Incunabula 者，搜集七千余种，共编一总目录，名曰 *Repertorium Bibliographicum*，集古书目录学之大成。然自十九世纪末叶以来，古书屡屡发现，故 Copinger，Reichling，Berger 诸人又增补海因氏之书。至一九〇四年德国有普鲁士古书委员会之组织，从事大规模之古书调查，以 Haebler 博士为委员长。此委员会虽为德人所组织，但各国目录学家均协助其事。一九一〇年补编出版，名曰 *Nachtrage zu Hain's Repertorium Bibliographicum*。一九一四年又刊行第二部。嗣以大战关系，停止进行。一九二二年又恢复以前之工作，而又改进之。全书共十二册，期于十二年内印成，现已出三册，均依著者姓氏排列之。他日告成，亦国际目录学之一大贡献也。此外尚有大规模之书目多种，虽具有国际性，但均由一国所担任。其较著者，如关于社会科学者有美国出版之 *Social Science Abstracts*，关于动物学者有英国之 *Zoological Record*，关于医学者有美国出版之（1）*Index Catalogue*（2）*Quarterly Cumulative Index Medicas*（3）及 *International Abstracts of Surgery* 等，均系定期刊物，创办已久，而无间断，但非国际合作之事业，概从略焉。

（原载《北大图书部月刊》第一卷第一期）

十年来国际图书馆博物院发展概况

——在北洋工学院之讲演

诸位同学，今天很高兴，有机会能参观贵院之一切设置。廿年前本人曾一度来此，其时一切设置远不如今，即建筑论，亦不若目今之整齐严肃。贵院在李院长指导之下，一切按部就班，勇往迈进，实至可喜。至于本人此次出外考察时间很短，而考察范围又仅限于博物院及图书馆两项，所以此次讲演亦只能略述一年来国际博物院及图书院之发展之概况。

在未讲本题之前，本人愿乘机先述图书馆及博物院之何以产生，外国学术界在近世纪以来，一切事业莫不与上述两项机关有直接影响，而同时各方又能打成一片，互相合作，遂能促成一般之进步。本来现代世纪已为科学时代，尤其在此二十世纪，科学更特别发达，易言之，二十世纪亦即专家时代，无论国家社会，处处需要专门人材为之指导，非此国家社会即不能存在。所以在行政方面，无论为公安或司法机关，均注重专门人材之培植与修养，关于每一问题，莫不研究一完善方法，以求其进展。一切研究方法，复首先考察与此类同事件，以前有无发明及有无纪载，然后再进一步以求其结果。譬如一花瓶，应如何制造，第一先求其制造方法，如此项方法早有发明，自可循其旧例而另求改进，以发扬光大，如此利用以前之经验，节省一己之精力，而利用方法则须仰赖于图书馆，于此愿附带讲述一笑话。

苏格兰人对一事之发生研究最为深刻，故目今英国之一切要政，莫不由苏格兰人操纵，但苏格兰人有一通病，即深喜财货。某次有数人共理一机器，忽机器发生障碍，动转不灵，乃不能不转请专家为之修治。及专家既至，他无所需，仅需锤子一把，对准机器之一部猛击一下，曰：机器复原矣。试之果然。逾数日，此专家突来一账单，书其额曰：修机费共二百五十磅。苏格兰人闻之大愤，以为仅一击耳，二百五十磅索价无乃太昂，当合议结果，决请此专家另开详细账单，请分析一下，何以索费如是之多。经此专门家一度考虑，乃另书一账单，曰：击锤一下，需金一磅，而能知何处应击，需金二百四十九磅。此段笑话即在显示，一击人人能为之，惟何处应击，则非专家不办。故外国专家所掌之权威至大，且得国家社会之特别信任。同时外人研究学术之方法，第一即在要晓得以前研究之程度，然后再断定未来应由何处作起。诸位今日均求学于本学院，譬如采矿冶金，最初宜首先明瞭世界关于采矿冶金之方法已至何种地步，不论其为英德法美，然后采其所长，自能事半功倍，由此供我参考之唯一机关，即为图书馆与博物院。此两项机关，不仅可供给许多之方法，且可供给许多之研究资料，如是知图书馆及博物院之需要实在一般之上。

十年以前，本人尚在美，回国后办理图书事业已若干年，自愧成绩毫无，此次再度赴美，始知一般已大非昔比，突飞猛进，多非想象所能及。

语其特点约有数端，兹分别略为附述：

一、建筑之华美及完备　美国图书馆建筑华丽伟大，自为吾人望尘不及，吾人初至其地，颇如乡下老进大观园，几于不辨东西南北。再问及建筑之费用，每所竟达二三千万，又不禁令人为之咋舌。至其内部组织之完密，设备之周至，更无不尽善尽美，且每一图书馆中职员，常能容八百人，其人数之多，方之贵院，且多至数倍。同时参观人数，亦常超过万人以上。其建筑费用，复多为是私人或公共捐助，其何以能如此之热心，不外一般人认为图书馆能供给全国之需要，其范围并不限于行政之兴革，或社会之改善，实能解决一切疑难，譬如我国长江之轮渡，吾人愿需要此项建筑方法，则图书馆中可充分供给之，以人之长补我之短，时间与财力莫不经济。固就建筑上言，已令吾人惊异不置，而其设立之普遍，几于每一大学莫不有一完善之图书馆，各大都市更有市立或省立图书馆，其内部之陈设，颇如天津最大之百货店，分门别类，五光十色。彼国能以如此重视图书馆，要亦无非各种学术实业能受其助，以是虽受极大之糜费亦在所不惜，其故即在此。

二、书籍收藏之宏富　欧美每一图书馆，收藏书本达一百万以下三十万以上者为极普通之设备，而同时复能互相连络，互相合作，倘此工矿冶即彼改藏土木，务使各不相同，以尽同工之妙，遇有机缘，更能互相分送互相调剂，结果所费之金钱无多，而所收之效果极大。其藏书范围又非狭义的，仅限于专门书籍，即次之如一般发行之小册，无论其为公司之宣传，或商店营业之报告，举凡稍有关系之书籍，均在收藏之列，即以其种类之曲别，用科学方法特别陈列，遇有机会，此种种之小册，均有极大之功用，譬如有人在津欲办一皮革公司，此图书馆中即能举皮革一门之种种报告及小册供为参考，故目今欧美图书之收藏范围，实已越出普通界限之外。

三、专门人材之指导　大凡欧美每一图书馆中，管理普通行政另有人负责外，格外更有专家二三十人，各依其所长管理各部之事务，譬如巴拿马运河现在欲加以修浚，则水利专家即可举所藏关于该河之历史及建筑之经过，于数分钟内即完全供献于需要者之前。其他若国际问题之材料，譬如中日问题，亦另有专门人员负责搜集及管理，其中所列经过能令人一目了然。此种专门人员，图书馆中名之曰讲座，其一切组织适如一完善之大学，而更能使一切融为一片，以解决一般实际问题，其时间财力各方面均较经济。本人在德所参观之一图书馆，其所用之方法更令人感觉惊异，彼能用电流及机械作用，于最短时间将所要之资料，完全送置于吾人之前，不用人工，而只恃机械，此在吾人视之，未免疑神疑鬼，但与我国较，其进步之缓急，无形已相差百年。以上所讲为最近各国图书馆发达情形，今再将各国博物院发展概况略为陈述。

博物院在欧洲历史很久，但以前君主时代，不过因君主之喜悦，于是遂有多方之贡奉，积渐为多，乃将许多不同之古物开始陈列，其范围仍不脱君主之私有，及后渐进化，乃由私有制度而化为公开展览，由私化公，是为博物院产生之萌芽。最近考古学发达，经各国考古家之发掘及搜集，古物之出现愈夥，博物馆乃于以确立，而其裨益于教育亦至为伟大，譬如教导儿童常看空洞之书籍，不如常看实物收效为宏，方之造船亦然，仅看书籍，结果或并无所知，或只感觉其干燥无味，及亲见实物，自然一目了然。

在欧洲各国，关于博物院之设置极夥，但细分之，可分为三大类，即：一，艺术的；二，自然科学的；三，专门的。兹分别言之。

一、艺术博物院　方才讲过博物院之产生，系由君主之私有制度化为公有，再进而变为现今之博物院，于此显然分为三大阶段。现今之各国博物院陈列之物品日多，范围益广，于是陈列之方法不得不从事研究，以便使人于参观之后，除发生美感之外，复须使其稍受影响，因此博物院之陈置，乃成为专门问题，但最新方法是什么？以及如何始能发生美感？据本人观察所得，现在最进步之陈列方术约有两种，其一在不求其多而贵其精。平常每一巨室，所列物品不过寥寥数十件，而清晰了然，令人醒目，是为陈列方法之第一种，厥名“选择陈列”。第二种则为“综合陈列”，将一时代一地域之物品陈于一室，譬如唐代则置唐代之一切文物列为一处，游人一入其中，无异置身于唐代，是亦为“断时代”的陈列方法，推而之于宋明亦然。最近美义各国博物院于此陈列方法颇为盛行，义大利之博物院中常置十六世纪之一切油画雕刻集于一处，方法新颖而时髦，颇足为吾人仿效。此两种方法虽各有短长，但其各个优点均难磨灭。除此两项之外，第三种则另有研究部，属于专门部分专供专门研究之用，虽非普通人所能尽解，惟其供给专门之研究，其功尤伟。此种组织，不论公共团体，或私人请求，均可予以极大之便利。至若上述各项陈列方术，除尽美尽善之外，而于色彩之调和尤为注意，譬如一花瓶，其色为红或蓝，则用与此项色彩调和之电光四周映照，故于参观时，乃令人益觉其美，宛入一美丽之图画中，设计及此，叹为观止。

二、自然科学博物院　此项博物院之陈置进步，亦至飞快，比方矿冶物品，则划矿冶为一室，土木亦划土木为一室。尤以在德所见之大博物院，一切令人惊奇不置，参观人数亦常达数十万人以上，则其所予一般人之印象及影响自然伟大，中国博物院尚未走上轨道，关于管理及搜集均无研究，与国际较相差尚远，今后自然希望勤加研究，急起直追。

本人此次路过各国，无论伦敦、巴黎、纽约或柏林，均有极大极充备之国立博物院，即小国中如瑞典、瑞士各地，亦有同样充备之组织，则其帮助科学上之一切研究尤显而易见，本来讲堂上课本所述半属空洞，究不若有一实物为之解释证明，此在教授时局上亦较经济。

三、专门博物院　无论为生理或卫生各项专门博物院，各国现在各有完备之组织。伦敦一大生理博物院中，搜藏各种外科骨骼，以及各民族之特异头颅，譬如中国之西藏民族，或蒙古民族，此博物院中均各藏若干具。由此头颅，即能显示各民族特异之点。再如德国之卫生博物院中，其于人民如何卫生以保持其健康，各有详明之解说，以为人民遵行之资。凡此种种，中国均未做及，以现代之情势论，实为需要。于此有一极可注意之事，即当参观各国博物院及图书馆时，均附有专门之学校，招收失业之青年，毕业之后即能在本院或本馆从事服务，遇机并有各种专门讲演。统而言之，图书馆及博物院在现代国际间已成为普遍民众化，由此乃影响各种学术之发展。

在本人出国期间，于参观图书馆及博物院时，并曾参观各项大学，其中关于工业学院本人并复加以注意，工业问题本人为门外汉，但各国工院各有特点，未始不足供吾人采取，详细述之，约有三项，兹特贡献于诸君。

一、课程经济　各国大学，尤其关于工学院，有一特点，即注意实际问题，而此实际问题又各与地域及时间有关，其课程为游动的，绝不呆板，能随时与事实变换，事实需要此一种人材，此大学中即添设一课，专门研究，并造就此项人材，大凡与民生国计均有关连，毕业之后，此项人材即能以其所学供其所用，譬如黄河随时决口，即黄河附近之大学即能添设水利一课，研究防制方法，故其毕业之后不致学非所业，或无职业。

二、经济合作　第二特点为一城同样机关或同等学校能互相合作，不作重复之工作，尔究水利，我即习土木，务使各不冲突，互相为用，以造成全国之大联合，其间虽亦互相竞争，但于竞争之中不失合作之旨，故能集中人力财力，以少许之金钱收极大之效果。

三、人材经济　外国各大学校注意人材之培养，造就一人，国家社会即同深信赖之，故一人有一人之用，绝无废人，而每人同时亦能认定职业，切实去作，虽经波折，亦抱百折不回之旨，勇往直前。譬如一人研究水利，则终其身研究水利，绝不半途更改，即以本人所知高论十年前研究水利者，十年之后仍研究不辍，不似中国随风使舵，今日喜此，明日即移彼，终至一无所成。外人其所以有大成，就即以其毅力坚决，数十年如一日，虽牺牲毕生精力，亦在所不惜。中国人则否，固谓中国人为极端聪明，绝非谰言，实则中国人之聪明，亦允非外人所能及，德荷人虽大笨极笨，而能守一而终，若聪明人不用其聪明，自不若大笨极笨之人勇往迈进之为愈。中国人另一大病，即好从头做起，此种作法，不仅国家受无限损失，即个人精力亦受无限损失，外人则否，外人研究学术之方法，为继续的，如以前已有成绩，绝不从头做起，故其成功速，而费时短，此最大原因，即在能利用继续性以克底于成。故中国目前之唯一希望，在教育方面，一切要专门化，莘莘学子宜立志要做专门家，而尤要者，须当利用其固有之聪明，参照现代已有之成就，益以埋头苦干之精神，谓其无成，其谁信之，凡此数点，或可略备诸君参考云云。

袁氏讲演至此，旋复略述其欧游归来之感想，以为他姑不论，即以中日两国论之，日本自近今以还，一切实能平均发展，但中国则否，中国虽有人愿为持久之研究，或愿为各种之专门家，或又为环境所不许，其次中国已往太重视留学生，太蔑视真经验，须知真正之经验，胜乎舶来之所学，当年德相毕斯麦有言，三十年后，日本可不派人到德，但中国则否，今日验之，果然，其原因，即以中国所派之留学生，半属毫无所知之青年，而日人所派则多为专家，回国之后，即能以其所学，实际应用，此种情形，适与吾国相反，再次目今世界之专门家，不论在何国，均受极上之优遇，更不论其为何种主义之国家，而中国不然，当铁路局长，或对机件行驶之作用，毫无所知，致专家不受国家社会之重视，凡此种种，一方由于国家轻视专门人材，一方由于专门人材不能予国家以相当贡献，此后希望国家予各项人材之适当优越之环境，以便研究，同时并望有为之青年，奋发有为，埋头苦干，尤其为工业学生处现代世纪，更宜特别努力云。

（原载《天津市市立通俗图书馆月刊》第七、八、九期合刊）

欧美图书馆之新趋势

此文乃系讲后追记，记成，袁先生业已离鄂，未能呈正，如有不符及错讹遗漏之处，概由记者负责。记者识。

（一）欧美各国近皆致力于图书馆之建筑，美国尤若雨后春笋，价值数十万以及百万之新馆舍，余所见者亦不下六七座。建筑设计、内容置备，无不力求科学化。其中多有按照杜威氏图书十进分类法分部建筑者，一类图书单置一处，俨若一大图书馆中包含多个之专门图书馆然，各以各该学科专家司理其事，以资熟练。此种建筑，自是利弊兼有，兹姑且提及以见其科学化之一般也。日内瓦国际联盟图书馆，建筑费用在三百万元以上，系美国资本家洛克斐勒一人捐资，今尚未完工。其他如比利时、英、法、德等国图书馆建筑亦均有显著之进步。

（二）美国图书馆近年来多注重参考讲座之设立，以供读者之咨询，一若大学研究院然，如国会图书馆图书分为廿余类，而今大部分已有专家讲座之设立，且仍在进展之中。其他公立以及大学图书馆，亦莫不循此途径以发展。

（三）美国图书馆注重技术之管理，出纳手续尽量使其简易迅速，以便读者，建筑、设备力求舒适整洁，对于社会亦力谋发挥其效能。欧洲图书馆则仍保有文化渊薮之意味，馆长资格限制甚严，保有学者名流之风向，一若我国古代之柱下史然，而尤以英国为甚。其全国图书馆协会前曾有学者协会及普通馆员协会之分别，近中方改组而成一种团体。图书馆行政方面亦与美国不同，不注重图书之流通，有者竟不许图书借出馆外阅览。杂志之阅览，亦不若美国之注重。法国国立图书馆所有杂志，数目极少，尤为特殊之现象。

（四）美国图书馆近来更注重裁剪报纸杂件及零碎材料等之收藏，残篇断简，昔日之弃若敝屣者，今一变而成为重要之参考材料，诚可谓物美价廉，废物利用之举也。此种图书馆在美国已有数处，其中除有橱柜抽屉之外，概不见书籍之陈列。

（五）钞印材料之方法较前进步。用一种软片可以影照书籍或文件，于最短时间内能钞照多量之材料。美国国会图书馆将在欧洲各地所保存之于美国历史有关系之文件，全数影照回美，参考极便。

（六）专门图书馆之发展极为普遍。银行界有银行图书馆，旅馆业有旅馆图书馆，农业、工业、商业、地质、水利无不各有其专门之图书馆。综计在美国专门图书馆约有三千座之多，其盛行可概见矣。

综观欧美今日图书馆事业之趋势，及审察我国当前之需要，谋我国图书馆事业之发展，亟应循下列之四种途径：

（一）应尽量发挥图书馆之效能，以唤起社会注意图书馆之需要。欧美图书馆之所以发达，固需赖政府方面之提倡，但此偌大之建筑费用，讲座之设立，以及其他之巨量经费，仍多赖私人之捐助。所以今日欲谋我国图书馆事业发展，须仿效欧美，尽量发挥图书馆之效能，便与社会接近，俟社会知其需要以后，则自然乐于赞助也。

（二）应注重参考工作。在我国今日经济情况之下，欲效欧美参考讲座之设立，自属难能之事，但在原则上则应谋此项参考工作之发展，由所谓藏书之所而变为用书之所，不但只供参考者之咨询，而更应由被动变为主动，提出问题而引起一般人士探讨之兴趣。欧战以后各国国界多有变迁，因是国际间纠纷时出，他如战债问题，亦形成欧美间之严重问题，所以欧美图书馆多搜集此种材料，以引起学者研究之兴趣。我国当今国难方殷，一切建设亦正萌芽，诸多问题正待我人之寻找提示材料以引起学者研究之兴趣。再者我国图书馆经费无不感受短绌，故尤应仿效美国剪片及零碎材料之搜集，所费不多，功用甚大。我国今日各大学之研究院尚未健全之时，图书馆参考工作实属刻不容缓之事也。

（三）应推进平民教育。我国人民文盲占全民数目百分之八十以上，追根究源，此实为我国图书馆事业之未能发达的主要原因，所以欲求图书馆事业之发达，则须先行推进平民教育，使应用图书馆者增多，而国人方能感觉图书馆之需要也。比如建塔，若不顾根基之稳固与否，而只求顶巅之涂饰辉煌，实为极大冒险行为。欲图图书馆事业之发展，如忘记一般人民之智识问题，亦属舍本求末之举也。

（四）应技术与智识并重。前曾论及英国图书馆偏重智识，美国图书馆偏重技术，但欲求我国图书馆事业之发展，则非二者兼重不可。我国文化有数千年之历史，而至今尚无一堪称为搜集我国文物最完备之图书馆，我国固有之文物固待搜集与整理，而各国新近之文化，以往之成绩，亦不容不沟通与介绍。我人系负有此两层责任者，所以对智识与技术须相提并进，方克担任艰巨。本校为培植此项人材之唯一学校，故须认清目前责任，力图改进充实，俾得造就之人才愉快胜任。

袁守和先生讲　胡延钧、邬学通笔记

（原载《文华图书馆学专科学校季刊》第七卷第一期）

文献研究编

清代私家藏书概略

清代私家藏书之盛，超逸前代，其故果何在乎？简言之，则对于晚明理学一反动也。明代学术界虚伪之习靡然全国。所刻之书，或沿袭旧讹，或窜改原文，昔人谓明人刻书而书亡，盖有由矣。嘉靖以前，风尚近古，时有佳本。万历以后，风气渐变，流弊极于晚季。流弊既多，故有反动，反动之动机，一言蔽之，曰恢复古书之旧而已。有清学者，以实事求是为学鹄，力矫颓风，或广搜善本，亲手校勘，或缮刻孤本，以广流传。故校雠簿录之学，绝胜前代，而丛书之盛，卓越千古，俨然与类书对抗焉。反动之初期，虽断断于求真，而循是以往，流泽益衍，直接影响于藏书者甚巨。是篇专列事实，略为比次，未尽之义，容再为文论之。

清代私家藏书，除二三家外，恒再传而散佚，然辗转流播，终不出江南境外者几二百年。殆杨至堂得艺芸书舍之经史佳本，情势始稍变。虽然，吴越之所以成为藏书中心点者，晚明实启其端绪。山阴祁氏澹生堂、江阴李氏得月楼、常熟赵氏脉望馆、常熟毛氏汲古阁、宁波范氏天一阁，皆不出江浙之境者也。澹生之藏，于万历丁酉毁于火，后虽稍为裒集，然精华多归于黄太冲宗羲，余则归于赵氏小山堂，盖二林谷林意林之考，娶于祁氏之甥，其书为馆甥所得也。得月楼于顺治乙酉易代之变，书尽散亡。脉望馆则与悬罄室、厞载阁、七桧山房三家之书，同归于虞山钱氏绛云楼。其岿然独存而又影响于清代藏书者，则范氏天一阁及毛氏汲古阁二家而已。

天一阁肇始于明嘉靖间，为丰氏万卷楼故物。丰氏为清敏公稷之裔，自宋元祐以来，代有闻人，传至丰道生坊，藏庋愈富。道生晚得心疾，潦倒于书淫墨癖之中，凡宋椠与写本为门生辈窃去者，几十之六，其后又遭大火，所存无几。范尧卿钦先时尝从道生钞书，至是购其幸存之余，又稍从王元美世贞互钞以增益之全祖望《天一阁藏书记》。是以天一之藏，钞本为多。尧卿善收说经诸书及未传世之先辈诗文集，其所搜集为外间不习见者十居五六。乾隆中开四库馆，多征佚书于此。大师黄太冲、徐健庵、万季野、阮伯元辈，皆就阁中钞书。而当时士大夫，亦莫不以甬上观书为幸事。而书籍校雠亦恒以天一阁本为定本，此影响于后代公私藏书者也。全阁纯用砖甃，不用木植，故不畏火烛。阁通六间为一，而以书橱间之，取天一生水地六成之之义，故曰天一阁。阁前略有池石，乾隆三十九年诏委寅著前往看房间制造之法及书架款式，故诏建七阁，参用其式。此影响于后代图书馆之建筑者也。

汲古阁为常熟毛子晋晋藏书之所。子晋喜刻书，四部之书，无不缮雕。所刻《津逮秘书》，虽取舍不严，而网罗巨帙，古书得藉是以传，开藏书家刻丛书之风，有功于艺林至伟。毛氏父子又喜收书，于宋元刊本之精者，以宋元本椭圆式印别之。其有藏诸他处不能得者，则选善手墨影钞之，名曰“影宋钞”，字画纸张乌丝印记，追摹宋刻，为古今杰作。今毛钞为海内孤帙，虽群相仿效，而无能出其右者。此影响于后世板本之研究者也。

明清之交，虞山藏书家，除毛氏外，尚有钱氏绛云楼，及钱氏述古堂，此外如金陵黄氏千顷堂、昆山徐氏传是楼、禾中曹氏倦圃、秀水朱氏曝书亭、仁和赵氏小山堂、钱塘吴氏瓶花斋，均著闻于一时。

与子晋同时同里而又有同嗜者，为钱牧斋谦益。钱氏既得刘子咸、钱功父、杨五川、赵汝师四家书，更不惜重资，购古书百万卷，所藏冠于东南，几埒内府。中年搆拂水山房，凿壁为架，晚岁居红豆山庄，建绛云楼以储之。顺治庚寅之冬，毁于一炬，为江左书林一大厄。所遗书籍，大半皆脉望馆校藏旧本，尽以赠族孙遵王曾。遵王自号也是翁，酷嗜宋椠本，择最佳者，手自题跋，仿欧氏《集古录》之意，撰《读书敏求记》，凡六百一种，皆记宋板元钞，及书之次第完阙，或缮写刊刻之工拙，精于鉴别，为一代赏鉴家。康熙五六年间，举家藏宋刻之重复者，折阅售之于季沧苇振宜。于是虞山藏书，渐归于泰兴矣。

当时江苏藏书家，尚有金陵黄俞邰虞稷，及昆山徐健庵乾学，俞邰为黄明立居中之仲子，本福建晋江人。俞邰侨寓金陵，遂籍上元。后预修《明史》，得入史馆，乃益加裒集，将乃父《千顷斋书目》详为注释，成《千顷堂书目》。所著录者，多存虚目，非真有藏本。朱竹垞谓原本为《明史・艺文志》稿，所载之书较官撰《明史》更为详博，故考有明一代之著述，终以是书为可据。健庵为大儒顾亭林之甥，富于资财，网罗坠简，用是江浙数百里之间，简籍不胫而走，尽归于传是楼。健庵治礼颇勤，清初朝章典故制度，皆取之于健庵，《通志堂经解》，嫁名成容若，实出健庵手。

晚明藏书家，若鄞县范氏，若山阴祁氏，以及清初之郑氏二老阁，以区域言，均限于浙东，浙西无与焉。迨清初禾中曹洁躬溶、秀水朱竹垞彝尊、仁和赵谷林昱、钱塘吴尺凫焯，始以藏书名。洁躬好收宋元人文集，有《静惕堂宋元人集目》，又以传布古书为职志，有《流通古书约》。竹垞博通群籍，著《经义考》，最为该博。初得万卷楼残帙，通籍以后，所藏益富直史馆私以楷书手自随，被劾贬秩。详钱林《文献征存录》。有《潜采堂宋元人集目录》，盖继倦圃而作者也。

仁和赵谷林昱与其弟意林信齐名，世称二林。谷林太孺人朱氏为山阴祁氏之甥，故藏书中多澹生堂旧本。全谢山谓二林于祁氏诸本，别贮而弆之详全祖望《小山堂藏书记》及《小山堂祁氏遗书记》，盖惓惓母氏先河之忧也。同时有吴尺凫，亦富藏书，每得异本，彼此钞存，互为校雠。瓶花斋藏书之名，称于天下。仿晁陈二氏例著《薰习录》，专纪所藏秘册，叙述原委，与《读书敏求记》相似，乾隆间诏开四库馆，采访天下遗书。次子小谷玉墀以古书百余种进呈，与鲍以文廷博知不足斋、汪千陂宪振绮堂、孙栗忱宗濂寿松堂、汪秀峰启淑飞鸿堂，各整比所藏，踊跃呈献，以备天禄石渠之选。盖《四库全书》能成为蔚然大观者，私家藏书与有力焉。

乾隆以降，海宇平定，学者得有余裕以自厉于学。既矫晚明刻书之陋，乃博征善本以校雠之，而校勘学又彪然成一专门学。卢绍弓文弨之校《逸周书》，顾千里广圻之校《国语》《战国策》《韩非子》，孙渊如星衍之校《孙子》《吴子》，成绩均有可纪。

而此数人者，又以藏书相夸尚。卢氏藏书数万卷，手自校勘，精审无误，为楼以贮之，名曰抱经。孙氏博学嗜古，尤善校书。初游毕秋帆沅节署，后又获睹四库馆及翰林院藏书，每遇善本，借钞无虚日。两官东鲁，搜藏益富，置之家祠，公之族人，盖不啻当时之公共图书馆也。然乾嘉大藏书家，当推吴县黄荛圃丕烈为巨擘。而长沙周仲涟锡瓒，元和顾抱冲之逵，吴县袁又恺延梼，藏书亦极精博，所谓四大藏书家也。

荛圃三十岁时，始收宋本书，嘉庆壬戌，构专室贮之，名之曰“百宋一廛”，乙丑顾千里为之赋，荛圃自注之。越七年《求古居宋本书目》成，据其自题，《百宋一廛赋》后，所收宋本，俱登此目。二十年之中，所获宋刻几二百种。荛圃治目录学极精审，赏鉴之名冠天下，俨然目录学之盟主也。王芑孙谓荛圃非惟好宋本书，实能读之，于其板本之后先，篇第之多寡，音训之异同，字画之增损，及其授受源流，缁摹本末，下至行幅之疏密广狭、装缀之精粗敝好，莫不心营目识，条分缕析王芑孙《黄荛圃陶陶室记》。荛圃自号佞宋主人，岁终辄祭书以为常，而每得奇书，莫不绘图征诗焉。

与荛圃同时同好除周、顾、袁三氏外，海昌有吴槎客骞及陈仲鱼鳣，常熟有陈子准揆及张若云海鹏，福州有陈兰麟征芝。槎客得其乡前辈马氏道古楼、查氏得树楼之残帙，多宋元精椠，筑拜经楼以藏之。闻荛圃有“百宋一廛”，遂自题其居曰“千元十驾”，意在千部元板，遂及百部宋板，如驽马十驾也。子寿旸取拜经楼书有题跋者，手录成帙，为《题跋记》，同邑陈仲鱼为荛圃至友，藏书于士卿堂，多宋雕元刻，后归马二槎瀛之吟香山馆。

常熟陈子准，专搜集邑人著述及有关常邑之文字，庋于稽瑞楼。乡人张若云与其兄静谷皆好藏书，以剞劂古书为已任。其侄月霄金吾亦善收书，而对于金元两代遗集，搜访尤勤，储之于爱日精庐。陈张所藏，多钱毛两家故物，惟张则乐与人共，有叩必应，陈则一室静研，慎于乞假黄廷鉴《藏书二友记》，陈氏无子，没后书尽散。而张氏所藏，多为负债者倾囊倒箧捆载以去，未几书亦散亡。兰麟遥在闽南，裒然为大藏书家。先是荛圃影宋钞本归于王惕甫，后兰麟为全浙江，又得之惕甫，以入带经堂，然未几又散出，大半归于周季贶星诒。季贶精于目录之学，结误遣戍，尽以所藏归于吴中蒋香山凤藻。

黄荛圃士礼居书藏，晚年归于汪阆源士钟之艺芸书舍。汪氏广搜宋元旧刻，复收周氏水月亭、顾氏小读书堆、袁氏五研廔之藏，藏弆益富。又得荛圃、千里诸人为之评定，故所获既精且博。道光辛亥壬子间，往往为杨至堂以增所得，以贮海源阁。咸丰庚申以前，书渐散失，长编巨册，皆归菰里瞿氏铁琴铜剑楼，及上海郁氏宜稼堂。

道光末年，上海郁万枝松年，善搜罗典籍，复饶于财，梯航所至，访求不遗余力，尽收艺芸书舍、水月亭、小读书堆、五研廔之藏。全国精华，集于沪渎，俨然乾嘉时之黄荛圃也。洪杨之乱，江南图书之厄，不减五季，其兵燹所残剩者，北则归于聊城杨氏海源阁，南则归于常熟瞿氏铁琴铜剑楼。而当时东南士大夫以藏书闻于海内者，有三人焉，一仁和朱修伯学勤，一丰顺丁禹生日昌，一长沙袁漱六芳瑛，朱氏结一庐之书，多得之长洲顾氏艺海楼及仁和劳氏丹铅精舍，丁氏持静斋之书，多得之上海郁氏宜稼堂，而袁氏卧雪庐之书，则多得之兰陵孙氏祠堂。

同治初元，宜稼堂之书，散失殆尽，所收艺芸书舍之藏，归于海源阁，其他宋元旧椠名抄精校，归于持静斋，其余精帙，俱归陆氏皕宋楼。而持静斋之书，旋复分散，今归涵芬楼及日本，结一庐之书，今归丰润张氏，卧雪庐之书，于光绪壬申散出，今归德化李氏。书卷聚散之速，良可慨矣。

陆刚甫心源既获宜稼堂书，又得周星诒诸家之残，插架益富。时备兵南韶，富于资财，故不惜重赀，罗置邺架，十余年来，凡得书十五万卷。读《亭林遗书》喜之，以仪顾颜其堂，又搆皕宋楼，储宋元旧椠；十万卷楼，储明后秘刻及精抄精校皕宋、十万，实分一室为二，别于潜园中建守先阁，以储寻常钞帙。自丧乱以后，藏书之家多不能守，皕宋楼之藏，遂雄于江南，与常熟瞿氏铁琴铜剑楼、聊城杨氏海源阁、钱塘丁氏八千卷楼称四大藏书家，足与乾嘉之黄、周、顾、袁相辉映。刚甫卒于光绪甲午，越十三年，其子纯伯树藩尽以所藏以十一万八千元，售于日人岩崎氏之静嘉堂文库，其先人所收之长编巨册，舶载而东，遂不复见于中土。而丁氏八千卷楼，于宣统初归于金陵江南图书馆今名江苏省立第一图书馆，在南京龙蟠里。其岿然独存者，仅南瞿北杨二家而已。

光绪中叶以降，藏书家若吴县潘伯寅祖荫、常熟翁叔平同龢、宗室盛伯希昱、江阴缪筱珊荃孙、湘潭袁漱六芳瑛、元和江建霞标，百宋千元，相与竞美。卒以子孙不能承其家学，所蓄荡然泯焉。嗟呼，往事已矣，今日藏书家如江安傅氏增湘、德化李氏盛铎、武进董氏康、长沙叶氏德辉、乌程张氏钧衡、上元邓氏邦述，均足与瞿杨之藏相发明。吾人为文献计，甚望其能长守故都也。

综上所述，可知有清一代藏书，几为江浙所独占，考证之学，盛于江南者，盖以此也。明刻臆改错讹，妄删旧注，清儒苦之，遂宝宋本。而丧乱之余，古书多毁于火，书价大昂，遂开藏书秘密之风。风气所播，影响于古书之流通甚巨。然私家藏书，愈秘不示人，愈不能永其传。当其聚也，穷毕生精力而为之，缩衣节食，引而弗替，迨其后也，非遭兵燹而散乱无遗，即为有力者捆载而去。一转瞬间已散为云烟，加以书目简略，后世研究书史者，亦无所稽考。此又清代藏书家之普遍现象也。盖载籍之厄，以中国为最甚。全国缺乏公共收藏机关，实学术不发达之主要原因。此则愿今之服务典藏者，有以力矫之矣。

（原载《图书馆学季刊》第一卷第一期）

明代私家藏书概略

明代自姚江倡致良知之说，学者渐忽读诵之功，学术空疏，风气堕落，学者束书不观，猖狂自肆，虚伪之习，靡然全国。然二百年间，颇多缥缃之贮，对于空疏之习，多所纠正。而自嘉靖以降，海宇平定，私家藏书极称一时风尚。是不可不为之记。

明初私家藏书，当以诸藩为最富。当时被赐之书多宋元善本，藩邸王孙又多好学之士，以之翻雕刊印，时有佳刻。诸藩中首推周晋二府。晋庄王钟铉，周定王橚，癖嗜古书，写录多秘本。而宁献王权，博学好古，于书无所不窥。永乐中，改封南昌，日与文士往还，所纂辑刊刻之书，颇多善本。隆庆以后，衍而愈盛。周定王六世孙睦㮮，尽收江都葛氏（名涧字子常）、章邱李氏（名开先，字伯华，一五〇一——五六八）之藏，又筑万卷堂于东坡之上，以所储环列其中，有《万卷堂书目》（《玉简斋丛书》本、《观古堂汇刻书目》本）。宁献王七世孙谋玮郁仪插架至富，所收几与天府埒，惜日后竟遭劫火。而万卷堂之书，亦以崇祯壬午（一六四二），贼决河堤，书堂付之巨浸，尽归东流。自斯以后，诸藩中以藏书闻者遂鲜矣。

明初收藏家诸藩之外首推金华宋濂景濂（一三一〇——三八一）。濂博极群书，孜孜圣学，明初礼乐制作，多所裁定。兵火之后，迁居浦江，读书青萝山中，聚书数万卷。浦江有郑濲仲养，藏书八万卷，然不久毁于火（查慎行《人海记》卷下）。其后以藏书闻于海内者，有昆山叶盛与中（一四二〇——四七四）。盛为正统乙丑进士，官至吏部侍郎，生平无他好，独笃于书，服官数十年，未尝一日辍之。虽持节边檄，必携钞胥自随。每钞一书，辄用官印识于卷端（钱大昕《红雨轩集》跋、《潜研堂文集》卷三十一）。朱彝尊亦谓其每见异书，虽残编蠹简，必依格缮写，奇秘者多，亚于册府（《静志居诗话》卷七）。其手自雠录，多至数万卷（文庄钞本，用绿墨二色格，有《菉竹堂书目》六卷，《粤雅堂丛书》本）。尝欲作堂以藏之，乃取《卫风·淇澳》问学自修之义，名之曰菉竹（王世贞《菉竹堂记》。《弇州山人稿》卷七十五）。没后逾百年，至其元孙恭焕伯寅，堂始克成，盛未及见之也。与盛同时者，太仓有陆容文量（一四三六——四九六），长洲有吴宽原博（一四三五——五〇四）。容为成化丙戌进士，以雅才硕德，立言于宪孝两朝。平生蓄书甚富，有《式斋藏书目录》。与张泰亨父（一四三六——四八〇）、陆釴鼎仪（一四四一——四九〇）齐名，号娄东三凤（《静志居诗话》卷八）。而吴中吴宽于书无不读，诗文有典则，对于典籍，亦有同嗜。其钞本用红印格（《藏书纪要》），有《丛书堂书目》（《苏州府志·艺文类》）。其遗书偶有流传者，悉公手录，尽以私印记之（《静志居诗话》卷八）。

成化以降，藏书之风益盛。苏州有朱存理性甫（一四四四——五二二）、杨循吉君谦（一四五六——一五四四）、都穆元敬（一四五八——一五二五）、文璧征明（一四七〇——一五五一）、钱同爱孔周（一四七五——一五四九）、张寰允清（一四八六——一五六一）（有崇古楼）、顾元庆大有（有夷白堂），华亭有徐献忠伯臣、何良俊元朗（清森阁藏书后毁于倭夷）、朱大韶象玄，上海有陆深子渊（一四七七——一五四四）及黄标良玉。诸人藏书之地，俱未出江苏之境者也。嘉隆间天下承平，学者出其绪余，以藏书相夸尚，浙江与江苏乃互相颉颃。武进之唐顺之应德（一五〇七——一五六〇），太仓之王世贞元美（一五二六——一五九〇），长洲之钱谷叔宝（一五〇八——一五七二）、刘凤子威，海虞之杨仪梦羽，归安之茅坤鹿门（一五二二——一六〇三），乌程之沈节甫以安，嘉兴之项元汴子京（一五二五——一五九〇），宁波之范钦尧卿，均富收藏，开清代私家藏书之端绪焉。

唐顺之于学无所不窥，为古文洸洋纡折，当明之中叶，屹然为一大宗，与正世贞先后并美。世贞亦好为诗古文，与李攀龙于麟狎主文盟，攀龙没，独操柄二十年，有小酉馆，在弇州园凉风堂后，藏书凡三万卷。又构藏经阁以储二典，尔雅楼庋宋刻书（《少室山房笔丛》卷四）。此二人者，皆号称文学家兼藏书家者也。友人钱谷、刘凤均隶籍吴中，藏弆至富。谷少而失父，受学于文征仲，为题其室曰悬罄，言能贫也（刘凤《悬罄室记》，《刘子威集》卷十五）。其所手录古文金石书几万卷，校雠至丙夜不置（王世贞《钱谷先生小传》，《弇州山人稿》卷八十四）。其子允治功甫老屋三间，藏书充栋，虽白日检书，必秉烛缘梯上下，所藏多人间罕见之本（《读书敏求记》卷四《文心雕龙》注）。刘凤勤学博记，藏书于厞载阁（刘凤《厞载阁记》，《刘子威集》卷十五），后与悬罄室及七桧山房之藏，同归钱氏绛云楼。七桧山房者，为杨仪藏书之所。仪一号五川，好宋元本，构万卷楼以储之。身后因事被累，举所藏书，归其甥莫是龙云卿，后更字廷韩，华亭人。

嘉靖间乌程沈节甫、归安茅坤，均以藏书闻于江南。节甫有《玩易楼藏书目》，坤有《白华楼书目》（见《湖录》及《吴兴藏书录》）。坤善古文，最心折唐顺之，既富藏书，乃构书楼数十间，至于充栋不能容。然越中藏书家，当以嘉兴项元汴、鄞县范钦为巨擘。元汴，号墨林，又号香岩居士，精于鉴赏。其天籁阁藏书，皆精妙绝伦。每遇宋刻，即邀文氏二承（文彭寿承、文嘉休承）为之鉴别。又值嘉隆承平之世，资力雄赡，出其绪余，购求法书名画，三吴珍秘，归之如流（姜绍书《韵石斋笔谈》卷下）。乙酉岁（一六四五）大兵至，累世之藏尽为千夫长汪六水所掠，荡然无遗，为文献一大劫焉。其兄笃寿子长亦富收藏。每见秘册，辄令小胥传钞，储之于舍北万卷楼。同里有高承埏寓公（一六〇二——一六四七）家藏书八十椟，尝与项氏万卷楼争富，惜均不能永其传（《静志居诗话》卷十九。其事迹见钱谦益《嘉兴高氏家传》，《有学集》卷三十七）。范钦为嘉靖十一年进士，善收说经诸书及先辈诗文集之未传世者。先时尝从丰坊道生钞书，后又购其万卷楼幸存之余，以储天一阁。没后封闭甚严，非各房子孙齐至，不开锁。其书不借人，不出阁，子孙有志者，就阁读之。虽易代以后，颇多阙佚，然数百年来藏书之最久者，当推斯阁。阁四面临水，纯用砖甃，不用木植。上通六间为一，而以书橱间之，其下则分六间，盖取天一生水地六成之之义。乾隆间诏建七阁，参用其式，天一阁之名，愈因之不朽。

万历以降，巨儒宿学，亟亟以搜罗典籍为务。金陵之焦竑弱侯（一五四一——一六二〇）、江阴之李鹗翀如一（一五五七——一六三〇），其尤著者也。竑原为山东日照人，以军籍居金陵。藏书两楼五楹俱满。所目睹者，一一皆经校雠（《淡生堂藏书训》）。至明末遂尽散失。黄太冲谓辛巳（一六四一）在南中，闻焦氏书欲卖，急往讯之，不受奇零之值，二千金方得为售主（黄宗羲《天一阁藏书记》，《南雷文约》卷四），亦可想见当时之状况矣。鹗翀别字贯之，少为邑诸生，多识古文奇字。早谢举业，沉深读书。见图籍则破产以收，获异书则焚香肃拜。其与人共也，遇秘册必贻书相问，有求假必朝发夕至（黄丕烈《跋草莽和乘》，《士礼居藏书题跋记》卷二）。晚与虞山钱谦益受之相友善，二人均有好书之癖，老而益坚。其得月楼之书，于乙酉（一六四五）易代之变，散失殆尽。其书目幸存于家，遂得传世（《粟香室丛书》本、《常州先哲遗书》本）。里人朱承爵子儋以爱妾易宋椠《汉书》，传为一时佳话。当时得月楼李氏住县东赤岸，承爵住县西舜城，皆晚明江阴之藏书家也。此外如华亭之陈继儒仲醇（一五五八——一六三九），上海之王圻元翰、施大经天卿、宋懋澄、俞汝辑，均为万历间沪上藏书之富者。然明代万历以后，私家藏书，当以海虞为最盛。赵琦美元度（一五六三——一六二四）之脉望馆、钱谦益受之（一五八二——一六六五）之绛云楼，以及毛晋子晋（一五九八——一六五九）之汲古阁，均以藏书雄视于东南。

琦美为用贤汝师（一五三五——一五九六）之子，好古有父风，网罗载籍，朱黄雠校无虚日，钱牧斋谓其好之之笃挚，与读之之专勤，为近古所未有（钱谦益《刑部郎中赵君墓表》，《初学集》卷六十六）。没后其脉望馆之书（《脉望馆书目》，《玉简斋丛书》本、《涵芬楼秘笈》本）尽归于钱谦益。谦益既得刘凤厞载阁、钱允治悬罄室、杨仪七桧山房之藏，又不惜重赀，广购古本书，所积几埒内府，视叶文庄盛、吴文定宽及西亭王孙朱睦㮮或过之。中年构拂水山房，凿壁为架。晚岁居红豆山庄，作楼而藏之，名曰绛云。顺治庚寅之冬（一六五〇），幼女与乳媪中夜嬉楼上，翦烛池落纸堆中，楼与书遂同归于烬（曹溶《绛云楼书目》题词）。惟脉望馆手校秘钞书，皆未为祝融所毁，悉举以赠其族孙曾遵王（《读书敏求记》卷二《洛阳伽蓝记》注）。曾自号也是翁，酷嗜宋椠本，多蓄旧笈，以述古名其堂（钱谦益《述古堂记》，《有学集》卷二十六）。乡人有毛晋者，世居虞山东湖，壮从谦益游，深知学问之指意，性嗜卷轴，尝榜于门曰：有以宋椠本至者，门内主人计叶酬钱，每叶出二百；有以旧钞本至者，每叶出四十；有以时下善本至者，别家出一千，主人出一千二百。于是湖州书舶，云集于迎春门外之七星桥（《汲古阁主人小传》及钱谦益《隐湖毛君墓志铭》，《有学集》卷三十一）。搜藏既富，构汲古阁、目耕楼以储之。患书无善本，又刻十三经崇祯庚辰、《十七史》顺治丙申（钱谦益《毛氏新刻十七史序》，《有学集》卷十四）；访搜秘文，成《津逮秘书》，于是毛氏之书走天下。盖绛云而后，毛氏汲古阁，足为后起之秀焉。

浙中藏书家，若乌程沈氏，若嘉兴项氏，以区域言，均限于浙西。浙东藏书之风，为时较晚。万历以后，山阴之祁氏淡生堂，余姚之纽氏世学楼、黄氏之续钞堂，始以藏书闻于时。淡生之藏，创始于祁承㸁尔光。承㸁精于校勘，沈酣典籍，所钞之书，多世人所未见者。其《藏书约》自谓十余年来，馆谷之所得，饘粥之所余，无不归之于书。庋于载羽堂，万历丁酉（一五九六）俱毁于火。其后稍加裒集，以淡生名其堂（《淡生堂藏书目》十四卷，《绍兴先正遗书》本）。其后黄宗羲太冲（一六一〇——一六九五）搜罗典籍，淡生之精华遂大半归之。余则归赵氏小山堂（全祖望《小山堂藏书记》，《鲒埼亭集外编》卷十七）。宗羲抱负内圣外王之学，尽发家藏书读之，不足复借钞之。建续钞堂于南雷，以承东发之绪。并与许元溥孟宏、刘城伯宗（一五九八——一六五〇）约为钞书社（黄宗羲《思旧录》）。世所罕见之书，多赖以得传。同里纽石溪有世学楼，储庋闳富。黄太冲曾见其小说家目录，亦数百种。商氏之《稗海》，皆从彼借刻。崇祯庚午（一六三〇）其书初散，太冲仅从故书铺得十余部而已（黄宗羲《天一阁藏书记》）。

四明除范氏天一阁外，尚有陈自舜小同（一六三四——一七一一）及陆宝敬身。全祖望谓黎州先生讲学甬上，小同从之。性喜储书，其储藏为天一阁之亚（《七贤传》，《鲒埼亭集外编》卷十二）。宝，学者称为中条先生，藏书最富，亦多善本（《中条陆先生墓表》，《鲒埼亭集》卷十四）。

万历以降，福建颇多藏书家。连江陈第一斋（一五四一——一六一七）起家京营，历官游击将军。性无他嗜，惟书是癖，枕函帐秘，借钞于金陵焦太史、宣州沈刺史者尤多。与涿州高儒子醇同为明代武人中藏书最富者，旋毁于夫人之手。有《世善堂书目》（《知不足斋丛书》本）。此外如陈暹季昭、马森孔养、林懋和惟介、谢肇淛在杭辈，皆好收书，然捐馆未几，书尽散亡。闽县徐𤊹维起与曹学佺能始狎主闽中坛坫，以博洽闻于时，所藏数万卷，储于汗竹巢。有《汗竹斋藏书目》。自谓壬辰（一五九二）、乙未（一五九五）、辛丑（一六〇一）三为吴越之游，庚子（一六〇〇）又有书林之役，乃撮其要者购之，因其未备者补之，更有罕睹难得之书，或即类以求，或因人而乞，或有朋旧见贻，或借故家钞录，积之十年，盈五万三千余卷（《红雨楼藏书目叙》），盖闽中一藏书家也。北方自明建国以来，藏书家寥寥可数。嘉靖间濮州有李廷相梦弼（一四七四——一五四四）有《双桧堂书目》，开州有晁瑮君石，有《宝文堂分类书目》，涿州有高儒子醇，有《百川书志》二十卷，章邱有李开先伯华（一五〇一——一五六八）。天启以后，顺天有孙承泽耳伯（一五九二——一六七六），真定有梁清标玉立，祥符有周亮工元亮（一六一二——一六七二）。此诸人者，惟章丘李开先为冠。开先藏书之富甲于齐东，然经百余年后，散逸无遗。西亭王孙朱睦㮮杰得其大半，余则归于徐乾学健庵（一六三一——一六九四）及毛扆斧季（一六四〇—？）。

综上所记，则明代私家载籍之聚散，可以见其大略。明人好钞书，颇重手钞本，藏书家均手自缮录，至老不厌，每以身心性命托于残编断简之中。而兵火迭侵，一生卒勤之力顷刻云散者，亦数见不鲜。岂天地菁英有聚必散耶？抑当时缺乏公共收藏机关有以使之然耶？吾人记其概略，益因之而有感矣。

（原载《图书馆学季刊》第二卷第一期）

宋代私家藏书概略

宋初承五季抢攘之后，书多荡焚。建隆初官府所藏，仅万二千余卷。乾德元年平荆南，三年平蜀，开宝八年平江南，均收其图籍，以实三馆。钱俶来朝，又收其书。自是稍加裒集，群书渐备。然北宋一百六十年间，屡下诏征求遗书。凡献书者，或支绢，或给钱，或补官，莫不以利诱之。是当时之书，多散在民间也。加以雕板流行，得书较易，士大夫以藏书相夸尚，实开后世学者聚书之风。是编略举事实，想亦研究图书史者所愿闻也。

宋初藏书家，当推江正字元叔，江南人。正尝为越州刺史。越有钱氏时书，借本誊写，遂并其本有之。及破江南，又得其遗书，兼吴越所得，殆数万卷。老为安陆刺史，遂家焉。尽辇其书，筑室贮之。没后子孙不能守，悉散落于民间（王明清《挥麈后录》卷五）。魏了翁谓正故后，其藏书为臧仆窃去，市人裂之以藉物，其入于安陆张氏者，传之未几，一箧之富，仅供一炊（《遂初堂书目》跋）。其入于郑氏者，仅一千一百卷，郑氏三归安陆，大为搜访，残帙遗编，往往得之闾巷（《挥麈后录》引郑毅夫《江氏书目记》）。亦可知其散佚后之概况矣。与江正同时者，有王溥、李昉及杨徽之。王溥字齐物，并州祁人（九二二—九八二）初相周世宗，及入宋，进司空，兼修国史。家多藏唐旧书（高似孙《史略》卷五）。李昉字明远，饶阳人（九二五—九九六）所藏亦富，至辟学馆给廪饩以延者（《史略》卷五）。杨徽之字仲猷，浦城人（九二一—一〇〇〇），周显德中举进士，累官右拾遗，真宗时官至翰林学士，藏书至富。徽之无子，举所藏书悉赠其外孙宋绶字公垂，赵州平棘人（九九一—一〇四〇）。绶通经史百家文章，为时所尚。其时毕士安字仁叟，代州人（九四〇—一〇〇五）精校雠，颇多善本，卒后其藏书尽归绶。绶既得杨文庄、毕文简之书，多秘府所不及者，遂为北宋一大藏书家。尝谓校书如扫尘，一面扫，一面生，故有一书每三四校，犹有脱谬（沈括《梦溪笔谈》卷二十五）。叶石林谓宣献择之甚精，止二万卷，而校雠精审胜诸家（《过庭录》）。

宋绶之子敏求字次道（一〇一九—一〇七九）藏书三万卷，皆经校雠三五遍者，而尤以唐人诗集为最富（徐度《却扫篇》卷中），家居春明坊，士大夫喜读书者，皆僦居其侧，以便借置善本。当时春明宅子，比他处僦置常高一倍（朱弁《曲洧旧闻》卷四），苏颂谓敏求家藏书数万卷，多文庄杨徽之宣献宋绶手泽与四朝赐札，藏秘惟谨。或缮写别本，以备出入，故其收藏，最号精密（《苏魏公文集》卷五十一《宋敏求神道牌》）。元符中烬于火，荡为烟埃，为文献一大劫焉！

仁宗时宋城王洙，及其子钦臣，邯郸李淑，均为公卿中藏书最富者。洙字原叔（九九七—一〇五七），泛览博记，自六经史记百氏之书，至于图纬阴阳、五行律吕、星官算法、训故字音，无所不学（《欧阳修集》卷三十一《王公墓志铭》）。其子钦臣字仲至性嗜古书，以文贽欧阳修，修器重之，藏书数万卷，手自校雠，世称善本。徐度谓所见藏书之富者，莫如南都王仲至侍郎家，其目至四万三千卷，而类书之卷帙浩博如《太平广记》之类，皆不在其间。虽秘府之盛，无以逾之。又云钦臣每得一书，必以废纸草传之，又求别本参校，至无差误，乃缮写之。必以鄂州蒲圻县纸为册，此本专以借人，及子弟观之。又别写一本，以绢素背之，号镇库书，非己不得见也（《却扫篇》卷下）。李淑字献臣为若谷之子，真宗赐进士及第，累迁龙图阁学士，有《邯郸图书志》十卷，载所藏图书五十七类，经史子集通计一千八百三十六部，二万三千一百八十六卷，其外又有艺术志、道书志、书志、画志，通为八目（《郡斋读书志》卷九）。其子德刍，再集其目为三十卷（王应麟《玉海》卷五十二）。靖康之变，金人犯阙，散亡皆尽（《渭南文集》卷二十八《跋京本家语》）。

四方士民如亳州祁氏，鄱阳吴氏良嗣，有《籯金堂书目》三卷，荆州田氏伟，作《博古堂藏书》五万七千卷，其子镐有《书目》三卷，濡须秦氏元祐二年有书目历阳沈氏立，有《沈氏书目》大梁蔡氏致君，苏过《斜川集》卷二有《夷门蔡氏书目序》，均富收藏，惜不久皆散佚。

皇祐以降，士大夫以藏书闻者，有司马光、李常及刘恕。光字君实，夏县人（一〇一九——一〇八六）神宗时以议王安石新法不合，去居洛十五年，不问政事，藏文史万余卷，置读书堂，晨夕取阅。自谓熙宁四年始家洛，六年买田二十亩于尊贤坊北，辟以为园，其中为堂，聚书出五千卷，命之曰读书堂（《司马文正公集》卷六十九《独乐园记》，又卷四十五《独乐园七咏》）。费衮谓温公独乐园之读书堂，文史万余卷，而公晨夕所常阅者，虽累数十年皆新若手未触者。尝谓其子公休曰：吾每岁以二伏及重阳间，视天气晴明日，即设几案于当日所，侧群书其上，以曝其脑。至于启卷，必先视几案洁净，藉以茵褥，然后端坐看之，或欲行看，即承以方板，未尝敢空手捧之，非惟手汗渍及，亦虑触动其脑（《梁溪漫志》卷三）。亦可见其对于书籍之珍护矣。

李常字公择，建昌人，其事迹见《秦淮海后集》卷六《李公择行状》及《苏魏公集》卷五十五《李公择墓志铭》（一〇二七——一〇九〇），皇祐进士，为黄山谷之舅，少时读书于庐山五老峰下白石庵之僧舍。公择既去，而书藏于山中如故。山中人思之，指其所居为李氏山房，藏书凡九千余卷（《苏东坡全集》卷十一《李氏山房记》）。熙宁中为右正言，与王安石相友善，论新法谪通判滑州。每与苏东坡、黄山谷、秦少游互为唱和，公择年最长，故诸人以礼待之。其书不藏于家，而藏于僧舍，以供人用，不啻当时之公共图书馆也。

刘恕字道原，筠州人（一〇三二——一〇七八），年十八举进士，笃好史学，博闻强记，纪传之外，闾里所录，私记杂说，无所不览，细大之事，皆有稽据。会司马光受诏修《资治通鉴》，奏以恕同司编纂。凡史事之纷错杂治者，辄以委恕。时宋敏求知亳州，颇富收藏，恕枉道就借观之，敏求日具酒馔为主人礼，恕不受。独闭门昼夜读且钞，旬日尽其书而去，目为之翳（《司马文正公集》卷六十六《刘道原〈十国纪年〉序》），黄庭坚谓《通鉴》未成而恕下世，后七年书奏御，论修书之功，有诏录其子羲仲为郊社斋郎，元祐七年刻《资治通鉴》版，书成，又诏书赐其家，诸儒以为宠（《黄庭坚集》卷二十三《刘道原墓志铭》）。羲仲字壮舆好藏书，世其家学，尝摘欧阳公《五代史》之误，为纠缪（《却扫篇》卷中），朱弁谓道原日记万言，终身不忘，壮舆亦能记五六千字（《曲洧旧闻》卷五）。壮舆死，无后，书录于南康军官库，后数年，胡少汲过南康访之，已散落无余矣（陆游《老学庵笔记》卷九）。

元祐以后，晁说之字以道，巨野人（一〇五九——一二九）及贺铸字方回，卫州人均富收藏，精校雠。说之五世藏书，虽不及宋宣献，而校雠最为精确（《史略》卷五）。贺铸元祐中任通直郎，通判泗州，又倅太平州，藏书万余卷，手自校雠，无一字脱误（叶梦得《建康集》卷八《贺铸传》）。其子孙于绍兴初鬻其故书，高宗尽收之，以实三馆焉（《建炎以来朝野杂记》卷四）。

靖康之变，海内俶扰，中秘所藏与士大夫家悉为乌有。高宗南渡，北方为金元所蹂躏，南方亦多士气之不振。文学凋陵，图籍散佚，藏书者寥寥可数。惟叶梦得字少蕴，吴县人（一〇七七——一四八）少年贵盛，平生好收书，逾十万卷，置之雪川弁山山居，建书楼以贮之，极为华焕（《挥麈后录》卷七）。自谓自宣和五年卜别馆于弁山之石林谷，旧藏书三万余卷，丧乱以来，所亡几半，山居狭隘，余地置书囊无几，雨漏鼠啮，日复蠹败（《避暑录话》卷上）。丁卯年（一一七四）其宅与书俱荡一燎，散失殆尽，又建紬书阁以藏公家之书（《建康集》卷四《紬书阁记》），亦宋代之公共图书馆也。

梦得之表弟有晁公武者，为南宋一大藏书家，公武字子止，巨野人父名冲之字叔用，为说之之弟，有《具茨集》。其家自文元公以来，均以翰墨为业，几于人人有集，故家中多藏书，文元晁迥、文庄晁宗悫父子以文章德业，被遇真宗、仁宗两朝，继掌内外制，赐第京师昭德坊，故曰昭德家。公武于靖康末避乱入蜀，绍兴中举进士第，为四川转运使井度属官，度字先孟，南阳人常以俸之半传录异书。时巴蜀独不被兵，往往多异本。历二十余年，所藏甚富。既罢，载以舟，居于庐山之下。宿与公武厚，乃举以与公武。凡五十箧，合其家旧藏，得二万四千五百卷。日夕校雠，每终篇辄论其大指，成《读书志》。以时方守荣州，故名《郡斋读书志》（《读书志》绍兴二十一年晁公武自序，又姚觐元、钱保塘稿本《涪州石鱼文字所见录目》晁公武题名条）。此目著录当代著作尤为详备，公武遂为宋以来著录家之祖。马贵与考文献经籍一门，专采其目，亦可见其赅博矣。

南宋之世，藏书家以越闽为最盛，《嘉泰会稽志》谓越藏书有三家，曰左丞陆氏、尚书石氏、进士诸葛氏。陆氏为陆宰，诸葛氏为诸葛行仁，石氏则石公弼也。先是绍兴五年六月，诸葛行仁进所藏书八千五百四十六卷，赏以官实。绍兴十三年始建秘书省，诏求遗书于天下，首命绍兴府录会稽陆宰家所藏书来上，凡万三千卷有奇（《嘉泰会稽志》卷十六）。则二氏藏书之富，亦可想见矣。陆宰为陆佃（一〇四二——一一〇二）之子，陆游（一一二五——一二一〇）之父。游字务观以诗鸣于南宋，与尤袤、杨万里、范成大并称。常官两川，不载一物，尽买蜀书以归。有《书巢记》（《渭南文集》卷十八）。亦一藏书之士也。

时闽中不经兵火，故家文籍多赖保存，藏书之家尤以莆田为最盛。郑樵字渔仲（一一〇四——一一六二）生于莆田，博学强记，每与当代藏书家相往还。其《校雠略》述莆田李氏曾守和州，颇多历阳沈氏之书，同邑陈氏尝为湖北监军，或有荆州田氏之书。又谓漳州吴氏其家甚微，其官甚卑，然一生文字间，至老不休，故所得之书，多蓬山所无者吴与，字可权，有《书目》四卷。莆田方氏，渐知梅州，积书数千卷，皆手自窜定，增四壁为阁，以藏其书，榜曰富文（《淡生堂藏书约》）。樵亦尝往就读之。樵既究心图籍，乃将天下古今之书，分类著录，为《群书会记》三十六卷（《玉海》卷五十二）。自谓虽不一一见之，而皆知其名数之所在（《献皇帝书》）。又钞秘省所颁阙书目录，集为《求书阙记》七卷，《外纪》十卷（《玉海》卷五十二）。今诸目并佚，未能永其传也。南宋诸儒，大抵崇义理而疏考证。樵撰《通志》，以博洽闻于时，其《校雠略》尤为精心之作，虽不无武断之处，然其论类例，论亡书，论求书，皆典籍中之经济，至今尤可奉为圭臬也。

郑樵从之子侨字惠叔为乾道进士，侨之子寅字子敬亦好收书，与陈振孙相友善。振孙尝传录其书，谓子敬以所藏书为七录，曰经，曰史，曰子，曰艺，曰方技，曰文，曰类。知枢密院，端平初召为都司执法守正，出为漳州以没（《直斋书录解题》卷八）。

中兴以后，承平日久，士大夫藏书者当推尤袤（一一二七——一一九四），及陈振孙。袤字延之，无锡人绍兴十八年进士，官至礼部尚书，尝取孙绰《遂初赋》以自号，光宗书匾赐之，故以遂初名其堂，在无锡九龙山下，藏书至多，法书尤富。李焘谓延之于书靡不观，观书靡不记，每公退则闭户谢客，日计手钞若干古书，其子弟及诸女亦钞书。一日谓予曰，吾所钞书，今若干卷，将汇而目之，饥读之以当肉，寒读之以当裘，孤寂而读之以当友朋，幽忧而读之以当金石琴瑟也（《遂初堂书目》跋，又杨万里《益斋藏书目序》）。其《书目》（《海山仙馆》本、《常州先哲遗书》本）兼载数本，开版本学之先河。宋世藏书家至众，目率不存，除晁氏《读书志》外，仅此目及陈振孙之《解题》耳。

陈振孙字伯玉，号直斋，浙江安吉人，为鄞县学（《解题》卷四），绍兴教官（《齐东野语》卷八），宰南城（《解题》卷三），佐兴化军（《解题》卷七）。端平三年以朝散大夫知台州，除浙东提举。嘉熙元年改知嘉兴府（《会稽续志》卷二）。淳祐四年，以振孙研精经术，有古典型，除国子司业（徐元杰《楳埜集》）。九年，以某部侍郎（《齐东野语》卷九）除宝章阁待制，改仕赠光禄大夫（刘后村《大全集·外制》）。自述弱冠时无书可观，虽二史亦从人借，尝于班书志传录出诸绍兴纪中相附，以便览阅。既仕于越，乃得见林氏书，而楼氏书近出（《解题》卷五）。又尝仕于莆田，传录郑氏、方氏、林氏、吴氏书，至五万一千一百八十余卷（《齐东野语》卷十二），仿晁氏《读书志》作《书录解题》，分为五十三类，详其卷帙，而品题其得失，《四库题要》谓古书之不传于今者，得藉是求以崖略，其传于今者，得藉是以辨其真伪，核其异同，诚考证之所必资也。

宋之末叶，越之藏书家为二，曰许棐，曰周密。棐字忱夫，海盐人嘉熙中居于秦溪，于水南种梅数千树，自号梅屋，因以名其集有《梅屋集》五卷，《献丑集》一卷，《樵谈》一卷。自谓贫而喜书，旧积千余卷，今倍之未足也。肆有新刊，知无不市，人有奇编，见无不录，故环室皆书（《献丑集·梅屋书目序》）。

周密字公谨（一一三二—一三〇八），先世济南人，其曾祖随高宗南渡，因家吴兴之弁山。晚年寓杭之癸辛街，作《癸辛杂志》，顾身虽寄浙，而心不忘齐，故尝自署历山。宝祐间为义乌令，入元不仕。自谓其家三世积累，凡有书四万二千余卷，及三代以来金石之刻，一千五百余种。庋置书种、志雅二堂，日事校雠，遭时多故，不善保藏（《齐东野语》卷十二），大约宋末元初藏书尽散矣。

宋代私家藏书，多手自缮录，故所藏之书钞本为多。苏东坡谓曾见老儒先生，自言其少时欲求《史记》、《汉书》而不可得，幸而得之，皆手自书（《李氏山房记》）。陈振孙在南宋之时尤传录郑氏、方氏、林氏、吴氏书至五万一千一百八十余卷，是缮书之风，固未尝辍也。然自雕版流行，得书较易，直接影响于私家藏书者亦甚巨。印书之地以蜀赣越闽为最盛，而宋代私家藏书，亦不出此四中心点之外。印售之书既夥，藏之者亦因之而众。北宋藏书家多在四川、江西，南宋藏书家多在浙江、福建，此其大较也。

（原载《图书馆学季刊》第二卷第二期）

《永乐大典》考

《永乐大典》为有明一代之巨制，天壤间罕见之书，赖此多得而传。今全书已佚，其余残散于各地，为吾耳目所及者，尚有一百五十余册，兹录其卷数如左，并为考其梗概。

是书总卷数各家记载所言不同，《明实录》《四库全书总目提要》类书类存目及《十驾斋养新录》卷十三所引谓有二万二千二百一十一卷，《明史·艺文志》作二万二千九百卷，而姚广孝等《进永乐大典表》及明成祖《序》《永乐大典目录》六十卷，杨氏《连筠簃丛书》本均作二万二千九百三十七卷（二万二千八百七十七卷、凡例并目录六十卷），似较可信。《四库全书总目》亦依据之，至于册数，则姚表及《明实录》均作一万一千九十五册，余者未及。我国著录家多不及册数也。

书之大小，高为五十生的米突合中国营造尺一尺五寸六分二厘五毫，广三十生的米突合中国营造尺九寸三分七厘五毫，书面硬裱，以黄色丝绢连脑包过，沿左上首题“永乐大典”四大字，下“卷第几”，为双行小字。书面之右上首有小方格，题某韵。次行低格，题隶该韵之册数第几。

每卷叶数，自十余叶至三十余叶不等，均上等白宣纸。每册有一卷、有二卷，间亦有三卷者，而以二卷者为多。版匡朱色双边。版心高三十五生的米突合中国营造尺一尺零九分三厘七毫五丝，宽二十二生的米突合中国营造尺六寸八分七厘五毫。上鱼尾下记“永乐大典卷第几”，下鱼尾记“叶第几”。首叶之首行题大字“永乐大典卷第几”，越一格题某韵字，次行标题，或顶格，或低一格，或低三格，亦大字。余均小字。每半叶八行，朱色长格，每格内双行小字，行二十八字。朱笔句读，引用书名皆朱书。

全书始于永乐元年七月，翰林侍读学士解缙永乐二年始进解缙为翰林院学士兼右春坊大学士。见《明史·解缙列传》奉敕纂修，与其事者凡一百四十七人。二年十一月进呈，赐名《文献大成》。既以所纂尚多未备，复命太子少保姚广孝、刑部侍郎刘季篪与解缙重修，另以王景等五人为总裁，邹辑等二十一人副之。又命礼部简中外官及四方宿学老儒有文学者充纂修，简国子监及在外郡县学能书生员缮写，开馆于文渊阁。命光禄寺给朝暮膳。与其事者凡二千一百六十九人。五年十一月进呈，改名曰《永乐大典》《明会要》卷二十六。

其搜采之书极为详备，修撰之宏为前所未有。《明太宗实录》：“天下古今事务散载诸书，篇帙浩穰，不易检阅。朕欲悉采各书所载事务类聚之而统之以韵，庶几考索之便如探囊取物尔。尝观《韵府》、《回溪》二书，事虽有统，而采摘不广，记载太略。尔等其如朕意，凡书契以来经史子集百家之书，至于天文、地志、阴阳、医卜、僧道、技艺之言，备辑为一书，毋厌浩繁。”具见其纂集之本旨。而姚广孝等旁搜博采，囊括百家，凡宋元以来佚文秘典，莫不全部全篇收入焉。

然收容虽富，而编纂之体例则欠允洽。全书以《洪武正韵》为纲，以韵统字，以字系事，有以一字一句分韵者，有析取一篇以篇名分韵者，有抄录全书以书名分韵者。入韵之法，既甚参差无绪，如《窃愤录》不隶于"窃"而隶于"录"卷一万九千七百四十二，《灌顶经》不隶于"灌"而隶于"顶"卷一万一千九百五十一之一万一千九百五十二；而全文割裂，首尾并难贯串。《四库提要》谓其割裂庞杂，漫无条理，实不虚也。

关于副本之记载又互有牴牾，《四库提要》："并命复写一部锓诸梓，以永乐七年十月讫工，后以工费浩繁而罢。定都北京以后，移贮文楼。嘉靖四十一年选礼部儒士程道南一百人，重录正副二本，命高拱、张居正校理，至隆庆初告成，仍归原本于南京。其正本贮文渊阁，副本别贮皇史宬。明祚既倾，南京原本与皇史宬副本并毁。今贮翰林院者即文渊阁正本，仅残阙二千四百二十二卷。"《日下旧闻》卷六引《明世宗实录》："初，《永乐大典》书成，贮之文楼。及三殿灾，上命左右趣登文楼，出《大典》。甲夜中谕凡三四传，是书遂不得毁。嘉靖四十一年选善书人礼部儒士程道南等百人，重录一部，命高拱、张居正校理之。"《澄怀园语》卷三，《啸园丛书》本载世宗时重录一部，"原贮皇史宬，雍正年间移置翰林院。"《啸亭杂录》述李绂之言，谓皇史宬所藏之本，较翰林院多一千余册。全祖望《鲒埼亭集外编》卷十七《钞永乐大典记》谓世宗时杙钞一部，正本留乾清宫，莫能得见者。及清《圣祖实录》成，词臣屏当皇史宬书架，则副本在焉，因移贮翰林院。又谓"会逢纂修三礼，予始语总裁桐城方公，钞其三礼之不传者。惜乎其阙失几二千册，予尝欲奏之今上，发宫中正本以补足之，而未遂也"。缪荃孙《国粹学报》四十九期文篇遂依据之，并谓"嘉庆丁巳，乾清宫灾，正本遂毁"。而萧穆《国粹学报》七十期文篇外述江建霞于甲午年召见时，"奏言能以《永乐大典》石印尤善，上深以翰林院所藏之本残剩无几为惜。又奏言皇史宬藏本可据，上谕已谕敕查，并无此书"。综上诸说，则互相吻合者有二：（一）皇史宬所贮者为副本，（二）翰林院之本在乾隆元年时已残阙二千余卷。而待考者亦有二：（一）世宗重录本为一部，抑为两部？（二）贮于翰林院者是否移自文渊阁，抑移自皇史宬？夫《四库提要》为家弦户诵之书，而缪江两太史所述又如此，此吾人致疑者也。

清乾隆三十八年，大兴朱筠奏言，翰林院贮有《永乐大典》，内多古书世未见者，请开局使校阅。为刘统勋所不喜，欲议寝之。后得于敏中之助，始得入奏《国朝先正事略》卷三十五《朱竹君先生事略》，又《国朝耆献类征初编》卷百二十八。经是年二月初六日及二月十一日两旨允行《四库提要》卷首。四十七年《四库全书》告成，得自《永乐大典》者凡经部六十六种，史部四十一种，子部一百三种，集部一百七十五种，共四千九百二十六卷参看王际华等所辑《永乐大典采辑书》。宋元以来所亡之书，虽赖以得传，然当时编检者遗漏之处尚多。自是以后往往有钞出者，渐流布于海内。先是乾隆元年，全祖望在翰林院，曾与李绂共借《大典》读之。取欲见而不可得者，每日各尽二十卷，以所签分令四人钞之《鲒埼亭集》卷首全祖望年谱，又《外编》卷十七《钞永乐大典记》、《双韭山房藏书记》。计钞出《高氏春秋义宗》一百五十卷、王安石《周官新义》十六卷按此书四库已著录、《曹放斋诗说》、《刘公是文钞》、《唐说斋文钞》、史真隐《尚书周礼论语解》、二袁先生《文钞》袁正献、正肃、《永乐宁波府志》诸书。杭世骏《续礼记集说》关于三礼者，悉皆录出《道古堂文集》卷四《续礼记集说序》。乾隆三十八年，钱大昕钞出《宋中兴学士院题名》一卷《耦香零拾》本及《武林掌故丛编》本。至嘉庆修《全唐文》时，大兴徐星伯松钞出《中兴礼书》一百五十卷、《宋会要》五百卷、《元河南志》四卷、《伪齐录》二卷《耦香零拾》本、《秘书省续到阙书》二卷、《续礼书》及《大元马政记》《广仓学窘丛书》甲类第一集。徐氏又钞出《经世大典》中之驿站一门，原稿今存俄京博物馆，赵怀玉辑苏过《斜川集》，辛启泰辑《稼轩诗文词佚篇》，而胡敬又钞出施谔《临安志》十六卷、《大元海运记》一卷《雪堂丛刻》本，孙尔准钞出仇远《山村词》，文廷式辑《中兴政要》《振绮堂丛书》二集，并钞出《元高丽纪事》、《元代画塑记》、《大元仓库记》、《大元毡罽工物记》、《大元官制杂记》《广仓学窘丛书》甲类第二集，缪荃孙钞出《中兴十三处战功录》一卷、《中兴行在杂买物杂卖场提辖官题名》一卷、《中兴东宫官寮题名》一卷、《宋中兴三公年表》、《曾公遗录》、《苏颍滨年表》《耦香零拾》本、《顺天志》、《泸州志》、《国清百录》诸书《国粹学报》四十九期文篇。此外如《奉天录》《云自在龛丛书》本、嘉泰《吴兴志》、宋元两《镇江志》，及邵晋涵录出之《九国志》《守山阁丛书》本，又均经辑出而未进呈者也。

关于重录本吾所见各册之末，均附重录各官姓氏职衔，为嘉靖重录本无疑之厄运亦有足述者。自移贮翰林院，遂庋于敬一亭，日久颇多残阙，至修《四库全书》时，已缺二千四百二十二卷。嘉庆十五六年，阮元总阅《全唐文》，曾移置于文颖阁见阮元《跋河南志所附之汉晋洛阳宫城图》，《耦香零拾》本。道光八年，重修《清一统志》，钱仪吉曾奏请重辑《大典》未尽之书，谕俟《统志》修毕再议。《统志》成而西陲兵起，钱亦降官《国粹学报》四十九期文篇，遂又搁置。咸丰庚申之变，摧残弥甚，已失旧观当时传言尽为英人购去，储博物院。故王蒓卿颂蔚《送黄公度随使英法诗》有云："大典图书渊，渔猎资来学。岁久渐沦芜，往往山岩伏。颇闻伦敦城，橐尚盈两屋。愿君勤搜访，寄我采遗目。"（下略）见《写礼庼遗著·诗集》。缪荃孙谓"光绪乙亥重修翰林院衙门，庋置此书，不及五千册，严究馆人，交刑部毙于狱，而书无着。余丙子入翰林，询之清祕堂前辈，云尚有三千余册。癸巳询之，则有六百余册"《国粹学报》四十九期文篇。是则被人零窃者，为数已不鲜矣文廷式有百余本。文氏故后，家人求售，叶德辉曾见之，皆入声韵。见《书林清话》八第二十一页。义和拳之乱，毁翰林院以攻使馆之背，《大典》遂付劫灰。今散于国外者，或为馆人所盗窃，或为联军所分掠，我国固有之物不得复见于中土，亦文献之一大劫也。

现存各卷就吾所闻见者，计京师图书馆六十册《京师图书馆善本书目·子部》，又 B. E. F. E. -O tome 12，No. 9，P. 79 – 88，教育部图书室四册 B. E. F. E. -O. tome 12，No. 9，P. 80，梁启超五册此系闻诸伦敦 Luzac 书店者，美京国会图书馆三十三册，康南尔大学五册，英伦博物院六册，牛津大学十二册，剑桥大学、伦敦图书馆（London Library）、伦敦大学附设之东方语言书院（School of Oriental Studies）各一册，剑桥大学汉文教授翟理斯（Herbert A. Giles）四册，马登（Wilfred Merton）前数年曾在伦敦展览，卷数待查二册，库寿龄（Samuel Couling）New China Review，Vol. I，p 87，卷数待查、毕幹（Thomas Biggan）

卷数待查各一册，德国汉堡大学二册 Franke: Mitteilungen aus dem Seminar für Sprache und Kultur Chinas zu Hamburg; Zwei wichtige literaische Erwerbungen des Seminas für Sprache und kultur Chinas zu Hamburg，1915.，柏林私家藏书二册，某书店一册（此三册系友人陈枢函告。卷数待查），考龙（Cologne）某书店三册牛津大学图书馆长告予，去秋在考龙出售。卷数列下。未见也，安南汉诺瓦远东学院（Ecole française d'Extrême-Orient，Hanoi）三册 New China Review，Vol. I, p. 213. 近伯希和教授告予，此三册已不在汉诺瓦矣，日本岩崎（Baron Iwasaki）静嘉堂文库十余册内有原属莫理逊博士者八册。兹将卷数列下：

卷七百八十二之七百八十四	二支	诗○诗话二十四之二十六			京师图书馆
卷九百二十	二支	师○太子之师			考龙某书店
卷九百七十五之九百七十六	二支	儿○《小儿证治》八之九			汉堡大学
卷二千二百六十之二千二百六十一	六模	湖○湖名一之二			汉诺瓦远东学院
卷二千二百六十六之二千二百六十七	六模	湖○湖名七之八			汉诺瓦远东学院
卷二千四百六之二千四百九	六模	初刍蔬梳踈疏敷等字			汉诺瓦远东学院
卷二千七百四十三之二千七百四十四	八灰	崔○姓氏十一之十二			京师图书馆
卷二千八百八之二千八百九	八灰	梅○事韵一之二			京师图书馆
卷二千八百十之二千八百十一	八灰	梅○事韵三之四			京师图书馆
卷二千八百十二之二千八百十三	八灰	梅○事韵五之六			京师图书馆
卷二千九百四十八之二千九百四十九	九真	神○事韵一之二			京师图书馆
卷二千九百五十之二千九百五十一	九真	神○文一之二			京师图书馆
卷二千九百五十二之二千九百五十三	九真	神○诗　医书《素问·四气调神大论篇》《灵枢·本神篇》，道书《太上飞行九神玉经》等			京师图书馆
卷二千九百五十四之二千九百五十五	九真	神○道书《生神章》一之二			京师图书馆
卷三千一	九真	人○事韵二十九			教育部图书室

卷三千三之三千四	九真	人〇文　诗			京师图书馆
卷三千一百四十一之三千一百四十二	九真	陈〇姓氏十五之十六			教育部图书室
卷三千一百五十之三千一百五十一	九真	陈〇姓氏二十四之二十五			京师图书馆
卷三千五百七之三千五百八	九真	坤〇坤卦四之五			京师图书馆
卷三千五百二十七之三千五百二十八	九真	门〇门名三　义门、孝门			京师图书馆
卷三千五百四十九	九真	门〇《普门品经》三			京师图书馆
卷三千五百八十六之三千五百八十七	九真	遵〇事韵　僎跧屯纯忳等字			京师图书馆
卷五千二百六十八	十三萧	祅〇祆杈夭等字			原属莫理逊，今入静嘉堂文库
卷五千三百四十三	十三萧	潮〇潮州府			考龙某书店
卷六千五百二十三之六千五百二十四	十八阳	妆〇事韵　装〇事韵〇褰　桩等字			京师图书馆
卷六千五百八十四	十八阳	梁〇武帝二十三			京师图书馆
卷六千六百四十一	十八阳	乡〇乡仪　乡约等	二十六叶		牛津大学
卷六千七百六十四之六千七百六十五	十八阳	王〇宗室封王二十八之二十九			京师图书馆
卷六千七百六十六之六千七百六十七	十八阳	王〇宗室封王三十之三十一			京师图书馆
卷六千八百三十一之六千八百三十二	十八阳四百四十八	王〇王弘　王僧达王孚等	二十二　二十三叶		国会图书馆
卷七千一百四之七千一百五	十八阳	唐〇宣宗一之二			京师图书馆
卷七千二百四十一之七千二百四十二	十八阳	堂〇堂名二十七之二十八			京师图书馆
卷七千三百二十九	十八阳	郎〇诗文　姓氏　夜郎国			京师图书馆
卷七千三百七十八之七千三百七十九	十八阳	丧〇丧礼三十九之四十			京师图书馆
卷七千三百八十五之七千三百八十六	十八阳	丧〇丧礼四十六之四十七			京师图书馆

卷七千三百八十七之七千三百八十八	十八阳	丧〇丧礼四十八之四十九			京师图书馆
卷七千四百四十九之七千四百五十	十八阳	丧〇《丧服小记篇》三之四			京师图书馆
卷七千四百五十三之七千四百五十四	十八阳	丧〇《礼记·杂记篇》一之二			京师图书馆
卷七千四百五十五	十八阳	丧〇《杂记篇》三			京师图书馆
卷七千四百五十六之七千四百五十七	十八阳	丧〇《杂记篇》四之五			京师图书馆
卷七千四百五十八之七千四百六十	十八阳	丧〇《杂记篇》六《丧大记篇》一之二			京师图书馆
卷七千四百六十一之七千四百六十二	十八阳	丧〇《丧大记篇》三之四			京师图书馆
卷七千五百十五之七千五百十六	十八阳	仓〇事韵二之三	十三　二十一叶		牛津大学
卷七千六百五十之七千六百五十一	十八阳	黄〇姓氏十一之十二			京师图书馆
卷七千六百七十七	十九庚	庚〇《盘庚篇》五	三十叶		牛津大学
卷七千七百一之七千七百二	十九庚	京〇南京　北京　上京等			京师图书馆
卷七千八百八十九之七千八百九十	十九庚	汀〇汀州府一之二			京师图书馆
卷七千八百九十一之七千八百九十二	十九庚	汀〇汀州府三之四			京师图书馆
卷七千八百九十三之七千八百九十五	十九庚	汀〇汀州府五之七			京师图书馆
卷七千九百六十三	十九庚	兴〇绍兴府一			京师图书馆
卷八千二十一	十九庚	蒸〇《骨蒸证治》三　蒸胥等字	二十六叶		牛津大学
卷八千一百九十九	十九庚	陵〇《大汉原陵秘葬经》			京师图书馆
卷八千五百六之八千五百七	十九庚	宁〇南宁府一之二			京师图书馆

卷八千五百二十六之八千五百二十七	十九庚	精○事韵一之二			教育部图书室
卷八千八百四十四	二十尤	游○事韵一			京师图书馆
卷八千八百四十五	二十尤	游○事韵二			京师图书馆
卷八千九百八	二十尤	周○康王二			教育部图书室
卷八千九百九之八千九百十	二十尤	周○康王三　昭王穆王一			京师图书馆
卷八千九百八十之八千九百八十一	二十尤	周○五代周太祖一之二			京师图书馆
卷一万一百三十五之一万一百三十六	二纸	史○历代诸史七之八	二十　十七叶		牛津大学
卷一万四百六十	四济	礼○《周礼》一	三十六叶		牛津大学
卷一万四百八十三之一万四百八十四	四济	礼○《曲礼篇》十六之十七			汉堡大学
卷一万八百七十六之一万八百七十七	六姥	虏○事韵　诗文一之二			京师图书馆
卷一万九百三十四之一万九百三十五	六姥	楚○楚国	三十三　十六叶	谱系图五幅，地图一幅	国会图书馆
卷一万九百四十九之一万九百五十	六姥	抚○抚州府	二十三　二十叶	地图七幅	国会图书馆
卷一万九百九十八之一万九百九十九	六姥九十二	府○知府八之九	二十一　二十二叶		国会图书馆
卷一万一千之一万一千一	六姥九十三	府○明府　赞府等	二十三　二十四叶		国会图书馆
卷一万一千七十六之一万一千七十七	八贿	蜼貓等字	二十　三十叶		国会图书馆
卷一万一千三百六十八之一万一千三百六十九	十一产	简○书简十六之十七	二十　二十四叶		伦敦图书馆，为驻京英使馆华文秘书 C. W. Campdell 所赠，原属莫理逊
卷一万一千四百十二之一万一千四百十三	十一产	眼○《眼目证治》十八之十九			原属莫理逊，今入静嘉堂文库

卷一万一千五百九十八之一万一千五百九十九	十四巧	草〇市籴粮草二《本草叙论》一			原属莫理逊，今入静嘉堂文库
卷一万一千六百二之一万一千六百三	十四巧	藻〇藻　事韵一之二			原属莫理逊，今入静嘉堂文库
卷一万一千六百十五之一万一千六百十六	十四巧	老〇养老一之二			原属莫理逊，今入静嘉堂文库
卷一万一千八百四十八之一万一千八百四十九	十八养	享〇燕享一之二			原属莫理逊，今入静嘉堂文库
卷一万一千八百八十七之一万一千八百八十八	十八养	党〇庆元党一之二事韵　文	十七　十九叶		英伦博物院
卷一万一千九百三之一万一千九百四	十八养三十七	广〇事韵　姓氏《诗·周南·汉广篇》，《百丈广录》湖广等	二十九　十七叶		英伦博物院，英国福州领事 G. M. H. Playfair 所赠
卷一万一千九百五十一之一万一千九百五十二	十九梗十六	顶〇《灌顶经》一之二	二十二　十四叶		国会图书馆
卷一万一千九百五十三之一万一千九百五十五	十九梗十七	顶〇《灌顶经》三之五	九　十　十二叶		国会图书馆
卷一万一千九百五十六之一万一千九百五十七	十九梗十八	鼎〇伏羲神鼎　神农药鼎等	二十一　十五叶	插图二十六幅	国会图书馆
卷一万一千九百五十八之一万一千九百五十九	十九梗十九	鼎〇周鼎	十五　十三叶	插图二十幅	国会图书馆
卷一万一千九百六十	十九梗二十	鼎〇周鼎　周举鼎	三十　三叶	插图三十二幅	国会图书馆
卷一万一千九百八十之一万一千九百八十一	十九梗	岭〇千佛岭等	二十四　十六叶		国会图书馆
卷一万二千十三之一万二千十四	二十有四	有〇《无所有菩萨经》一之二	十六　十七叶		国会图书馆
卷一万二千十五之一万二千十六	二十有五	友〇交友	二十五　二十四叶		国会图书馆
卷一万二千十七之一万二千十八	二十有六	友〇师友　死友等	十九　十八叶		国会图书馆
卷一万二千四十三之一万二千四十四	二十有	酒〇赐酒　罚酒等	三十二　十四叶		国会图书馆

卷一万二千七十一之一万二千七十二	二十有三十一	酒〇乡饮酒仪	十二　二十一叶	插图十幅	国会图书馆
卷一万二千一百四十八	二十有	傻瞍等字	二十六叶	图一幅	国会图书馆
卷一万二千二百六十九	一送二十九	宋〇文帝四	三十四叶		国会图书馆
卷一万二千二百七十之一万二千二百七十一	一送三十	宋〇文帝五之六	十六　十九叶		国会图书馆
卷一万二千二百七十二之一万二千二百七十四	一送三十一	宋〇文帝七之九	十七　二十一 二十三叶		国会图书馆
卷一万二千二百七十五之一万二千二百七十六	一送三十二	宋〇文帝十之十一	二十　二十七叶		国会图书馆
卷一万二千三百六之一万二千三百八	一送四十六	宋〇太祖九之十一	二十四　十六　十六叶		国会图书馆
卷一万二千三百九十九之一万二千四百	一送八十七	宋〇仁宗	二十七　二十七叶		国会图书馆
卷一万二千四百二十八之一万二千四百二十九	一送	宋〇仁宗五十一之五十二	十四　十八叶		国会图书馆
卷一万二千五百六之一万二千五百七	一送	宋〇神宗五十二之五十三	三十　十三叶		国会图书馆
卷一万二千九百六十之一万二千九百六十二	一送三百五十九	宋〇宁宗五之七	十四　二十一　二十叶		国会图书馆
卷一万二千九百六十三之一万二千九百六十五	一送三百六十	宋〇宁宗八之十	二十四　十五　十三叶		国会图书馆
卷一万二千九百六十六之一万二千九百六十八	一送三百六十一	宋〇宁宗十一之十三	十八　十八　十五叶		国会图书馆
卷一万二千九百六十九之一万二千九百七十一	一送三百六十二	宋〇宁宗十四之十六	十六　十八　十一叶		国会图书馆
卷一万三千十八	一送	宋〇宗室十九			京师图书馆
卷一万三千二十	一送	宋〇宗室二十一			京师图书馆
卷一万三千七十四之一万三千七十五	一送	洞〇洞名十四之十五			京师图书馆
卷一万三千三百四十四之一万三千三百四十五	二寘五十	示〇诗二 谥〇谥法一	十五　二十三叶		翟理斯教授

卷一万三千四百五十	二寘	士〇处士二			考龙某书店
卷一万三千四百五十三	二寘一百四	士〇事韵二			康南尔大学
卷一万三千四百九十四之一万三千四百九十五	二寘一百二十三	智〇诗文二　緻致等字			梁启超
卷一万三千四百九十六之一万三千四百九十七	二寘一百二十四	制〇宣制等	十九　十七叶		翟理斯教授
卷一万三千四百九十八之一万三千四百九十九	二寘一百二十五	制〇除官制一之二	二十八　二十一叶		英伦博物院，为A. C. Moule 教士暂存者
卷一万三千五百六之一万三千五百七	二寘	制〇除官制九　兼官制一			梁启超
卷一万三千六百二十九	二寘一百九十九	世〇《皇极经世书》三十	三十一叶		伦敦大学东方语言学校
卷一万三千八百七十六之一万三千八百七十八	三未十三	贲〇贲卦五 痹〇《诸痹证治》一之二	十三　二十五　二十四叶		英伦博物院
卷一万三千八百七十九之一万三千八百八十	三未十四	痹〇《诸痹证治》三之四　眍䨲等字			康南尔大学，原属莫理逊
卷一万三千九百九十一	三未	戏〇戏文二十七《小孙屠》等			梁启超
卷一万四千四十六	四霁	祭〇祭文四			京师图书馆
卷一万四千四十九之一万四千五十	四霁	祭〇祭文七之八			京师图书馆
卷一万四千五十一之一万四千五十二	四霁	祭〇祭文九之十			京师图书馆
卷一万四千一百三十一	四霁	第〇及第五	三十五叶		国会图书馆，为李佳白暂存者
卷一万四千三百八十五	四霁	冀〇冀州二　冀县	二十七叶		牛津大学
卷一万四千四百六十一之一万四千四百六十二	五御	御〇备御一之二			京师图书馆
卷一万四千六百七之一万四千六百九	六暮	簿〇主簿　御史台主簿　钦天监主簿等	十九　三十四　八叶		牛津大学，为毕干 Thomas Biggan 所赠

卷一万四千六百二十二	六暮	部〇吏部九	二十三叶		牛津大学
卷一万四千六百二十七	六暮	部〇吏部十四	三十七叶		牛津大学
卷一万五千一百三十八之一万五千一百三十九	七泰	帅〇诗一之二 率〇事韵			京师图书馆
卷一万五千八百六十八之一万五千八百七十	九震一百七十八	论〇《大庄严经论》四之六			康南尔大学，原属莫理逊
卷一万五千九百四十八之一万五千九百四十九	九震二百十六	运〇宋漕运六　金漕运　元漕运一			原属莫理逊，今入静嘉堂文库
卷一万五千九百五十之一万五千九百五十一	九震二百十七	运〇元漕运二　五运	十九　十三叶		国会图书馆
卷一万五千九百五十五之一万五千九百五十六	九震	运〇《庄子·天运篇》《素问·五运行大论篇》《劫运篇》			原属莫理逊，今入静嘉堂文库
卷一万六千三百四十三之一万六千三百四十四	十翰一百五十二	算〇算法十四之十五	二十六　二十七叶		剑桥大学，为长沙领事翟理斯 Lancelot Giles 所赠
卷一万九千七百三十五	一屋七十六	录〇《曾公遗录》八	三十叶		牛津大学
卷一万九千七百四十二之一万九千七百四十三	一屋	录〇《窃愤录》《窃愤续录》等	十五　十四叶		翟理斯教授
卷一万九千七百八十一之一万九千七百八十二	一屋一百五	局〇诸局沿革四 事韵			康南尔大学
卷一万九千七百八十三之一万九千七百八十四	一屋一百六	伏〇事韵　姓氏			康南尔大学
卷一万九千七百八十五之一万九千七百八十六	一屋一百七	服〇服　天子服　皇太子服　后妃服	十二　二十叶	插图二十三幅	国会图书馆
卷一万九千七百八十九之一万九千七百九十	一屋一百九	服〇元服二　朝服	十九　十八叶		英伦博物院，为翟理斯教授所赠
卷一万九千七百九十二	一屋一百十一	服〇公服　章服	二十六叶		翟理斯教授
卷一万九千八百六十五之一万九千八百六十六	一屋	竹〇事韵　竹名	二十八　二十六叶		马登 Wilfred Merton

卷一万九千九百三十一	一屋	籙〇《正一盟威秘录》四			京师图书馆
卷二万一百二十一之二万一百二十二	二质	日〇诸家选日七之八			京师图书馆
卷二万一百三十九	二质四十	日〇诸家选日二十五	三十叶		牛津大学
卷二万一百九十七	二质	日〇诸家选日八十三			京师图书馆
卷二万二百四之二万二百五	二质	毕			京师图书馆
卷二万三百十之二万三百十一	二质	疾〇事韵一之三			京师图书馆
卷二万四百二十四之二万四百二十五	二质	稷〇郡县社稷　诸里社稷一之二			京师图书馆
卷二万四百二十六之二万四百二十七	二质	稷〇《书·益稷篇》一之二			京师图书馆
卷二万四百二十八	二质	稷〇《书·益稷篇》三			京师图书馆
卷二万四百七十八之二万四百七十九	二质	职			梁启超
卷二万六百四十八之二万六百四十九	二质	易			梁启超
卷二万八百五十之二万八百五十一	二质	檄〇事韵　文一之二	二十六　二十四叶		英伦博物院，为税务司 E. Gordon Low-der 所赠

综上所记，除卷数待查者外，共得一百四十九册，计二百七十五卷。为吾闻见所未及者，尚不知凡几。吾于此复有一言：（一）藏于国外之各卷，亟宜择要影摄，仿今西法景印，无刊刻校勘之劳，时间经济两皆省便，虽属吉光片羽，当亦为嗜古者所同珍。（二）国内公私所藏，其卷数为此篇所未及者，应怂恿公布，我国藏书家每以藏有秘本自诩，不愿公之于世，一有错失焚毁，天壤间遂不复存，其阻碍学术也何限。今宜借出景印，俾不湮没，他日次第刊行，流布海内，固艺林之快事也。国内藏书家其有意乎？

民国十二年十一月草于英伦

（原载《学衡》第二十六期）

《永乐大典》现存卷目

民国十二年冬旅居英伦，得阅该国所藏《永乐大典》残本，曾记其卷数，刊入《学衡》杂志（第二十六期）。次年春游德奥，发见四册。近游大连，又得其二。兹仅就个人所见闻之卷数，列举于下，想亦关心文献者所欲知者也（上海涵芬楼藏七册，此外藏书家如傅氏、李氏、陶氏、罗氏、周氏、日人大仓氏，各有数册，卷数待查）。

卷　数	韵	标　题	叶　数	现　藏
七八二之七八四	二支	诗○诗话二四之二六	二一，二〇，一七（不全）	京师图书馆
九二〇之九二二	二支	师○太子三师　师氏国师	八，三一，一八	来比锡大学（寄存）
九七五之九七六	二支	儿○《小儿证治》八之九		汉堡大学
二二六〇之二二六一	六模	湖○湖名一之二		河内远东学院
二二六六之二二六七	六模	湖○湖名七之八		河内远东学院
二四〇六之二四〇九	六模	初刍蔬梳疎疏敷等字		河内远东学院
二七三九之二七四〇	八灰	崔○姓氏七之八	二三，二二	大连图书馆（原存述古堂）
二七四三之二七四四	八灰	崔○姓氏一一之一二	一四，二九	京师图书馆
二八〇八之二八〇九	八灰	梅○事韵一之二	二〇，二三（不全）	京师图书馆
二八一〇之二八一一	八灰	梅○事韵三之四	二一，二四	京师图书馆
二八一二之二八一三	八灰	梅○事韵五之六	二四，一八	京师图书馆
二九四八之二九四九	九真	神○事韵一之二	二四，二八	京师图书馆
二九五〇之二九五一	九真	神○文一之二	二二，二二	京师图书馆

续表

卷数	韵	标题	叶数	现藏
二九五二之二九五三	九真	神○诗　医书《素问·四气调神大论篇》《灵枢·本神篇》　道书《太上飞行九神玉经》等	三一，四（不全）	京师图书馆
二九五四之二九五五	九真	神○道书《生神章》一之二	二六，二六	京师图书馆
三○○一	九真	人○事韵二九	三三	教育部图书室
三○○三之三○○四	九真五二	人○文诗	二七，二六	京师图书馆
三一四一之三一四二	九真	陈○姓氏一五之一六	二一，一九	教育部图书室
三一五○之三一五一	九真	陈○姓氏二四之二五	二二，三六	京师图书馆
三五○七之三五○八	九真	坤○坤卦四之五	三三，二四	京师图书馆
三五二七之三五二八	九真	门○门名三　义门　孝门	二○，三三	京师图书馆
三五四九	九真	门○《普门品经》三	三二	京师图书馆
三五八六之三五八七	九真	遵○事韵　僎跧屯纯忳等字	一七，二六	京师图书馆
四九○八之四九○九	十二先二四一	煙　烟　○事韵　姓氏　诗　燕○事韵	二一，四一	柏林人种博物馆
五二六八	十三萧	祅○祅枖夭等字	附《燕国分野图》	Museum für Volkerkunde 原属莫理逊，今入静嘉堂文库
五三四三	十三萧八一	潮○潮州府一	四四，图六幅	来比锡大学
六五二三之六五二四	十八阳	妆○事韵　装○事韵　褒桩等字	一二，一五	京师图书馆
六五八四	十八阳	梁○武帝二三	四三（缺四一，四二）	京师图书馆
六六四一	十八阳	乡○乡仪乡约等	二六	牛津大学
六七六四之六七六五	十八阳	王○宗室封王二八之二九	二八，二一	京师图书馆
六七六六之六七六七	十八阳	王○宗室封王三○之三一	一七，一五	京师图书馆

续表

卷　　数	韵	标　　题	叶　　数	现　　藏
六八三一之六八三二	十八阳四四八	王○王弘　王僧达　王孚等	二二，二三	国会图书馆
七一○四之七一○五	十八阳	唐○宣宗一之二	一七，一三	京师图书馆
七二四一之七二四二	十八阳	堂○堂名二七之二八	二三，三一	京师图书馆
七三二九	十八阳	郎○诗文　姓氏　夜郎国	三○	京师图书馆
七三七八之七三七九	十八阳	丧○丧礼三八之三九	二○，一一	京师图书馆
七三八五之七三八六	十八阳六九五	丧○丧礼四五之四六	一四，二九	京师图书馆
七三八七之七一八八	十八阳六九六	丧○丧礼四七之四八	二六，二○	京师图书馆
七四四九之七四五○	十八阳	丧○《丧服小记篇》三之四	一六，二四	京师图书馆
七四五三之七四五四	十八阳七二五	丧○《礼记·杂记篇》一之二	二四，一一	京师图书馆
七四五五	十八阳七二六	丧○《杂记篇》三	三○，五	京师图书馆
七四五六之七四五七	十八阳	丧○《杂记篇》四之五	二一，一九	京师图书馆
七四五八	十八阳七二八	丧○《杂记篇》六	三三	京师图书馆
七四五九之七四六○	十八阳	丧○《丧大记篇》一之二	二六，二二	京师图书馆
七四六一之七四六二	十八阳	丧○《丧大记篇》二之四	一九，二二	京师图书馆
七五一五之七五一六	十八阳	仓○事韵二之三	一三，二一	牛津大学
七六五○之七六五一	十八阳	黄○姓氏一一之一二	二二，一八	京师图书馆
七六七七	十九庚	庚○《盘庚篇》五	三○	牛津大学
七七○一之七七○二	十九庚	京○南京　北京　上京等	二六，一四	京师图书馆

续表

卷　　数	韵	标　　题	叶　　数	现　　藏
七八八九之七八九〇	十九庚	汀〇汀州府一之二	一七，二〇（插图九幅）	京师图书馆
七八九一之七八九二	十九庚	汀〇汀州府三之四	一四，三一	京师图书馆
七八九三之七八九五	十九庚	汀〇汀州府五之七	二三，一四，二〇	京师图书馆
七九六三	十九庚	兴〇绍兴府一	三三（插图十一幅）	京师图书馆
八〇二一	十九庚	蒸〇《骨蒸证治》三　蒸胥等字	二六	牛津大学
八一九九	十九庚	陵〇《大汉原陵秘葬经》	三三	京师图书馆
八五〇六之八五〇七	十九庚	宁〇南宁府一之二	二一，二二	京师图书馆
八五二六之八五二七	十九庚	精〇事韵一之二	二二，一三	教育部图书室
八五八七之八五八八	十九庚	生〇《庄子·养生主篇》释书《生经》一	一一，一九	京师图书馆
八八四四之八八四五	二十尤	游〇事韵一之二	二〇，二五	京师图书馆
八九〇八	二十尤	周〇康王二	三二	教育部图书室
八九〇九之八九一〇	二十尤	周〇康王三　昭王　穆王一	一三，一八	京师图书馆
八九八〇之八九八一	二十尤	周〇五代周太祖一之二	二八，一五	京师图书馆
一〇一三五之一〇一三六	二纸	史〇历代诸史七之八	二〇，一七	牛津大学
一〇四六〇	四济	礼〇《周礼》一	三六	牛津大学
一〇四八三之一〇四八四	四济	礼〇《曲礼篇》一六之一七		汉堡大学
一〇八七六之一〇八七七	六姥	虏〇事韵　诗文一之二	三六，二一	京师图书馆
一〇九三四之一〇八三五	六姥	楚〇楚国	三三，一六 谱系图五幅，地图一幅	国会图书馆
一〇九四九之一〇九五〇	六姥	抚〇抚州府	二三，二〇，地图七幅	国会图书馆

续表

卷　　数	韵	标　　题	叶　　数	现　　藏
一〇九九八之一〇九九九	六姥九二	府〇知府八之九	二一，二二	国会图书馆
一一〇〇〇之一一〇〇一	六姥九三	府〇明府　赞府等	二三，二四	图会图书馆
一一〇七六之一一〇七七	八贿	蜼蘂等字	二〇，三〇	国会图书馆
一一一二七之一一一二八	八贿	水〇《水经》一之二	二四，二六	傅增湘　京师图书馆录副
一一一二九之一一一三〇	八贿	水〇《水经》三之四	二二，二〇	傅增湘　京师图书馆录副
一一一三一之一一一三二	八贿	水〇《水经》五之六	二三，二二	傅增湘　京师图书馆录副
一一一三三之一一一三四	八贿	水〇《水经》七之八	二〇，二八	傅增湘　京师图书馆录副
一一三六八之一一三六九	十一产	简〇书简一六之一七	三〇，二四	伦敦图书馆，为驻京英使馆华文秘书 C. W. Campbell 所赠，原属莫理逊
一一四一二之一一四一三	十一产	眼〇《眼目证治》一八之一九		原属莫理逊，今入静嘉堂文库
一一五九八之一一五九九	十四巧	草〇市籴粮草二　《本草叙论》一		原属莫理逊，今入静嘉堂文库
一一六〇二之一一六〇三	十四巧	藻〇藻　事韵一之二		原属莫理逊，今入静嘉堂文库
一一六一五之一一六一六	十四巧	老〇养老一之二		原属莫理逊，今入静嘉堂文库
一一八四八之一一八四九	十八养	享〇燕享一之二		原属莫理逊，今入静嘉堂文库
一一八八七之一一八八八	十八养	党〇庆元党一之二　事韵文	一七，一九	英伦博物院
一一九〇三之一一九〇四	十八养三七	广〇事韵　姓氏　《诗·周·南汉广篇》《百丈广录》　湖广等	二九，二七	英伦博物院，为英国福州领事 G. M. H. Playfair 所赠
一一九五一之一一九五二	十九梗一六	顶〇《灌顶经》一之二	二二，一四	国会图书馆
一一九五三之一一九五五	十九梗一七	顶〇《灌顶经》三之五	九，一〇，一二	国会图书馆

续表

卷　　数	韵	标　　题	叶　　数	现　　藏
一一九五六之一一九五七	十九梗一八	鼎○伏羲神鼎　神农药鼎等	二一，一五（插图二六幅）	国会图书馆
一一九五八之一一九五九	十九梗一九	鼎○周鼎	一五，一三（插图二○幅）	国会图书馆
一一九六○	十九梗二十	鼎○周鼎　周举鼎	三三（插图三二幅）	国会图书馆
一一九八○之一一九八一	十九梗	岭○千佛岭等	二四，一六	国会图书馆
一二○一三之一二○一四	二十有四	有○《无所有菩萨经》一之二	一六，一七	国会图书馆
一二○一五之一二○一六	二十有五	友○交友	二五，二四	国会图书馆
一二○一七之一二○一八	二十有六	友○师友　死友等	一九，一八	国会图书馆
一二○四三之一二○四四	二十有	酒○赐酒　罚酒等	三二，一四	国会图书馆
一二○七一之一二○七二	二十有三一	酒○乡饮酒仪	一二，二一（插图十幅）	国会图书馆
一二一四八	二十有	傁　瞍等字	二六（图一幅）	国会图书馆
一二二六九	一送二九	宋○文帝四	三四	国会图书馆
一二二七○之一二二七一	一送三十	宋○文帝五之六	一六，一九	国会图书馆
一二二七二之一二二七四	一送三一	宋○文帝七之九	一七，二一，二三	国会图书馆
一二二七五之一二二七六	一送三二	宋○文帝一○之一一	二○，二七	国会图书馆
一二三○六之一二三○八	一送四六	宋○太祖九之一一	二四，一六，一六	国会图书馆
一二三九九之一二四○○	一送八七	宋○仁宗	二七，二七	国会图书馆
一二四二八之一二四二九	一送	宋○仁宗五一之五二	十四，一八	国会图书馆
一二五○六之一二五○七	一送	宋○神宗五二之五三	三○，一三	国会图书馆
一二九六○之一二九六二	一送三五九	宋○宁宗五之七	一四，二一，二○	国会图书馆

续表

卷　　数	韵	标　　题	叶　　数	现　　藏
一二九六三之一二九六五	一送三六〇	宋〇宁宗八之十	二四，一五，一三	国会图书馆
一二九六六之一二九六八	一送三六一	宋〇宁宗十一之十三	一八，一八，一五	国会图书馆
一二九六九之一二九七一	一送三六二	宋〇宁宗十四之十六	一六，一八，一一	国会图书馆
一三〇一八	一送三八八	宋〇宗室十九	四〇	京师图书馆
一三〇二〇	一送三九〇	宋〇宗室二一	三〇	京师图书馆
一三〇七四之一三〇七五	一送	洞〇洞名十四之十五	一七，七	京师图书馆
一三三四四之一三三四五	二寘五〇	示〇诗二　谥〇谥法一	一五，二三	翟理斯教授
一三四五〇	二寘一〇二	士〇处士二	三一	来比锡大学（寄存）
一三四五三	二寘一〇四	士〇事韵二		康南尔大学
一三四九四之一三四九五	二寘一二三	智〇诗文二　緻致等字		叶恭绰
一三四九六之一三四九七	二寘一二四	制〇宣制等	一九，一七	翟理斯教授
一三四九八之一三四九九	二寘一二五	制〇除官制一之二	二八，二一	英伦博物院，为 A. C. Moule 教士暂存者
一三五〇六之一三五〇七	二寘	制〇除官制九　兼官制一		叶恭绰
一三六二九	二寘一九九	世〇《皇极经世书》三十	三一	伦敦大学东方语言学校
一三八二二之一三八二四	二寘	寺〇僧寺八二之八四	一三，一五，一七	京师图书馆
一三八七六之一三八七八	三未一三	贲〇贲卦五 痹〇《诸痹证治》一之二	一三，二五，二四	英伦博物院
一三八七九之一三八八〇	三未一四	痹〇《诸痹证治》三之四　䏚𧙷等字		康南尔大学，原属莫理逊
一三九九一	三未	戏〇戏文二七　《小孙屠》等	六〇	叶恭绰，京师图书馆录副
一四〇四六	四霁	祭〇祭文四	三五	京师图书馆
一四〇四九之一四〇五〇	四霁	祭〇祭文七之八	二三，二七	京师图书馆

续表

卷　　数	韵	标　　题	叶　　数	现　　藏
一四〇五一之一四〇五二	四霁一五	祭〇祭文九之十	二〇，二二	京师图书馆
一四一三一	四霁	第〇及第五	三五	国会图书馆（为李佳白暂存者）
一四三八二之一四三八三	四霁一七六	寄〇诗十五之十六	二二，二六	大连图书馆（原存述古堂）
一四三八五	四霁	冀〇冀州二　冀县	二七	牛津大学
一四四六一之一四四六二	五御	御〇备御一之二	二八，二五	京师图书馆
一四六〇七之一四六〇九	六暮	簿〇主簿　御史台主簿　钦天监主簿等	一九，三四，八	牛津大学，为毕幹（Thomas Pigganan）所赠
一四六二二	六暮	部〇吏部九	二三	牛津大学
一四六二七	六暮	部〇吏部十四	三七	牛津大学
一四六二八之一四六二九	六暮	部〇吏部十五之十六	二七，三〇	日本富冈君㧑赐枫书楼，见《吉石盦丛书》四集
一四八三七	六暮	赋〇《大全赋会》三	三七	京师图书馆
一四八三八	六暮	赋〇《大全赋会》四	三一	京师图书馆
一五一三八之一五一三九	七泰	师〇诗一之二　率〇事韵	二二，一九	京师图书馆
一五八六八之一五八七〇	九震一七八	论〇《大庄严经论》四之六		康南尔大学，原属莫理逊
一五九四八之一五九四九	九震二一六	运〇宋漕运六　金漕运　元漕运一		原属莫理逊，今入静嘉堂文库
一五九五〇之一五九五一	九震二一七	运〇元漕运二　五运	一九，一三	国会图书馆
一五九五五之一五九五六	九震	运〇《庄子·天运篇》《素问·五运行大论篇》《劫运篇》		原属莫理逊，今入静嘉堂文库
一六三四三之一六三四四	十翰一五二	算〇算法十四之十五	二六，二七	剑桥大学，为长沙领事翟理斯 Lancelot Giles 所赠
一九七三五	一屋七六	录〇《曾公遗录》八	三〇	牛津大学
一九七四二之一九七四三	一屋	录〇《窃愤录》《窃愤续录》等	一五，一四	翟理斯教授

续表

卷数	韵	标题	叶数	现藏
一九七八一之一九七八二	一屋一〇五	局〇诸局沿革四　事韵		康南尔大学
一九七八三之一九七八四	一屋一〇六	伏〇事局　姓氏		康南尔大学
一九七八五之一九七八六	一屋一〇七	服〇服　天子服　皇太子服　后妃服	一二，二〇（插图二三幅）	国会图书馆
一九七八九之一九七九〇	一屋一〇九	服〇元服二　朝服	一九，一八	英伦博物院，为翟理斯教授所赠
一九七九二	一屋一一一	服〇公服　章服	二六	翟理斯教授
一九八六五之一九八六六	一屋	竹〇事韵　竹名	二八，二六	马登 Wilfred Merton
一九九三一	一屋	箓〇《正一盟威秘录》四	三一	京师图书馆
二〇一二一之二〇一二二	二质	日〇诸家选日七之八	二七，一六	京师图书馆
二〇一三九	二质四〇	日〇诸家选日二五	三〇	牛津大学
二〇一九七	二质	日〇诸家选日八三	二九	京师图书馆
二〇二〇四之二〇二〇二五	二质	毕	一八，一六	京师图书馆
二〇三一〇之二〇三一一	二质	疾〇事韵一之二	二一，二一	京师图书馆
二〇四二四之二〇四二五	二质一八七	稷〇郡县社稷　诸里社稷一之二	二九，二五	京师图书馆
二〇四二六之二〇四二七	二质一八八	稷〇《书·益稷篇》一之二	二九，一九	京师图书馆
二〇四二八	二质	稷〇《书·益稷篇》三	三四	京师图书馆
二〇四七八之二〇四七九	二质	职	二六，三〇	叶恭绰，京师图书馆录副
二〇六四八之二〇六四九	二质	易		叶恭绰
二〇八五〇之二〇八五一	二质	檄〇事韵文一之二	二六，二四	英伦博物院，为税务司 E. Gordon Lowder 所赠

（原载《中华图书馆协会会报》第一卷第四期）

《永乐大典》现存卷数续目

卷　　数	韵	标　　题	叶　　数	现　　藏
四八〇之四八一	一东	忠〇忠义一五之一六	三一、一七	嘉业藏书楼
五五一之五五三	一东	庸〇《中庸》一〇之一二	二一、二三、一四	同上
八九五之八九六	二支	诗〇宋诗四之五	一八、二〇	同上
八九九之九〇〇	二支	诗〇宋诗八　元诗一之二	三一、二四	同上
九〇五之九〇七	二支	诗〇诸家诗目一之三	一八、一六、二〇	同上
九一七之九一九	二支	师〇太师二至太师少保	一四、一三、一五	同上
二一九〇之二一九一	六模	图〇《帝王经世图谱》一之二	三二、三六	同上
二二六二之二二六三	六模	湖〇湖名四之五	一六、二九	同上
二二六四之二二六五	六模	湖〇湖名五之六	三七、二三	同上
二二七〇之二二七一	六模	湖〇湖名一一之一二	三一、二一	同上
二三四〇之二三四一	六模	梧〇梧州府四之五	一四、一八	同上
二三四二之二三四三	六模	梧〇梧州府六之七	二〇、二四	同上
二三四四之二三四五	六模	梧〇梧州府八 乌〇事韵　诗文一	一七、三〇	同上
二三四六之二三四七	六模	乌〇诗文二　姓氏	二〇、一九	同上
二三六七之二三六九	六模	苏〇苏州府一九之二一	一六、一一、一九	同上
二四〇六之二四〇八	六模	无题，仅关于该韵各字之解释	二四、一四、一五	同上
二六〇三之二六〇四	七皆	台〇台名一四之一五	二〇、二六	同上
二六〇五之二六〇七	七皆	台〇事韵一之二　御史台一之二	一五、一五、二三	同上

续表

卷数	韵	标题	叶数	现藏
二六一〇之二六一一	七皆	台〇御史台五之六	二九、二三	傅增湘藏
二七四一之二七四二	八灰	崔〇姓氏八之九	二四、一八	嘉业藏书楼
二七五四之二七五五	八灰	陂〇陂名三之四	二四、二一	同上
二九七八之二九八〇	九真	人〇事韵六之八	一七、一五、二〇	同上
二九九九之三〇〇〇	九真	人〇事韵二七之二八	二四、一六	同上
三〇〇五之三〇〇六	九真	人〇诗二之三	二四、二二	同上
三〇〇七之三〇〇八	九真	人〇题多不备录	一九、五〇	同上
三〇〇九之三〇一〇	九真	人〇同人卦二之三	一五、三〇	同上
三一三三之三一三四	九真	陈〇姓氏七之八	二七、二八	同上
三一五五之三一五六	九真	陈〇姓氏二九之三〇	二二、二六	同上
五二四八之五二四九	十三萧	辽〇世宗　景宗　圣宗	一八、二四	同上
五二五一之五二五二	十三萧	辽〇天祚　《九主年谱》辽控制诸国	三一、二二	同上
六五〇四之六五〇五	十八阳	庄〇庄公二三之二四	二二、二九	同上
六五六四之六五六五	十八阳	梁〇武帝三之四	三一、一三	同上
六八三七之六八三八	十八阳	王〇姓氏二一之二三	二七、二五	同上
七二三五之七二三六	十八阳	堂〇堂名二一之二二	二一、三二	同上
七二三九之七二四〇	十八阳	堂〇堂名二五之二六	二〇、三一	同上
一四六二四之一四六二五	六暮	部〇吏部一一之一二	二〇、二二	同上

续表

卷　　数	韵	标　　题	叶　　数	现　　藏
一四九四七	六暮	妇〇《妇人证治》二三	二〇	
一七〇八四之一七〇八五	十三啸	庙〇国朝宗庙　历代原庙　庙寝　亲庙	三三、三五	
一八二二二之一八二二四	十八深	像〇贤人像图三　事韵一之二	一四、一八、一七	慕玄父藏
一九七三七之一九七三九	一屋	录〇释书《沙门灌顶》，《国清百录》一之三		伦敦 Luzac 书店藏

（与刘国钧合编，原载《中国图书馆协会会报》第二卷第四期）

《永乐大典》现存卷数续目

十六年六月游东瀛，得睹《大典》二十七册，兹记其卷数如下，而以近日在京中所见者附焉。

前目见本报第一卷第四号及第二卷第四号。

卷数	韵	标题	叶数	现藏
五五四之五五六	一东二三九	庸○《中庸》十三之十五	二四、一八、二三	东洋文库
九○一之九○二	二支	诗○元诗三之四		京都府立图书馆
二二三六之二二三七	六模五一	奴○匈奴四之五		小川睦之辅
二二七九之二二八一	六模	湖○湖州府五之七		东京帝国图书馆
二六○八之二六○九	七皆六四	台○御史台三之四		内藤虎次郎
二六一○之二六一一	七皆六五	台○御史台五之六	二九、二三	东洋文库（傅增湘有影印本）
二八○六	八灰	卑○	三一	朱先生
三六一四	十寒	寒○《诸寒证治》九	二四	
五一九九	十二先	原○太原府	三○	东洋文库
五二○○之五二○一	十二先三九○	原○太原府二之三	二八、二二	东洋文库
五二○二之五二○三	十二先三九一	原○太原府四之五	二○、二六	东洋文库
五二○四之五二○五	十二先三九二	原○太原府六之七	二一、二七	东洋文库
五二六八	十三萧	祅○	三八	东洋文库
五三四五	十三萧	潮○潮州府三	四七	
六八二六之六八二七	十八阳四四六	王○姓氏	一六、一八	东洋文库
六八二八之六八二九	十八阳	王○	二二、一九	

续表

卷　　数	韵	标　　题	叶　　数	现　　藏
七二三七之七二三八	十八阳六二六	堂〇堂名二三之二四	二〇、三六	东洋文库
七八五六之七八五七	十九庚	星〇太白星占　太白星	三二、一八	北京图书馆
八〇二五之八〇二六	十九庚一六三	成〇武成	一九、三〇	北京图书馆
八六四七之八六四八	十九庚	衡〇衡州府九之十		大阪府立图书馆
八八四一之八四三	二十尤	油〇事韵　诗文　江油县　游〇事韵　龙游县　姓氏一之三	一八、一七、二三	燕京大学图书馆
八九七九	二十尤	周〇	二一	
九五六一	二十二覃一三	南〇河南布政司	三六	东洋文库
一〇五三九之一〇五四〇	四济	启〇谢启四之贺启一	二三、二〇	东洋文库
一〇八一二之一〇八一四	六姥	母〇事韵三之五	一九、二一、一九	东洋文库
一一四一二之一一四一三	十一产	眼〇《眼目证治》一八之一九	三二、一九	东洋文库
一一五九八之一一五九九	十四巧	草〇市籴粮草三　本草	一九、二二	东洋文库
一一六〇二之一一六〇三	十四巧	藻〇	二五、二〇	东洋文库
一一六一五之一一六一六	十四巧	老〇养老	一六、二〇	东洋文库
一一八四八之一一八四九	十八养	享〇燕享	二四、一六	东洋文库
一三一三九之一三一四〇	一送四五〇	梦〇事韵七之八	二六、二六	东洋文库
一三九九一	三	戏〇戏文二七《小孙屠》等	六〇	徐世昌
一四九四七	六暮	妇〇《妇人证治》二三	二〇	东洋文库

续表

卷　数	韵	标　题	叶　数	现　藏
一五九四八之一五九四九	九震	运〇宋漕运六　元漕运一	二二、二二	东洋文库
一九四一六之一九四一七	二十二勘一〇	蘸〇 站〇站赤	一四、一六	东洋文库
一九四一八之一九四一九	二十二勘	站〇站赤三之四	一六、一八	东洋文库
一九四二四之一九四二六	二十二勘一四	站〇站赤九　驿站一之二	二三、二九、一八	东洋文库
一九六三六之一九六三七	一屋	沐、目等字	二七、二七	北京图书馆
二二七六〇	十合	劄〇《启劄锦语》六	二二	

（原载《中华图书馆协会会报》第三卷第一期）

《永乐大典》现存卷目表

《永乐大典》为有明一代巨制，天壤间罕见之书多赖之以传。今全书已散佚，然余历年足迹所至，于海内外公私藏家所见，殆不下二百余册。已先后载其目于《学衡》杂志及《图书馆学会报》中。今年春，复排比前目，益以最近所闻见者，实得二百八十六册，然尚不及全书百之二耳。至其他残存之数，固当倍蓰于此，海内外学人有以所藏所见卷数见示者，余日望之矣。十八年二月袁同礼识。

卷　数	叶　数	韵　目	内　容	庋　藏	杂　记
四八〇 四八一	三一 一七	一东	忠（忠义十五） 忠（忠义十六）	吴兴刘氏	
四八五 四八六		一东	忠（《忠经》《忠传》一） 忠（《忠传》二）	海盐张氏	
五五一 五五二 五五三	二一 二三 一四	一东	庸（《中庸》十） 庸（《中庸》十一） 庸（《中庸》十二）	吴兴刘氏	
五五四 五五五 五五六	二四 一八 二三	一东	庸（《中庸》十三） 庸（《中庸》十四） 庸（《中庸》十五）	东洋文库	
六六一 六六二	一三 三〇	一东	雝（事韵　《诗·周颂·雝篇》）滩维 雍（辟雍　诗文）饔（事韵）等字	北平北海图书馆	
七八二 七八三 七八四	二一 二〇 一七	二支	诗（诗话二十四） 诗（诗话二十四） 诗（诗话二十四）	北平图书馆	此卷有残缺
八四九 八五〇 八五一		二支	诗（诗帖十八） 诗（诗帖十九） 诗（诗帖二十）	海盐张氏	
八九五 八九六	一八 二〇	二支	诗（宋诗四） 诗（宋诗五）	吴兴刘氏	
八九九 九〇〇	三一 二四	二支	诗（宋诗八　元诗一） 诗（元诗二）	吴兴刘氏	

续表

卷　　数	叶　数	韵　　目	内　　容	庋　　藏	杂　　记
九〇一 九〇二		二支	诗（元诗三） 诗（元诗四）	京都府立图书馆	
九〇五 九〇六 九〇七	一八 一六 二〇	二支	诗（诸家诗目一） 诗（诸家诗目二） 诗（诸家诗目三）	吴兴刘氏	
九一七 九一八 九一九	一四 一三 一五	二支	师（太师二） 师（少师） 师（三师　太子　太师　太子　少师）	吴兴刘氏	
九二〇 九二一 九二二	八 三一 一八	二支	师（太子三师　师氏　国师　宗师　诸侯师　先师） 师（儒师　事韵一） 师（事韵二）	来比锡大学（寄存）	
九七五 九七六		二支	儿（《小儿证治》八） 儿（《小儿证治》九）	汉堡大学	
九八〇		二支	儿（《小儿证治》十三）	天津徐氏	
二一九〇 二一九一	三二 三六	六模	图（《帝王经世图谱》一） 图（《帝王经世图谱》二）	吴兴刘氏	
二二一七 二二一八		六模	泸（泸州一） 泸（泸州二）	天津徐氏	
二二三六 二二三七		六模	奴（匈奴四） 奴（匈奴五）	小川睦之辅	
二二五六	二一	六模	壶（壶图三）	□□吴氏	北平北海图书馆藏有影本
二二六〇 二二六一		六模	湖（湖名一） 湖（湖名二）	河内远东学院	
二二六二 二二六三	一六 二九	六模	湖（湖名三） 湖（湖名四）	吴兴刘氏	以下三卷均记西湖
二二六四 二二六五	三七 二三	六模	湖（湖名五） 湖（湖名六）	吴兴刘氏	
二二六六 二二六七		六模	湖（湖名七） 湖（湖名八）	河内远东学院	
二二七〇 二二七一	三一 二一	六模	湖（湖名十一） 湖（湖名十二）	吴兴刘氏	

续表

卷　　数	叶　数	韵　　目	内　　容	庋　　藏	杂　　记
二二七五		六模	湖（湖州府一）	上海东方图书馆	
二二七六		六模	湖（湖州府二）	上海东方图书馆	
二二七九 二二八〇 二二八一		六模	湖（湖州府五） 湖（湖州府六） 湖（湖州府七）	东京帝国图书馆	
二二八二 二二八三		六模	湖（湖州府八） 湖（湖州府九）	未详	
二三四二 二三四三	二〇 二四	六模	梧（梧州府六） 梧（梧州府七）	吴兴刘氏	
二三四四 二三四五	一七 二〇	六模	梧（梧州府八）䎔等字 乌（事韵　诗文一）	吴兴刘氏	
二三四六 二三四七		六模	乌（诗文二） 乌（义乌县　飞乌县　姓氏）恶呜（事韵）等字	吴兴刘氏	
二三六七 二三六八 二三六九	一六 一一 一九	六模	苏（苏州府十九） 苏（苏州府二十） 苏（苏州府二十一）	吴兴刘氏	
二四〇六 二四〇七 二四〇八	二四 一四 一五	六模	初（事韵　汉初县　姓氏）刍（事韵　文　释书《佛说苾刍五法经》《佛说苾刍迦尸十法经》）等字 蔬（事韵　诗文）梳（事韵　诗） 疎疏（事韵　姓氏）練等字	吴兴刘氏	
二四〇九		六模	敷（事韵）孚（事韵　易中孚卦一）等字	河内远东学院	
二五三五 二五三六		七皆	斋（斋名十一） 斋（斋名十二）	上海东方图书馆	
二五三九 二五四〇		七皆	斋（斋名十五） 斋（斋名十六）	上海东方图书馆	
二六〇三 二六〇四	二〇 二六	七皆	台（台名十四） 台（御名十五）	吴兴刘氏	
二六〇五 二六〇六 二六〇七	一五 一五 二三	七皆	台（事韵一） 台（事韵二　御史台一） 台（御史台二）	吴兴刘氏	

续表

卷　　数	叶　数	韵　　目	内　　容	庋　　藏	杂　　记
二六〇八 二六〇九		七皆	台（御史台三） 台（御史台四）	内藤湖南	此册内藤已付影印
二六一〇 二六一一	二九 二三	七皆	台（御史台五） 台（御史台六）	东洋文库	此册江安傅氏已影印行世
二七三九 二七四〇	二三 二二	八灰	崔（姓氏七） 崔（姓氏八）	大连图书馆	
二七四一 二七四二	二四 一八	八灰	崔（姓氏九） 崔（姓氏十）	吴兴刘氏	
二七四三 二七四四	一四 二九	八灰	崔（姓氏十一） 崔（姓氏十二）	北平图书馆	
二七五四 二七五五	二四 二一	八灰	陂（陂名三） 陂（陂名四　诗文　黄陂县）波罴（事韵　诗文）	吴兴刘氏	
二八〇六	三一	八灰	卑（事韵　姓氏　鲜卑国）裨（事韵）椑（事韵）鞞（事韵）等字	□□朱氏	
二八〇七	二七	八灰	丕（事韵　姓氏）邳（事韵　邳州　下邳国　下邳郡　下邳县　姓氏）等字	北平图书馆	
二八〇八 二八〇九	二〇 二三	八灰	梅（事韵一） 梅（事韵二）	北平图书馆	此卷有残缺
二八一〇 二八一一	二一 二四	八灰	梅（事韵三） 梅（事韵四）	北平图书馆	
二八一二 二八一三	二四 一八	八灰	梅（事韵五） 梅（事韵六）	北平图书馆	
二九四八 二九四九	二四 二八	九真	神（事韵一） 神（事韵二）	北平图书馆	
二九五〇 二九五一	二二 二二	九真	神（文一） 神（文二）	北平图书馆	
二九五二 二九五三	三一 一四	九真	神（诗　医书《素问·四气调神大论篇》《灵枢·本神篇》） 神（道书《太上飞行九神玉经》等）	北平图书馆	此卷有残缺

续表

卷　　数	叶　数	韵　　目	内　　容	庋　　藏	杂　　记
二九五四 二九五五	二六 二六	九真	神（道书《生神章》一） 神（《生神章》二　姓氏　青神县　和神国）旦等字	北平图书馆	
二九七八 二九七九 二九八〇	一七 一五 二〇	九真	人（事韵六） 人（事韵七） 人（事韵八）	吴兴刘氏	
二九九九 三〇〇〇	二四 一六	九真	人（事韵二十七） 人（事韵二十八）	吴兴刘氏	
三〇〇一	三三	九真	人（事韵二十九）	北平图书馆	此册原藏教育部图书室，北平图书馆录副
三〇〇三 三〇〇四	二七 二六	九真	人（文） 人（诗一）	北平图书馆	
三〇〇五 三〇〇六	二四 二二	九真	人（诗二） 人（诗三）	吴兴刘氏	
三〇〇七 三〇〇八	一九 五〇	九真	人（柏人县　《春秋繁露·天辨在人篇》《吕氏春秋·慎人篇》） 人（易同人卦一）	吴兴刘氏	
三〇〇九 三〇一〇	一五 三〇	九真	人（同人卦二） 人（同人卦三）	吴兴刘氏	
三一三三 三一三四	二七 二八	九真 九真	陈（姓氏七） 陈（姓氏八）	吴兴刘氏	
三一四一 三一四二	二一 一九	九真一二一	陈（姓氏十五） 陈（姓氏十六）	北平图书馆	此册原藏教育部图书室，北平图书馆录存副册
三一四三 三一四四	二五 二三	九真	陈（姓氏十七） 陈（姓氏十八）	北平北海图书馆	
三一四五 三一四六	二六 二四	九真	陈（姓氏十九） 陈（姓氏二十）	北平北海图书馆	
三一四七 三一四八 三一四九	一八 一九 一四	九真	陈（姓氏二十一） 陈（姓氏二十二） 陈（姓氏二十三）	北平北海图书馆	
三一五〇 三一五一	二二 三六	九真	陈（姓氏二十四） 陈（姓氏二十五）	北平图书馆	

续表

卷　数	叶　数	韵　目	内　容	庋　藏	杂　记
三一五五 三一五六	二二 二六	九真	陈（姓氏二十九） 陈（姓氏三十）	吴兴刘氏	
三五〇七 三五〇八	三三 二四	九真	坤（坤卦四） 坤（坤卦五）	北平图书馆	
三五二五 三五二六		九真	门（门名一） 门（门名二）	上海东方图书馆	
三五二七 三五二八	二〇 三三	九真	门（门名三） 门（义门　孝门）	北平图书馆	
三五四九	三二	九真	门（《普门品经》三）	北平图书馆	
三五七九 三五八〇 三五八一		九真	村（村名一） 村（村名二） 村（诗）邨　澊等字	海盐张氏	
三五八四 三五八五	二八 一九	九真	尊（尊名三） 尊（追尊　事韵　姓氏）鷷等字	□□吴氏	
三六一四	二四	十寒	寒（《诸寒证治》九）	未详	
四九〇八 四九〇九	二一 四一	十二先	煙烟（事韵　姓氏　诗） 燕（事韵　诗文　《燕丹子》） 燕（春秋燕国　南燕国）	柏林人种博物馆	
五一九九	三〇	十二先	原（太原府一）	东洋文库	
五二〇〇 五二〇一	二八 二二	十二先三九〇	原（太原府二） 原（太原府三）	东洋文库	
五二〇二 五二〇三	二〇 二六	十二先三九一	原（太原府四） 原（太原府五）	东洋文库	
五二〇四 五二〇五	二一 二七	十二先三九二	原（太原府六） 原（太原府七　镇原县　平原县　三原县　姓氏）	东洋文库	
五二四八 五二四九	一八 二四	十三萧	辽（世宗　景宗） 辽（圣宗）	吴兴刘氏	
五二五一 五二五二	三一 二二	十三萧	辽（天祚　《九主年谱》） 辽（辽控制诸国）	吴兴刘氏	
五二六八	三八	十三萧	祅祆夭（事韵　《诗·周南·桃夭篇》）等字	东洋文库	

续表

卷　数	叶　数	韵　目	内　容	庋　藏	杂　记
五三四三	四四	十三萧八一	潮（潮州府一）（附图六幅）	来比锡大学	
五三四五	四七	十三萧	潮（潮州府三）	未详	
五七六九 五七七〇		十六麻	沙（长沙府十八　诗文） 沙（长沙府十九　诗文等）	天津徐氏	
六五〇四 六五〇五	十二 二九	十八阳	庄（庄公二十三） 庄（庄公二十四）	吴兴刘氏	
六五二三 六五二四	一二 一五	十八阳	妆（事韵）装（事韵） 裘桩（事韵）等字	北平图书馆	
六五五八 六五五九		十八阳	梁（《梁惠王篇》十一） 梁（《梁惠王篇》十二）	上海东方图书馆	
六五六四 六五六五	三一 一三	十八阳	梁（武帝三） 梁（武帝四）	吴兴刘氏	
六五八四	四三	十八阳	梁（武帝二十三）	北平图书馆	内缺四十一、四十二两叶
六六四一	二六	十八阳	乡（乡仪　乡约等）	牛津大学	
六七六四 六七六五	二八 二一	十八阳	王（宗室封王二十八　金） 王（宗室封王二十九　金）	北平图书馆	
六七六六 六七六七	一七 一五	十八阳 十八阳	王（宗室封王三十　金元） 王（宗室封王三十一　元）	北平图书馆	
六七七一		十八阳	王（异姓封王四）	德化李氏	
六八二六 六八二七	一六 一八	十八阳四四六	王（姓氏十一） 王（姓氏十二）	东洋文库	
六八二八 六八二九	二二 一九	十八阳	王（姓氏十三） 王（姓氏十四）	未详	
六八三一 六八三二	二二 二三	十八阳四四八	王（姓氏十六） 王（姓氏十七）	国会图书馆	
六八三七 六八三八	二七 二五	十八阳	王（姓氏二十二） 王（姓氏二十三）	吴兴刘氏	

续表

卷　数	叶　数	韵　目	内　容	庋　藏	杂　记
七一〇四 七一〇五	一七 一三	十八阳	唐（宣宗一） 唐（宣宗二）	北平图书馆	
七二三五 七二三六		十八阳	堂（堂名二十一） 堂（堂名二十二）	吴兴刘氏	
七二三七 七二三八	二〇 三六	十八阳六二六	堂（堂名二十三） 堂（堂名二十四）	东洋文库	此册北平图书馆录副
七二三九 七二四〇	二〇 三一	十八阳	堂（堂名二十五） 堂（堂名二十六）	吴兴刘氏	
七二四一 七二四二	二三 三一	十八阳	堂（堂名二十七） 堂（堂名二十八）	北平图书馆	
七三二五		十八阳	郎（承事郎等官）	上海东方图书馆	
七三二六		十八阳	郎（左武郎等官）	上海东方图书馆	
七三二八		十八阳	郎（事韵）	上虞罗氏	
七三二九	三〇	十八阳	郎（诗文　姓氏　夜郎国）	北平图书馆	
七三七八 七三七九	二〇 一一	十八阳	丧（丧礼三十九　宋后） 丧（丧礼四十　宋后）	北平图书馆	
七三八五 七三八六	一四 二九	十八阳六九五	丧（丧礼四十六　国朝成礼　贵妃丧礼　谢妃丧礼） 丧（丧礼四十七　国恤）	北平图书馆	
七三八七 七三八八	二六 二〇	十八阳六九六	丧（丧礼四十八　国恤） 丧（丧礼四十九　国恤）	北平图书馆	
七四四九 七四五〇	一六 二四	十八阳	丧（《丧服小记篇》三） 丧（《丧服小记篇》四）	北平图书馆	
七四五三 七四五四	二四 一一	十八阳七二五	丧（《礼记·杂记篇》一） 丧（《杂记篇》二）	北平图书馆	
七四五五	三五	十八阳七二六	丧（《杂记篇》三）	北平图书馆	
七四五六 七四五七	二一 一九	十八阳	丧（《杂记篇》四） 丧（《杂记篇》五）	北平图书馆	
七四五八	三三	十八阳七二八	丧（《杂记篇》六）	北平图书馆	
七四五九 七四六〇	二六 二二	十八阳	丧（《礼记·丧大记篇》一） 丧（《礼记·丧大记篇》二）	北平图书馆	

续表

卷　　数	叶　数	韵　　目	内　　容	庋　　藏	杂　　记
七四六一 七四六二	一九 二二	十八阳	丧（《丧大记篇》三） 丧（《丧大记篇》四）	北平图书馆	
七五〇六		十八阳	仓（神仓　藉田仓　太仓等）	上海东方图书馆	
七五一〇		十八阳	仓（社仓）	上海东方图书馆	
七五一一		十八阳	仓（仓名一）	未详	
七五一二		十八阳	仓（仓名二）	未详	
七五一三 七五一四		十八阳七五六	仓（仓名三） 仓（事韵一）	上海东方图书馆	
七五一五 七五一六	一三 二一	十八阳	仓（事韵二） 仓（事韵三）	牛津大学	
七五一七 七五一八	二七 三六	十八阳	仓（事韵四） 仓（事韵五　陈仓县　姓氏）苍（事韵　姓氏）沧（沧州）等字	吴兴刘氏	
七五四三	三八	十八阳	刚（释书《金刚般若波罗蜜经》一）	吴兴刘氏	
七六〇二 七六〇三		十八阳	杭（杭州府五十一） 杭（杭州府五十二）	海盐张氏	
七六五〇 七六五一	二二 一八	十八阳	黄（姓氏十一） 黄（姓氏十二）	北平图书馆	
七六七七	三〇	十九庚	庚（《盘庚篇》五）	牛津大学	
七七〇一 七七〇二	二六 一四	十九庚	京（南京） 京（北京　上京　中京　五京　事韵）	北平图书馆	此卷内缺九叶
七八五六 七八五七	三二 一八	十九庚	星（太白星一） 星（太白星二）	北平北海图书馆	
七八八九 七八九〇	一七 二〇	十九庚	汀（事韵　汀州府一） 汀（汀州府二）	北平图书馆	
七八九一 七八九二	一四 三一	十九庚	汀（汀州府三） 汀（汀州府四）	北平图书馆	
七八九三 七八九四 七八九五	二三 一四 二〇	十九庚	汀（汀州府五） 汀（汀州府六） 汀（汀州府七）鞓　打等字	北平图书馆	

续表

卷　　数	叶　数	韵　　目	内　　容	庋　　藏	杂　　记
七九六三	三三	十九庚	兴（府一　绍兴）	北平图书馆	
八〇二〇		十九庚	蒸（《骨蒸证治》一）	上海东方图书馆	
八〇二一	二六	十九庚	蒸（《骨蒸证治》二）烝等字	牛津大学	
八〇二五 八〇二六	一九 三〇	十九庚一六三	成（《书·武成篇》一） 成（《书·武成篇》二）	北平北海图书馆	
八一六四 八一六五	二三 一八	十九庚	程（姓氏七） 程（姓氏八）	吴兴刘氏	
八一九九	三三	十九庚	陵（《大汉原陵秘葬经》）	北平图书馆	
八三三九	四五	十九庚	兵（守兵）	北平图书馆	此册载《守城录》一书，《四库全书·兵家类》著录
八五〇六 八五〇七	二一 二二	十九庚	宁（南宁府一） 宁（南宁府二）	北平图书馆	
八五二六 八五二七	二二 一三	十九庚	精（事韵一） 精（事韵二）	北平图书馆	此册原藏教育部图书室，北平图书馆录副
八五八七 八五八八	一一 一九	十九庚	生（《庄子·养生主篇》） 生（释书《生经》一）	北平图书馆	
八六四七 八六四八		十九庚	衡（衡州府九） 衡（衡州府十）	大阪府立图书馆	
八七〇六 八七〇七		十九庚	僧（僧讲　僧律　僧官等） 僧（译经僧一）	武进陶氏	
八八四一 八八四二 八八四三	一八 一七 二三	二十尤	油（事韵　诗文　江油县）莜等字 游（事韵　龙游县　姓氏一） 游（姓氏二）	燕京大学图书馆	
八八四四 八八四五	二〇 二五	二十尤	遊（事韵一） 遊（事韵二）	北平图书馆	
八九〇八	三二	二十尤四二	周（康王二）	北平图书馆	此册原藏教育部图书室，北平图书馆录副

续表

卷　　数	叶　数	韵　　目	内　　容	庋　　藏	杂　　记
八九〇九 八九一〇	一三 一八	二十尤	周（康王三、昭王） 周（穆王一）	北平图书馆	
八九七九	二一	二十尤	周（宗室二）	未详	
八九八〇 八九八一	二八 一五	二十尤	周（五代周太祖一） 周（太祖二）	北平图书馆	
九五六一	三六	二十二覃一三	南（河南布政使）	东洋文库	
九七六二 九七六三 九七六四		二十二覃	诚　咸（事韵）等字 嵒碞（事韵）岩（事韵一） 岩（事韵二）	天津徐氏	
一〇一三五 一〇一三六	二〇 一七	二纸	史（历代诸史七　《南史》《北史》《后周书》《隋书》） 史（历代诸史八　《唐书》）	牛津大学	
一〇四五八 一〇四五九	二一 二七	四济	礼（文三） 礼（文四　诗）	吴兴刘氏	
一〇四六〇	三六	四济	礼（《周礼》一）	牛津大学	
一〇四八三 一〇四八四		四济	礼（《曲礼篇》十六） 礼（《曲礼篇》十七）	汉堡大学	
一〇五三九 一〇五四〇	二三 二〇	四济	启（谢启四） 启（贺启一）	东洋文库	此册北平图书馆录副
一〇八一二 一〇八一三 一〇八一四	一九 二一 一九	六姥	母（事韵三） 母（事韵四） 母（事韵五）	东洋文库	此册北平图书馆录副
一〇八七六 一〇八七七	三六 二一	六姥	虏（事韵　诗文） 虏（诗文二）卤（事韵卤县）等字	北平图书馆	
一〇八八八 一〇八八九		六姥	古（钱天祐《叙古颂表》道书《太上赤文帝君洞古经》） 古（姓氏）	天津徐氏	
一〇九三四 一〇九三五	三三 一六	六姥	楚（楚国七） 楚（楚国八）	国会图书馆	

续表

卷数	叶数	韵目	内容	庋藏	杂记
一〇九四九 一〇九五〇	二三 二〇	六姥	抚（抚州府一） 抚（抚州府二）	国会图书馆	
一〇九九八 一〇九九九	二一 二二	六姥九二	府（知府八） 府（知府九）	国会图书馆	
一一〇〇〇 一一〇〇一	二三 二四	六姥九三	府 府	国会图书馆	
一一〇七六 一一〇七七	二〇 三〇	八贿	蜼（事韵）䶊等字 橤蘂等字	国会图书馆	
一一一二七 一一一二八	二四 二六	八贿	水（《水经》一） 水（《水经》二）	上海东方图书馆	以下四册北平图书馆录有副本，王观堂先生曾据以校内聚珍本，有跋载《观堂集林》
一一一二九 一一一三〇	二二 二〇	八贿	水（《水经》三） 水（《水经》四）	上海东方图书馆	
一一一三一 一一一三二	二三 二二	八贿	水（《水经》五） 水（《水经》六）	上海东方图书馆	
一一一三三 一一一三四	二〇 二八	八贿	水（《水经》七） 水（《水经》八）	上海东方图书馆	
一一三六八 一一三六九	三〇 二四	十一产	简（书简十六） 简（书简十七）	伦敦图书馆	
一一四一二 一一四一三	三二 一九	十一产	眼（《眼目证治》十八） 眼（《眼目证治》十九）	东洋文库	
一一五九八 一一五九九	一九 二二	十四巧	草（市粜粮草三） 草（《本草叙论》一）	东洋文库	
一一六〇二 一一六〇三	二五 二〇	十四巧	藻藻（事韵一） 藻（事韵二）	东洋文库	
一一六一五 一一六一六	一六 二〇	十四巧	老（养老一） 老（养老二）	东洋文库	
一一六二〇		十四巧	老（《寿亲养老书》四）	上海东方图书馆	
一一八四八 一一八四九	二四 一六	十八养	享（燕享一） 享（燕享二）	东洋文库	
一一八八七 一一八八八	一七 一九	十八养	党（庆元党一） 党（庆元党二　事韵文）	英伦博物院	

续表

卷　数	叶　数	韵　目	内　容	庋　藏	杂　记
一一九〇三 一一九〇四	二九 二七	十八养三七	广（事韵　姓氏　《诗·周·南汉广篇》、《卫风·河广篇》） 广（《百丈广录》　湖广　广西　广东）	英伦博物院	
一一九五一 一一九五二	二二 一四	十九梗一六	顶（事韵　释书《灌顶经》一） 顶（《灌顶经》二）	国会图书馆	
一一九五三 一一九五四 一一九五五	九 一〇 一二	十九梗一七	顶（《灌顶经》三） 顶（《灌顶经》四） 顶（《灌顶经》五）	国会图书馆	
一一九五六 一一九五七	二一 一五	十九梗十八	鼎（事韵一） 鼎（事韵二）	国会图书馆	
一一九五八 一一九五九	一五 一三	十九梗一九	鼎（事韵三） 鼎（事韵四）	国会图书馆	
一一九六〇	三三	十九梗二〇	鼎（事韵五）	国会图书馆	
一一九八〇 一一九八一	二四 一六	十九梗	岭（岭名三） 岭（岭名四）	国会图书馆	
一二〇一三 一二〇一四	一六 一七	二十有四	有（释书《无所有菩萨经》一） 有（《无所有菩萨经》二）	国会图书馆	
一二〇一五 一二〇一六	二五 二四	二十有五	友（事韵一） 友（事韵二）	国会图书馆	
一二〇一七 一二〇一八	一九 一八	二十有六	友（事韵三） 友（事韵四）	国会图书馆	
一二〇四三 一二〇四四	三二 一四	二十有	酒（事韵十三） 酒（事韵十四）	国会图书馆	
一二〇七一 一二〇七二	一二 二一	二十有三一	酒（乡饮酒仪二） 酒（乡饮酒仪三）	国会图书馆	
一二一四八	二六	二十有	傁瞍等字	国会图书馆	
一二二六九	三四	一送二九	宋（文帝四）	国会图书馆	
一二二七〇 一二二七一	一六 一九	一送三十	宋（文帝五） 宋（文帝六）	国会图书馆	
一二二七二 一二二七三 一二二七四	一七 二一 二三	一送三一	宋（文帝七） 宋（文帝八） 宋（文帝九）	国会图书馆	

续表

卷　　数	叶　数	韵　　目	内　　容	庋　　藏	杂　　记
一二二七五 一二二七六	二〇 二七	一送三二	宋（文帝十） 宋（文帝十一）	国会图书馆	
一二三〇六 一二三〇七 一二三〇八	二四 一六 一六	一送四六	宋（太祖九） 宋（太祖十） 宋（太祖十一）	国会图书馆	
一二三九九 一二四〇〇	二七 二七	一送八七	宋（仁宗二十二） 宋（仁宗二十三）	国会图书馆	
一二四二八 一二四二九	一四 一八	一送	宋（仁宗五十一） 宋（仁宗五十二）	国会图书馆	
一二五〇六 一二五〇七	三〇 一三	一送	宋（神宗五十二） 宋（神宗五十三）	国会图书馆	
一二九六〇 一二九六一 一二九六二	一四 二一 二〇	一送三五九	宋（宁宗五） 宋（宁宗六） 宋（宁宗七）	国会图书馆	
一二九六三 一二九六四 一二九六五	二四 一五 一三	一送三六〇	宋（宁宗八） 宋（宁宗九） 宋（宁宗十）	国会图书馆	
一二九六六 一二九六七 一二九六八	一八 一八 一五	一送三六一	宋（宁宗十一） 宋（宁宗十二） 宋（宁宗十三）	国会图书馆	
一二九六九 一二九七〇 一二九七一	一六 一八 一一	一送三六二	宋（宁宗十四） 宋（宁宗十五） 宋（宁宗十六）	国会图书馆	
一三〇一七	三八	一送	宋（宗室十八）	吴兴刘氏	
一三〇一八	四〇	一送三八八	宋（宗室十九）	北平图书馆	
一三〇二〇	三〇	一送三九〇	宋（宗室二十一）	北平图书馆	
一三〇七四 一三〇七五	一七 一七	一送	洞（洞名十四） 洞（洞名十五　诗文　洪洞县）	北平图书馆	
一三〇八二 一三〇八三 一三〇八四	一八 九 二四	一送	动（事韵、诗文、王充《论衡·变动篇》） 恸（事韵　诗）迵等字 哄（事韵）閧等字	吴兴刘氏	
一三一三九 一三一四〇	二六 二六	一送四五〇	梦（事韵七） 梦（事韵八）	东洋文库	此册北平图书馆录副

续表

卷数	叶数	韵目	内容	庋藏	杂记
一三三四四 一三三四五	一五 二三	二寘五〇	示（诗二） 谥（谥法一）	翟理斯教授	
一三四五〇	三一	三寘一〇二	士（处士二）	来比锡大学（寄存）	
一三四五三		二寘一〇四	士（事韵二）	康南尔大学	
一三四九四 一三四九五		二寘一二三	智（诗文二　智州　姓氏） 緻（事韵）致（事韵　诗文）置（事韵）	新会叶氏	
一三四九六 一三四九七	一九 一七	二寘一二四	制（事韵一） 制（事韵二）	翟理斯教授	
一三四九八 一三四九九	二八 二一	二寘一二五	制（除官制一） 制（除官制二）	英伦博物院	此册为 A. C. Moule 教授寄存
一三五〇六 一三五〇七		二寘	制（除官制九） 制（兼官制一）	新会叶氏	
一三六二九	三一	二寘一九九	世（《皇极经世书》三十）	伦敦大学东方语言学校	
一三八二二 一三八二三 一三八二四	一三 一五 一七	二寘	寺（僧寺八十二） 寺（僧寺八十三） 寺（僧寺八十四）	北平图书馆	
一三八七六 一三八七七 一三八七八	一三 二五 二四	三未一三	贲（贲卦五）郯等字 痺（医书《诸痺证治》一） 痺（《诸痺证治》二）	英伦博物院	
一三八七九 一三八八〇		三未一四	痺（《诸痺证治》三） 痺（《诸痺证治》四）毖等字	康南尔大学	
一三九九一	六〇	三未	戏（戏文二十七　《小孙屠》《张协状元》《宦门子弟错立身》）	天津徐氏	北平图书馆录副
一四〇四六	三五	四霁	祭（祭文四）	北平图书馆	
一四〇四九 一四〇五〇	二三 二七	四霁	祭（祭文七） 祭（祭文八）	北平图书馆	
一四〇五一 一四〇五二	二〇 二二	四霁一五	祭（祭文九） 祭（祭文十）	北平图书馆	
一四一三一	三五	四霁	第（及第五）	国会图书馆	此册为李佳白寄存

续表

卷　数	叶　数	韵　目	内　容	庋　藏	杂　记
一四三八〇 一四三八一	二七 三一	四寘一七五	寄（诗十三） 寄（诗十四）	北平北海图书馆	
一四三八二 一四三八三	二二 二六	四寘一七六	寄（诗十五） 寄（诗十六）徛	大连图书馆	
一四三八四		四寘	冀（事韵　冀州一）	上海东方图书馆	
一四三八五	二七	四寘	冀（冀州二　冀县　姓氏）	牛津大学	
一四四六一 一四四六二	二八 二五	五御	御（备御一） 御（备御二）	北平图书馆	
一四四六三 一四四六四	二二 二一	五御	御（备御三） 御（备御四　事韵　防御　姓氏）圉　语等字	吴兴刘氏	
一四五三六 一四五三七	二〇 二三	五御	树（树名一） 树（树名二　事韵一）	吴兴刘氏	
一四五四四 一四五四五		五御	处（事韵　诗）絮等字 著箸等字	天津徐氏	
一四五七四 一四五七五 一四五七六	三二 三三 一四	六暮	铺（急递铺一） 铺（急递铺二） 铺（急递铺三　事韵）誧等字	吴兴刘氏	
一四六〇七 一四六〇八 一四六〇九	一九 三四 八	六暮	簿（主簿　御史台主簿等官） 簿（司天监主簿等官） 簿（县主簿一）	牛津大学	
一四六二〇 一四六二一	二八 三一	六暮	部（吏部七） 部（吏部八）	吴兴刘氏	
一四六二二	二三	六暮	部（吏部九）	牛津大学	
一四六二四 一四六二五	二〇 二二	六暮	部（吏部十一） 部（吏部十二）	吴兴刘氏	
一四六二七	三七	六暮	部（吏部十四）	牛津大学	
一四六二八 一四六二九	二七 三〇	六暮	部（吏部十五） 部（吏部十六）	富冈君㧑	此册上虞罗氏已假以印入《吉石庵丛书》第四集

续表

卷　数	叶　数	韵　目	内　容	庋　藏	杂　记
一四七〇七 一四七〇八		六暮	度（事韵三　《韩非子·有度篇》《心度篇》） 度（《乾凿度》《坤凿度》）	天津徐氏	
一四八三七	三七	六暮	赋（《大全赋会》三）	北平图书馆	
一四八三八	三一	六暮	赋（《大全赋会》四）	北平图书馆	
一四九四七	二〇	六暮	妇（《妇人证治》二十三）	东洋文库	
一四九九八		七泰	泰（泰卦三）	天津徐氏	
一五一三八 一五一三九	二二 一九	七泰	帅（诗一） 帅（诗二）率（事韵）	北平图书馆	
一五一四〇 一五一四一		八队	队（事韵）兑（事韵　易兑卦一） 兑（兑卦二）	上海东方图书馆	
一五一四二 一五一四三		八队	兑（兑卦三） 兑（兑卦四）駾等字	国会图书馆	
一五八六八 一五八六九 一五八七〇		九震一七八	论（《大庄严经论》四） 论（《大庄严经论》五） 论（《大庄严经论》六）	康南尔大学	
一五八七三 一五八七四 一五八七五		九震	论(《十住毗婆沙论》三) 论(《十住毗婆沙论》四) 论(《十住毗婆沙论》五)	天津徐氏	
一五九四八 一五九四九	二二 二二	九震二一六	运（宋漕运六） 运（金漕运　元漕运一）	东洋文库	
一五九五〇 一五九五一		九震二一七	运（元漕运二） 运（五运一）	国会图书馆	
一五九五五 一五九五六		九震	运（《庄子·天运篇》） 运（医书《素问·五运行大论篇》　道书《劫运篇》）	东洋文库	
一六三四三 一六三四四	二六 二七	十翰一五二	算（算法十四　《异乘同除》） 算（算法十五　《少广》）	剑桥大学	
一七〇八四 一七〇八五	三三 三五	十三啸	庙（国朝宗庙） 庙（历代原庙　寝庙　亲庙）	剑桥大学	

续表

卷　数	叶　数	韵　目	内　容	庋　藏	杂　记
一八二二二 一八二二三 一八二二四	一四 一八 一七	十八漾	像（贤人像图三） 像（事韵一） 像（事韵二）	蓬莱慕氏	
一九四一六 一九四一七	一四 一六	二十二勘一〇	蘸　站（站赤一）等字 站（站赤二）	东洋文库	
一九四一八 一九四一九	一六 一八	二十二勘	站（站赤三） 站（站赤四）	东洋文库	
一九四二四 一九四二五 一九四二六	二三 二九 一八	二十二勘一四	站（站赤九） 站（驿站一） 站（驿站二　诗）斩等字	东洋文库	
一九六三六 一九六三七	二七 二七	一屋	沐（事韵　诗文）霂目（事韵一）等字 目（事韵二）	北平北海图书馆	
一九七二五	三〇	一屋七六	录（《曾公遗录》八）	牛津大学	
一九七三七 一九七三八 一九七三九		一屋	录（释书沙门灌顶《国清百录》一） 录（释书沙门灌顶《国清百录》二） 录（释书沙门灌顶《国清百录》三）	剑桥大学	
一九七四二 一九七四三	一五 一四	一屋	录（《窃愤录》《窃愤续录》）（《鹖冠子·泰录篇》　歌逻录国）睩等字	翟理斯教授	
一九七八一 一九七八二		一屋一〇五	局（诸局沿革四　事韵一） 局（事韵二　诗文）跼等字	康南尔大学	
一九七八三 一九七八四		一屋一〇六	伏（事韵） 伏（姓氏）虙、宓（姓氏）	康南尔大学	
一九七八五 一九七八六	一二 二〇	一屋一〇七	服（天子服　皇太子服） 服（后妃服）	国会图书馆	此册北平图书馆藏有影本
一九七八九 一九七九〇	一九 一八	一屋一〇九	服（元服二） 服（朝服）	英伦博物院	
一九七九二	二六	一屋一一一	服（公服　章服）	翟理斯教授	

续表

卷数	叶数	韵目	内容	庋藏	杂记
一九八六五 一九八六六	二八 二六	一屋	竹（竹名一） 竹（竹名二）	马登	
一九九三一	三一	一屋	箓（《正一盟威秘箓》四）	北平图书馆	
二〇一二一 二〇一二二	二七 一六	二质	日（诸家选日七） 日（诸家选日八）	北平图书馆	此卷有缺烂
二〇一三九	三〇	二质四〇	日（诸家选日二十五）	牛津大学	
二〇一九七	二九	二质	日（诸家选日八十三）	北平图书馆	
二〇二〇四 二〇二〇五	一八 一六	二质	毕（姓氏） 毕（姓氏）	北平图书馆	
二〇三一〇 二〇三一一	二一 二一	二质	疾（事韵一） 疾（事韵二）	北平图书馆	
二〇三五三 二〇三五四		二质	席（诗文二　姓氏）蓆 夕（事韵一）	天津徐氏	
二〇四二四 二〇四二五	二九 二五	二质一八七	稷（郡县社稷　诸里社稷一） 稷（诸里社稷二　事韵）	北平图书馆	
二〇四二六 二〇四二七	二九 一九	二质一八八	稷（《书·益稷篇》一） 稷（《益稷篇》二）	北平图书馆	
二〇四二八	三四	二质	稷（《益稷篇》三）	北平图书馆	
二〇四七八 二〇四七九	二六 三〇	二质	职（事韵一） 职（事韵二）	番禺叶氏	此册北平图书馆录副
二〇六四八 二〇六四九		二质	易 易	番禺叶氏	
二〇八五〇 二〇八五一	二六 二四	二质	檄（事韵　文一） 檄（文二）	英伦博物院	
二一〇二五 二一〇二六		三术	律（释书《四分律删补随机羯磨》一） 律（《四分律删补随机羯磨》二）	北平北海图书馆	
二一九八三 二一九八四		七药	学（郡县学二十九　文） 学（郡县学三十　文）	上海东方图书馆	
二二七四九 二二七五〇		十合	劄（《启劄云锦裳》三） 劄（《启劄云锦裳》四）	上海东方图书馆	

续表

卷　　数	叶　数	韵　　目	内　　容	庋　　藏	杂　　记
二二七六〇 二二七六一	二二 三〇	十合	劄（《启劄锦语》六） 劄（《启劄锦语》七）	北平北海图书馆	

都二百八十六册五百四十二卷

（原载《北平北海图书馆月刊》第二卷第三、四期合刊）

近三年来发见之《永乐大典》

《永乐大典》为明代最大类书，罕见之书多赖之以传。原书共二万二千九百三十七卷十五册，计一万一千九十五册。光绪庚子，翰林院被火灾，全书尽付一炬。其现存卷目，流入国内外公私藏家者，曾载于《学衡杂志》第二十六期、《中华图书馆协会会报》（第一卷四期，二卷四期，三卷一期）、《北平北海图书馆月刊》（第二卷四期）。三年以来，陆续访求，又得一百零七卷，计六十册。列目如下：

卷　　数	叶　数	韵　　目	内　　容	庋　　藏	杂　　记
四八二 四八三 四八四	一五 一二 一三	一东	忠（忠义十七） 忠（诗文一） 忠（诗文二）	瑯琊王氏	以上分装三册
四八九 四九〇	二〇 二二	一东	终（事韵） 终（终螽等字）	北平图书馆	
五三八 五三九		一东	容（姓氏三） 容（姓氏四）	俄京大学语言部	
五四〇 五四一		一东	颂（事韵）溶（事韵）蓉（事韵） 庸（事韵）诗（姓氏）	俄京大学语言部	
九〇三 九〇四	三二 三〇	二支	诗（《寒山诗》《中州集》） 诗（《金璧故事》《国朝诗》）	柏林人种博物院	
九八一		二支	儿（《小儿证治》十四）	海盐张氏	
一〇三三	三六	二支	儿（《小儿证治》六十六）	柏林人种博物院	
二二五七 二二五八 二二五九	一六 二五 一七	六模	壶（投壶壶图　矢图） 壶（投壶礼图　觥筹等图）瓠（瑚煳弧箶等字）	北平图书馆	
二三三七 二三三八 二三三九		六模	梧（事韵　诗文　梧州府一） 梧（梧州府二） 梧（梧州府三）	静嘉堂文库	
二四〇一	一六	六模	苏（姓氏十二）	琅邪王氏	
二四〇四 二四〇五	二二 一六	六模	苏（姓氏十五） 苏（姓氏十六）	河内远东学院	

续表

卷　数	叶　数	韵　目	内　容	庋　藏	杂　记
二八〇六	三一	八灰	卑（裨鞞等字）	静嘉堂文库	
二九七二	二四	九真	人	琅邪王氏	
三五八二 三五八三	一八 二七	九真	尊	北平图书馆藏影本	
三六一四	二四	十寒	寒（《诸寒证治》九）	吴兴丁氏百一斋	
三九四四 三九四五	二六 二七	十寒	槃（《大宝涅槃经》八） 槃（《大宝涅槃经》九）	伦敦东方语言学校	
五二九六 五二九七		十三萧	昭（昭公十四） 昭（昭公十五）	俄京大学语言部	
五三四五	四七	十三萧	潮（潮州府三）	吴兴丁氏百一斋	
五四五三 五四五四		十三萧	郊（郊祀十九） 郊（郊祀二十）	俄京大学语言部	
六六九七		十八阳	江（九江府九）	静嘉堂文库	
六六九八 六六九九		十八阳	江（九江府十） 江（九江府十一）	静嘉堂文库	
六八二八 六八二九	二二 一九	十八阳	王（姓氏十三） 王（姓氏十四）	静嘉堂文库	
六八三〇		十八阳	王（姓氏十五）	静嘉堂文库	
七三九三 七三九四	二九 二三	十八阳	丧（公卿士庶丧礼一） 丧（公卿士庶丧礼二）	北平图书馆	
八〇九一 八〇九二 八〇九三	一二 二二 一九	十九庚	城（南昌府城） 城（南康府城） 城（赣州府城）	北平图书馆	
八二六八 八二六九	二六 一九	十九庚	铭（事韵二） 铭（事韵三）	英伦博物院	
八二七五	三一	十九庚	兵（兵制一黄帝至周）	英伦博物院	
八六二八 八六二九	一六 二二	十九庚	行（赠行饯行等行字事韵） 行（修行猿蛇图各一）	河内远东学院	
八九七九	二一	二十尤	周（宗室二）	吴兴丁氏百一斋	
九七六五 九七六六		二十二覃	岩 岩	石黑传六	
一〇一一五 一〇一一六	二七 二五	二纸	旨（翰林学士承旨） 旨（枢密都副承旨）	伦敦东方语言学校	

续表

卷　数	叶　数	韵　目	内　容	庋　藏	杂　记
一〇二八六 一〇二八七		二纸	子（道家子书五） 子（道家子书六）	俄京大学语言部	
一〇三〇九 一〇三一〇		二纸	死（事韵一） 死（事韵二）	俄京大学语言部	
一〇四二一 一〇四二二		四济	李（姓氏六十六） 李（姓氏六十七）	吴兴周氏	
一一一三五 一一一三六		八贿	水（《水经》九） 水（《水经》十）	高阳李氏	
一一一三七 一一一三八		八贿	水（《水经》十一） 水（《水经》十二）	高阳李氏	
一一一三九 一一一四〇		八贿	水（《水经》十三） 水（《水经》十四）	高阳李氏	
一一一四一		八贿	水（《水经》十五）	高阳李氏	
一三〇一九	二四	一送	宋（宗室二十）	琅邪王氏	
一三一三五 一三一三六	三五 一八	一送	梦（事韵三） 梦（事韵四）	海参崴远东大学	
一三一八九 一三一九〇	一二 一九	一送	众（事韵三） 众（事韵四）	柏林人种博物院	
一三一九三 一三一九四	一四 二七	一送	众（大众） 中（中字事韵）	英伦某氏	
一四〇五三 一四〇五四		四霁	祭（祭文十一） 祭（祭文十二）	俄京大学语言部	
一四九四八	二九	六暮	妇（《妇人证治》二十四）	琅邪王氏	
一四九四九	一三	六暮	妇（《妇人证治》二十五）	葛斯德文库	
一五八九七 一五八九八		九震	论（《阿毗达摩俱舍论》九，十）	吴兴周氏	
一八二〇七 一八二〇八 一八二〇九	一五 一七 一六	十八漾	将（汉唐宋等代名将） 将（汉唐宋等代名将） 将（汉唐宋等代名将）	北平图书馆	
一八二四四 一八二四五	一八 一七	十八漾	匠（匠氏诸书十三之十四） 匠（《营造法式图》《梓人遗制图》）	英伦博物馆	

续表

卷　　数	叶　数	韵　　目	内　　容	庋　　藏	杂　　记
一八四〇二 一八四〇三		十八漾	状（谢状三） 状（谢状四）	俄京大学语言部	
一九四二〇 一九四二一	一七 一九	二十二勘	站（站赤五） 站（站赤六）	东洋文库	
一九四二二 一九四二三	二一 二六	二十二勘	站（站赤七） 站（站赤八）	东洋文库	
二〇五七二	二五	二质	积（《大宝积经》七）	琅邪王氏	
二〇五七三	一九	二质	积（《大宝积经》八）	葛斯德文库	
二一〇二九 二一〇三〇 二一〇三一		三术	律（释书《沙弥尼戒经》等） 律（释书《沙弥尼戒经》等） 律（释书《沙弥尼戒经》等）	俄京大学语言部	
二二一八〇 二二一八一 二二一八二		八陌	陌（佰貊麦）	俄京大学语言部	
二二五七〇 二二五七一 二二五七二	一〇 九 一一	九缉	集（《大方等大集经》四） 集（《大方等大集经》五） 集（《大方等大集经》六）	吴兴丁氏百一斋	
二二五七六 二二五七七 二二五七八		九缉	集（《大方等集经》十） 集（《大方等集经》十一） 集（《大方等集经》十二）	俄京大学语言部	
二二七六〇	二二	十合	劄（《启劄锦语》六）	吴兴丁氏百一斋	

（注）北平图书馆近搜得旧钞本《永乐大典》目录一巨册，首叶末叶均盖有翰林院钤印，当为翰林院旧目无疑。此目所载册数，尚有九千三百余册之多，所缺卷数共二千三百八十四卷，与全谢山记载所缺之卷数几相等。可断定此目为乾隆时写本也。二十一年二月五日记。

（原载《读书月刊》第一卷第六号）

关于《永乐大典》之文献

孙君伯恒著《永乐大典考》，将前人关于《大典》之记载，一一移录，曾刊于《北海图书馆月刊》（二卷三四号），兹将其所未收者补记于左，谅亦为关心文献者所不废也。

明代关于修纂及重录《永乐大典》之文献

《明太宗实录》卷二十一："永乐元年秋七月丙子，上谕翰林侍读士解缙等曰：天下古今事物，散载诸书，篇帙浩穰，不易检阅。朕欲悉采各书所载事物，类聚之而统之以韵，庶几考察之便如探囊取物。再尝观《韵府》《回溪》二书，事虽有统，而采摘不广，纪载大略。尔等其如朕意，凡书契以来，经、史、子、集百家之书，至于天文、地志、阴阳、医卜、僧道、技艺之言，备辑为一书，毋厌浩繁。"

《明太宗实录》卷三十六："永乐二年十一月丁巳，翰林学士兼右春坊大学士解缙等进所纂录韵书，赐名《文献大成》。赐缙等百四十七人钞有差。赐宴于礼部。既而上览所进书，尚多未备，遂命重修，而敕太子少保姚广孝、刑部侍郎刘季篪及缙总之。命翰林学士王景、侍读学士王达、国子祭酒胡俨、司经局洗马杨溥、儒士陈济为总裁，翰林院侍讲邹缉，修撰王褒、梁潜、吴溥、李贯、杨睹、曾棨，编修朱纮，检讨王洪、蒋骥、潘畿、王偁、苏伯厚、张伯颖，典籍梁用行，庶吉士杨相，左春坊左中允尹昌隆，宗人府经历高得旸，吏部郎中叶砥，山东按察司佥事晏壁为副总裁，命礼部简中外官及四方宿学老儒有文学者充纂修，简国子监及在外郡县学能书生员缮写，开馆于文渊阁，命光禄寺给朝暮膳。"

《明太宗实录》卷七十三："永乐五年十一月乙丑，太子少师姚广孝等进重修《文献大成》。书凡二万二千二百一十一卷，一万一千九百五本。更赐名《永乐大典》。上亲制序文以冠之。"

《明世宗实录》卷五百十二："嘉靖四十一年八月乙丑，重诏录《永乐大典》。命礼部左侍郎高拱、右春坊右中允管国子监司业事张居正各解原务，入馆校录。拱仍以侍郎兼翰林院学士，同左春坊左谕德兼侍读瞿景淳充总校官；居正仍以中允兼翰林院编修，同修撰林爊、丁士美、徐时行，编修吕旻、王希烈、张四维、陶大临，检讨吴可行、马自强充分校官。初，文皇帝命儒臣汇粹秘阁书籍，分韵类载，以便检考。供事编辑者三千余人，为卷凡二万有奇，名曰《永乐大典》。书成，贮之文楼，其帙甚巨。上初年好古礼文之事，时取探讨，殊宝爱之。自后凡有疑却，悉按韵索览，几案间每有一二帙在焉。及三殿灾，上闻变，即命左右趣登文楼，出《大典》。甲夜中谕凡三四传，是书遂得不毁。上意欲重录一部，贮之他所，以备不虞，每为阁臣言之。至是谕大学士徐阶曰：'昨计重录《永乐大典》，两处收藏，兹秋凉，可处理。'乃选各色善楷书人礼部儒士程道南等百余人，就史馆分录，而命拱等校理之。"

明《穆宗实录》卷七："隆庆元年四月庚子，以重录《永乐大典》成，加少师兼太子太师吏部尚书建极殿大学士徐阶正一品俸，少保兼太子太保吏部尚书武英殿大学士李春芳、郭朴，少保兼太子太保礼部尚书武英殿大学士高拱，各加少傅兼太子太傅；礼部尚书兼文渊阁大学士陈以勤，加太子太保；吏部左侍郎兼东阁大学士张居正，升礼部尚书兼武英殿大学士；原任太子太保吏部尚书兼武英殿大学士严讷，给应得诰命；总校等官礼部左侍郎瞿景淳，兼翰林院学士，升俸一级；国子监祭酒林爊，升太常寺卿，管祭酒事；侍读吕旻、王希烈，修撰诸大绶，俱左春坊左谕德，修撰丁士美右春坊右谕德，各兼侍读，大绶、士美仍加俸一级；编修孙铤为左春坊左中允，张四维左春坊右中允，各兼编修，仍与五品服色；修撰马自强、编修陶大临俱侍读；侍郎汪镗升俸一级；吏部左侍郎秦鸣雷赏银二十两、纻丝二表里；南京国子监祭酒胡杰银十两、一表里；谕德姜金和、修撰徐时行各十两、一表里；间住学士王大任、检讨吴可行各复职致仕；制敕房郎侍王槐俸二级；郎中季芮、左监正丛恕，俱河南右参议右寺丞；顾从礼，光禄寺少卿，与四品服色；周维藩、吴自成俱尚宝司少卿兼侍书；余各加俸秩。及书写生儒，以次授职给赏有差。已而阶等各上疏辞免恩命，俱优诏不允。"

徐学聚《国朝典章》卷二十二："嘉靖四十一年八月诏重录《永乐大典》。礼部侍郎高拱、中允张居正，各解务入馆校录。拱仍以侍郎兼学士，同谕德瞿景淳充总校官。居正仍以中允兼编修，同修撰林爊、丁仕美、徐时行，编修吕旻、王希烈、张四维、陶大临，检讨吴可行、马自强，充分校官。初，文皇帝辑《永乐大典》书，贮之文楼，其帙甚巨。上初年好古，时取探讨，几案间每有一二帙在焉。及三殿灾，上闻变，即命左右趋登文楼，出《大典》。甲夜中谕凡三四传，是书遂得不毁。上意欲重录一部，贮之他所，以备不虞。每为阁臣言之。至是谕大学士徐阶曰：'昨计重录《永乐大典》，两处收藏。兹秋凉，可处理。'乃选善楷书礼部儒士程道南等百余人，就史馆分录，而命拱等校理之。"

徐阶《世经堂集》卷二《答重录大典谕》嘉靖四十年七月十九日："昨蒙皇上以重录《永乐大典》命臣处理，该臣回奏'此书简帙甚多，而旧本缮写甚精，今要此等缮书者，殊难多得'等因，兹奉谕：'典帙万计，非岁月可完，今不必若式，只以经书册大，便于匮置，书法亦不必拘，止要副其旧册，体皇祖之制焉。'臣恭捧读，仰知圣意：一则欲便于匮置；一则欲俯就书写今书者，其势自不能如昔。惟是册式一件，臣昨岁尝恭阅《大典》，有大字，有小字，有篆、隶、草等字，又画有山川、宫室、草木等项形象。若册式一动，则其行数、字数，与凡款格，皆须更改，从新布置，恐不若仍从旧式对本抄写之便易也。臣愚见如此，伏乞圣明裁示遵行。”

同上卷六《处理重录大典奏一》：“题臣阶钦奉圣言：‘昨计重录《永乐大典》，两处收藏。兹秋凉，可处理。钦此。”臣等谨钦遵将处理事宜开具上请，伏乞圣明裁定施行，谨题请旨。计开：

一重录《大典》，每人一日约写三叶，计每人每年可写千余员。但简帙数多，今两房官不及往时之半，中间况有年大不能细写者，势须添人同写。合无照往年修书事例，敕下吏礼二部，广收善写之人，糊名考试，进呈定夺，仍议所以处之之方，上请圣裁。

一每日所写《大典》书叶，须逐一校对，遇有差错，即发与另写。合无容臣等于翰林春坊官内选举勤慎精敏者数员，分理其事。仍照副总裁例，于堂上官内推举二员，总理其事。各书职名于卷末，以便查考。

一校书官并写书者，俱每日早于阁中领书，至晚交书。例该典籍二员收掌。但今书数既多，而典籍止有一员，合无容臣等于两房官内选补典籍一员，仍择勤慎者二员，不妨书写，协同收掌。

一催征例用两房官二员，合无容臣等选委。

一合用纸劄笔墨卓凳等项及酒饭等，并取用人匠等，一应事宜，候开馆之日另行题请。

嘉靖四十年七月二十一奉圣旨：“是”

同上《处理重录大典奏二》：“照得书写官生已该臣等并吏礼二部题奉钦依考取，及总校、分校、收掌、催儹等官，臣等各另具题外，所有开馆合行事宜，臣等谨开坐上请，伏乞敕下各该衙门查照施行。计开：

一凡修书，例于朝门东西廊下开馆。今合仍于是处书写。内府内官监，照例装修，各置书柜。并查照总校、分校、收掌、催攒等官及书写官生数目，各给卓凳火盆等项器用。

一钦天监择开馆吉日。

一内府司礼监奏请将《大典》每一千本作一次发出，交付收掌官，并查照书数，按月支给官生纸劄朱墨，及添拨界画匠、砑光匠，同见在阁纸匠张仲安等二十六名供役。

一内府御用监拨画匠。

一内府惜薪司及工部照例给炭。

一吏部拨送当该吏四名，总管书籍，及查照馆数，每馆拨送当该吏二名，专管纸笔器用、启闭馆门等事。

一刑部都察院查照总校、分校、收掌、催儹官员数，按月量送中夹、奏本、手本等项纸笔应用。

一锦衣卫拨送校尉六名，同见在馆校尉梁玉等四名巡禁。

一顺天府查照各生数目，送给砚瓦水罐，仍按月送给笔墨。

一光禄寺照例支给总校、分校、收掌、催攒等官并书写官生，及在馆当该吏、人匠、校尉等酒饭。

一翰林院照例支给书写各生及当该吏月米。

嘉靖四十一年八月初一日奉圣旨："是，该衙门知道。"

同上《处理重录大典奏三》："臣等看得今次所收书写《大典》官生人数既多，品类又杂，必须设法稽考约束，庶得整齐，书亦易就。目今开馆在迩，臣等谨钦遵圣谕，将处理事宜开坐上请，伏乞圣明裁示遵行。计开：

一官生一百九员名，分为十馆。所写之书，总校官二员，总管各馆。分校官十员，各管一馆。除校对外，各要钤束官生，勿容怠肆。有不服者，开送臣等，以凭参治。

一催攒官、收掌官，俱总管各馆。催攒官总置簿一扇，开列各官生职名，每日责令画卯画酉。收掌官每官置簿一扇，登记各官生所领书数，先将官生职名开列簿面，其簿内按日开写某人领书一本，卷几至卷几。写完之日，即于其下注某月日写完。领书之时，务照名次，逐本给与，不许搀越紊乱，以杜规避，以便查考。其官生有无故不到及私自出外者听催攒官，有领书不依次者听收掌官各开呈臣等，以凭参究。

一《大典》系秘书，况无副本，催攒收掌官，务要督率各馆当该及校尉稽察官生，不许潜带出外，雇人代写，致有疏失。违者，即便开呈臣等，以凭参治。

一收掌官会同催攒官，每馆置簿一扇，按日登记各官生所写书叶，除题奉钦依每日须写三叶，每人须足五千叶外。其论叶数须以实写之字扣算。凡图画等项，不许概作叶数混开。如遇差错，发与另写，不拘一次二次，只算一叶。其论行数，双行小字只随大字作一行计算。如官生混报，罪坐官生；收掌催攒官纵容作弊，罪坐各官。

嘉靖四十一年八月初三日奉圣旨："是，着总校等官严加程督。"

又卷九《辞重录大典成加俸》："该吏部节奉手敕：'兹重录《永乐大典》成，足慰我皇考尊祖右文至意。内阁辅臣，综理校阅，着有劳绩。少师兼太子太师吏部尚书建极殿大学士徐阶着加正一品俸。钦此'。移咨到臣。臣伏思《大典》之重录，昔蒙先帝亲洒宸翰。谕臣处理，臣时睹卷帙之浩繁，辄私忧校录之难就。至昨岁龙驭上宾，臣益惧事不克竟，无以上副先帝所以委任愚十五者。日夜惶惶，以为大恐。乃兹仰赖皇上以先帝尊祖之心为心，以先帝右文之事为事，群力毕效，用底于成。臣获藉手以复先帝，此其感幸已不自胜矣！敢更首麾恩命，厚叨俸入，增逾涯之愧，重素餐之愆耶？况国家之制，正一品月支米八十七石，一岁为米千石有奇。今太仓空虚，百姓穷困，此千石者，积之于廪则足以资国用，蠲之于下则足以裕民生，仰惟皇上方崇恭俭之德，行节省之政，而臣既不能少有赞襄，又耗蠹焉，辗转思惟，尤所不敢。伏乞圣明俯鉴悃诚，特赐俞允，俾臣照旧支俸供职，则臣心所安，即圣恩所注，固不必食之加丰也。臣无任祈恳之至！

隆庆元年四月十八日奉圣旨：‘书成加俸，朝廷旧典，宜承恩命，不允辞。该部知道。’”

高拱《献忱集》卷四《谢兼学士充大典副总裁疏》：“奏为感激天恩恭陈谢忱事：嘉靖四十一年八月初三日，准吏部咨该内阁题为重录《大典》事，奉圣旨以臣拱兼翰林院学士充总校官。备咨到臣，职亲地邃，恩巨人微，荣动缙绅，感彻心骨。除赴鸿胪寺报名廷谢外，谨稽首顿首称谢者：伏以宝谟载录，幸窥云汉之章，玉署重跻，曲荷乾坤之造。盖东壁图书，先猷特重，而北扉班序，昭代最优。有何异能，臻兹殊简？恭遇我皇上道通三极，功冠百王，焕乎文章，兼圣明之作述，丕哉承显，觐文武之烈光。仰惟成祖闳编，不啻周家之大训，特书善本，副在秘藏，顾缃帙缥囊，动逾万卷，且赤文绿字，体备诸家，模写譬则绘天，技阅犹之观海。以领是任，必需其人！臣才不通方，愧扬雄之识字，学徒稽古，惭刘向之洽闻，乃被选抡，俾参综理，抽书金匮，纵瞻天府之星辰，分直石渠，亲践蓬山之云气，典司既美，名秩仍华。不意驽乘蚕负之材，获遘附翼攀鳞之会，敢不奋策绵力，鸠率众工，染翰凤池，听春蚕于笔阵，雠文虎观，搜亥豕于墨庄，更加严省于日时，罔致虚糜于饩廪！成竹素垂托汗青，备千载文献之征，多而益善广一人，继述之孝传之无穷，庶将愿效之忠，俪报非常之遇。臣无任。”

明清人札记杂书中所记关于《大典》之记载

郎瑛《七修类稿》卷十七：“成祖命胡广、王洪等编成一书，名曰《永乐大典》。计二万二千八百七十七卷，一万一千九十五本，目录六十卷。其表文尝见于蟫精隽中，然亦不叙中之事实，徒具望洋之叹而已！呜呼！《御览》《元龟》，不过千卷，人间亦不可得矣。《大典》动以万计，安能使世传也哉！”

陆可教《陆学士先生遗稿》卷九《申饬监规疏》：“……永乐年间，搜罗尽天下之书，纂校尽廷臣之力，辑为《大典》，未及颁布。嘉靖间，复以卷帙损坏，重烦誊写，亦未印行。皆以板刻繁多，工力不赀之故。以职等愚虑，切谓不烦工费，可以坐致成书。谓宜于各巡按出差之时，量赍一二十册，如式刊行。工完之日，亦具正副：一送内阁，一送两监。十数差后，便可完书，流传四远，永永不绝，不负文皇帝纂辑初意。此又非特胄监之私幸也。伏乞圣裁。”

刘若愚《酌中志》卷十八：“累臣若愚曾闻成祖敕儒臣纂修《永乐大典》一部，系湖广王洪等编辑，时号召四方文墨之士累十余年而就。计二万二千八百七十卷，一万一千九十五本。因卷帙浩繁，未遑刻板。正写册原本，至孝庙宏治年，以《大典》金匮秘方，外人所未见者，乃亲洒宸翰，识以御宝，赐太医院使臣王圣济、殿内臣宠盖，欲推之以福海内也。阁臣王文恪鏊恭撰颂以揄扬盛美。相传至嘉靖年间，于文楼安置，偶遭回禄之变，世庙亟命挪救，幸未至焚。遂敕阁臣徐文贞阶复令儒臣照式摹抄一部。当时供誊写官生一百八名，每人每日抄三叶，自嘉靖四十一年起，至隆庆元年始克告完。及万历年间，两宫三殿复遭回禄，不知此新旧《永乐大典》二部，今又见贮于何处也?”

姜绍书《韵石斋笔谈》卷上《知不足斋丛书》本：“成祖敕儒臣纂修《永乐大典》一部，系胡广、王洪等编辑，征召四方文墨之士累十余年而就。计二万二千一十一卷，一万一千九十五册，目录六十卷。因卷帙浩繁，未遑刻板，止写原本。至弘治间，藏之金匮。嘉靖三十六年，大内回禄，世宗亟命挪救，书幸未焚。敕阁臣徐文贞阶复令儒臣照式摹钞一部。当时供誊写者一百八名，每人日钞三叶，自嘉靖四十一年起，至隆庆元年，始克告竣。”

查慎行《得树楼杂钞》卷五《适园丛书》本：“《永乐大典》，明成祖时命解缙等萃秘阁书，分韵类载，以便检考。书成，赐名《文献大成》。寻以未备，再命姚广孝等增修，供事者凡三千余人。二万二千九百三十七卷，一万一千九十本，目录九百本，贮之文楼。世庙朝，三殿灾，命左右趣登文楼出之，得不毁。明年，重录一部置他所。此段载朱国祯《涌小幢品》中。今此书故无恙，所贮之地在皇城北，名皇史宬。余初预纂《佩文韵府》，后入武英殿，曾与同事商之，拟奏请此书翻阅增补。有沮之者，谓卷帙繁浩，恐致污损，遂不果。”

阮葵生《茶余客话》卷六：“万历甲午，南祭酒陆可教请刻《永乐大典》，分颁巡方御史各任一种，校刊汇存，分贮两雍，以成一代盛事。当时议允，终未颁行。窃谓文皇与穆宗两番钞录，已费不赀，镂版通行，谈何容易耶!”

吴骞《尖阳丛笔》卷十《适园丛书》本：“《永乐大典》，敕儒臣胡广、王洪等所编，计二万二千八百七十卷。因卷帙浩繁，未得刻板，只有写本，于文楼安贮。嘉靖间，火，幸未至焚。阁臣徐阶复命儒臣照式摹抄一部，自嘉靖四十一年至隆庆元年始竣。日用官生一百八名，每名日抄三页，古今书之大部，无出于此者。”八百七十卷，《韵石斋笔谈》作八百七卷

以下所录乾隆时关于《大典》诸件，自军机处档案录出。此项档案，今存故宫博物馆。

《大学士刘统勋覆奏安徽学政朱筠条奏采访遗书事宜折由》乾隆三十八年二月六日

——见春季上谕档："……再该学政又称：前明《永乐大典》，其书虽少次伦，然古书之全者具在。请择取其中若干部，分别缮写，各自为书，以备著录等语。查《永乐大典》一书，系明永乐初年所辑，凡二万二千九百余卷，共一万一千九十五册，最称浩博。旧存皇史宬，复经移置翰林院典籍库。扃贮既久，卷册又多，即官隶翰林者，不得编行检阅。今该学政所奏，亦只系约略大凡，于原书未能悉其梗概。臣等因派员前往库内逐一检查，据称此书移贮之初，本多缺失，现存在库者共九千余本，较原数目已悬殊。复令将原书目录六千本取出，逐细阅看。其书大指系用韵以统字，用字以统事，将平上去入韵字为纲，依次编序，凡经史子集等部，或依音，或从其类，随字收载，多系割裂琐碎。但查原书采取各种，为数甚夥，其中凡现在流传已少、不恒经见之书，于各卷中互相检勘，有足裨补缺遗。津逮后学者，亦间有之。若一概摒为陈册，不为分别检查，殊非采购遗书本义。惟是卷帙繁多，所载书籍又多散列各韵之中，非一时所能核定。相应奏明，容臣等就各馆修书翰林等官内酌量分派数员，令其陆续前往，将此书内逐详查。其中如有现在实无传本，而各门凑合尚可集成全书者，通行摘出书名，开列清单，恭呈御览。伏请训示遵行。……"

《大学士刘统勋覆奏校勘永乐大典折》乾隆三十八年二月十一日——见春季上谕档："大学士臣刘统勋等谨奏，为遵旨详议具奏事：乾隆三十八年二月十一日，内阁奉上谕，钦此。仰见我皇上稽古右文，表章典籍，综群书之渊海，广四库之储藏，补缉搜罗，实为至周且备。臣等伏查《永乐大典》一书，成自前明，但夸捃拾之繁，未协编摩之式，虽善本之流存不少，而遗编之丛杂尤多，仰蒙论断精微，折衷至当，钦承训谕，获奉准绳。窃惟采录固在无遗，而别择尤宜加审，今欲征完册以副秘书，则部分去取之间，不可不确加详核。臣等恪遵谕旨，将应行条例，公同悉心逐一酌议，谨拟定十三条，另缮清单进呈，恭请训示。俟发下，臣等即行遵照作速办理。如其间尚有应行斟酌查办之处，臣等再行随时妥核，定议奏闻请旨。再查翰林院衙门内，现有迤西房屋一区，从前修辑《皇清文颖》及《功臣传》各书，皆在此纂办。今奉旨校核《永乐大典》，应请即将此项房屋作为办事之所，于检查较为近便。惟是此项书籍，几及万本，篇帙浩大，头绪纷繁，所有查校人员中，须多为派出，分头赶办，方能迅速排纂，克期集事。臣等谨遵旨于翰林等官内择其堪预分校之任者，酌选三十员，耑司查办。仍即令办事翰林院并酌派军机司员一二员，作为提调；典簿厅等官，作为收掌，常川在署，经理催趱，毋致稍有作辍。但现在并非另行开馆，其派出之翰林官等，俱毋庸请支卓饭银两。至此书卷册繁重，出入搬运，需人执役，翰林院原设供事人等额数有定，不敷派拨，应请酌设供事十名，皂役四名，纸匠二名，以供差遣，俱照例给与公费，俾资口食。其誊录一项，现在尚无可需用之处，应俟摘出，日录全行，分别奏定后，其中如有应采之本另须缮录全函者，再行奏明，酌定员数，选取充备。所有桌凳纸张等项，查明必需应用者，行文户工二部支取，照例核销。如此立定章程，上紧趱办，该员等责成既专，自可作速釐订成书，不致有稽时。为此谨奏请旨。"

《检出永乐大典二十本进呈奏片》乾隆三十八年二月初十日——见春季上谕档："臣等查《永乐大典》，原书共一万一千余本，今现存九千余本，丛杂失次，一时难以遍查。今谨将目录六十本内检出首套十本，及全书内首套东冬字韵十本一并检出，先行进呈御览。谨奏。"

《奏寄信高晋三宝询问徐乾学高士奇有无收藏永乐大典并告知蒋赐棨寄信回家查明蒋廷锡有无大典说帖》乾隆三十八年二月二十三日——见春季上谕档："臣等谨遵旨寄信高晋，询问徐乾学等家有无收藏《永乐大典》。因高士奇籍隶浙江，并拟写寄知三宝。又臣等面奉谕旨并及原件，大学士蒋廷锡适、侍郎蒋锡棨在此奏事，臣等即面为告知。据称：即寄信回家，问明如有收存，即行恭缴等语。合并声明。谨奏。"

《大学士刘统勋字寄两江总督高晋浙江巡抚三宝查询徐乾学王鸿绪高士奇家中有无留存永乐大典由》乾隆三十八年二月二十三日——见春季上谕档："大学士刘字寄大学士管两江总督高浙江巡抚三：乾隆三十八年二月二十三日奉上谕：'近因访求载籍，以翰林院所贮之《永乐大典》内，多有人未经见之书，派员查核，约缺一千余本，较原书少什之一，不知何时散佚。闻此书当时在内阁收存时，即有遗失，似系康熙年间开馆修书，总裁官等取出查阅，未经缴回。彼时如徐乾学、王鸿绪、高士奇等皆在书局最久，其家或尚有存留此书剩本，亦未可定。着高晋、三宝札知各本籍地方官，令向各家一为访问。倘果有其书，无论本数多寡，即为缴出送京。并谕以此书虽系官物，然在当时原无稽核，偶尔取携翻阅，无意收存，本无关碍，此时亦并不追究前遗失之故。惟是藏书家留此残编剩帙，实为无用之储，若归之中秘，裒辑完全，颇有裨于四库。用是广为咨询，令其家不必惊惶。又或此书别经流播，因而散落人间，以及书贾坊林视为前朝旧书，转相售易，亦居事理所有，并著高晋等留心体访，如见有此书，即官为收买缴送，但须谕有司不动声色，善为搜求，不可假手吏胥，致令借端滋扰，将此遇奏事之便，传谕知之。此并非特交查办事件，只须随便覆奏。钦此。'遵旨寄信前来。"

《纂修黄寿龄遗失永乐大典着舒赫德查明复奏由》乾隆三十九年六月二十六日——见夏季上谕档："乾隆三十九年六月二十六日奉旨：'据办理四库全书处奏纂修黄寿龄遗失《永乐大典》六册请交部议处等语。《永乐大典》为世间未有之书，本不应听纂修等携带外出，况每日备有桌饭，各员饱食办公，尽一日之长，在馆校勘，已可不误课程，原无藉复事焚膏继晷。至馆中设有提调人员，稽查乃其专责。携书外出，若曾经告知提调，即当与之同科。或纂修私自携归，该提调亦难辞失察之咎。着舒赫德查询明确，据实覆奏。其所失之书，仍着英廉等上紧严缉，毋致阙少。至在馆之总裁，朝朝共事，亦不应漫无觉察若此，并着明白回奏。再各省所解遗书，办毕后仍须给还各家，屡经明降谕旨，恐纂修等亦有随便取携，以致遗失者，亦着及早查明，按单点收馆内，毋许携往私家。倘仍不行严查，致有舛失，惟该总裁是问。钦此。"

《大学士于敏中字寄步军统领尚书英廉应于书肆纸铺荒摊等处访缉盗窃永乐大典正贼由》乾隆三十九年七月十八日——见秋季上谕档："大学士于字寄署步军统领尚书英：乾隆三十九年七月十八日奉上谕：'英廉奏黄寿龄遗失《永乐大典》六册，于七月十五日夜在御河桥河沿上检得等语。《永乐大典》六本既经检获，不致缺少，固属甚好，但正贼尚未戈获，虽据折称仍饬旗营员弁番役人等严缉务获，恐员役等不过具文了事。朕思此书遗失以来，为日已久，必其人偷窃后潜向书肆及收买废张等处售卖，书贾等知《永乐大典》系属官物，不敢私行售卖，该犯亦知严紧缉捕，不敢存留，遂于黄夜潜置河畔，以冀免祸，其情形大概如是。英廉自当密派妥干番役等，于书肆纸铺小市荒摊等处留心体访，如有知其底里者，即可由此跟究贼踪，不愈于凭空踊缉乎！将此传谕知之。并着将如何访缉情形附报覆奏。钦此。'遵旨寄信前来。"

《大学士于敏中等字寄四库全书处总裁将翰林院既贮之书造成档册毋许私携出处由》乾隆三十九七月十八日——见秋季上谕档："大学士于领侍卫内大臣和硕额驸尚书公福字寄四库全书处总裁：乾隆三十九年七月十八日奉上谕：'据英廉奏所有黄寿龄遗失之《永乐大典》六册，已经觅得，甚好！现在另谕英廉，令其设法购觅贼踪矣。《永乐大典》为人间绝无仅有之书，今幸陈编获存于散佚之余，业派词臣校辑，以昭美备。且其中有经朕题咏者，自应一体宝藏，为玉堂佳话。至各省进到遗书，浩如烟海，现交书局存贮，俟书目校勘完竣，尚须发还，不许丝毫损失。是此书所在，亦当随时检查，勿使纂修人等私携外出，方为正理。前因遗失书籍，曾将该总裁等交部察议，并责成提调等实力稽查，自不敢复致玩忽成事。风闻近日总裁等有欲添派别衙门人员至翰林院翻检书籍，逐日点查收发者，此固周详慎重之意。但卷帙繁多之书，必不能日校一种，而一种之内难易不同，并不能定其日校几本，且有须与他本互勘者，种种情形不同，既不能清晨预定其应领何书，又不能随时为之陆续检发，若必欲纤悉无遗，维日以十数人司之，亦力不暇给而过于繁琐。纂修等转得借口于领书费力，或致贻误课程。提调等见有另派专员，更得脱身事外。均不得谓之妥善。所有翰林院现贮各书，着总裁等交该提调照各省进到书单，造成档册。纂修等领办之书，即于册内填注，仍每日稽查，毋许私携出外。如查该纂修仍有违禁私带之事，即回明总裁参劾。若该提调代为徇隐，经总裁等查出，将该提调一并查参。只可如此，琐细何为！所有现在另行派员之事，毋庸办理。将此传谕该总裁知之。钦此。'遵旨寄信前来。"

《黄寿龄遗失永乐大典着从宽准其同壬辰科庶吉士一体散馆罚俸三年由》乾隆四十年二月初八日——见春季上谕档："乾隆四十年二月初七日内阁奉上谕：'庶吉士黄寿龄上年因遗失《永乐大典》，经部议以降一级留任，仍罚俸一年。因该员尚未散馆授职，无任可留，再令学习三年，方准散馆，固属咎所应得。第念四库全书处未定章程，以前纂修等将书携归校办者谅不止一人，黄寿龄第因遗失，遂干吏议耳。其情尚稍可原。黄寿龄着从宽准其同壬辰科庶吉士一体散馆。其议处之案，着改为罚俸三年。钦此。’”

（原载《国立北平图书馆馆刊》第七卷第一号）

《永乐大典》现存卷目表

《永乐大典》为有明一代巨制，天壤间罕见之书多赖之以传。今全书已散佚，然余历年足迹所至，于海内外公私藏家所见，殆不下三百五十册。已先后载其目于《学衡》杂志、《图书馆协会会报》、《北海图书馆月刊》中。今秋复排比前目，益以最近所闻见者，实得三百四十九册，然尚不及全书百之三耳。至其他残存之数，固当倍蓰于此，海内外学人有以所藏所见卷数见示者，余日望之矣。二十一年十二月袁同礼识。

卷　　数	叶　数	韵　　目	内　　容	庋　　藏	杂　　记
四八〇 四八一	三一 一七	一东	忠（忠义十五） 忠（忠义十六）	吴兴刘氏	
四八二 四八三 四八四	一五 一二 一三	一东	忠（忠义十七） 忠（诗文一） 忠（诗文二）	瑯邪王氏	以上分装三册
四八五 四八六		一东	忠（《忠经》《忠传》一） 忠（《忠传》二）	海盐张氏	
四八九 四九〇	二〇 二二	一东	终（事韵） 终（终螽等字）	北平图书馆	
五三八 五三九		一东	容（姓氏三） 容（姓氏四）	俄京大学语言部	
五四〇 五四一		一东	颂（事韵）溶（事韵）蓉（事韵） 庸（事韵）诗（姓氏）	俄京大学语言部	
五五一 五五二 五五三	二一 二三 一四	一东	庸（《中庸》十） 庸（《中庸》十一） 庸（《中庸》十二）	吴兴刘氏	
五五四 五五五 五五六	二四 一八 二三	一东	庸（《中庸》十三） 庸（《中庸》十四） 庸（《中庸》十五）	东洋文库	
六六一 六六二	一三 三〇	一东	雝（事韵　《诗·周颂·雝篇》）灉维 雍（辟雍　诗文）饔（事韵）等字	北平图书馆	

续表

卷　数	叶　数	韵　目	内　容	庋　藏	杂　记
七八二 七八三 七八四	二一 二〇 一七	二支	诗（诗话二十四） 诗（诗话二十四） 诗（诗话二十四）	北平图书馆	此卷有残缺
八四九 八五〇 八五一		二支	诗（诗帖十八） 诗（诗帖十九） 诗（诗帖二十）	海盐张氏	
八九五 八九六	一八 二〇	二支	诗（宋诗四） 诗（宋诗五）	吴兴刘氏	
八九九 九〇〇	三一 二四	二支	诗（宋诗八　元诗一） 诗（元诗二）	吴兴刘氏	
九〇一 九〇二		二支	诗（元诗三） 诗（元诗四）	京都府立图书馆	
九〇三 九〇四	三二 三〇	二支	诗（《寒山诗》《中州集》） 诗（《金壁故事》《国朝诗》）	柏林人种博物院	
九〇五 九〇六 九〇七	一八 一六 二〇	二支	诗（诸家诗目一） 诗（诸家诗目二） 诗（诸家诗目三）	吴兴刘氏	
九一四		二支	尸（尸验）	长兴王氏	
九一七 九一八 九一九	一四 一三 一五	二支	师（太师二） 师（少师） 师（三师　太子太师　太子少师）	吴兴刘氏	
九二〇 九二一 九二二	八 三一 一八	二支	师（太子三师　师氏　国师　宗师　诸侯师　先师） 师（儒师　事韵一） 师（事韵二）	来比锡大学（寄存）	
九七五 九七六	三〇 二四	二支	儿（《小儿证治》八） 儿（《小儿证治》九）	汉堡大学	
九八〇	五三	二支	儿（《小儿证治》十三）	天津徐氏	
九八一		二支	儿（《小儿证治》十四）	海盐张氏	
一〇三三	三六	二支	儿（《小儿证治》六十六）	柏林人种博物院	
一四九一 一四九二		二微	棋（棋势十七） 棋（棋势十八）	东方文化图书馆	
二一九〇 二一九一	三二 三六	六模	图（《帝王经世图谱》一） 图（《帝王经世图谱》二）	吴兴刘氏	

续表

卷　数	叶　数	韵　目	内　容	庋　藏	杂　记
二二一七 二二一八	二八 一五	六模	泸（泸州一） 泸（泸州二）	天津徐氏	
二二三六 二二三七		六模	奴（匈奴四） 奴（匈奴五）	小川睦之辅	
二二五四 二二五五	一八 一九	六模	壶（壶图一） 壶（壶图二）	未详	
二二五六	二一	六模	壶（壶图三）	□□吴氏	北平图书馆藏有影本
二二五七 二二五八 二二五九	一六 二五 一七	六模	壶（投壶壶图　矢图） 壶（投壶礼图　觥筹等图） 瓠（瑚　饳　弧　箶等字）	北平图书馆	
二二六〇 二二六一	一八 二七	六模	湖（湖名一） 湖（湖名二）	河内远东学院	
二二六二 二二六三	一六 二九	六模	湖（湖名三） 湖（湖名四）	吴兴刘氏	以下三卷均记西湖
二二六四 二二六五	三七 二三	六模	湖（湖名五） 湖（湖名六）	吴兴刘氏	
二二六六 二二六七	二三 二五	六模	湖（湖名七） 湖（湖名八）	河内远东学院	
二二七〇 二二七一	三一 二一	六模	湖（湖名十一） 湖（湖名十二）	吴兴刘氏	
二二七五 二二七六	二七 二五	六模	湖（湖州府一） 湖（湖州府二）	上海东方图书馆	
二二七九 二二八〇 二二八一		六模	湖（湖州府五） 湖（湖州府六） 湖（湖州府七）	东京帝国图书馆	
二二八二 二二八三		六模	湖（湖州府八） 湖（湖州府九）	未详	
二三三七 二三三八 二三三九	二六 一六 一七	六模	梧（事韵　诗文　梧州府一） 梧（梧州府二） 梧（梧州府三）	静嘉堂文库	
二三四〇 二三四一	一四 一八	六模	梧（梧州府四） 梧（梧州府五）	吴兴刘氏	

续表

卷　数	叶　数	韵　目	内　容	庋　藏	杂　记
二三四二 二三四三	二〇 二四	六模	梧（梧州府六） 梧（梧州府七）	吴兴刘氏	
二三四四 二三四五	一七 三〇	六模	梧（梧州府八）牾等字 乌（事韵　诗文一）	吴兴刘氏	
二三四六 二三四七		六模	乌（诗文二） 乌（义乌县　飞乌县　姓氏）恶呜（事韵）等字	吴兴刘氏	
二三六七 二三六八 二三六九	一六 一一 一九	六模	苏（苏州府十九） 苏（苏州府二十） 苏（苏州府二十一）	吴兴刘氏	
二四〇一	一六	六模	苏（姓氏十二）	瑯邪王氏	
二四〇四 二四〇五	二二 一六	六模	苏（姓氏十五） 苏（姓氏十六）	河内远东学院	
二四〇六 二四〇七 二四〇八	二四 一四 一五	六模	初（事韵　汉初县　姓氏）刍（事韵　文　释书《佛说苾刍五法经》《佛说苾刍迦尸十法经》）等字 蔬（事韵　诗文）梳（事韵　诗） 疎疏（事韵　姓氏）練等字	吴兴刘氏	
二四〇九		六模	敷（事韵）孚（事韵　易中孚卦一）等字	未详	
二五三五 二五三六	二七 二五	七皆	斋（斋名十一） 斋（斋名十二）	上海东方图书馆	
二五三九 二五四〇	二三 二六	七皆	斋（斋名十五） 斋（斋名十六）	上海东方图书馆	
二六〇三 二六〇四	二〇 二六	七皆	台（台名十四） 台（台名十五）	吴兴刘氏	
二六〇五 二六〇六 二六〇七	一五 一五 二三	七皆	台（事韵一） 台（事韵二　御史台一） 台（御史台二）	吴兴刘氏	
二六〇八 二六〇九		七皆	台（御史台三） 台（御史台四）	内藤湖南	此册内藤已付影印

续表

卷　数	叶　数	韵　目	内　容	庋　藏	杂　记
二六一〇 二六一一	二九 二三	七皆	台（御史台五） 台（御史台六）	东洋文库	此册江安傅氏已影印行世
二七三九 二七四〇	二三 二二	八灰	崔（姓氏七） 崔（姓氏八）	大连图书馆	
二七四一 二七四二	二四 一八	八灰	崔（姓氏九） 崔（姓氏十）	吴兴刘氏	
二七四三 二七四四	一四 二九	八灰	崔（姓氏十一） 崔（姓氏十二）	北平图书馆	
二七五四 二七五五	二四 二一	八灰	陂（陂名三） 陂（陂名四　诗文　黄陂县）波　罴（事韵　诗文）	吴兴刘氏	
二八〇六	三一	八灰	卑（事韵　姓氏　鲜卑国）裨（事韵）椑（事韵）鞞（事韵）等字	静嘉堂文库	
二八〇七	二七	八灰	丕（事韵　姓氏）邳（事韵　邳州　下邳国　下邳郡　下邳县　姓氏）等字	北平图书馆	
二八〇八 二八〇九	二〇 二三	八灰	梅（事韵一） 梅（事韵二）	北平图书馆	此卷有残缺
二八一〇 二八一一	二一 二四	八灰	梅（事韵三） 梅（事韵四）	北平图书馆	
二八一二 二八一三	二四 一八	八灰	梅（事韵五） 梅（事韵六）	北平图书馆	
二九四八 二九四九	二四 二八	九真	神（事韵一） 神（事韵二）	北平图书馆	
二九五〇 二九五一	二二 二二	九真	神（文一） 神（文二）	北平图书馆	
二九五二 二九五三	三一 四	九真	神（诗　医书《素问·四气调神大论篇》《灵枢·本神篇》） 神（道书《太上飞行九神玉经等》）	北平图书馆	此卷有残缺
二九五四 二九五五	二六 二六	九真	神（道书《生神章》一） 神（《生神章》二　姓氏　青神县　和神国）旦等字	北平图书馆	

续表

卷　　数	叶　数	韵　　目	内　　容	庋　　藏	杂　　记
二九七二	二四	九真	人	瑯琊王氏	
二九七八 二九七九 二九八〇	一七 一五 二〇	九真	人（事韵六） 人（事韵七） 人（事韵八）	吴兴刘氏	
二九九九 三〇〇〇	二四 一六	九真	人（事韵二十七） 人（事韵二十八）	吴兴刘氏	
三〇〇一	三三	九真	人（事韵二十九）	北平图书馆	此册原藏教育部图书室，今归北平图书馆
三〇〇三 三〇〇四	二七 二六	九真	人（文） 人（诗一）	北平图书馆	
三〇〇五 三〇〇六	二四 二二	九真	人（诗二） 人（诗三）	吴兴刘氏	
三〇〇七 三〇〇八	一九 五〇	九真	人（柏人县　《春秋繁露·天辨在人篇》等，《吕氏春秋·慎人篇》） 人（《易·同人卦》一）	吴兴刘氏	
三〇〇九 三〇一〇	一五 三〇	九真	人（《同人卦》二） 人（《同人卦》三）	吴兴刘氏	
三一三三 三一三四	二七 二八	九真	陈（姓氏七） 陈（姓氏八）	吴兴刘氏	
三一四一 三一四二	二一 一九	九真一二一	陈（姓氏十五） 陈（姓氏十六）	北平图书馆	此册原藏教育部图书室，今归北平图书馆
三一四三 三一四四	二五 二三	九真	陈（姓氏十七） 陈（姓氏十八）	北平图书馆	
三一四五 三一四六	二六 二四	九真	陈（姓氏十九） 陈（姓氏二十）	北平图书馆	
三一四七 三一四八 三一四九	一八 一九 一四	九真	陈（姓氏二十一） 陈（姓氏二十二） 陈（姓氏二十三）	北平图书馆	
三一五〇 三一五一	二二 三六	九真	陈（姓氏二十四） 陈（姓氏二十五）	北平图书馆	
三一五五 三一五六	二二 二六	九真	陈（姓氏二十九） 陈（姓氏三十）	吴兴刘氏	

续表

卷　　数	叶　数	韵　　目	内　　容	庋　　藏	杂　　记
三四〇六		九真	文（文公三）	长兴王氏	藏半册
三五〇七 三五〇八	三三 二四	九真	坤（坤卦四） 坤（坤卦五）	北平图书馆	
三五二五 三五二六		九真	门（门名一） 门（门名二）	上海东方图书馆	
三五二七 三五二八	二〇 三三	九真	门（门名三） 门（义门　孝门）	北平图书馆	
三五四九	三二	九真	门（《普门品经》三）	北平图书馆	
三五七九 三五八〇 三五八一		九真	村（村名一） 村（村名二） 村（诗）邨澊等字	海盐张氏	
三五八二 三五八三	一八 二七	九真	尊	北平图书馆藏影本	
三五八四 三五八五	二八 一九	九真	尊（尊名三） 尊（追尊　事韵　姓氏）鷷等字	东方文化图书馆	
三五八六 三五八七	一七 二六	九真	遵（事韵）僎跧等字	北平图书馆	
三六一四	二四	十寒	寒　（《诸寒证治》九）	吴兴丁氏百一斋	
三九四四 三九四五	二六 二七	十寒	槃（《大宝涅槃经》八） 槃（《大宝涅槃经》九）	伦敦东方语言学校	
四九〇八 四九〇九	二一 四一	十二先	煙烟（事韵　姓氏　诗） 燕（事韵　诗文《燕丹子》） 燕（春秋燕国　南燕国）	柏林人种博物馆	
五一九九	三〇	十二先	原（太原府一）	东洋文库	
五二〇〇 五二〇一	二八 二二	十二先三九〇	原（太原府二） 原（太原府三）	东洋文库	
五二〇二 五二〇三	二〇 二六	十二先三九一	原（太原府四） 原（太原府五）	东洋文库	
五二〇四 五二〇五	二一 二七	十二先三九二	原（太原府六） 原（太原府七　镇原县，平原县　三原县　姓氏）	东洋文库	
五二四八 五二四九	一八 二四	十三萧	辽（世宗　景宗） 辽（圣宗）	吴兴刘氏	

续表

卷　　数	叶　数	韵　　目	内　　容	庋　　藏	杂　　记
五二五一 五二五二	三一 二二	十三萧	辽（天祚　《九主年谱》） 辽（辽控制诸国）	吴兴刘氏	
五二六八	三八	十三萧	袄　祅　夭(事韵　《诗·周南·桃夭篇》）等字	东洋文库	
五二九六 五二九七		十三萧	昭（昭公十四） 昭（昭公十五）	俄京大学语言部	
五三四三	四四	十三萧八一	潮（潮州府一）（附图六幅）	来比锡大学	
五三四五	四七	十三萧	潮（潮州府三）	吴兴丁氏百一斋	
五四一六		十三萧	桥（桥名二十三）	长兴王氏	藏半册
五四五三 五四五四		十三萧	郊（郊祀十九） 郊（郊祀二十）	俄京大学语言部	
五七六九 五七七〇	二七 二二	十六麻	沙（长沙府十八　诗文） 沙（长沙府十九　诗文等）	天津徐氏	
五八三八 五八三九 五八四〇	一二 一九 一三	十六麻	花（事韵四） 花（事韵五） 花（事韵六）	北平图书馆	
六五〇四 六五〇五	十二 二九	十八阳	庄（庄公二十三） 庄（庄公二十四）	吴兴刘氏	
六五二三 六五二四	一二 一五	十八阳	妆（事韵）装（事韵） 衮桩（事韵）等字	北平图书馆	
六五五八 六五五九	二一 三二	十八阳	梁（《梁惠王篇》十一） 梁（《梁惠王篇》十二）	上海东方图书馆	
六五六四 六五六五	三一 一三	十八阳	梁（武帝三） 梁（武帝四）	吴兴刘氏	
六五八四	四三	十八阳	梁（武帝二十三）	北平图书馆	内缺四十一、四十二两叶
六六四一	二六	十八阳	乡（乡仪　乡约等）	牛津大学	
六六九七	二七	十八阳	江（九江府九）	静嘉堂文库	
六六九八 六六九九	二〇 二一	十八阳	江（九江府十） 江（九江府十一）	静嘉堂文库	

续表

卷数	叶数	韵目	内容	庋藏	杂记
六七六四 六七六五	二八 二一	十八阳	王（宗室封王二十八 金） 王（宗室封王二十九 金）	北平图书馆	
六七六六 六七六七	一七 一五	十八阳	王（宗室封王三十 金元） 王（宗室封王二十一 元）	北平图书馆	
六七七一		十八阳	王（异姓封王四）	德化李氏	
六八二六 六八二七	一六 一八	十八阳四四六	王（姓氏十一） 王（姓氏十二）	东洋文库	
六八二八 六八二九	二二 一九	十八阳	王（姓氏十三） 王（姓氏十四）	静嘉堂文库	
六八三一 六八三二	二二 二三	十八阳四四八	王（姓氏十六） 王（姓氏十七）	国会图书馆	
六八三七 六八三八	二七 二五	十八阳	王（姓氏二十二） 王（姓氏二十三）	吴兴刘氏	
七一〇四 七一〇五	一七 一三	十八阳	唐（宣宗一） 唐（宣宗二）	北平图书馆	
七二三五 七二三六		十八阳	堂（堂名二十一） 堂（堂名二十二）	吴兴刘氏	
七二三七 七二三八	二〇 三六	十八阳六二六	堂（堂名二十三） 堂（堂名二十四）	东洋文库	此册北平图书馆录副
七二三九 七二四〇	二〇 三一	十八阳	堂（堂名二十五） 堂（堂名二十六）	吴兴刘氏	
七二四一 七二四二	二三 三一	十八阳	堂（堂名二十七） 堂（堂名二十八）	北平图书馆	
七三二五 七三二六	二二 二〇	十八阳	郎（承事郎等官） 郎（左武郎等官）	上海东方图书馆	
七三二八		十八阳	郎（事韵）	上虞罗氏	
七三二九	三〇	十八阳	郎（诗文 姓氏 夜郎国）	北平图书馆	
七三七八 七三七九	二〇 一一	十八阳	丧（丧礼三十九 宋后） 丧（丧礼四十 宋后）	北平图书馆	

续表

卷　数	叶　数	韵　目	内　容	庋　藏	杂　记
七三八五 七三八六	一四 二九	十八阳六九五	丧（丧礼四十六　国朝成穆贵妃葬礼　谢妃丧礼） 丧（丧礼四十七　国恤）	北平图书馆	
七三八七 七三八八	二六 二〇	十八阳六九六	丧（丧礼四十八　国恤） 丧（丧礼四十九　国恤）	北平图书馆	
七三九三 七三九四	二九 二三	十八阳	丧（公卿士庶丧礼一） 丧（公卿士庶丧礼二）	北平图书馆	
七四四九 七四五〇	一六 二四	十八阳	丧（《丧服小记篇》三） 丧（《丧服小记篇》四）	北平图书馆	
七四五三 七四五四	二四 一一	十八阳七二五	丧(《礼记·杂记篇》一) 丧（《杂记篇》二）	北平图书馆	
七四五五	三五	十八阳七二六	丧（《杂记篇》三）	北平图书馆	
七四五六 七四五七	二一 一九	十八阳	丧（《杂记篇》四） 丧（《杂记篇》五）	北平图书馆	
七四五八	三三	十八阳七二八	丧（《杂记篇》六）	北平图书馆	
七四五九 七四六〇	二六 二二	十八阳	丧（《礼记·丧大记篇》一） 丧（《礼记·丧大记篇》二）	北平图书馆	
七四六一 七四六二	一九 二二	十八阳	丧（《丧大记篇》三） 丧（《丧大记篇》四）	北平图书馆	
七五〇六		十八阳	仓（神仓　藉田仓　太仓等）	上海东方图书馆	
七五一〇		十八阳	仓（社仓）	上海东方图书馆	
七五一一	二九	十八阳	仓（仓名一）	未详	
七五一二	三二	十八阳	仓（仓名二）	未详	
七五一三 七五一四		十八阳七五六	仓（仓名三） 仓（事韵一）	上海东方图书馆	
七五一五 七五一六	一三 二一	十八阳	仓（事韵二） 仓（事韵三）	牛津大学	
七五一七 七五一八	二七 三六	十八阳	仓（事韵四） 仓（事韵五　陈仓县　姓氏）苍（事韵　姓氏）沧（沧州）等字	吴兴刘氏	

续表

卷　　数	叶　数	韵　　目	内　　容	度　　藏	杂　　记
七五四三	三八	十八阳	刚（释书《金刚般若波罗蜜经》一）	吴兴刘氏	
七六〇二 七六〇三		十八阳	杭（杭州府五十一） 杭（杭州府五十二）	海盐张氏	
七六五〇 七六五一	二二 一八	十八阳	黄（姓氏十一） 黄（姓氏十二）	北平图书馆	
七六七七	三〇	十九庚	庚（《盘庚篇》五）	牛津大学	
七七〇一 七七〇二	二六 一四	十九庚	京（京南） 京（北京　上京　中京　五京　事韵）	北平图书馆	此卷内缺九叶
七八五六 七八五七	三二 一八	十九庚	星（太白星一） 星（太白星二）	北平图书馆	
七八八九 七八九〇	一七 二〇	十九庚	汀（事韵　汀州府一） 汀（汀州府二）	北平图书馆	
七八九一 七八九二	一四 三一	十九庚	汀（汀州府三） 汀（汀州府四）	北平图书馆	
七八九三 七八九四 七八九五	二三 一四 二〇	十九庚	汀（汀州府五） 汀（汀州府六） 汀（汀州府七）鞓打等字	北平图书馆	
七九六三	三三	十九庚	兴（绍兴府一）	北平图书馆	
八〇二〇		十九庚	蒸(《骨蒸证治》一)	上海东方图书馆	
八〇二一	二六	十九庚	蒸(《骨蒸证治》二)烝等字	牛津大学	
八〇二五 八〇二六	一九 三〇	十九庚一六三	成（《书·武成篇》一） 成（《书·武成篇》二）	北平图书馆	
八〇九一 八〇九二 八〇九三	一二 二二 一九	十九庚	城（南昌府城） 城（南康府城） 城（赣州府城）	北平图书馆	
八一六四 八一六五	二三 一八	十九庚	程（姓氏七） 程（姓氏八）	吴兴刘氏	
八一九九	三三	十九庚	陵　(《大汉原陵秘葬经》)	北平图书馆	
八二六八 八二六九	二六 一九	十九庚	铭（事韵二） 铭（事韵三）	英伦博物院	
八二七五	三一	十九庚	兵（兵制一　黄帝至周）	英伦博物院	

续表

卷　　数	叶　数	韵　　目	内　　容	庋　　藏	杂　　记
八三三九	四五	十九庚	兵（守兵）	北平图书馆	此册载《守城录》一书，《四库全书》兵家类著录
八五〇六 八五〇七	二一 二二	十九庚	宁（南宁府一） 宁（南宁府二）	北平图书馆	
八五二六 八五二七	二二 一三	十九庚	精（事韵一） 精（事韵二）	北平图书馆	此册原藏教育部图书室，今归北平图书馆
八五八七 八五八八	一一 一九	十九庚	生（《庄子·养生主篇》） 生（释书《生经》一）	北平图书馆	
八六二八 八六二九	一六 二二	十九庚	行（赠行饯行等　行字事韵） 行（修行猿蛇图各一）	河内远东学院	
八六四七 八六四八		十九庚	衡（衡州府九） 衡（衡州府十）	大阪府立图书馆	
八七〇六		十九庚	僧（僧讲　僧律　僧官等）	武进陶氏	
八七〇七	二四	十九庚	僧（译经僧一）	东莞莫氏	
八八四一 八八四二 八八四三	一八 一七 二三	二十尤	油（事韵　诗文　江油县）莸等字 游（事韵　龙游县　姓氏一） 游（姓氏二）	燕京大学图书馆	
八八四四 八八四五	二〇 二五	二十尤	遊（事韵一） 遊（事韵二）	北平图书馆	
八九〇八	三二	二十尤四二	周（康王二）	北平图书馆	此册原藏教育部图书室，今归北平图书馆
八九〇九 八九一〇	一三 一八	二十尤	周（康王三　昭王） 周（穆王一）	北平图书馆	
八九七九	二一	二十尤	周（宗室二）	吴兴丁氏百一斋	
八九八〇 八九八一	二八 一五	二十尤	周（五代周太祖一） 周（太祖二）	北平图书馆	
九五六一	三六	二十二覃一三	南（河南布政使）	东洋文库	

续表

卷　　数	叶　数	韵　　目	内　　容	庋　　藏	杂　　记
九七六二 九七六三 九七六四	一七 二三 二〇	二十二覃	诚　咸（事韵）等字 喦　碞（事韵）岩（事韵一） 岩（事韵二）	天津徐氏	
九七六五 九七六六		二十二覃	岩 岩	石黑传六氏	
一〇一一五 一〇一一六	二七 二五	二纸	旨（翰林学士承旨） 旨（枢密都副承旨）	伦敦东方语言学校	
一〇一三五 一〇一三六	二〇 一七	二纸	史（历代诸史七　《南史》《北史》《后周书》《隋书》） 史（历代诸史八　《唐书》）	牛津大学	
一〇二八六 一〇二八七		二纸	子（道家子书五） 子（道家子书六）	俄京大学语言部	
一〇三〇九 一〇三一〇		二纸	死（事韵一） 死（事韵二）	俄京大学语言部	
一〇四二一 一〇四二二		四济	李（姓氏六十六） 李（姓氏六十七）	吴兴周氏	
一〇四五八 一〇四五九	二一 二七	四济	礼（文三） 礼（文四　诗）	吴兴刘氏	
一〇四六〇	三六	四济	礼（《周礼》一）	牛津大学	
一〇四八三 一〇四八四	二四 一五	四济	礼（《曲礼篇》十六） 礼（《曲礼篇》十七）	汉堡大学	
一〇五三九 一〇五四〇	二三 二〇	四济	启（谢启四） 启（贺启一）	东洋文库	此册北平图书馆录副
一〇八一二 一〇八一三 一〇八一四	一九 二一 一九	六姥	母（事韵三） 母（事韵四） 母（事韵五）	东洋文库	此册北平图书馆录副
一〇八七六 一〇八七七	三六 二一	六姥	虏（事韵　诗文） 虏（诗文二）卤（事韵卤县）等字	北平图书馆	
一〇八八八 一〇八八九	三〇 一五	六姥	古（钱天祐《叙古颂表》道书《太上赤文帝君洞古经》） 古（姓氏）	天津徐氏	
一〇九三四 一〇九三五	三三 一六	六姥	楚（楚国七） 楚（楚国八）	国会图书馆	

续表

卷　数	叶　数	韵　目	内　容	庋　藏	杂　记
一〇九四九 一〇九五〇	二三 二〇	六姥	抚（抚州府一） 抚（抚州府二）	国会图书馆	
一〇九九八 一〇九九九	二一 二二	六姥九二	府（知府八） 府（知府九）	国会图书馆	
一一〇〇〇 一一〇〇一	二三 二四	六姥九三	府 府	国会图书馆	
一一〇七六 一一〇七七	二〇 三〇	八贿	蜼（事韵）猵等字 蘂蘂等字	国会图书馆	
一一一二七 一一一二八	二四 二六	八贿	水（《水经》一） 水（《水经》二）	上海东方图书馆	以下四册北平图书馆录有副本，王观堂先生曾据以校内聚珍本，有跋载《观堂集林》
一一一二九 一一一三〇	二二 二〇	八贿	水（《水经》三） 水（《水经》四）	上海东方图书馆	
一一一三一 一一一三二	二三 二二	八贿	水（《水经》五） 水（《水经》六）	上海东方图书馆	
一一一三三 一一一三四	二〇 二八	八贿	水（《水经》七） 水（《水经》八）	上海东方图书馆	
一一一三五 一一一三六		八贿	水（《水经》九） 水（《水经》十）	高阳李氏	
一一一三七 一一一三八		八贿	水（《水经》十一） 水（《水经》十二）	高阳李氏	
一一一三九 一一一四〇		八贿	水（《水经》十三） 水（《水经》十四）	高阳李氏	
一一一四一		八贿	水（《水经》十五）	高阳李氏	
一一三六八 一一三六九	三〇 二四	十一产	简（书简十六） 简（书简十七）	伦敦图书馆	
一一四一二 一一四一三	三二 一九	十一产	眼（《眼目证治》十八） 眼（《眼目证治》十九）	东洋文库	
一一五九八 一一五九九	一九 二二	十四巧	草（市粜粮草三） 草（《本草叙论》一）	东洋文库	

续表

卷　　数	叶　数	韵　　目	内　　容	庋　　藏	杂　　记
一一六〇二 一一六〇三	二五 二〇	十四巧	藻藻（事韵一） 藻（事韵二）	东洋文库	
一一六一五 一一六一六	一六 二〇	十四巧	老（养老一） 老（养老二）	东洋文库	
一一六二〇		十四巧	老（《寿亲养老书》四）	上海东方图书馆	
一一八四八 一一八四九	二四 一六	十八养	享（燕享一） 享（燕享二）	东洋文库	
一一八八七 一一八八九	一七 一九	十八养	党（庆元党一） 党（庆元党二　事韵文）	英伦博物院	
一一九〇三 一一九〇四	二九 二七	十八养三七	广(事韵　姓氏　《诗·周南·汉广篇》、《卫风·河广篇》) 广(《百丈广录》　湖广　广西　广东)	英伦博物院	
一一九五一 一一九五二	二二 一四	十九梗一六	顶（事韵　释书《灌顶经》一） 顶（《灌顶经》二）	国会图书馆	
一一九五三 一一九五四 一一九五五	九 一〇 一二	十九梗一七	顶（《灌顶经》三） 顶（《灌顶经》四） 顶（《灌顶经》五）	国会图书馆	
一一九五六 一一九五七	二一 一五	十九梗十八	鼎（事韵一） 鼎（事韵二）	国会图书馆	
一一九五八 一一九五九	一五 一三	十九梗一九	鼎（事韵三） 鼎（事韵四）	国会图书馆	
一一九六〇	三三	十九梗二〇	鼎（事韵五）	国会图书馆	
一一九八〇 一一九八一	二四 一六	十九梗	岭（岭名三） 岭（岭名四）	国会图书馆	
一二〇一三 一二〇一四	一六 一七	二十有四	有（释书《无所有菩萨经》一） 有（《无所有菩萨经》二）	国会图书馆	
一二〇一五 一二〇一六	二五 二四	二十有五	友（事韵一） 友（事韵二）	国会图书馆	
一二〇一七 一二〇一八	一九 一八	二十有六	友（事韵三） 友（事韵四）	国会图书馆	

续表

卷　　数	叶　数	韵　　目	内　　容	庋　　藏	杂　　记
一二〇四三 一二〇四四	三二 一四	二十有	酒（事韵十三） 酒（事韵十四）	国会图书馆	
一二〇七一 一二〇七二	一二 二一	二十有三一	酒（乡饮酒仪二） 酒（乡饮酒仪三）	国会图书馆	
一二一四八	二六	二十有	傻瞍等字	国会图书馆	
一二二六九	三四	一送二九	宋（文帝四）	国会图书馆	
一二二七〇 一二二七一	一六 一九	一送三十	宋（文帝五） 宋（文帝六）	国会图书馆	
一二二七二 一二二七三 一二二七四	一七 二一 二三	一送三一	宋（文帝七） 宋（文帝八） 宋（文帝九）	国会图书馆	
一二二七五 一二二七六	二〇 二七	一送三二	宋（文帝十） 宋（文帝十一）	国会图书馆	
一二三〇六 一二三〇七 一二三〇八	二四 一六 一六	一送四六	宋（太祖九） 宋（太祖十） 宋（太祖十一）	国会图书馆	
一二三九九 一二四〇〇	二七 二七	一送八七	宋（仁宗二十二） 宋（仁宗二十三）	国会图书馆	
一二四二八 一二四二九	一四 一八	一送	宋（仁宗五十一） 宋（仁宗五十二）	国会图书馆	
一二五〇六 一二五〇七	三〇 一三	一送	宋（神宗五十二） 宋（神宗五十三）	国会图书馆	
一二九六〇 一二九六一 一二九六二	一四 二一 二〇	一送三五九	宋（宁宗五） 宋（宁宗六） 宋（宁宗七）	国会图书馆	
一二九六三 一二九六四 一二九六五	二四 一五 一三	一送三六〇	宋（宁宗八） 宋（宁宗九） 宋（宁宗十）	国会图书馆	
一二九六六 一二九六七 一二九六八	一八 一八 一五	一送三六一	宋（宁宗十一） 宋（宁宗十二） 宋（宁宗十三）	国会图书馆	
一二九六九 一二九七〇 一二九七一	一六 八 一一	一送三六二	宋（宁宗十四） 宋（宁宗十五） 宋（宁宗十六）	国会图书馆	
一三〇一七	三八	一送	宋（宗室十八）	吴兴刘氏	

续表

卷　　数	叶　数	韵　　目	内　　容	庋　　藏	杂　　记
一三〇一八	四〇	一送三八八	宋（宗室十九）	北平图书馆	
一三〇一九	二四	一送	宋（宗室二十）	瑯邪王氏	
一三〇二〇	三〇	一送三九〇	宋（宗室二十一）	北平图书馆	
一三〇七四 一三〇七五	一七 一七	一送	洞（洞名十四） 洞（洞名十五　诗文　洪洞县）	北平图书馆	
一三〇八二 一三〇八三 一三〇八四	一八 九 二四	一送	动（事韵　诗文　王充《论衡·变动篇》） 恸（事韵　诗）迥等字 哄（事韵）閧等字	吴兴刘氏	
一三一三五 一三一三六	三五 一八	一送	梦（事韵三） 梦（事韵四）	海参崴远东大学	
一三一三九 一三一四〇	二六 二六	一送四五〇	梦（事韵七） 梦（事韵八）	东洋文库	此册北平图书馆录副
一三一八九 一三一九〇	一二 一九	一送	众（事韵三） 众（事韵四）	柏林人种博物院	
一三一九三 一三一九四	一四 二七	一送	众（大众） 中（中字　事韵）	英伦某氏	
一三三四四 一三三四五	一五 二三	二寘五〇	示（诗二） 谥（谥法一）	翟理斯教授	
一三四五〇	三一	二寘一〇二	士（处士二）	来比锡大学（寄存）	
一三四五三	三二	二寘一〇四	士（事韵二）	康南尔大学	
一三四九四 一三四九五		二寘一二三	智（诗文二　智州　姓氏） 緻（事韵）致（事韵　诗文）置（事韵）	未详	
一三四九六 一三四九七	一九 一七	二寘一二四	制（事韵一） 制（事韵二）	翟理斯教授	
一三四九八 一三四九九	二八 二一	二寘一二五	制（除官制一） 制（除官制二）	英伦博物院	此册为 A. C. Moule 教授寄存
一三五〇六 一三五〇七		二寘	制（除官制九） 制（兼官制一）	未详	

续表

卷　　数	叶　数	韵　　目	内　　容	庋　　藏	杂　　记
一三五八九 一三五九〇		二寘	誓（《书·泰誓》一） 誓（《书·泰誓》二）	图会图书馆	
一三六二九	三一	二寘一九九	世（《皇极经世书》三十）	伦敦大学东方语言学校	
一三八二二 一三八二三 一三八二四	一三 一五 一七	二寘	寺（僧寺八十二） 寺（僧寺八十三） 寺（僧寺八十四）	北平图书馆	
一三八七六 一三八七七 一三八七八	一三 二五 二四	三未一三	贲（贲卦五）邲等字 痺（医书《诸痺证治》一） 痺（《诸痺证治》二）	英伦博物院	
一三八七九 一三八八〇		三未一四	痺（《诸痺证治》三） 痺（《诸痺证治》四）贔等字	康南尔大学	
一三九九一	六〇	三未	戏（戏文二十七　《小孙屠》《张协状元》《宦门子弟错立身》）	天津徐氏	北平图书馆录副，马氏影印
一三九九二 一三九九三		三未	熹嬉欷 系繫係	英伦博物院	
一四〇四六	三五	四霁	祭（祭文四）	北平图书馆	
一四〇四九 一四〇五〇	二三 二七	四霁	祭（祭文七） 祭（祭文八）	北平图书馆	
一四〇五一 一四〇五二	二〇 二二	四霁一五	祭（祭文九） 祭（祭文十）	北平图书馆	
一四〇五三 一四〇五四		四霁	祭（祭文十一） 祭（祭文十二）	俄京大学语言部	
一四〇五五 一四〇五六		四霁	祭（祭文十三） 祭（祭文十四）	国会图书馆	李佳白寄存
一四一三一	三五	四霁	第（及第五）	国会图书馆	此册为李佳白寄存
一四二一七 一四二一八		四霁	地（相地九　相龙法） 地（相地十　相龙法）	未详	
一四三八〇 一四三八一	二七 三一	四霁一七五	寄（诗十三） 寄（诗十四）	北平图书馆	
一四三八二 一四三八三	二二 二六	四霁一七六	寄（诗十五） 寄（诗十六）徛	大连图书馆	

续表

卷　数	叶　数	韵　目	内　容	庋　藏	杂　记
一四三八四		四霁	冀（事韵　冀州一）	上海东方图书馆	
一四三八五	二七	四霁	冀（冀州二　冀县　姓氏）	牛津大学	
一四四六一 一四四六二	二八 二五	五霁	御（备御一） 御（备御二）	北平图书馆	
一四四六三 一四四六四	二二 二一	五御	御（备御三） 御（备御四　事韵　防御姓氏）圉语等字	吴兴刘氏	
一四五三六 一四五三七	二〇 二三	五御	树（树名一） 树（树名二　事韵一）	吴兴刘氏	
一四五四四 一四五四五	二九 二二	五御	处（事韵　诗）絮等字 著箸等字	天津徐氏	
一四五七四 一四五七五 一四五七六	三二 三三 一四	六暮	铺（急递铺一） 铺（急递铺二） 铺（急递铺三　事韵）誧等字	吴兴刘氏	
一四六〇七 一四六〇八 一四六〇九	一九 三四 八	六暮	簿（主簿　御史台主簿等官） 簿（司天监主簿等官） 簿（县主簿一）	牛津大学	
一四六二〇 一四六二一	二八 三一	六暮	部（吏部七） 部（吏部八）	吴兴刘氏	
一四六二二	二三	六暮	部（吏部九）	牛津大学	
一四六二四 一四六二五	二〇 二二	六暮	部（吏部十一） 部（吏部十二）	吴兴刘氏	
一四六二七	三七	六暮	部（吏部十四）	牛津大学	
一四六二八 一四六二九	二七 三〇	六暮	部（吏部十五） 部（吏部十六）	富冈君抝	此册上虞罗氏已假以印入《吉石庵丛书》第四集
一四七〇七 一四七〇八	三四 三一	六暮	度（事韵三　《韩非子·有度篇》《心度篇》） 度(《乾凿度》《坤凿度》)	天津徐氏	
一四八三七	三七	六暮	赋（《大全赋会》三）	北平图书馆	
一四八三八	三一	六暮	赋（《大全赋会》四）	北平图书馆	

续表

卷　　数	叶　数	韵　　目	内　　容	庋　　藏	杂　　记
一四九四七	二〇	六暮	妇（《妇人证治》二十三）	东洋文库	
一四九四八	二九	六暮	妇（《妇人证治》二十四）	瑯琊王氏	
一四九四九	一三	六暮	妇（《妇人证治》二十五）	葛斯德文库	
一四九九八	二一	七泰	泰（泰卦三）	天津徐氏	
一五一三八 一五一三九	二二 一九	七泰	帅（诗一） 帅（诗二）率（事韵）	北平图书馆	
一五一四〇 一五一四一		八队	队（事韵）兑（事韵　易兑卦一） 兑（兑卦二）	上海东方图书馆	
一五一四二 一五一四三		八队	兑（兑卦三） 兑（兑卦四）駾等字	国会图书馆	
一五八六八 一五八六九 一五八七〇		九震一七八	论（《大庄严经论》四） 论（《大庄严经论》五） 论（《大庄严经论》六）	康南尔大学	
一五八七三 一五八七四 一五八七五	一八 一二 二一	九震	论（《十住毗婆沙论》三） 论（《十住毗婆沙论》四） 论（《十住毗婆沙论》五）	天津徐氏	
一五八九七 一五八九八		九震	论（《阿毗达摩俱舍论》九） 论（《阿毗达摩俱舍论》十）	吴兴周氏	
一五九四八 一五九四九	二二 二二	九震二一六	运（宋漕运六） 运（金漕运　元漕运一）	东洋文库	
一五九五〇 一五九五一		九震二一七	运（元漕运二） 运（五运一）	国会图书馆	
一五九五五 一五九五六		九震	运（《庄子·天运篇》） 运（医书《素问·五运行大论篇》　道书《劫运篇》）	东洋文库	
一六三四三 一六三四四	二六 二七	十翰一五二	算（算法十四　异乘同除） 算（算法十五　少广）	剑桥大学	
一六八四一 一六八四二	三四 三五	十二霰	善（《劝善书》十七） 善（《劝善书》十八）	北平图书馆	
一七〇八四 一七〇八五	三三 三五	十三啸	庙（国朝宗庙） 庙(历代原庙　寝庙　亲庙)	静嘉堂文库	
一八二〇七 一八二〇八 一八二〇九	一五 一七 一六	十八漾	将（汉唐宋等代名将） 将（汉唐宋等代名将） 将（汉唐宋等代名将）	北平图书馆	

续表

卷数	叶数	韵目	内容	庋藏	杂记
一八二二二 一八二二三 一八二二四	一四 一八 一七	十八漾	像（贤人像图三） 像（事韵一） 像（事韵二）	蓬莱慕氏	
一八二四四 一八二四五	一八 一七	十八漾	匠（匠氏诸书十三之十四） 匠（营造法式图　梓人遗制图）	英伦博物院	
一八四〇二 一八四〇三		十八漾	状（谢状三） 状（谢状四）	俄京大学语言部	
一九四一六 一九四一七	一四 一六	二十二勘一〇	蘸　站（站赤一）等字 站（站赤二）	东洋文库	已影印
一九四一八 一九四一九	一六 一八	二十二勘	站（站赤三） 站（站赤四）	东洋文库	已影印
一九四二〇 一九四二一	一七 一九	二十二勘	站（站赤五） 站（站赤六）	东洋文库	已影印
一九四二二 一九四二三	二一 二六	二十二勘	站（站赤七） 站（站赤八）	东洋文库	已影印
一九四二四 一九四二五 一九四二六	二三 二九 一八	二十二勘一四	站（站赤九） 站（驿站一） 站（驿站二　诗）斩等字	东洋文库	已影印
一九六三六 一九六三七	二七 二七	一屋	沐（事韵　诗文）霂目（事韵一）等字 目（事韵二）	北平图书馆	
一九七三五	三〇	一屋七六	录（《曾公遗录》八）	牛津大学	
一九七三七 一九七三八 一九七三九	一二 一二 一三	一屋	录（释书沙门灌顶《国清百录》一） 录（释书沙门灌顶《国清百录》二） 录（释书沙门灌顶《国清百录》三）	剑桥大学	
一九七四二 一九七四三	一五 一四	一屋	录（《窃愤录》·《窃愤续录》） 录（《鹖冠子》·《泰录篇》　歌逻录国）睩等字	翟理斯教授	
一九七八一 一九七八二		一屋一〇五	局（诸局沿革四　事韵一） 局（事韵二　诗文）跼等字	康南尔大学	

续表

卷　数	叶　数	韵　目	内　容	庋　藏	杂　记
一九七八三 一九七八四		一屋一〇六	伏（事韵） 伏（姓氏）虙　宓（姓氏）	康南尔大学	
一九七八五 一九七八六	一二 二〇	一屋一〇七	服（天子服　皇太子服） 服（后妃服）	国会图书馆	此册北平图书馆藏有影本
一九七八九 一九七九〇	一九 一八	一屋一〇九	服（元服二） 服（朝服）	英伦博物院	
一九七九二	二六	一屋一一一	服（公服　章服）	翟理斯教授	
一九八六五 一九八六六	二八 二六	一屋	竹（竹名一） 竹（竹名二）	马登	
一九九三一	三一	一屋	箓（《正一盟威秘箓》四）	北平图书馆	
二〇一二一 二〇一二二	二七 一六	二质	日（诸家选日七） 日（诸家选日八）	北平图书馆	此卷有缺烂
二〇一三九	三〇	二质四〇	日（诸家选日二十五）	牛津大学	
二〇一九七	二九	二质	日（诸家选日八十三）	北平图书馆	
二〇二〇四 二〇二〇五	一八 一六	二质	毕（姓氏） 毕（姓氏）	北平图书馆	
二〇三一〇 二〇三一一	二一 二一	二质	疾（事韵一） 疾（事韵二）	北平图书馆	
二〇三五三 二〇三五四	二四 二一	二质	席（诗文二　姓氏）蓆 夕（事韵一）	天津徐氏	
二〇四二四 二〇四二五	二九 二五	二质一八七	稷（郡县社稷　诸里社稷一） 稷（诸里社稷二　事韵）	北平图书馆	
二〇四二六 二〇四二七	二九 一九	二质一八八	稷（《书·益稷篇》一） 稷（《益稷篇》二）	北平图书馆	
二〇四二八	三四	二质	稷（《益稷篇》三）	北平图书馆	
二〇四七八 二〇四七九	二六 三〇	二质	职（事韵一） 职（事韵二）	番禺叶氏	此册北平图书馆录副
二〇五七二	二五	二质	积（《大宝积经》七）	瑯邪王氏	
二〇五七三	一九	二质	积（《大宝积经》八）	葛斯德文库	
二〇六四八 二〇六四九		二质	易 易	未详	

续表

卷　数	叶　数	韵　目	内　容	庋　藏	杂　记
二〇八五〇 二〇八五一	二六 二四	二质	檄（事韵文一） 檄（文二）	英伦博物院	
二一〇二五 二一〇二六		三术	律（释书《四分律删补随机羯磨》一） 律（《四分律补随机羯磨》二）	北平图书馆	
二一〇二九 二一〇三〇 二一〇三一		三术	律（释书《沙弥尼戒经》等） 律（释书《沙弥尼戒经》等） 律（释书《沙弥尼戒经》等）	俄京大学语言部	
二一九八三 二一九八四		七药	学（郡县学二十九　文） 学（郡县学三十　文）	未详	
二二一八〇 二二一八一 二二一八二		八陌	陌（陌貊麦）	俄京大学语言部	
二二五七〇 二二五七一 二二五七二	一〇 九 一一	九缉	集（《大方等大集经》四） 集（《大方等大集经》五） 集（《大方等大集经》六）	吴兴丁氏百一斋	
二二五七六 二二五七七 二二五七八		九缉	集（《大方等大集经》十） 集（《大方等大集经》十一） 集（《大方等大集经》十二）	俄京大学语言部	
二二七四九 二二七五〇	二〇 一八	十合	劄（《启劄云锦裳》三） 劄（《启劄云锦裳》四）	上海东方图书馆	
二二七六〇	二二	十合	劄（《启劄锦语》六）	吴兴丁氏百一斋	
二二七六一	三〇	十合	劄（《启劄锦语》七）	北平图书馆	

都三百四十九册六百六十三卷

（原载《国立北平图书馆馆刊》第七卷第一号）

《永乐大典》现存卷目表

《永乐大典》为有明一代巨制，天壤间罕见之书多赖之以传。今全书已散佚，然余历年足迹所至，于海内外公私藏家所见，殆不下三百五十册。已先后载其目于《学衡》杂志、《图书馆协会会报》、《北海图书馆月刊》中。今秋复排比前目，益以最近所闻见者，实得三百六十七册，然尚不及全书百之三耳。至其他残存之数，固当倍蓰于此，海内外学人有以所藏所见卷数见示者，余日望之矣。二十八年七月袁同礼识。

卷　数	叶　数	韵　目	内　容	庋　藏	杂　记
四八〇 四八一	三一 一七	一东	忠（忠义十五） 忠（忠义十六）	大连满铁图书馆	
四八二 四八三 四八四	一五 一二 一三	一东	忠（忠义十七） 忠（诗文一） 忠（诗文二）	文安王氏	以上分装三册
四八五 四八六	一六 一七	一东二〇八	忠（《忠经》《忠传》一） 忠（《忠传》二）	秋浦周氏	
四八九 四九〇	二〇 二二	一东	终（事韵） 终（终螽等字）	北平图书馆	
五三八 五三九	一八 一六	一东二三一	容（姓氏三） 容（姓氏四）	俄京大学语言部	
五四〇 五四一	二九 一九	一东二三二	颂（事韵）溶（事韵） 蓉（事韵） 庸（事韵）诗（姓氏）	俄京大学语言部	
五五一 五五二 五五三	二二 二三 一四	一东	庸（《中庸》十） 庸（《中庸》十一） 庸（《中庸》十二）	大连满铁图书馆	
五五四 五五五 五五六	二四 一八 二三	一东	庸（《中庸》十三） 庸（《中庸》十四） 庸（《中庸》十五）	东洋文库	
六二三 六二四		一东	农（事韵四） 农（诗文　弘农县　弘农郡　多农县　姓氏）	北平图书馆	卷六二三存六叶（十至十五） 卷六二四存五叶（一至十五）

续表

卷　　数	叶　数	韵　　目	内　　容	庋　　藏	杂　　记
六六一 六六二	一三 三〇	一东	雝（事韵　《诗·周颂·雝篇》）灉维 雍（辟雍　诗文）饔（事韵）等字	北平图书馆	
七八二 七八三 七八四	二一 二〇 一七	二支	诗（诗话二十四） 诗（诗话二十四） 诗（诗话话二十四）	北平图书馆	卷七八二存二十叶 卷七八三存十五叶 卷七八四存十七叶
八二一 八二二 八二三	二〇 二二 一一	二支	诗（诗话六十三） 诗（诗话六十四） 诗（诗话六十五）	江安傅氏	卷八二一存十九叶
八四九 八五〇 八五一	一三 二六 二四	二支	诗（诗帖十八） 诗（诗帖十九） 诗（诗帖二十）	未详	
八九五 八九六	一八 二〇	二支	诗（宋诗四） 诗（宋诗五）	大连满铁图书馆	
八九九 九〇〇	三一 二四	二支	诗（宋诗八　元诗一） 诗（元诗二）	大连满铁图书馆	
九〇一 九〇二		二支	诗（元诗三） 诗（元诗四）	京都府立图书馆	
九〇三 九〇四	三二 三〇	二支	诗（《寒山诗》《中州集》） 诗（《金壁故事》《国朝诗》）	柏林人种博物院	
九〇五 九〇六 九〇七	一八 一六 二〇	二支	诗（诸家诗目一） 诗（诸家诗目二） 诗（诸家诗目三）	大连满铁图书馆	
九一四		二支	尸（尸验）	长兴王氏	
九一七 九一八 九一九	一四 一三 一五	二支	师（太师二） 师（少师） 师（三师　太子太师　太子少师）	大连满铁图书馆	
九二〇 九二一 九二二	八 三一 一八	二支	师（太子三师　师氏　国师　宗师　诸侯师　先师） 师（儒师　事韵一） 师（事韵二）	来比锡大学（寄存）	
九七五 九七六	三〇 二四	二支	儿（《小儿证治》八） 儿（《小儿证治》九）	汉堡大学	

续表

卷　　数	叶　数	韵　　目	内　　容	庋　　藏	杂　　记
九八〇	五三	二支	儿(《小儿证治》十三)	天津徐氏	
九八一		二支	儿(《小儿证治》十四)	海盐张氏	
一〇三三	三六	二支	儿(《小儿证治》十六)	柏林人种博物院	
一〇五六		二支	池（池名五）	未详	存二十三叶（一至二、四上、五至七、八下至十七、十八下至二十三、二十四）
一一八七	二一	二支	辞（《系辞》四十一）	未详	存二叶（二十至二十一）
一一九一		二支	辞（《系辞》四十五）	未详	存五叶（二至五、七）
一一九二		二支	辞（《系辞》四十六）	未详	存二十七叶（口上、五至十八、二十一至二十二、二十五至三十四）
一二〇〇		二支	辞（《系辞》五十四）	未详	存九叶（十五至二十一上、二十二至二十三）
一四九一 一四九二		三微	棋（棋势十七） 棋（棋势十八）	东方文化图书馆	
二一九〇 二一九一	三二 三六	六模	图(《帝王经世图谱》一) 图(《帝王经世图谱》二)	大连满铁图书馆	
二二一七 二二一八	二八 一五	六模	泸（泸州一） 泸（泸州二）	天津徐氏	
二二三六 二二三七		六模	奴（匈奴四） 奴（匈奴五）	小川睦之辅	
二二五四 二二五五	一八 一九	六模	壶（壶图一） 壶（壶图二）	未详	
二二五六	二一	六模	壶（壶图三）	未详	北平图书馆藏有影本
二二五七 二二五八 二二五九	一六 二五 一七	六模	壶（投壶壶图　矢图） 壶（投壶礼图　觥筹等图） 瓠（瑚蝴弧葫等字）	北平图书馆	

续表

卷　数	叶　数	韵　目	内　容	庋　藏	杂　记
二二六〇 二二六一	一八 二七	六模	湖（湖名一） 湖（湖名二）	河内远东学院	
二二六二 二二六三	一六 二九	六模	湖（湖名三） 湖（湖名四）	大连满铁图书馆	以下三卷均记西湖
二二六四 二二六五	三七 二三	六模	湖（湖名五） 湖（湖名六）	大连满铁图书馆	
二二六六 二二六七	一三 二五	六模	湖（湖名七） 湖（湖名八）	河内远东学院	
二二七〇 二二七一	三一 二一	六模	湖（湖名十一） 湖（湖名十二）	大连满铁图书馆	
二二七五 二二七六	二七 二五	六模	湖（湖州府一） 湖（湖州府二）	上海东方图书馆	
二二七九 二二八〇 二二八一		六模	湖（湖州府五） 湖（湖州府六） 湖（湖州府七）	东京帝国图书馆	
二二八二 二二八三		六模	湖（湖州府八） 湖（湖州府九）	未详	
二三三七 二三三八 二三三九	二六 一六 一七	六模	梧（事韵　诗文　梧州府一） 梧（梧州府二） 梧（梧州府三）	静嘉堂文库	
二三四〇 二三四一 二三四二	一四 一八 二〇	六模	梧（梧州府四） 梧（梧州府五） 梧（梧州府六）	大连满铁图书馆	
二三四三 二三四四	二四 一七	六模	梧（梧州府七） 梧（梧州府八）	大连满铁图书馆	
二三四五	三〇	六模	乌（事韵　诗文一）	大连满铁图书馆	
二三四六 二三四七	二〇 一九	六模	乌（诗文二） 乌（义乌县　飞乌县　姓氏）恶呜（事韵）等字	大连满铁图书馆	
二三六七 二三六八 二三六九	一六 一一 一九	六模	苏（苏州府十九） 苏（苏州府二十） 苏（苏州府二十一）	大连满铁图书馆	
二四〇一	一六	六模	苏（姓氏十二）	文安王氏	

续表

卷　数	叶　数	韵　目	内　容	庋　藏	杂　记
二四〇四 二四〇五	二二 一六	六模	苏（姓氏十五） 苏（姓氏十六）	河内远东学院	
二四〇六 二四〇七 二四〇八	二四 一四 一五	六模	初（事韵　汉初县　姓氏）刍（事韵　文　释书《佛说苾刍五法经》《佛说苾刍迦尸十法经》）等字 蔬（事韵　诗文）梳（事韵　诗） 疎疏（事韵　姓氏）練等字	大连满铁图书馆	
二四〇九		六模	敷（事韵）孚（事韵　易中孚卦一）等字	未详	
二五三五 二五三六	二七 二五	七皆	斋（斋名十一） 斋（斋名十二）	上海东方图书馆	
二五三九 二五四〇	二三 二六	七皆	斋（斋名十五） 斋（斋名十六）	上海东方图书馆	
二六〇三 二六〇四	二〇 二六	七皆	台（台名十四） 台（台名十五）	大连满铁图书馆	
二六〇五 二六〇六 二六〇七	一五 一五 二三	七皆	台（事韵一） 台（事韵二　御史台一） 台（御史台二）	大连满铁图书馆	
二六〇八 二六〇九		七皆	台（御史台三） 台（御史台四）	内藤湖南	此册内藤已付影印
二六一〇 二六一一	二九 二三	七皆	台（御史台五） 台（御史台六）	东洋文库	此册江安傅氏已影印行世
二七三九 二七四〇	二三 二二	八灰	崔（姓氏七） 崔（姓氏八）	大连满铁图书馆	
二七四一 二七四二	二四 一八	八灰	崔（姓氏九） 崔（姓氏十）	大连满铁图书馆	
二七四三 二七四四	一四 二九	八灰	崔（姓氏十一） 崔（姓氏十二）	北平图书馆	
二七五四 二七五五	二四 二一	八灰	陂（陂名三） 陂（陂名四　诗文　黄陂县）波罴（事韵　诗文）	大连满铁图书馆	

续表

卷　　数	叶　数	韵　　目	内　　容	庋　　藏	杂　　记
二八〇六	三一	八灰	卑（事韵　姓氏　鲜卑国）裨（事韵）鞞（事韵）等字	静嘉堂文库	
二八〇七	二七	八灰	丕（事韵　姓氏）邳（事韵　邳州　下邳国　下邳郡　下邳县　姓氏）等字	北平图书馆	
二八〇八 二八〇九	二〇 二三	八灰	梅（事韵一） 梅（事韵二）	北平图书馆	此卷有残缺
二八一〇 二八一一	二一 二四	八灰	梅（事韵三） 梅（事韵四）	北平图书馆	
二八一二 二八一三	二四 一八	八灰	梅（事韵五） 梅（事韵六）	北平图书馆	
二九四八 二九四九	二四 二八	九真	神（事韵一） 神（事韵二）	北平图书馆	
二九五〇 二九五一	二二 二二	九真	神（文一） 神（文二）	北平图书馆	
二九五二 二九五三	三一 四	九真	神（诗　医书《素问·四气调神大论篇》《灵枢·本神篇》） 神（道书《太上飞行九神玉经》等）	北平图书馆	卷二九五三存四叶
二九五四 二九五五	二六 二六	九真	神（道书《生神章》一） 神（《生神章》二　姓氏　青神县　和神国）旦等字	北平图书馆	
二九七二	二四	九真	人（贵人　才人　美人等）	文安王氏	
二九七八 二九七九 二九八〇	一七 一五 二〇	九真	人（事韵六） 人（事韵七） 人（事韵八）	大连满铁图书馆	
二九九九 三〇〇〇	二四 一六	九真	人（事韵二十七） 人（事韵二十八）	大连满铁图书馆	
三〇〇一	三三	九真	人（事韵二十九）	北平图书馆	此册原藏教育部图书室，今归北平图书馆

续表

卷　数	叶　数	韵　目	内　容	庋　藏	杂　记
三〇〇三 三〇〇四	二七 二六	九真五十二	人（文） 人（诗一）	北平图书馆	
三〇〇五 三〇〇六 三〇〇七	二四 二二 一九	九真	人（诗二） 人（诗三） 人（柏人县　《春秋繁露·天辨在人篇》《吕氏春秋·慎人篇》）	大连满铁图书馆	
三〇〇八	五〇	九真	人（易同人卦一）	大连满铁图书馆	
三〇〇九 三〇一〇	一五 三〇	九真	人（同人卦二） 人（同人卦三）	大连满铁图书馆	
三一三三 三一三四	二七 二八	九真 九真	陈（姓氏七） 陈（姓氏八）	大连满铁图书馆	
三一四一 三一四二	二一 一九	九真一二一	陈（姓氏十五） 陈（姓氏十六）	北平图书馆	此册原藏教育部图书室，今归北平图书馆
三一四三 三一四四	二五 二三	九真	陈（姓氏十七） 陈（姓氏十八）	北平图书馆	
三一四五 三一四六	二六 二四	九真	陈（姓氏十九） 陈（姓氏二十）	北平图书馆	
三一四七 三一四八 三一四九	一八 一九 一四	九真	陈（姓氏二十一） 陈（姓氏二十二） 陈（姓氏二十三）	北平图书馆	
三一五〇 三一五一	二二 三六	九真	陈（姓氏二十四） 陈（姓氏二十五）	北平图书馆	
三一五五 三一五六	二二 二六	九真	陈（姓氏二十九） 陈（姓氏三十）	大连满铁图书馆	
三四〇六		九真	文（文公三）	长兴王氏	藏半册
三五〇七 三五〇八	三三 二四	九真	坤（坤卦四） 坤（坤卦五）	北平图书馆	
三五二五 三五二六	二六 二五	九真	门（门名一） 门（门名二）	上海东方图书馆	
三五二七 三五二八	二〇 三三	九真	门（门名三） 门（义门　孝门）	北平图书馆	
三五四九	三二	九真	门（《普门品经》三）	北平图书馆	

续表

卷　　数	叶　数	韵　　目	内　　容	庋　　藏	杂　　记
三五七九 三五八〇 三五八一	二四 一九 一〇	九真	村（村名一） 村（村名二） 村（诗）邨澊等字	秋浦周氏	
三五八二 三五八三	二八 一九	九真	尊（尊名一） 尊（尊名二）	未详	
三五八四 三五八五	二八 一九	九真	尊（尊名三） 尊（追尊　事韵　姓氏）鷷等字	东方文化图书馆	
三五八六 三五八七	一七 二六	九真	遵（事韵）僎跧等字	北平图书馆	
三六一四	二四	十寒	寒（《诸寒证治》九）	吴兴丁氏百一斋	
三六一五	二七	十寒	寒（《诸寒证治》十）	北平图书馆	
三九四四 三九四五	二六 二七	十寒	槃(《大宝涅槃经》八) 槃(《大宝涅槃经》九)	伦敦东方语言学校	
四九〇八 四九〇九	二一 四一	十二先	煙烟（事韵　姓氏诗）燕（事韵　诗文《燕丹子》） 燕（春秋燕国　南燕国）	柏林人种博物馆	
五一九九	三〇	十二先	原（太原府一）	东洋文库	
五二〇〇 五二〇一	二八 二二	十二先三九〇	原（太原府二） 原（太原府三）	东洋文库	
五二〇二 五二〇三	二〇 二六	十二先三九一	原（太原府四） 原（太原府五）	东洋文库	
五二〇四 五二〇五	二一 二七	十二先三九二	原（太原府六） 原（太原府七　镇原县　平原县　三原县　姓氏）	东洋文库	
五二四八 五二四九	一八 二四	十三萧	辽（世宗　景宗） 辽（圣宗）	大连满铁图书馆	
五二五一 五二五二	三一 二二	十三萧	辽（天祚　《九主年谱》） 辽（辽控制诸国）	大连满铁图书馆	
五二六八	三八	十三萧	祆袄夭（事韵　《诗·周南·桃夭篇》）等字	东洋文库	

续表

卷　　数	叶　数	韵　　目	内　　容	庋　　藏	杂　　记
五二九六 五二九七	二一 二五	十三萧	昭（昭公十四） 昭（昭公十五）	俄京大学语言部	
五三四三	四四	十三萧八一	潮（潮州府一）（附图六幅）	来比锡大学	
五三四五	四七	十三萧	潮（潮州府三）	吴兴丁氏百一斋	
五四一六		十三萧	桥（桥名二十三）	长兴王氏	藏半册
五四五三 五四五四	二二 一八	十三萧	郊（郊祀十九） 郊（郊祀二十）	俄京大学语言部	
五七六九 五七七〇	二七 二二	十六麻	沙（长沙府十八　诗文） 沙（长沙府十九　诗文等）	天津徐氏	
五八三八 五八三九 五八四〇	一二 一九 一三	十六麻	花（事韵四） 花（事韵五） 花（事韵六）	北平图书馆	卷五八三八存十二叶
六五〇四 六五〇五	十二 二九	十八阳	庄（庄公二十三） 庄（庄公二十四）	大连满铁图书馆	
六五二三 六五二四	一二 一五	十八阳	妆（事韵）装（事韵） 裘桩（事韵）等字	北平图书馆	
六五五八 六五五九	二一 三二	十八阳	梁（《梁惠王篇》十一） 梁(《梁惠王篇》十二)	上海东方图书馆	
六五六四 六五六五	三一 一三	十八阳	梁（武帝三） 梁（武帝四）	大连满铁图书馆	
六五八四	四三	十八阳	梁（武帝二十三）	北平图书馆	内缺四十一、四十二两叶
六六四一	二六	十八阳	乡（乡仪　乡约等）	牛津大学	
六六九七	二七	十八阳	江（九江府九）	静嘉堂文库	
六六九八 六六九九	二〇 二一	十八阳	江（九江府十） 江（九江府十一）	静嘉堂文库	
六七六四 六七六五	二八 二一	十八阳	王（宗室封王二十八金） 王（宗室封王二十九金）	北平图书馆	

续表

卷　数	叶　数	韵　目	内　容	庋　藏	杂　记
六七六六 六七六七	一七 一五	十八阳	王（宗室封王三十　金元） 王（宗室封王二十一　金　元）	北平图书馆	
六七七一		十八阳	王（异姓封王四）	德化李氏	
六八二六 六八二七	一六 一八	十八阳四四六	王（姓氏十一） 王（姓氏十二）	东洋文库	
六八二八 六八二九	二二 一九	十八阳	王（姓氏十三） 王（姓氏十四）	静嘉堂文库	
六八三〇	二四	十八阳	王（姓氏十五）	静嘉堂文库	
六八三一 六八三二	二二 二三	十八阳四四八	王（姓氏十六） 王（姓氏十七）	国会图书馆	此册北平图书馆有影本
六八三七 六八三八	二七 二五	十八阳	王（姓氏二十二） 王（姓氏二十三）	大连满铁图书馆	
七一〇四 七一〇五	一七 一三	十八阳	唐（宣宗一） 唐（宣宗二）	北平图书馆	
七二一三 七二一四	二六 二七	十八阳	堂（明堂十九　文） 堂（明堂二十　文）	未详	
七二三五 七二三六	二一 三二	十八阳	堂（堂名二十一） 堂（堂名二十二）	大连满铁图书馆	
七二三七 七二三八	二〇 三六	十八阳六二六	堂（堂名二十三） 堂（堂名二十四）	东洋文库	此册北平图书馆录副
七二三九 七二四〇	二〇 三一	十八阳	堂（堂名二十五） 堂（堂名二十六）	大连满铁图书馆	
七二四一 七二四二	二三 二一	十八阳	堂（堂名二十七） 堂（堂名二十八）	北平图书馆	
七三二五 七三二六	二二 二〇	十八阳	郎（承事郎等官） 郎（左武郎等官）	上海东方图书馆	
七三二八	三〇	十八阳	郎（事韵）	上虞罗氏	
七三二九	三〇	十八阳	郎（诗文　姓氏　夜郎国）	北平图书馆	
七三七八 七三七九	二〇 一一	十八阳	丧（丧礼三十九　宋后） 丧（丧礼四十　宋后）	北平图书馆	

续表

卷　　数	叶　数	韵　　目	内　　容	度　　藏	杂　　记
七三八五 七三八六	一四 二九	十八阳六九五	丧（丧礼四十六　国朝成穆贵妃丧礼　谢妃丧礼） 丧（丧礼四十七　国恤）	北平图书馆	
七三八七 七三八八	二六 二〇	十八阳六九六	丧（丧礼四十八　国恤） 丧（丧礼四十九　国恤）	北平图书馆	
七三九三 七三九四	二九 二三	十八阳	丧（公卿士庶丧礼一） 丧（公卿士庶丧礼二）	北平图书馆	
七四四九 七四五〇	一六 二四	十八阳	丧（《丧服小记篇》三） 丧（《丧服小记篇》四）	北平图书馆	
七四五三 七四五四	二四 一一	十八阳七二五	丧(《礼记·杂记篇》一) 丧（《杂记篇》二）	北平图书馆	
七四五五	三五	十八阳七二六	丧（《杂记篇》三）	北平图书馆	
七四五六 七四五七	二一 一九	十八阳	丧（《杂记篇》四） 丧（《杂记篇》五）	北平图书馆	
七四五八	三三	十八阳七二八	丧（《杂记篇》六）	北平图书馆	
七四五九 七四六〇	二六 二二	十八阳	丧(《礼记·丧大记篇》一) 丧(《礼记·丧大记篇》二)	北平图书馆	
七四六一 七四六二	一九 二二	十八阳	丧（《丧大记篇》三） 丧（《丧大记篇》四）	北平图书馆	
七五〇六	二九	十八阳	仓（神仓　藉田仓　太仓等）	上海东方图书馆	
七五〇七	三七	十八阳	仓（常平仓二）	北平图书馆	
七五一〇	三二	十八阳	仓（社仓）	上海东方图书馆	
七五一一	二九	十八阳	仓（仓名一）	未详	
七五一二	三二	十八阳	仓（仓名二）	未详	
七五一三 七五一四	二二 三六	十八阳七五六	仓（仓名三） 仓（事韵一）	上海东方图书馆	
七五一五 七五一六	一三 二一	十八阳	仓（事韵二） 仓（事韵三）	牛津大学	

续表

卷数	叶数	韵目	内容	庋藏	杂记
七五一七 七五一八	二七 三六	十八阳	仓（事韵四） 仓（事韵五　陈仓县姓氏）苍（事韵　姓氏）沧（沧州）等字	大连满铁图书馆	
七五四三	三八	十八阳	刚（释书《金刚般若波罗蜜经》一）	大连满铁图书馆	
七六〇二 七六〇三	一八 二八	十八阳	杭（杭州府五十一） 杭（杭州府五十二）	秋浦周氏	
七六五〇 七六五一	二二 一八	十八阳	黄（姓氏十一） 黄（姓氏十二）	北平图书馆	
七六七七	三〇	十九庚	庚（《盘庚篇》五）	牛津大学	
七七〇一 七七〇二	二六 一四	十九庚	京（南京） 京（北京　上京　中京　五京　事韵）	北平图书馆	卷七七〇一存十七叶
七八五六 七八五七	三二 一八	十九庚	星（太白星一） 星（太白星二）	北平图书馆	
七八八九 七八九〇	一七 二〇	十九庚	汀（事韵　汀州府一） 汀（汀州府二）	北平图书馆	
七八九一 七八九二	一四 三一	十九庚	汀（汀州府三） 汀（汀州府四）	北平图书馆	
七八九三 七八九四 七八九五	二三 一四 二〇	十九庚	汀（汀州府五） 汀（汀州府六） 汀（汀州府七）鞓打等字	北平图书馆	
七九六三	三三	十九庚	兴（绍兴府一）	北平图书馆	
八〇二〇	二三	十九庚	蒸（《骨蒸证治》一）	上海东方图书馆	
八〇二一	二六	十九庚	蒸（《骨蒸证治》二）烝等字	牛津大学	
八〇二五 八〇二六	一九 三〇	十九庚一六三	成(《书·武成篇》一) 成(《书·武成篇》二)	北平图书馆	
八〇九一 八〇九二 八〇九三	一二 二二 一九	十九庚	城（南昌府城） 城（南康府城） 城（赣州府城）	北平图书馆	

续表

卷　　数	叶　数	韵　　目	内　　容	庋　　藏	杂　　记
八一六四 八一六五	二三 一八	十九庚	程（姓氏七） 程（姓氏八）	大连满铁图书馆	
八一九九	三三	十九庚	陵（《大汉原陵秘葬经》）	北平图书馆	
八二六八 八二六九	二六 一九	十九庚	铭（事韵二） 铭（事韵三）	英伦博物院	
八二七五	三一	十九庚	兵（兵制一　黄帝至周）	英伦博物院	
八三三九	四五	十九庚	兵（守兵）	北平图书馆	此册载《守城录》一书，《四库全书》兵家类著录
八四一三 八四一四	二八 二九	十九庚	兵（诗文三） 兵（诗文四）	北平图书馆	
八五〇六 八五〇七	二一 二二	十九庚	宁（南宁府一） 宁（南宁府二）	北平图书馆	
八五二六 八五二七	二二 一三	十九庚	精（事韵一） 精（事韵二）	北平图书馆	此册原藏教育部图书室，今归北平图书馆
八五八七 八五八八	一一 一九	十九庚	生(《庄子·养生主篇》) 生（释书《生经》一）	北平图书馆	
八六二八 八六二九	一六 二二	十九庚	行（赠行、饯行等行字事韵） 行（修行猿蛇图各一）	河内远东学院	
八六四七 八六四八	一二 二四	十九庚	衡（衡州府九） 衡（衡州府十）	大阪府立图书馆	
八七〇六	三〇	十九庚	僧（僧讲　僧律　僧官等）	武进陶氏	
八七〇七	二四	十九庚	僧（译经僧一）	东莞莫氏	
八七八二 八七八三	二七 二二	十九庚	僧（杂录诸僧四） 僧（杂录诸僧五）	京城李王职藏书阁	
八八四一 八八四二 八八四三	一八 一七 二三	二十尤	油（事韵　诗文　江油县）莥等字 游（事韵　龙游县　姓氏一） 游（姓氏二）	燕京大学图书馆	
八八四四 八八四五	二〇 二五	二十尤	遊（事韵一） 遊（事韵二）	北平图书馆	

续表

卷　数	叶　数	韵　目	内　容	庋　藏	杂　记
八九〇八	三二	二十尤四二	周（康王二）	北平图书馆	此册原藏教育部图书室，今归北平图书馆
八九〇九 八九一〇	一三 一八	二十尤	周（康王三　昭王） 周（穆王一）	北平图书馆	
八九七九	二一	二十尤	周（宗室二）	吴兴丁氏百一斋	
八九八〇 八九八一	二八 一五	二十尤	周（五代周太祖一） 周（太祖二）	北平图书馆	
九五六一	三六	二十二覃一三	南（河南布政使）	东洋文库	
九七六二 九七六三 九七六四	一七 二三 二〇	二十二覃	诚咸（事韵）等字 喦碞（事韵）岩（事韵一） 岩（事韵二）	天津徐氏	
九七六五 九七六六	一四 二二	二十二覃	岩（事韵三） 岩（事韵四）	石黑传六氏	
一〇一一五 一〇一一六	二七 二五	二纸	旨（翰林学院承旨） 旨（枢密部副承旨）	伦敦东方语言学校	
一〇一三五 一〇一三六	二〇 一七	二纸	史（历代诸史七　《南史》《北史》《后周书》《隋书》） 史（历代诸史八　《唐书》）	牛津大学	
一〇二八六 一〇二八七	二六 二二	二纸	子（道家子书五） 子（道家子书六）	俄京大学语言部	卷一〇二八七存二十二叶
一〇三〇九 一〇三一〇	二九 二四	二纸	死（事韵一） 死（事韵二）	俄京大学语言部	
一〇四二一 一〇四二二	一五 一九	四济	李（姓氏六十六） 李（姓氏六十七）	吴兴周氏	
一〇四五八 一〇四五九	二一 二七	四济	礼（文三） 礼（文四　诗）	大连满铁图书馆	
一〇四六〇	三六	四济	礼（《周礼》一）	牛津大学	
一〇四八三 一〇四八四	二四 一五	四济	礼（《曲礼篇》十六） 礼（《曲礼篇》十七）	汉堡大学	

续表

卷　　数	叶　数	韵　　目	内　　容	庋　　藏	杂　　记
一〇五三九 一〇五四〇	二三 二〇	四济	启（谢启四） 启（贺启一）	东洋文库	此册北平图书馆录副
一〇八一二 一〇八一三 一〇八一四	一九 二一 一九	六姥	母（事韵三） 母（事韵四） 母（事韵五）	东洋文库	此册北平图书馆录副
一〇八七六 一〇八七七	三六 二一	六姥	虏（事韵　诗文） 虏（诗文二）卤（事韵　卤县）等	北平图书馆	
一〇八八八 一〇八八九	三〇 一五	六姥	古（钱天祐《叙古颂表》　道书《太上赤文帝君洞古经》） 古（姓氏）	天津徐氏	
一〇九三四 一〇九三五	三三 一六	六姥	楚（楚国七） 楚（楚国八）	国会图书馆	以下五册北平图书馆有影本
一〇九四九 一〇九五〇	二三 二〇	六姥	抚（抚州府一） 抚（抚州府二）	国会图书馆	
一〇九九八 一〇九九九	二一 二二	六姥九二	府（知府八） 府（知府九）	国会图书馆	
一一〇〇〇 一一〇〇一	二三 二四	六姥九三	府（事韵） 府（事韵）	国会图书馆	
一一〇七六 一一〇七七	二〇 三〇	八贿	蜼（事韵）猵等字 檕蘂等字	国会图书馆	
一一一二七 一一一二八	二四 二六	八贿	水（《水经》一） 水（《水经》二）	上海东方图书馆	以下四册北平图书馆录有副本，王观堂先生曾据以校内聚珍本，有跋载《观堂集林》
一一一二九 一一一三〇	二二 二〇	八贿	水（《水经》三） 水（《水经》四）	上海东方图书馆	
一一一三一 一一一三二	二三 二二	八贿	水（《水经》五） 水（《水经》六）	上海东方图书馆	
一一一三三 一一一三四	二〇 二八	八贿	水（《水经》七） 水（《水经》八）	上海东方图书馆	
一一一三五	三〇	八贿	水（《水经》九）	高阳李氏	

续表

卷　　数	叶　数	韵　　目	内　　容	庋　　藏	杂　　记
一一一三六 一一一三七	二一 二六	八贿	水（《水经》十） 水（《水经》十一）	高阳李氏	
一一一三八 一一一三九	二三 一九	八贿	水（《水经》十二） 水（《水经》十三）	高阳李氏	
一一一四〇 一一一四一	二一 三二	八贿	水（《水经》十四） 水（《水经》十五）	高阳李氏	
一一三六八 一一三六九	三〇 二四	十一产	简（书简十六） 简（书简十七）	伦敦图书馆	
一一四一二 一一四一三	三二 一九	十一产	眼(《眼目证治》十八) 眼(《眼目证治》十九)	东洋文库	
一一五九八 一一五九九	一九 二二	十四巧	草（市粜粮草三） 草（《本草叙论》一）	东洋文库	
一一六〇二 一一六〇三	二五 二〇	十四巧	藻藻（事韵一） 藻（事韵二）	东洋文库	
一一六一五 一一六一六	一六 二〇	十四巧	老（养老一） 老（养老二）	东洋文库	
一一六二〇	三一	十四巧	老(《寿亲养老书》四)	上海东方图书馆	
一一八四八 一一八四九	二四 一六	十八养	享（燕享一） 享（燕享二）	东洋文库	
一一八八七 一一八八八	一七 一九	十八养	党（庆元党一） 党（庆元党二　事韵文）	英伦博物院	
一一九〇三 一一九〇四	二九 二七	十八养三七	广(事韵　姓氏　《诗·周南·汉广篇》　《卫风·河广篇》) 广（《百丈广录》　湖广　广西　广东）	英伦博物院	
一一九五一 一一九五二	二二 一四	十九梗一六	顶（事韵　释书《灌顶经》一） 顶（《灌顶经》二）	国会图书馆	以下二十四册北平图书馆有影本
一一九五三 一一九五四 一一九五五	九 一〇 一二	十九梗一七	顶（《灌顶经》三） 顶（《灌顶经》四） 顶（《灌顶经》五）	国会图书馆	
一一九五六 一一九五七	二一 一五	十九梗一八	鼎（事韵一） 鼎（事韵二）	国会图书馆	

续表

卷　数	叶　数	韵　目	内　容	庋　藏	杂　记
一一九五八 一一九五九	一五 一三	十九梗一九	鼎（事韵三） 鼎（事韵四）	国会图书馆	
一一九六〇	三三	十九梗二〇	鼎（事韵五）	国会图书馆	
一一九八〇 一一九八一	二四 一六	十九梗	岭（岭名三） 岭（岭名四）	国会图书馆	
一二〇一三 一二〇一四	一六 一七	二十有四	有（释书《无所有菩萨经》一） 有(《无所有菩萨经》二)	国会图书馆	
一二〇一五 一二〇一六	二五 二四	二十有五	友（事韵一） 友（事韵二）	国会图书馆	
一二〇一七 一二〇一八	一九 一八	二十有六	友（事韵三） 友（事韵四）	国会图书馆	
一二〇四三 一二〇四四	三二 一四	二十有	酒（事韵十三） 酒（事韵十四）	国会图书馆	
一二〇七一 一二〇七二	一二 二一	二十有三一	酒（乡饮酒仪二） 酒（乡饮酒仪三）	国会图书馆	
一二一四八	二六	二十有	傻瞍等字	国会图书馆	
一二二六九	三四	一送二九	宋（文帝四）	国会图书馆	
一二二七〇 一二二七一	一六 一九	一送三十	宋（文帝五） 宋（文帝六）	国会图书馆	
一二二七二 一二二七三 一二二七四	一七 二一 二三	一送三一	宋（文帝七） 宋（文帝八） 宋（文帝九）	国会图书馆	
一二二七五 一二二七六	二〇 二七	一送三二	宋（文帝十） 宋（文帝十一）	国会图书馆	
一二三〇六 一二三〇七 一二三〇八	二四 一六 一六	一送四六	宋（太祖九） 宋（太祖十） 宋（太祖十一）	国会图书馆	
一二三九九 一二四〇〇	二七 二七	一送八七	宋（仁宗二十二） 宋（仁宗二十三）	国会图书馆	
一二四二八 一二四二九	一四 一八	一送	宋（仁宗五十一） 宋（仁宗五十二）	国会图书馆	
一二五〇六 一二五〇七	三〇 一三	一送	宋（神宗五十二） 宋（神宗五十三）	国会图书馆	

续表

卷　　数	叶　数	韵　　目	内　　容	庋　　藏	杂　　记
一二九六〇 一二九六一 一二九六二	一四 二一 二〇	一送三五九	宋（宁宗五） 宋（宁宗六） 宋（宁宗七）	国会图书馆	
一二九六三 一二九六四 一二九六五	二四 一五 一三	宋送三六〇	宋（宁宗八） 宋（宁宗九） 宋（宁宗十）	国会图书馆	
一二九六六 一二九六七 一二九六八	一八 一八 一五	一送三六一	宋（宁宗十一） 宋（宁宗十二） 宋（宁宗十三）	国会图书馆	
一二九六九 一二九七〇 一二九七一	一六 一八 一一	一送三六二	宋（宁宗十四） 宋（宁宗十五） 宋（宁宗十六）	国会图书馆	
一三〇一七	三八	一送	宋（宗室十八）	大连满铁图书馆	
一三〇一八	四〇	一送三八八	宋（宗室十九）	北平图书馆	
一三〇一九	二四	一送	宋（宗室二十）	文安王氏	
一三〇二〇	三〇	一送三九〇	宋（宗室二十一）	北平图书馆	
一三〇七四 一三〇七五	一七 一七	一送	洞（洞名十四） 洞（洞名十五　诗文　洪洞县）	北平图书馆	
一三〇八二 一三〇八三 一三〇八四	一八 九 二四	一送	动（事韵　诗文　王充《论衡·变动篇》） 恸（事韵　诗）迵等字 哄（事韵）閧等字	大连满铁图书馆	
一三一三五 一三一三六	三五 一八	一送	梦（事韵三） 梦（事韵四）	海参崴远东大学	
一三一三九 一三一四〇	二六 二六	一送四五〇	梦（事韵七） 梦（事韵八）	东洋文库	此册北平图书馆录副
一三一八九 一三一九〇	一二 一九	一送	众（事韵三） 众（事韵四）	柏林人种博物院	
一三一九三 一三一九四	一四 二七	一送	众（大众） 中（中字　事韵）	英伦某氏	
一三三四四 一三三四五	一五 二三	二寘五〇	示（诗二） 谥（谥法一）	国会图书馆	此册北平图书馆有影本
一三四五〇	三一	二寘一〇二	士（处士二）	来比锡大学（寄存）	

续表

卷　　数	叶　数	韵　　目	内　　容	庋　　藏	杂　　记
一三四五三	三二	二寘一〇四	士（事韵二）	康南尔大学	
一三四九四 一三四九五		二寘一二三	智（诗文二　智州　姓氏） 致（事韵）致（事韵诗文）置（事韵）	未详	
一三四九六 一三四九七	一九 一七	二寘一二四	制（事韵一） 制（事韵二）	翟理斯教授	
一三四九八 四三一九九	二八 二一	二寘一二五	制（除官制一） 制（除官制二）	英伦博物院	此册为 A. C. Moule 教授寄存
一三五〇六 一三五〇七		二寘	制（除官制九） 制（兼官制一）	未详	
一三五八九 一三五九〇	二四 二五	二寘	誓（《书·泰誓》一） 誓（《书·泰誓》二）	国会图书馆	此册北平图书馆有影本
一三六二九	三一	二寘一九九	世(《皇极经世书》三十)	伦敦大学东方语言学校	
一三八二二 一三八二三 一三八二四	二三 一五 一七	二寘	寺（僧寺八十二） 寺（僧寺八十三） 寺（僧寺八十四）	北平图书馆	
一三八七六 一三八七七 一三八七八	一三 二五 二四	三未一三	贲（贲卦五）郄等字 痹(医书《诸痹证治》一) 痹(《诸痹证治》二)	英伦博物院	
一三八七九 一三八八〇	三三 一二	三未一四	痹(《诸痹证治》三) 痹(《诸痹证治》四)贔等字	康南尔大学	
一三九九一	六〇	三未	戏（戏文二十七　《小孙屠》《张协状元》《宦门子弟错立身》）	番禺叶氏	北平图书馆录副，马氏影印
一三九九二 一三九九三	一五 二一	三未	熹嬉欷 系繫係	英伦博物院	
一四〇四六	三五	四霁	祭（祭文四）	北平图书馆	
一四〇四九 一四〇五〇	二三 二七	四霁	祭（祭文七） 祭（祭文八）	北平图书馆	
一四〇五一 一四〇五二	二〇 二二	四霁一五	祭（祭文九） 祭（祭文十）	北平图书馆	

续表

卷　数	叶　数	韵　目	内　容	庋　藏	杂　记
一四〇五三 一四〇五四	二九 三〇	四霁	祭（祭文十一） 祭（祭文十二）	俄京大学语言部	
一四〇五五 一四〇五六	一八 一七	四霁	祭（祭文十三） 祭（祭文十四）	国会图书馆	以下二册李佳白寄存，北平图书馆有影本
一四一三一	三五	四霁	第（及第五）	国会图书馆	
一四二一七 一四二一八	二八 三一	四霁	地（相地九　相龙法） 地（相地十　相龙法）	北平图书馆	
一四三八〇 一四三八一	二七 三一	四霁一七五	寄（诗十三） 寄（诗十四）	北平图书馆	
一四三八二 一四三八三	二二 二六	四霁一七六	寄（诗十五） 寄（诗十六）徛	大连满铁图书馆	
一四三八四	三〇	四霁	冀（事韵　冀州一）	上海东方图书馆	
一四三八五	二七	四霁	冀（冀州二　冀县　姓氏）	牛津大学	
一四四六一 一四四六二	二八 二五	五霁	御（备御一） 御（备御二）	北平图书馆	
一四四六三 一四四六四	二二 二二	五御	御（备御三） 御（备御四　事韵　防御　姓氏）圉语等字	大连满铁图书馆	
一四五三六 一四五三七	二〇 二三	五御	树（树名一） 树（树名二　事韵一）	大连满铁图书馆	
一四五四四 一四五四五	二九 二二	五御	处（事韵　诗）絮等字 著箸等字	天津徐氏	
一四五七四 一四五七五 一四五七六	三二 三三 一四	六暮	铺（急递铺一） 铺（急递铺二） 铺（急递铺三　事韵）誧等字	大连满铁图书馆	
一四六〇七 一四六〇八 一四六〇九	一九 三四 八	六暮	簿（主簿　御史台主簿等官） 簿（司天监主簿等官） 簿（县主簿一）	牛津大学	
一四六二〇 一四六二一	二八 三一	六暮	部（吏部七） 部（吏部八）	大连满铁图书馆	

续表

卷　　数	叶　数	韵　　目	内　　容	庋　　藏	杂　　记
一四六二二	二三	六暮	部（吏部九）	牛津大学	
一四六二四 一四六二五	二〇 二二	六暮	部（吏部十一） 部（吏部十二）	大连满铁图书馆	
一四六二七	三七	六暮	部（吏部十四）	牛津大学	
一四六二八 一四六二九	二七 三〇	六暮	部（吏部十五） 部（吏部十六）	富冈君抙	此册上虞罗氏已假以印入《吉石庵丛书》第四集
一四七〇七 一四七〇八	三四 三一	六暮	度（事韵三　《韩非子·有度篇》《心度篇》） 度(《乾凿度》《坤凿度》)	天津徐氏	
一四八三七	三七	六暮	赋(《大全赋会》三)	北平图书馆	
一四八三八	三一	六暮	赋(《大全赋会》四)	北平图书馆	
一四九一二	四五	六暮	鬴（鬴氏）釜（事韵）滏辅（事韵　姓氏）	东方文化图书馆	
一四九四七	二〇	六暮	妇（《妇人证治》二十三）	牛津大学	
一四九四八	二九	六暮	妇（《妇人证治》二十四）	文安王氏	
一四九四九	一三	六暮	妇（《妇人证治》二十五）	葛斯德文库	
一四九九八	二一	七泰	泰（泰卦三）	天津徐氏	
一四九九九	二八	七泰	泰（泰卦四）	北平图书馆	
一五一三八 一五一三九	二二 一九	七泰	帅（诗一） 帅（诗二）率（事韵）	北平图书馆	
一五一四〇 一五一四一	一七 二六	八队	队（事韵）兑（事韵易兑卦一） 兑（兑卦二）	上海东方图书馆	
一五一四二 一五一四三	四二 二六	八队	兑（卦三） 兑（兑卦四）駾等字	国会图书馆	此册北平图书馆有影本
一五八六八 一五八六九 一五八七〇	一五 二〇 一九	九震一七八	论(《大庄严经论》四) 论(《大庄严经论》五) 论(《大庄严经论》六)	康南尔大学	
一五八七三 一五八七四 一五八七五	一八 一二 二一	九震	论(《十住毗婆沙论》三) 论(《十住毗婆沙论》四) 论(《十住毗婆沙论》五)	天津徐氏	

续表

卷　　数	叶　数	韵　　目	内　　容	庋　　藏	杂　　记
一五八九七 一五八九八	二三 一六	九震	论(《阿毗达摩俱舍论》九) 论(《阿毗达摩俱舍论》十)	吴兴周氏	
一五九四八 一五九四九	二二 二二	九震二一六	运（宋漕运六） 运（金漕运　元漕运一)	东洋文库	
一五九五〇 一五九五一	一九 一三	九震二一七	运（元漕运二） 运（五运一）	国会图书馆	此册北平图书馆有影本
一五九五五 一五九五六	二三 一二	九震	运(《庄子・天运篇》) 运(医书《素问・五运行大论篇》 道书《劫运篇》)	英伦博物院	
一六三四三 一六三四四	二六 二七	十翰一五二	算（算法十四　异乘同除） 算（算法十五　少广）	剑桥大学	
一六八四一 一六八四二	三四 三五	十二霰	善（《劝善书》十七） 善（《劝善书》十八）	北平图书馆	卷二六八四一存三二叶
一七〇八四 一七〇八五	三三 三五	十三啸	庙（国朝宗庙） 庙（历代原庙　寝庙亲庙）	静嘉堂文库	
一八二〇七 一八二〇八 一八二〇九	一五 一七 一六	十八漾	将（汉唐宋等代名将） 将（汉唐宋等代名将） 将（汉唐宋等代名将）	北平图书馆	
一八二二二 一八二二三 一八二二四	一四 一八 一七	十八漾	像（贤人像图三） 像（事韵一） 像（事韵二）	蓬莱慕氏	
一八二四四 一八二四五	一八 一七	十八漾	匠（匠氏诸书十三之十四） 匠（营造法式图　梓人遗制度）	英伦博物院	
一八四〇二 一八四〇三	二一 一六	十八漾	状（谢状三） 状（谢状四）	俄京大学语言部	
一九四一六 一九四一七	一四 一六	二十二勘一〇	蘸站（站赤一）等字 站（站赤二）	东洋文库	已影印
一九四一八 一九四一九	一六 一八	二十二勘	站（站赤三） 站（站赤四）	东洋文库	已影印

续表

卷　数	叶　数	韵　目	内　容	庋　藏	杂　记
一九四二〇 一九四二一	一七 一九	二十二勘	站（站赤五） 站（站赤六）	东洋文库	已影印
一九四二二 一九四二三	二一 二六	二十二勘	站（站赤七） 站（站赤八）	东洋文库	已影印
一九四二四 一九四二五 一九四二六	二三 二九 一八	二十二勘一四	站（站赤九） 站（驿站一） 站（驿站二　诗）斩等字	东洋文库	已影印
一九六三六 一九六三七	二七 二七	一屋	沐（事韵　诗文）霂目（事韵一）等字 目（事韵二）	北平图书馆	
一九七三五	三〇	一屋七六	录(《曾公遗录》八)	牛津大学	
一九七三七 一九七三八 一九七三九	一二 一二 一三	一屋	录（释书沙门灌顶《国清百录》一） 录（沙门灌顶《国清百录》二） 录（沙门灌顶《国清百录》三）	剑桥大学	
一九七四二 一九七四三	一五 一四	一屋	录（《窃愤录》《窃愤续录》） 录（《鹖冠子·泰录篇》歌逻录国）睩等字	国会图书馆	此册北平图书馆有影本
一九七八一 一九七八二	二八 二六	一屋一〇五	局（诸局沿革四　事韵一） 局（事韵二　诗文）跼等字	康南尔大学	
一九七八三 一九七八四	一五 二七	一屋一〇六	伏（事韵） 伏（姓氏）虙宓（姓氏）	康南尔大学	
一九七八五 一九七八六	一二 二〇	一屋一〇七	服（天子服　皇太子服） 服（后妃服）	国会图书馆	此册北平图书馆有影本
一九七八九 一九七九〇	一九 一八	一屋一〇九	服（元服二） 服（朝服）	英伦博物院	
一九七九一	二九	一屋	服（祭服　斋服）	华西协和大学古物博物馆	

续表

卷　　数	叶　数	韵　　目	内　　容	庋　　藏	杂　　记
一九七九二	二六	一屋	服（公服　章服）	翟理斯教授	
一九八六五 一九八六六	二八 二六	一屋	竹（竹名一） 竹（竹名二）	马登	
一九九三一	三一	一屋	箓(《正一盟威秘箓》四)	北平图书馆	
二〇一二一 二〇一二二	二七 一六	二质	日（诸家选日七） 日（诸家选日八）	北平图书馆	此卷有缺烂
二〇一三九	三〇	二质四〇	日（诸家选日二十五）	牛津大学	
二〇一九七	二九	二质	日（诸家选日八十三）	北平图书馆	
二〇二〇四 二〇二〇五	一八 一六	二质	毕（姓氏） 毕（姓氏）	北平图书馆	
二〇三〇八 二〇三〇九	一六 一七	二质	一（事韵三　诗文） 一（道书　姓氏）壹乙等	北平图书馆	
二〇三一〇 二〇三一一	二一 二一	二质	疾（事韵一） 疾（事韵二）	北平图书馆	
二〇三五三 二〇三五四	二四 二二	二质	席（诗文二　姓氏）席夕（事韵一）	天津徐氏	
二〇四二四 二〇四二五	二九 二五	二质	稷（郡县社稷　诸里社稷一） 稷（诸里社稷二　事韵）	北平图书馆	
二〇四二六 二〇四二七	二九 一九	二质一八八	稷(《书·益稷篇》一) 稷（《益稷篇》二）	北平图书馆	
二〇四二八	三四	二质	韵（《益稷篇》三）	北平图书馆	
二〇四七八 二〇四七九	二六 三〇	二质	职（事韵一） 职（事韵二）	番禺叶氏	此册北平图书馆录副
二〇五七二	二五	二质	积（《大宝积经》七）	文安王氏	
二〇五七三	一九	二质	积（《大宝积经》八）	葛斯德文库	
二〇六四八 二〇六四九		二质	易 易	未详	
二〇八五〇	二六	二质	檄（事韵　文一）		
二〇八五一	二四	二质	檄（文二）	英伦博物院	

续表

卷　数	叶　数	韵　目	内　容	庋　藏	杂　记
二一〇二五 二一〇二六		三术	律(释书《四分律删补随机羯磨》一) 律(《四分律删补随机羯磨》二)	北平图书馆	卷二一〇二五存十五叶 卷二一〇二五存十八叶
二一〇二九 二一〇三〇 二一〇三一	八 一四 一〇	三术	律（释书《沙弥尼戒经》等） 律（释书《沙弥尼戒经》等） 律（释书《沙弥尼戒经》等）	俄京大学语言部	
二一九八三 二一九八四	二二 二二	七药	学（郡县学二十九文） 学（郡县学三十　文）	上海涵芬楼	卷二一九八三存十九叶 卷二一九八四存二一叶
二二一八〇 二二一八一 二二一八二	一二 一五 一七	八陌	陌（事韵　诗文）貊（事韵）貉狢（事韵）貘（事韵）等字 麦（事韵一） 麦（事韵二）	俄京大学语言部	
二二五七〇 二二五七一 二二五七二	一〇 九 一一	九缉	集(《大方等大集经》四) 集(《大方等大集经》五) 集(《大方等大集经》六)	吴兴丁氏百一斋	
二二五七六 二二五七七 二二五七八	一〇 一三 一二	九缉	集(《大方等大集经》十) 集(《大方等大集经》十一) 集(《大方等大集经》十二)	俄京大学语言部	
二二七四九 二二七五〇	二〇 一八	十合	劄(《启劄云锦裳》三) 劄(《启劄云锦裳》四)	上海东方图书馆	
二二七六〇	二二	十合	劄（《启劄锦语》六）	吴兴丁氏百一齐	
二二七六一	三〇	十合	劄（《启劄锦语》七）	北平图书馆	

都三百六十七册六百八十九卷

（原载《图书季刊》新一卷三期）

宛委别藏现存书目

嘉庆间阮元进呈《四库》未收书一百七十二种，每种仿《四库提要》式，各撰一提要。其后阮福校刻《揅经室集》，即以各书提要收入为《外集》。民国十四年点查故宫养心殿（即溥仪住处），于正殿书架上发现此书，题名为“宛委别藏”。共一百函，又目录二函。每函均装以木匣，与《四库全书》相似，惟尺寸大小不一致。书之首叶有“嘉庆御览之宝”阳文方印（亦有无此印者，如《周易新讲义》、《诗说》、《诗传注疏》等），各书多系影钞，字极工整。间有元明刻本，及佚存丛书残本，亦同时进呈者也。内有分类错误者，如《书经补遗》专述书法，应入子部，今入经部。《回溪史韵》原系类书，而竟入史部。同部之书，分类亦毫无次序，盖陆续进呈者也。间有内中之书，为阮氏所未收者，如《读史管见》《资治通鉴释文》等。而同时亦有阮目已著录而今并无其书者，为《说文解字补义》《舆地纪胜》《两京新记》等，或已散失，或竟未进呈，均待考。兹将现有各书，依《四库》分类列表如左，并记其版本行款焉。

书名及卷数	撰者或注者	版　本	每半叶行款	册　数	未收书目卷数叶数	备注
经　部						
周易新讲义十卷	宋龚原	影钞本	十行行二十字	十	五，一	
泰轩易传六卷	宋李中正	日本活字本	十行行二十字	六	二，四	即佚存丛书本
周易经疑三卷	元涂溍生	影钞元刊本	十三行行二十三字	一	四，二	
尚书要义三卷（卷七至卷九）	宋魏了翁	影旧钞本	八行行二十一字	三	一，六	
诗说十二卷	宋刘克撰	影宋钞本	九行行二十二字	八	四，二	缺卷第二第九第十
诗传注疏三卷	宋谢枋得	影钞本	九行行二十一字	一	一，五	
诗义指南一卷	宋段昌武	影钞本	九行行十八字	一	五，一	
诗义集说四卷	明孙鼎	影钞明刊本	十二行行二十四字	八	五，三	

续表

书名及卷数	撰者或注者	版　本	每半叶行款	册　数	未收书目卷数叶数	备注
礼记要义三十三卷	宋魏了翁	影钞宋刊本	九行行十八字	十八	一，一	五存卷三之三十三
五服图解一卷	元龚端礼	影钞元至治刊本	十四行行二十五字	二	四，一	
春秋集传十九卷(残)	宋张洽	元延祐甲寅临江路学刊本	九行行二十二字	十	二，四	存卷一之十七、卷二十一之二十二
左氏摘奇十二卷	宋胡元质	影钞宋钞本	八行行十七字	四	一，六	
九经疑难四卷	宋张文伯	影钞澹生堂钞本	十行行二十二字	四	二，五	
四书笺义纂要十二卷大学论语孟子笺义纪遗一卷	宋赵悳	影钞元泰定刊本	十一行行二十二字至二十四字不等	六	一，一	
四书待问二十二卷	元萧镒	影钞元刊本	十四行行二十三字	四	一，三	
读论语丛说三卷	元许谦	影钞元刊本	十六行行二十六字	三	三，四	
读中庸丛说二券	元许谦	影钞元刊本	十六行行二十六字	二	三，五	
乐书要录二卷	唐武则天	日本活字本	十行行二十字	一	二，一	即佚存丛书本
尔雅新义二十卷	宋陆佃	影钞宋刊本	十行行十九字	四	二，五	
集篆古文韵海五卷	宋杜从古	影钞旧钞本	八行	四	二，五	
续古篆韵六卷	元吾丘衍	影钞旧钞本	六行	二	三，五	
隶韵十卷	宋刘球	影钞本	五行	十	四，三	
钟鼎篆韵七卷	元杨峋	影钞本	七行行十二字	七	五，二	
续复古编四卷	元曹本	影钞旧钞本	五行	四	一，三	
史　部						
皇宋通鉴长编纪事本末一百五十卷	宋杨伯良	影旧钞本	十一行行二十二字	四八	一，一	缺卷六卷七及一百十四卷至一百十九卷

续表

书名及卷数	撰者或注者	版　本	每半叶行款	册　数	未收书目卷数叶数	备注
资治通鉴释文三十卷	宋史炤	影钞影宋本	九行行二十一字	十二		此书阮氏未收，书目未著录
中兴两朝圣政六十四卷	不著撰人名氏	影钞宋刊本	十一行行二十字	四十	二，二	缺卷三十至四十五
九国志十二卷	宋路振	影钞旧钞本	十一行行二十二字	四	一，一	
皇元征缅录一卷	不著撰人名氏	影钞本	九行行十九等字	一	三，五	
招捕总录一卷	不著撰人名氏	影旧钞本	九行行十九字	一	三，五	
唐陆宣公奏议注十五卷	唐陆贽撰，宋郎煜注	影钞元至正翠岩精舍重刊本	十二行行二十三字	四	五，三	
玉堂类稿二十卷西垣类稿二卷	宋崔敦诗	影钞明活字本	十行行二十字	八	四，一	
古清凉传二卷广清凉传三卷续清凉传二卷	唐释慧祥等	明刊黑口本	十一行行二十字	三	二，四	
广黄帝本行记一卷	唐王瓘	影旧钞本	九行行十八字	一	四，四	
轩辕黄帝传一卷	不著撰人名氏	影钞本	七行行十八字	一	五，二	
诸葛武侯传一卷	宋张栻	影钞宋刊本	十行行十七字	一	五，一	
运使复斋郭公言行录一卷	元徐东	钞本	九行行十八字	一	四，三	宛委别藏入子部
编年通载四卷	宋章衡	影钞宋刊本	五行行十七字	四	四，四	
通纪七卷续五卷	唐马总	影钞本	十二行行二十字	七	五，一	
嘉定镇江志二十二卷	宋卢宪	校定旧钞本	十二行行二十四字	十	一，二	
至顺镇江志二十一卷	不著撰人姓名	校定旧钞本	十二行行二十四字	十	一，二	
淳祐临安志六卷	宋施谔	影钞宋刊本	九行行二十字	四	四，四	存卷五之十
云间志三卷	宋杨潜	影钞本	十行行二十字	三	五，三	

续表

书名及卷数	撰者或注者	版　本	每半叶行款	册　数	未收书目卷数叶数	备注
玉峰志三卷续志一卷	宋凌万顷、边实	影钞本	九行行二十字	四	五，二	
崑山郡志六卷	元杨譓	影钞本	八行行十八字	二	四，二	
重修琴川志十五卷	元卢镇	影钞汲古阁旧校本	九行行十八字	八	一，八	
莆阳比事七卷	宋李俊甫	影钞明林兆珂翻刻宋本	八行行二十字	五	四，一	
南狱总胜集三卷	宋陈田夫	影钞明影宋本	十行行二十一字	三	二，三	
游志续编二卷	元陶宗仪	影钞本	十行行二十一字	二	三，五	
长春子游记二卷	元李志常	影钞本	九行行二十一字	一	五，二	
太常因革礼一百卷	宋欧阳修	影钞旧钞本	十一行行二十二字	二十	二，五	
汉官仪三卷	宋刘攽	影钞影宋钞本	十行行十七字	三	一，二	
律文十二卷音义一卷	不著撰人名氏音义宋孙奭等	影宋刊本	九行行十八字	四	四，一	
汉事笺十二卷唐事笺八卷	元朱礼		影钞本	十一行行二十字	六	四，二
衢本郡斋读书志二十卷	宋晁公武		影旧钞本	十行行二十一字	八	二，三
读史管见三十卷	宋胡寅	明刊本	十二行行二十三字	三十		阮氏未著录
历代蒙求一卷	元王芮	影钞述古堂藏元刊本	八行行十八字	一	三，三	
子　部						
养正图解	明焦竑	光绪钞本	十行行二十一字	四	五，二	

此系光绪间补钞本，书中夹一纸条："《养正图解》一部，原系宛委别藏之书，因于光绪三年皇太后传去，兹特敕重为缮写绘画，俾复旧观。但此部系仿照明本，故于抬格等处均一仍其体例，并将《明史·焦竑列传》亦附录于后云。光绪二十一年七月十三日御识并书。"

续表

书名及卷数	撰者或注者	版 本	每半叶行款	册 数	未收书目卷数叶数	备注
孔丛子注七卷	宋宋咸注	影钞宋巾箱本	八行行十四字	六	二，二	
孙子十家注十三卷	宋吉天保	孙星衍刻本	十二行行二十四字	四	二，二	
遁甲符应经三卷	宋杨维德	钞本	十一行行二十二字	一	三，一	
尉缭子直解五卷	明刘寅	钞本	九行行二十字	二	五，二	
司马法直解一卷	明刘寅	钞本	九行行二十字	一	五，三	
中藏经三卷	汉华佗	钞本	九行行二十字	三	四，一	
玉函经一卷	唐杜光庭	影钞宋刊本	十一行行二十一字	一	四，一	
脉经十卷	晋王叔和	影钞宋嘉定何大任刊本	十二行行二十字	四	三，一	
千金宝要十七卷	唐孙思邈	录宋郭思刻石本	十一行行二十字	三	二，三	
史载之方二卷	宋史载之	影钞北宋刊本	十一行行十七字	二	三，一	
陈氏小说病源方论四卷	金陈文中	影钞宋刊本	十一行行二十一字	一	三，三	
类编朱氏集验医方十五卷	宋朱佐	影钞本	十二行行二十二字	六	三，一	
严氏明理论三卷后集一卷	宋严器之	影钞宋刊本	十行行十八字	二	一，二	
宝祐四年会天历一卷	宋荆执礼	影钞曝书亭旧钞本		一	二，二	
杨氏算法三卷	宋杨辉	钞本	十六行行二十五字	三	五，三	
四元玉鉴三卷	元朱世杰	影钞旧钞本	十行行二十字	三	四，三	
嘉量算经三卷	明朱载堉	钞本	八行行十七字	四	一，三	
黄帝阴符经疏三卷	唐李筌	钞本	十行行二十字	一	四，一	
六壬大占一卷	宋祝泌	影钞宋刊本	十行行二十字	一	三，一	
三术撮要一卷	不著撰人名氏	影钞影宋刊本	十行行十九字	一	一，六	
书经补遗五卷	元吕宗杰	影钞本	九行行二十字	一	四，二	

续表

书名及卷数	撰者或注者	版　本	每半叶行款	册　数	未收书目卷数叶数	备注
琴操二卷	汉蔡邕	影钞惠栋手钞本	十行行十八字	一	一，四	
膳夫经一卷	唐杨煜	影钞旧钞本	十行行二十字	一	二，一	
梅花喜神谱二卷	宋宋伯仁	影钞宋刊本		二	一，三	
臣轨二卷	唐武则天	日本排印本	十行行二十字	二	二，一	即佚存丛书本
为政善报十卷	宋叶留	影钞元刊本	九行行二十字	二	五，二	
謷隅子二卷	宋黄晞	影钞宋刻本	九行行二十一字	一	一，三	
贤良进卷四卷	宋叶适	钞本	九行行二十二字	二	四，三	
书斋夜话四卷	宋俞玉	影钞本	十行行二十字	一	三，一	
谗书五卷	唐罗隐	影旧钞本	十行行二十字	一	二，一	
友会谈丛三卷	宋上官融	钞本	九行行二十一字	一	二，二	
醉翁谈录五卷	宋金盈之	钞本	十行行二十字	二	一，五	
三水小牍二卷	唐皇甫枚	影钞述古堂藏本	十行行二十一字	一	四，一	
松窗百说一卷	宋李季可	影钞旧钞本	九行行二十一字	一	五，三	
续墨客挥犀十卷	宋彭乘	钞本	九行行十八字	二	五，三	
群书治要五十卷	唐魏征等	日本排印本	九行行十八字	四七	二，一	即佚存丛书本
群书通要七十三卷		影钞元至正重刊本	十三行行二十四字	十七	三，四	
群书类编故事二十四卷	元王罃	影钞元刊本	十三行行二十四字	六	四，二	
自号录一卷	宋徐光溥	影明钞本	九行行二十字	一	二，一	
回溪史韵二十三卷	宋钱讽	影钞影宋本	十一行行二十字	八	一，四	
续世说十二卷	宋孔平仲	影钞宋沅州刊本	十行行十八字	六	一，二	

续表

书名及卷数	撰者或注者	版　本	每半叶行款	册　数	未收书目卷数叶数	备注
夷坚甲志二十卷乙志二十卷丙志二十卷丁志二十卷	宋洪迈	影钞宋钞本	九行行十八字	二四	三，一	
一切经音义二十五卷	唐释元应	重刊释藏本（庄炘、钱坫、孙星衍同校本）	十二行行二十四字	六	二，三	
通元真经注十二卷	唐徐灵府	钞本	十行行十七字	四	一，五	
道德真经传四卷	唐陆希声	影钞道藏本	十一行行二十四字	二	二，三	
道德真经集解八卷	唐张君相	录道藏本	九行行十七字	八	一，三	
道德经论兵要义四卷	唐王真	钞本	十行行十七字	二	五，二	
道德真经解义十卷	宋张安	钞本	九行行二十二字	八	阮氏未著录	
关尹子言外经旨三卷	宋陈显微	钞本	十三行行二十五字	三	五，二	
列子注八卷	唐卢重元	石研斋写刊本	十行行二十一字	二	二，一	
集　部						
离骚集传一卷	宋钱杲之	影钞宋刊本	九行行十八字	一	五，一	
陶靖节诗注四卷	宋汤汉	钞本	十行行二十字	一	五，三	
支遁集二卷	晋释支遁	影钞汲古阁旧钞本	十行行十八字	一	二，一	
陆士衡文集十卷	晋陆机	影钞徐民瞻刊本	十一行行二十字	二	一，二	
华阳陶隐居集二卷	梁陶弘景	录道藏本	十行行十七字	一	一，六	
钓矶文集五卷	唐徐寅	影钞述古堂藏宋本二	八行行十九字	二	四，二	
岑嘉州集八卷	唐岑参	钞本	十行行十八字	二	二，一	
洞霄诗集十四卷	宋孟宗宝	影钞旧钞本	九行行二十字	四	一，五	
苹州渔笛谱二卷	宋周密	影钞知不足斋旧钞本	九行行十七字	二	一，五	

续表

书名及卷数	撰者或注者	版　本	每半叶行款	册　数	未收书目卷数叶数	备注
毅斋别录一卷	不著撰人名氏	钞本	九行行二十字	一	四，二	
详注周美成片玉集十卷	宋周邦彦	钞本	十行行十七字	三	一，四	
史咏诗集二卷	宋徐钧	钞本	八行行二十一字	二	三，二	
南海百咏一卷	宋方信儒	钞本	九行行二十字	一	三，二	
古逸民先生集三卷	宋汪炎昶	钞本	十行行二十一字	二	一，五	
增广笺注简斋诗集三十卷无注词一卷	宋陈与义	钞本	十行行十八字	六	三，二	
平安悔稿十二卷	宋项安世	影旧钞本	十行行二十一字	六	三，二	
樵歌三卷	宋朱敦儒	影钞汲古阁旧钞本	十行二行十一字	一	三，二	
斜川集六卷	宋苏过	影钞旧钞本	十行行二十一字	四	三，二	
晁具茨集十五卷	宋晁冲之	钞本	八行行十七字	六	一，三	
遗山乐府五卷	金元好问	影钞旧钞本	十行行二十一字	二	五，二	
桐江集八卷	元方回	钞本	十行行二十一字	八	三，四	
松雪轩诗集八卷	元平显	影钞明刻本	十行行二十字	四	三，四	
王征士诗集八卷	元王沂	钞本	十一行行二十字	一	三，四	
玉山璞稿二卷	元顾瑛	钞本	九行行二十一字	二	三，四	
东皋诗集五卷	元马玉麟	钞本	十二行行二十四字	一	五，一	
贞一斋诗文稿二卷	元朱思本	影钞丛书堂钞本	九行行二十字	四	五，三	
策要六卷	元梁寅	钞本	十四行行二十二字	四	五，一	

续表

书名及卷数	撰者或注者	版　本	每半叶行款	册　数	未收书目卷数叶数	备注
编类运使复斋郭公敏行录	不著撰人名氏	钞本	九行行二十字	二	四，二	
梅花百咏一卷	元韦珪	影钞元刊本	九行行十六字	一	一，五	
慎斋集四卷	明蒋主忠	钞本	十行行二十一字	一	五，一	
东汉文鉴二十卷	宋陈鉴	影钞宋巾箱本	九行行十八字	十	五，二	
注解章泉涧泉二先生选唐诗五卷	宋谢枋得	钞本	八行行十六字	二	一，二	
分类唐歌诗残本十一卷	宋赵孟奎	影钞绛云楼藏本	十行行十八字	十	三，二	
分门类纂唐宋时贤千家诗选二十二卷	宋刘克庄	钞本	十一行行二十一字	八	一，三	
策学统宗前编五卷		影钞元刊本	十一行行二十一字	二	三，一	
观澜集注三十二卷（东莱集注类编观澜文集甲集三十卷乙集七卷）	宋林之奇	影钞宋本	十一行行十九字	八	三，二	
蚁术诗选八卷	元邵亨真	钞本	十一行行二十一字	二	三，四	
名儒草堂诗余三卷		钞本	九行行十六字	三	三，四	
诗苑众芳一卷		影钞元钞本	九行行十五字	一	三，二	
元风雅三十卷	元蒋易	钞本	十行行十八字	十	四，四	
元赋青云梯三卷		影钞元钞本	十一行行二十八字	三	四，二	
声律关键八卷	宋郑起潜	钞本	十五行行三十三字	四	三，二	
云庄四六余话一卷	宋杨囦道	影钞宋刊本	十一行行十九字	一	三，二	
梅磵诗话三卷	宋韦居安	钞本	九行行二十一字	二	三，二	
词源二卷	宋张炎	影钞元钞本	十行行二十一字	二	三，三	

续表

书名及卷数	撰者或注者	版　本	每半叶行款	册　数	未收书目卷数叶数	备注
王周士词一卷	宋王以凝	影钞汲古阁旧钞本	十行行十八字	一	三，三	
阳春白雪八卷外集一卷	宋赵闻礼	影钞旧钞本	十行行二十字	四	三，三	
蚁术词选四卷	元邵亨贞	影钞旧钞本	十一行行二十一字	一	三，五	
新增词林要韵一卷	不著撰人姓氏	钞本	八行行十六字	二	三，三	
名家词十卷	清侯文灿	钞本	九行行二十一字	六	三，五	

附录

下列书十五种阮氏曾撰提要，收入《揅经室外集》，今故宫所藏之宛委别藏并无其书，附记于此：

汉文鉴二十一卷　宋陈鉴编

两京新记一卷　唐韦述撰

燕喜词一卷　宋曹冠撰

南华真经注疏三十五卷　唐成元英撰

萧冰厓诗集三卷　宋萧立之撰

徐文清公家传一卷　宋朱元龙等同撰

铁崖赋稿二卷　元杨维祯撰

日湖渔唱一卷　宋陈允平撰

重编海琼白玉蟾文集六卷续集二卷　宋葛长庚撰

说文解字补义十二卷　元包希鲁

五行大义五卷　隋萧吉撰

文馆词林四卷　唐许敬宗撰

难经集注五卷　周秦越人撰

图解素问要旨论　金刘守真撰

舆地纪胜二百卷　宋王象之撰

（原载《北大图书部月刊》第二卷第一、二期合刊）

宛委别藏现存书目及其板本

清嘉庆间阮元进呈《四库》未书收一百七十二种，每种仿《四库提要》式各撰提要。其后阮福校刻《揅经室集》，即以各书提要收入为《外集》。民国十四年点查故宫养心殿（即溥仪住处），于正殿书架上发现此书，题名为“宛委别藏”，共一百函，又目录二函。每函均装以木匣，与《四库全书》相似，惟尺寸大小不一致，书之首叶有“嘉庆御览之宝”阳文方印（亦有无此印者，为《周易新讲义》、《诗说》、《诗传注疏》等）。各书均据旧本影写精钞，间有元明刻本，及佚存丛书残本，亦同时进呈。内有分类错误者，如《书经补遗》专述书法，应入子部，今入经部。《回溪史韵》原系类书，而竟入史部。同部之书，分类亦毫无次序，大约为陆续进呈者。间有内中之书为阮氏所未收者，如《读史管见》、《资治通鉴释文》等。而同时亦有阮目已著录而今并无其书者，为《说文解字补义》、《舆地纪胜》、《两京新记》等十四种，或已散失，或竟未进呈，均待考。兹将现有各书，依《四库》分类列表如左，并记其版本行款焉。

书名及卷数	撰者或注者	收入版本	每半叶行款	其他版本
经　部				
周易新讲义十卷	宋龚原	影钞本	十行行二十字	佚存丛书本　粤雅堂本
泰轩易传六卷	宋李中正	佚存丛书本	十行行二十字	粤雅堂本
周易经疑三卷	元涂溍生	影钞元刊本	十三行行廿三字	
尚书要义三卷（第七至卷九）	宋魏了翁	影旧钞本	八行行廿一字	苏局刊二十卷本
诗说十二卷	宋刘克	影宋钞本	九行行廿二字	汪氏仿宋刊本（缺卷第二、第九、第十）
诗传注疏三卷	宋谢枋得	影钞本	九行行廿一字	知不足斋本　光绪天津刻本　沈氏抱经堂丛刊本　叠山先生评注四种合刻本
诗义指南一卷	宋段昌武	影钞本	九行行十八字	知不足斋本
诗义集说四卷	明孙鼎	影钞明刊本	十二行行廿四字	
礼记要义三十三卷	宋魏了翁	影钞宋刊本	九行行十八字	苏局刊本
五服图解一卷	元龚端礼	影钞元至治刊本	十四行行廿五字	

续表

书名及卷数	撰者或注者	收入版本	每半叶行款	其他版本
春秋集传十九卷(残)	宋张洽	元延祐甲寅临江路学刊本	九行行廿二字	八千卷楼钞本（存卷一之十七、卷廿一之廿二）
左氏摘奇十二卷	宋胡元质	影钞宋钞本	八行行十七字	
九经疑难四卷	宋张文伯	影钞澹生堂钞本	十行行廿二字	
四书笺义纂要十二卷大学论语孟子笺义纪遗一卷	宋赵悳	影钞元泰定刊本	十一行行廿二字至廿四字不等	守山阁本
四书待问二十二卷	元萧谧	影钞元刊本	十四行行廿三字	碧琳琅馆本
读论语丛说三卷	元许谦	影钞元刊本	十六行行廿六字	
读中庸丛说二卷	元许谦	影钞元刊本	十六行行廿六字	
乐书要录二卷	唐武则天	佚存丛书本	十行行二十字	湖北书局刻巾箱本
尔雅新义二十卷	宋陆佃	影钞宋刊本	十行行十九字	粤雅堂本　嘉庆三年三间草堂刻本
集篆古文韵海五卷	宋杜从古	影钞旧钞本	八行	碧琳琅馆本
续古篆韵六卷	元吾丘衍	影钞旧钞本	六行	道光六年独抱庐丛书本
隶韵十卷	宋刘球	影钞本	五行	嘉庆十五年秦恩复校刊本（附翁方纲考证三卷）
钟鼎篆韵七卷	元杨峋	影钞本	七行行十二字	
续复古编四卷	元曹本	影钞旧钞本	五行	光绪十五年姚觐元仿元刊本
史　部				
皇宋通鉴长编纪事本末一百五十卷	宋杨仲良	影旧钞本	十一行行廿二字	广雅书局本
资治通鉴释文三十卷	宋史炤	影钞影宋本	九行行廿一字	十万卷楼本　四部丛刊本（此书阮目未收）
中兴两朝圣政六十四卷	不著名氏	影钞宋刊本	十一行行二十字	三十至四十五缺卷
九国志十二卷	宋路振	影钞旧钞本	十一行行廿二字	海山仙馆本　粤雅堂本　龙氏活字本　守山阁本
皇元征缅录一卷	不著名氏	影钞本	九行行十九字	守山阁本
招捕总录一卷	不著名氏	影旧钞本	九行行十九字	守山阁本
唐陆宣公奏议注十五卷	唐陆贽撰、宋郎煜注	影钞元至正翠岩精舍重刊本	十二行行廿三字	十万卷楼本　淮南书局仿元本

续表

书名及卷数	撰者或注者	收入版本	每半叶行款	其他版本
古清凉传二卷广清凉传三卷续清凉传二卷	唐释慧祥等	明刊黑口本	十一行行二十字	苏州蒋氏变唐碑馆刊本
广黄帝本行记一卷	唐王瓘	影旧钞本	九行行十八字	平津馆本
轩辕黄帝传一卷	不著名氏	影钞本	七行行十八字	平津馆本
诸葛武侯传一卷	宋张栻	影钞宋刊本	十行行十七字	十万卷楼本　孙廷翰仿宋刻大字本　明辨斋丛书本　续古逸丛书本
运使复斋郭公言行录一卷	元徐东	钞本	九行行十八字	
编年通载四卷	宋章衡	影钞宋刊本	五行行十七字	
通纪七卷续五卷	唐马总	影钞本	十二行行二十字	叶氏观古堂排印本
嘉定镇江志二十二卷	宋卢宪	校定旧钞本	十二行行廿四字	八千卷楼影宋抄本　道光辛丑丹徒包景维刊本　光绪丙午丹徒朱小模重刻本
至顺镇江志二十一卷	元俞希鲁	校定旧钞本	十二行行廿四字	八千卷楼影元钞本　丹徒包良臣刻本
淳祐临安志六卷	宋施谔	影钞宋刊本	九行行二十字	武林掌故第四集本
云间志三卷	宋杨潜	影钞本	十行行二十字	观自得斋本
玉峰志三卷续志一卷	宋凌万顷、边实	影钞本	九行行二十字	镇洋缪朝荃东仓书库刻本
昆山郡志六卷	元杨譓	影钞本	八行行十八字	观自得斋本　镇洋缪朝荃刻本　嘉定钱氏刻本
重修琴川志十五卷	元卢镇	影钞汲古阁旧校本	九行行十八字	元至正刊本　清嘉庆张氏金帚编本
莆阳比事七卷	宋李俊甫	影钞明林兆珂翻刻宋本	八行行二十字	
南岳总胜集三卷	宋陈田夫	影钞明影宋本	十行行廿一字	嘉庆壬戌唐仲冕刻本　丽楼丛书本
游志续编二卷	元陶宗仪	影钞本	十行行廿一字	八千卷楼钞本　新阳赵氏高斋丛书本　武进陶氏用钱罄室手写影印本
长春子游记二卷	元李志常	影钞本	九行行廿一字	连筠簃本
太常因革礼一百卷	宋欧阳修	影钞旧钞本	十一行行廿二字	碧琳琅馆本　广雅局本

续表

书名及卷数	撰者或注者	收入版本	每半叶行款	其他版本
汉官仪三卷	宋刘攽	影钞影宋钞本	十行行十七字	十万卷楼本　道光四年鲍崇城仿宋本　续古逸丛书本
臣轨二卷	唐武则天	佚存丛书本	十行行二十字	粤雅堂本　东方学会铅印帝范本
律文十二卷音义一卷	不著撰人名氏音义宋孙奭等	影宋刊本	九行行十八字	
郡斋读书志二十卷	宋晁公武	影旧钞本	十行行廿一字	嘉庆己卯汪士钟刻本
读史管见三十卷	宋胡寅	明刊本	十二行行廿三字	阮目未收
子　部				
养正图解不分卷	明焦竑	光绪钞本	十二行行廿一字	武英殿本
此系光绪间补钞本，书中夹一纸条：“《养正图解》一部，原系宛委别藏之书，因于光绪三年皇太后传去，兹特敕重为缮写绘画，俾复旧观。但此部系仿照明本，故于抬格等处均一仍其体例，并将《明史・焦竑列传》亦附录于后。光绪二十一年七月十三日御识并书。”				
孔丛子注七卷	宋宋咸注	影钞宋巾箱本	八行行十四字	光绪间海昌陈锡麒重刻本　四部丛刊本
孙子十家注十三卷	宋吉天保	岱南阁本	十二行行廿四字	明嘉靖谈恺刊本　汉魏丛书本　浙江书局重刻孙氏本　日本刊本　品部丛刊本
遁甲符应经三卷	宋杨维德	钞本	十一行行廿二字	
尉缭子直解五卷	明刘寅	钞本	九行行二十字	明刊本武经直解本
司马法直解一卷	明刘寅	钞本	九行行二十字	武经直解本
中藏经三卷	汉华佗	钞本	九行行二十字	平津馆本　医统本
玉函经一卷	唐杜光庭	影钞宋刻本	十一行行廿一字	随庵丛书本
难经集注五卷	周秦越人	佚存丛书本	十行行二十字	借月山房本　守山阁本　四部丛刊本
脉经十卷	晋王叔和	影钞宋嘉定何大任刊本	十二行行二十字	医统本　日本刊本　光绪辛卯周氏刻本　守山阁本　借月山房本　明嘉靖刊本　宜都杨氏仿宋嘉定何大任刊本　四部丛刊本

续表

书名及卷数	撰者或注者	收入版本	每半叶行款	其他版本
千金宝要十七卷	唐孙思邈	录宋郭思刻石本	十一行行二十字	平津馆本六卷　明隆庆六年耀州真人洞秦藩石刻本六卷
史载之方二卷	宋史载之	影钞北宋刊本	十一行行十七字	十万卷楼本
陈氏小说病源方论四卷	金陈文中	影钞宋刊本	十一行行廿一字	
类编朱氏集验医方十五卷	宋朱佐	影钞本	十二行行廿二字	
严氏明理论三卷后集一卷	宋严器之	影钞宋刊本	十行行十八字	
宝祐四年会天历一卷	宋荆执礼	影钞曝书亭旧钞本		
杨氏算法三卷	宋杨辉	钞本	十六行行廿五字	宜稼堂七卷本　知不足斋本
四元玉鉴三卷	元朱世杰	影钞旧钞本	十行行二十字	通行本　罗士琳观我生室刻细草本二十四卷　光绪乙亥长沙荷池精舍刻本　道光十七年甘泉易之瀚校刻本
嘉量算经三卷	明朱载堉	钞本	八行行十七字	
黄帝阴符经疏三卷	唐李荃	钞本	十行行二十字	湖北先正遗书本
六壬大占一卷	宋祝泌	影钞宋刊本	十行行二十字	清隐山房丛书本
三术摄要一卷	不著名氏	影钞影宋刊本	十行行十九字	十万卷楼本　宣统辛亥徐乃昌仿宋刊本
五行大义五卷	隋萧吉	佚存丛书本	十行行二十字	知不足斋本　嘉庆九年许宗彦刻本　常州先哲遗书本
书经补遗五卷	元吕宗杰	影钞本	九行行二十字	涵芬楼秘籍本
琴操二卷	汉蔡邕	影钞惠栋手钞本	十行行十八字	读画斋本　平津馆本
膳夫经一卷	唐杨煜	影钞旧钞本	十行行二十字	粤雅堂续谈助本　十万卷楼续谈助本　碧琳琅馆本　顾嗣立闾邱辨囿本
梅花喜神谱二卷	宋宋伯仁	影钞宋刊本		知不足斋本　道光沈绮云刻本

续表

书名及卷数	撰者或注者	收入版本	每半叶行款	其他版本
为政善报十卷	宋叶留	影钞元刊本	九行行二十字	
瞽隅子二卷	宋黄晞	影钞宋刻本	九行行二十一字	知不足斋本
贤良进卷四卷	宋叶适	钞本	九行行二十二字	瑞安孙氏刻水心别集本
书斋夜话四卷	宋俞玉	影钞本	十行行二十字	
谗书五卷	唐罗隐	影旧钞本	十行行二十字	式训堂本　拜经楼刻本
友会谈丛三卷	宋上官融	钞本	九行行二十一字	十万卷楼本
醉翁谈录五卷	宋金盈之	钞本	十行行二十字	八千卷楼钞本八卷　碧琳琅馆本　适园丛书本
三水小牍二卷	唐皇甫枚	影钞述古堂藏本	十行行十一字	抱经堂本　云自在龛本
松窗百说一卷	宋李季可	影钞旧钞本	九行行二十一字	知不足斋本
续墨客挥犀十卷	宋彭乘	钞本	九行行十八字	古今说海本仅一卷　八千卷楼钞本十卷　涵芬楼影印旧钞本
群书治要五十卷	唐魏征等	佚存丛书本	九行行十八字	连筠簃本　粤雅堂本　四部丛刊本
群书通要七十三卷		影钞元至正重刊本	十三行行二十四字	
群书类编故事二十四卷	元王罃	影钞元刊本	十三行行二十四字	
自号录一卷	宋徐光溥	影明钞本	九行行二十字	十万卷楼本
汉事笺十二卷唐事笺八卷	元朱礼	影钞本	十一行行二十字	粤雅堂本
回溪史韵二十三卷	宋钱讽	影钞影宋本	十一行行二十字	
历代蒙求一卷	元王芮	影钞述古堂藏元刊本	八行行十八字	
续世说十二卷	宋孔平仲	影钞宋阮州刊本	十行行十八字	粤雅堂本　守山阁本
夷坚甲志二十卷乙志二十卷丙志二十卷丁志二十卷	宋洪迈	影钞宋钞本	九行行十八字	十万卷楼本
一切经音义二十五卷	唐释元应	重刊释藏本（庄炘、钱坫、孙星衍同校本）	十二行行二十四字	海山仙馆本　朝鲜影印本　杭州新校刻本
通玄真经注十二卷	唐徐灵府	钞本	十行行十七字	铁华馆本　续古逸丛书本

续表

书名及卷数	撰者或注者	收入版本	每半叶行款	其他版本
道德真经传四卷	唐陆希声	影钞道藏本	十一行行二十四字	
道德真经集解八卷	唐张君相	录道藏本	九行行十七字	嘉业堂刻本
道德经论兵要义四卷	唐王真	钞本	十行行十七字	
道德真经解义十卷	宋张安	钞本	九行行二十二字	阮目未收
关尹子言外经旨三卷	宋陈显微	钞本	十三行行二十五字	光绪元年曹耀湘刊本
列子注八卷	宋卢重元	石研斋写刊本	十行行二十一字	
集部				
离骚集传一卷	宋钱杲之	影钞宋刊本	九行行十八字	知不足斋本　龙威秘书本　崇文局本　徐氏随庵丛书仿宋刻本
陶靖节诗注四卷	宋汤汉	钞本	十行行二十字	拜经楼本　光绪乙酉会稽章氏重刻吴本
支遁集二卷	晋释支遁	影钞汲古阁旧钞本	十行行十八字	清初刊本　邵武徐氏丛书本　明刊本
陆士衡文集十卷	晋陆机	影钞徐民瞻刊本	十一行行二十一字	明正德覆宋刊本　明刊汉魏二十一名家本　百三家集本仅二卷　小万卷楼本　四部丛刊本
华阳陶隐居集二卷	梁陶弘景	录道藏本	十行行十七字	明刊二十一名家本　百三家集本仅一卷　观古堂本
岑嘉州集八卷	唐岑参	钞本	十行行十八字	明正德照相刊本　正德沈恩蜀刻四卷本　明东壁图书府刊本　八千卷楼钞本　光绪甲申同文书局石印四唐人集本　四部丛刊本
钓矶文集五卷	唐徐寅	影钞述古堂藏宋本二	八行行十九字	丁氏钞文集十卷本　席氏刊诗三卷本
苹州渔笛谱二卷	宋周密	影钞知不足斋旧钞本	九行行十七字	知不足斋本
毅斋别录一卷	不著撰人名氏	钞本	九行行二十字	
详注周美成片玉集十卷	宋周邦彦	钞本	十行行十七字	
史咏诗集二卷	宋徐钧	钞本	八行行二十一字	

续表

书名及卷数	撰者或注者	收入版本	每半叶行款	其他版本
南海百咏一卷	宋方信儒	钞本	九行行二十字	琳琅秘室本　光绪八年学海堂重刊本
古逸民先生集三卷	宋汪炎昶	钞本	十行行二十一字	八千卷楼钞本
增广笺注简斋诗集三十卷无注词一卷	宋陈与义	钞本	十行行十八字	瞿氏藏宋刊本　四部丛刊本　聚珍本十六卷无笺注　归安朱氏刻本
平安悔稿十二卷	宋项安世	影旧钞本	十行行二十一字	河北省立图书馆藏旧钞本八卷
樵歌三卷	宋朱敦儒	影钞汲古阁旧钞本	十行行二十一字	归安朱氏刻本　四印斋刻本
斜川集六卷	宋苏过	影钞旧钞本	十行行二十一字	知不足斋本　赵怀玉刻本　眉山祠堂三苏集本
晁具茨集十五卷	宋晁冲之	钞本	八行行十七字	海山仙馆本　晁氏丛书本　同治戊辰重刻宋绍兴巾箱本
遗山乐府五卷	金元好问	影钞旧钞本	十行行二十一字	河北省立图书馆藏旧钞本　归安朱氏刻本　元遗山全集本　新乐府四卷
桐江集八卷	元方回	钞本	十行行二十一字	八千卷楼钞本
松雪轩诗集八卷	元平显	影钞明刻本	十行行二十字	武林先哲遗书本附补遗一卷附录一卷
王征士诗集八卷	元王沂	钞本	十一行行二十字	
玉山璞稿二卷	元顾英	钞本	九行行二十一字	读画斋本　元人十集本　四库一卷本　读画斋本一卷附逸稿四卷附录一卷
东皋诗集五卷	元马玉麟	钞本	十二行行二十四字	明弘治刊本
贞一斋诗文稿二卷	元朱思本	影钞丛书堂钞本	九行行二十字	
策要六卷	元梁寅	钞本	十四行行二十二字	
编类运使复斋郭公敏行录	不著撰人名氏	钞本	九行行二十字	
梅花百咏一卷	元韦珪	影钞元刊本	九行行十六字	四库收者为释明本著元刊本
慎斋集四卷	明蒋主忠	钞本	十行行二十一字	

续表

书名及卷数	撰者或注者	收入版本	每半叶行款	其他版本
东汉文鉴二十卷	宋陈鉴	影钞宋巾箱本	九行行十八字	
注解章泉涧泉二先生选唐诗五卷	宋谢枋得	钞本	八行行十六字	叠山先生评注四种合刻本
分类唐歌诗残本十一卷	宋赵孟奎	影钞绛云楼藏本	十行行十八字	
分门类纂唐宋时贤千家诗选二十二卷	宋刘克庄	钞本	十一行行二十一字	楝亭十二种本
洞霄诗集十四卷	宋孟宗宝	影钞旧钞本	九行行二十字	方功惠仿宋刊本
策学统宗前统五卷		影钞元刊本	十一行行二十一字	
观澜集注三十二卷（东莱集注类编观澜文集甲集三十卷乙集七卷）	宋林之奇	影钞宋本	十一行行十九字	方功惠仿宋刊本
蚁术诗选八卷	元邵亨真	钞本	十一行行二十一字	
名儒草堂诗余三卷		钞本	九行行十六字	词学丛书本　读画斋本　粤雅堂本
诗苑众芳一卷		影钞元钞本	九行行十五字	十万卷楼丛书本
元风雅三十卷	元蒋易	钞本	十行行十八字	四库所收为二十四卷　四部丛刊影元本
元赋青云梯三卷		影钞元钞本	十一行行二十八字	
声律关键八卷	宋郑起潜	钞本	十五行行三十三字	
云庄四六余话一卷	宋杨囦道	影钞宋刊本	十一行行十九字	读画斋丛书本
梅硐诗话三卷	宋韦居安	钞本	九行行二十一字	读画斋本　历代诗话续编本
词源二卷	宋张炎	影钞宋刊本	十行行二十一字	词学丛书本　守山阁本　榆园丛刻本　粤雅堂本
王周氏词一卷	宋王以凝	影钞汲古阁旧钞本	十行行十八字	八千卷楼钞本　归安朱氏刻本
阳春白雪八卷外集一卷	宋赵闻礼	影钞旧钞本	十行行二十字	词学丛书本　瞿氏清吟阁刻本　粤雅堂重刻秦氏本
蚁术词选四卷	宋邵亨贞	影钞旧钞本	十一行行二十一字	况周仪刊本　王鹏运刻本　四印斋本
新增词林要韵一卷	不著撰人名氏	钞本	八行行十六字	词学丛书本　粤雅堂本　随庵丛书影宋本

续表

书名及卷数	撰者或注者	收入版本	每半叶行款	其他版本
玉堂类稿二十卷西垣类稿二卷	宋崔敦诗	影钞明活字本	十行行二十字	粤雅堂本　佚存丛书本
名家词十卷	清侯文灿	钞本	九行行二十一字	栗香室丛书本　康熙侯氏原刊本
附　录（下列书十四种，阮氏曾撰提要，收入《揅经室外集》，今故宫所藏之宛委别藏并无其书，附记于此）				
汉文鉴二十一卷	宋陈鉴编			
两京新记一卷	唐韦述撰			佚存丛书本　粤雅堂本　湖北书局巾箱本　南菁札记本
燕喜词一卷	宋曹冠撰			别下斋刻本　四印斋刻本
南华真经注疏三十五卷	唐成元英撰			古佚丛书本
萧冰厓诗集三卷	宋萧立之撰			
徐文清公家传一卷	宋朱元龙等同撰			
铁崖赋稿二卷	元杨维祯撰			
日湖渔唱一卷	宋陈允平撰			词学丛书本　粤雅堂本
重编海琼白玉蟾文集六卷续集二卷	宋葛长庚撰			明刊本
说文解字补义十二卷	唐包希鲁			
文馆词林四卷	宋许敬宗撰			佚存丛书本　粤雅堂本
图解素问要旨论	金刘守真撰			
舆地纪胜二百卷	宋王象之撰			道光二十九年扬州岑氏刻本　咸丰五年仿宋刻本
元秘史十五卷	连筠簃刻本			光绪三十四年叶氏观古堂刻本　渐西村舍丛刻本

（原载《图书馆学季刊》第六卷第二期）

选印《四库全书》平议

最近教育部令委中央图书馆筹备处筹备选印《四库全书》，承印者为上海商务印书馆，合同既缔，而訾议者蜂起。方今国势颠危，倍于曩昔，上焉者日亟亟于权位之争，蚩蚩者氓，或则颓废以自放，求其能留心民族生命，致力于百年根本之文化事业者，固不多见。在学术方面，能屏除敷衍苟且之陋习，而反复讨论，不厌周详，以求其当其是者，尤为罕睹。兹于选印《四库全书》一事，学术界竟能予以注意，公开讨论，允足视为空谷之足音也矣。有识者能留意于民族生命所寄托之文化根本事业，不肯苟且放过，则天下事犹有可为，吾辈不敏，亦愿闻风兴起，谨附末座，聊贡所见，闻者或不以为非乎。

案清乾隆修《四库全书》，共缮七部，建阁分储，庋于宫内者为文渊，圆明园者为文源，热河行宫者为文津，沈阳行宫者为文溯。七部之中，江南竟得其三，扬州有文汇，金山有文宗，杭州有文澜。英法联军之役，文源化为乌有。洪杨之乱，文汇文宗胥成劫灰。文澜则掇拾于丛残之余，六十年来，补苴罅漏，勉成完帙。逮九一八国变突起，文溯一阁，亦沦鬼蜮。一百五十年前一代之盛业，至是仅文津文渊两阁，巍然对立，大节未亏。文澜一阁，千疮百孔，盖难言矣。呜呼，近百年来之国史，无处不有敌国外患玷污其间，不谓区区故籍，为当日稽古右文之盛事者，时至于今，亦复成为国耻中之一纪念品，可慨也夫。

当日修《四库全书》，其所取材为传世之旧本及从《永乐大典》中辑出之佚书，至今旧本日稀，《永乐大典》所存不逮十一，而《四库》书在一百五十年间，亦止残存一半，为保存文化计，能予影印传布，自属当务之急。民国九年，有影印《四库》之议，旋即作罢。民十二上海商务印书馆承印《四库》，已有成约，因政治关系，功亏一篑。民十四之一次，亦因故中止。民十七辽宁当局又有影印文溯阁《四库全书》之意，九一八变起，阁书沦丧，不可复问。时至今日，政府既万机待决，无暇及此，私家亦精疲力竭，难与商此大业。今教育部所定抽印《四库全书》之计划，虽属尝鼎一脔，却亦慰情胜无，是以对于抽印各种之根本原则，在目前固无间南朔，莫不赞同也。

闲尝推究此举之有訾议，其故约有两端：中央图书馆筹备处与商务印书馆缔约，未能尽合事理，致酿反感，一也；选印各书之办法及标准，大有可议，二也。案中央图书馆所选用之《四库全书》为故宫博物院保管之文渊阁本，今岁华北危殆，故宫古物以及文渊阁《四库全书》迁存上海，觊觎秘籍者不乏其人，随之乃有中央图书馆筹备处遽与商务印书馆缔定契约，此事故宫博物院事先既绝未预闻（参看八月五日北平《全民报》载故宫图书馆馆长江瀚谈话），将来印成以后，商务赠与政府之书，该院复不能得一册一叶，即版权亦永为中央图书馆所有，如有再版之必要，并须由中央图书馆另订合同。似此办法，故宫博物院竟同路人，揆之法律情理，宁得为平。虽《四库》书为国家所有，非一院所得而私，然此例一开，如故宫有保管之责何？如谓为国家所有，遂可置主管者于不顾，将来纷竞争夺，俱将于此启其端倪，此则防微杜渐，不可不谨也。论者咸谓此系文渊阁《四库全书》移转管辖之先声，虽猜测之辞，可以不论，但政府当局，不可示人以不公耳（按商务印书馆《续古逸丛书》，借印南京国学图书馆《颐堂文集》，其版权即为国学图书馆所有，可以例此也）。故宫博物院理事会对于中央图书馆筹备处与商务印书馆所缔契约有修正案，委曲求全，甚为公允，教育部及中央图书馆筹备处似应虚怀容纳，谋所以补救之方，此一事也（参看附录一，据八月五日北平《全民报》载江瀚谈话，教育部已采纳修正案，兹仍附录于此，以谂未知者）。

关于选印各书之办法及标准，不无可议，复可分为两端论之。案教育部及中央图书馆筹备处选印《四库》，采用文渊阁本，其理由为文渊阁书现在上海，就近摄照，甚为“方便”，又文渊阁本写校精审，视文津阁本为胜。“方便”一点，今不置论，但若云文津阁本校写粗率，则决非事实。文津阁书庋存热河行宫，屡加校勘，至今挖改痕迹甚多，有原书可查，且档案具存，可以覆按（参看附录二）。作者于文渊文津，无所用其为左右袒，至于历史上之事实，则不可以不辨也。作者私意以为《四库全书》如果整部付印，则文津文渊，两都可用，因其所重者，在《四库全书》之全体，而不在乎部分之美恶也（如就部分之美恶而言，则《四库全书》可议者实多，七阁俱然，无分乎文津文渊也）。今以政府之主持，而只从事于抽印，则于阁本之选用，不能不加以抉择，惟善是从，不仅文渊文津两阁书，应加辜较，即文澜阁书，如有可取，亦不应弃置不顾。抽印之书，不过三百余种，聚三本对勘，记其异同，附诸景本之后，兹事以承学之士十人为之，期月可就。教育部职司文化，领袖群伦，处今日泄沓成风之世，尤应出之以谨严不苟之精神，为世楷模，断不可敷衍将事，草草以终也。

抉择阁本，惟善是从，已如上述矣，次乎此者，是为底本采用问题。案教育部抽印《四库全书》，传言为三百种，而其最后目录，迄今未公诸世（作者曾见一草目，选择失当，闻已废弃），北平图书馆为此曾有“影印四库全书罕传本拟目”之作，于《四库》所采，凡二百六十种，计经二十四，史三十，子三十六，集一百七十，益以阮元进呈《四库》未收之宛委别藏，又四十种，都计凡三百种，就拟目观之，北平图书馆同人之主张，为“今兹影印，凡有旧本流传，应废库本”，并举刘敏中《中庵集》，库本二十卷，今存元刻二十五卷，谢肃《密庵集》，库本八卷，今存明刻十卷，刘因《四书集义精要》，库本二十八卷，缺后七卷，今存元刻全帙，朱右《白云集》，库本五卷，今存七卷本诸书为证，自属确论。教育部及中央图书馆筹备处对于采用底本之意见若何，虽迄今无一字发表，但在学术上立场言之，似难以政治力量而推翻学术上之主张也。比年以来，古籍发现日增月益，四库馆臣未见之孤本秘籍，今则岿然尚存天壤，故同人所主张之采用底本，国内外学人无不赞同，盖《四库》书成，适值文网正密之际，每因忌讳，致多改动，如“夷”之改“彝”，“狄”之改“敌”，其小者也，又其时程朱之学，正为帝室所提倡，每有为纲常计，而不惜强改古人之书者。友人徐森玉，曾以宋本《楼攻媿集》校库本，则宋本改醮之妇，至清朝库本胥成贞孀，荒谬至是，诚足惊笑。

尽量采用最古之本，而废除库本，在理论上虽至当不易，在事实上或不无困难，所谓“版本追究无穷，采访尤费时日，善本虽有，乞假非易”（参看王部长致蔡元培袁同礼函），但文化事业似不应因事实上之困难，而抛弃学术上之主张，何况所谓困难者，尚非不可解决者乎。今即假定库本原书，以机械方式，一一为之影印，其中至少须附加两步工作：（一）现无传本，如从《永乐大典》辑出之书，应取文津文渊两本辜较，必要时取文澜原本作参考，如有异同，条记于后，为校勘记；（二）现有旧本流传，则以原本校库本，亦附校勘记于书后，其有库本卷数不足，旧本可补者取足本影印，附于库本之后，庶几读者可得完书，而库本谬妄，不致贻误后人（此虽近于调停两可之间，然目前似尚无善法，足以弥缝此种种缺憾也）。至于书目之选择，自当集思广益，博咨周询，以求完善，所不待言，兹不重赘。

要之，在今日而能着眼及于此类保存民族生命之文化根本事业，以为国家留一分元气，总属难能可贵，无论如何，当设法予以翊赞，以期其能底于成，不致再蹈前人之失。至于枝叶方面之讨论，只要主持其事者，能推赤心以待人，不作意外之企图，则解决固甚为易易也。

本篇（附录一）中央图书馆筹备处及商务印书馆所缔合同，以及故宫博物院理事会修正之条文。（附录二）关于文津阁库书校勘经过，今取中央研究院所藏乾隆五十二年及五十六年档案两件（甲）吏部移会（乙）都察院移会，附录于后，以见一斑，此亦言《四库》书中之一宗公案也。

（附录一）中央图书馆筹备处与商务印书馆所订合同

立合同，国立中央图书馆筹备处，上海商务印书馆，双方同意，订定合同条件如左。（第一条）教育部令委国立中央图书馆筹备处（以下简称图书馆）与上海商务印书馆（以下简称印书馆）订立合同，将文渊阁《四库》未刊珍本，缩成小六开本，影印发行。（第二条）影印未刊珍本，以九万页为限，每部分订中装，约一千五百册。（第三条）为郑重保管起见，由教育部呈请行政院特许，将拟印未刊珍本，由图书馆派员伴同印书馆，至故宫博物院（上海储藏处）摄影。（第四条）摄影时由故宫博物院会同图书馆派员将每日应摄之书，点交印书馆摄影，每日摄影已华，即由印书馆将书缴还，经故宫博物院及图书馆派员当场点收无讹，印书馆方得卸责。（第五条）摄影时期，至多不得过六个月。（第六条）印刷一切费用，由印书馆自行担负，盈亏与图书馆无涉。（第七条）全书于摄影之日起，二年内将书出齐，不得托故延长，第一年为发售预约及制版时期，第二年内分两期，将图书馆应得之书缴清。（第八条）纸张用江南造纸厂所出江南毛边纸。（第九条）售价视工料时值，由印书馆酌量拟定。

（第十条）印数由印书馆自行酌定，按印数赠十分之一与图书馆，倘印数不满三百部时，仍赠足三十部，影印至多为一千五百部。（第十一条）印书馆于印刷整部之外，不得抽印单行本，每部均由图书馆盖章后，方可出售。但因不得已事故，且非由于印书馆之过失，不能摄影齐全时，印书馆得请求教育部准其将已摄之书，印单行本，径行发售，并仍照第十条之规定，赠送图书馆。（第十二条）版权概归图书馆所有，委托印书馆承印及发行。（第十三条）摄影时应特别注意不得污损，如有损坏，由印书馆照式抄赔，并将损坏原页缴还。（第十四条）本合同授与印书馆印行本书之权，以一次为限，如有再版之必要，应由双方协商，另定合同。（第十五条）本合同共立二份，一份由图书馆转呈教育部，一份由印书馆执守。中华民国二十二年六月十七日。立合同，国立中央图书馆筹备处，上海商务印书馆。

故宫博物院理事会修正原文如下

（第一条）行政院令委教育部及故宫博物院，将文渊阁《四库全书》未刊珍本，缩成小六开本，影印发行。教育部受故宫博物院之委托，令委国立中央图书馆筹备处，与上海商务印书馆订立合同。（第十条）印数由印书馆自行酌定，但至多不得过一千五百部，印书馆按印数赠十分之一与政府，故宫博物院为协助图书馆发展起见，除自留二部参考外，愿将应得之书，全数赠与图书馆，专供交换之用，可由印书馆直接交付，倘印数不满三百部时，仍赠足三十部。（第十二条）版权概归故宫博物院所有，由印书馆承印及发行。（第十四条）本合同授与印书馆印行本书之权，以一次为限，如有再版之必要，经故宫博物院之同意，由双方协商，另定合同。

（附录二）关于文津阁校勘之档案二则

（甲）吏部移会四库书查取职名

吏部为钦奉上谕事，考功司案呈内阁抄出钦奉上谕一道，除行文办理《四库全书》交查取职名完结外，相应移会可也，须至移会者。计粘单一纸。右移会稽察房。乾隆五十二年六月□日。

乾隆五十二年六月十四日内阁抄出十二日奉上谕，前因热河文津阁所贮《四库全书》，朕偶加披阅，其中讹谬甚多，因派扈从之阿哥及军机大臣等覆加详阅，并在京之阿哥及大学士九卿等，将文渊文源二阁所贮书籍，一体校阅。今据和珅等阅看各书，其讹谬处不一而足，此内阎若璩《尚书古文疏证》一书，有引李清、钱谦益诸说未经删削，并黄庭坚集诗注有连篇累页空白未填者，实属草率已极。着将承办之总校分校等交部议处。现据纪昀奏请将《尚书古文疏证》内各条遵照删改陆续赔写，并请将文源阁所贮明季国初史部集部及子部之小说杂说诸书，自认通行据勘，凡有违碍，即行修改，仍知会文渊文津二阁详覆校官划一办理，再行赔写抽换，务期完善等语。从前办理《四库全书》，系总纂纪昀、陆锡熊，总校陆费墀，专司其事，朕因该员等纂辑订正，著有微劳，不次超擢，数年之间，晋阶卿贰，乃所办书籍，竟如此荒谬舛错。如果从前缮写时，誊录率意脱落遗漏，自不难将已邀议叙现膺民社各员斥革治罪。但此等讹谬，该誊录等惟知照在缮写，势不能考订改正，而纂校各员，则系专司考订之责，自应详加细阅，方不致讹谬丛生，乃一任其袭谬沿讹，竟若未经寓目者，该员等所办何事，其咎实无可辞。今纪昀既自认通行覆阅明末各书，复请将看出应换篇页，自行赔写，交部议处，而陆锡熊则因现出学差，陆费墀丁忧回籍，转得置身局外，是使纪昀一人独当其咎，转令现在派出之大小各员分任其劳，实不足以昭平允。着将文渊文源文津三阁书籍，所有应行换写篇页及装订挖改各工价，均令纪昀、陆锡熊二人一体分赔。至陆费墀本系武英殿提调，复充总校，所有《四库全书》，伊一人实始终其事，而其洊升侍郎，受恩尤重，较之纪昀、陆锡熊其咎亦更重，现在续办三分书，应发文澜文汇文宗三阁陈设者，现经该盐政等陆续领运，俟各书到齐时，除书槅久经成造安设外，所有面页装订木匣刻字等项，俱陆费墀自出己资，仿照文渊阁等三阁式样罚赔，妥协办理，就近陈设，以示惩儆，而服众心，不必令盐商等承办。再朕闻各省从前送到遗书底本，发缮时即有残缺遗失，向坊间售买刻本抵作原书之事，嗣于《四库全书》办竣时，经总裁等奏淮，所有底本将来俱应存贮翰林院衙门。今续办三分，《全书》已经告竣，此项底本自应查齐收贮，但从前底本皆有印记可凭，易于核对，且文渊阁等三阁所贮各书，恐有名目舛错不齐，及彼此互异之处，着交六阿哥阿桂即将原书底本详悉查核，是否系有印记，呈进原书有无将坊本抵充，再将文渊文源两阁书籍逐一核对，是否相符，按册详查，据实具奏，毋得稍存回护。俟查明后，再将文渊文源两阁书目总册，寄至热河，以凭稽查划一，俾无鲁鱼亥豕之讹，而功过益昭惩劝。钦此。

（乙）都察院移会自请办书

都察院为移咨事，本院左都御史纪具奏亲赴文渊文源二阁勘视扬雄《法言》一书，并应办情形一折，于乾隆五十六年七月二十五日随折具奏，于二十八日报到，二十六日奉旨知道了。钦此。相应抄录原奏，移会稽察房查照可也，须至移会者。计粘单一纸。右移会稽察房。乾隆五十六年八月□日。

谨奏本月二十二日文报到京，内阁奉上谕前因《四库全书》内错误甚多，特令总纂等详加校阅，并恐热河文津阁所庋《全书》亦多鲁鱼亥豕之讹，复令纪昀带同详校各官细心阅看，该员等自应认真校勘，将书中脱落讹舛之处，逐加改正，俾臻完善。今朕偶阅文津阁《四库全书》内《扬子法言》一书，其卷一首篇有空白二行，因检察是书次卷核对，竟将晋唐及宋人注释名氏脱写。书中篇首空至两行，显而易见，开卷即可了然，乃详校官既漫不经心，而纪昀系总司核阅之事，亦全未寓目，可见重加雠校竟属虚应故事。朕每几余披览其书，内有一二字错落，令军机大臣随时改正者，不一而足，因尚系寻常讹脱，不加责备，今篇内甚至脱去二行，纪昀等实难辞咎，宁不自知惭恧耶。况朕曾有御制书《扬雄法言》一篇，虽系近年之作，亦应缮录，弁于是书之首，纪昀亦未留心补入，更属疏忽，纪昀及详校官庄通敏，俱着交部分别议处，除将文津阁《四库全书》内《扬子法言》一书就近交军机大臣将空行填补，并缮录御制文于篇首外，着纪昀亲赴文渊文源二阁，将《扬子法言》一书检出，缮录御制文冠于简端，并带同详校各官抽查此书卷首是否亦有空白之处，及此外各书有似此脱误者，一体抽阅填改，如再不悉心详检，经朕看出，必将纪昀等加倍治罪，不能再邀宽贷也。钦此。臣跪读之下，战栗惭恧，罔知所措，伏思《四库全书》缮写舛讹，蒙皇上格外从宽，不即严谴，俾重加校正，以赎前愆，自应感发天良，倍加详慎，臣受恩深重，尤宜严密稽查，乃《扬子法言》一书，竟尚有如是之疏忽，实不胜悚惶浃汗，愧悔椎心。臣谨遵旨于二十三日二十四日两日，亲赴文渊文源二阁，将《法言》十卷，全行勘视，尚无空白，惟御制书《扬雄法言》一篇，则均未恭载，现已敬谨补缮，又预备一份，交罚往盛京送书主事张焘，赍赴文溯阁，查明办理，合并奏明。至奉旨命臣带同详校官重检二阁《全书》之处，臣现在咨行吏部，查明原往热河详校官在京者若干员，以便传齐办理，所有办理事宜，容臣与管理二阁大臣商定章程，另行具奏。再文津阁书现即有此疏漏，自应与二阁书一体检查，但详校各官，俱系原办之人，既未免自为回护，又虑其互相容稳，恐仍属有名无实，臣拟于皇上回銮之后，亲赴热河，自延办书熟手带往，庶毫无瞻顾，可冀彻底澄清，谨附奏请旨，伏乞圣鉴。谨奏。

（与向达合撰，原载《读书月刊》第二卷第十二号）

《四库全书》中《永乐大典》辑本之缺点

当局近选印《四库全书》，注重所谓“未刊”珍本，对于“未刊”之定义，则谓“虽见著录，刊于宋元，而流传已少，有同未刊”。此定义是否合乎逻辑，兹不置论，但当局认为《四库》中之“未刊”珍本，大多数为《永乐大典》辑本，则无可讳言者也。此项《大典》辑本，于乾隆修《四库》时，辑自《永乐大典》残帙，一一均非足本，吾人一检聚珍版丛书，即可知其梗概，亦文献上之一大遗憾也。今欲知此项辑本之内容，当先了解其中由来。

《永乐大典》辑本之由来

欲明《大典》本之由来。应先注意下列各文件：

（一）乾隆三十七年十二月安徽学政朱筠奏：“臣在翰林，常翻阅前明《永乐大典》，其书编次少伦，或分割诸书，以从其类，然古书之全而世不恒觏者，辄具在焉。臣请敕择取其中古书完者若干部，分别缮写，各自为书，以备著录。书亡复存，艺林幸甚!”（《笥河文集》卷一）

按此议为大学士刘统勋所不喜，谓为非政之要，欲议寝之，而于敏中善之，与刘争执，始得入奏（《国朝先正事略·经学》卷三十五《李威朱竹君事略》，又《国朝耆献类征》卷一百二十八《姚鼐朱筠传》）。

（二）乾隆三十八年二月大学士刘统勋奏：“……查《永乐大典》一书，系明永乐初年所辑，凡二万二千九百余卷共一万一千九十五册，最称浩博，旧存皇史宬，复经移置翰林院典籍库，扃贮既久，卷册又多，即官隶翰林者，不得遍行检阅，今该学政所奏，亦只系约略大凡，于原书未能悉其梗概。臣等因派员前往库内，逐一检查，据称此书移贮之初，本多缺失，现存在库者共九千余本，较原目数已悬殊，复令将原书目录六十本取出，逐一细阅。看其书大旨，系用韵以统字，用字以统事，将平上去入韵字为纲依次编序，凡经史子集等部，或依其音，或从其类，随字收载，多系割裂琐碎。但查原书采取各种，为数甚夥，其中凡现在流传已少不恒经见之书，于各卷之中，互相检勘，有足裨补缺遗、津逮后学者，亦间有之。若一概摒为陈册，不为分别检查，殊非采购遗书本议。惟是卷帙繁多，所载书籍又多散列各韵之中，非一时所能核定，相应奏明，俟臣等就各馆修书翰林等官内酌量分派数员，令其陆续前往，将此书内逐一详查，其中如有实无传本，而各门凑合尚可集成全书者，通行摘出书名，开列清单，恭呈御览……”（原折存故宫博物院）。

（三）乾隆三十八年二月初六谕旨：“昨据军机大臣议覆朱筠条奏内将《永乐大

典》择取缮写，各目为书一节，议请分派各馆修书翰林等官，首往检查，恐责成不专，徒致岁月久稽，汗青无日。盖此书移贮年深，既多残阙，又原编体例系分韵类次，先已割裂全文，首尾难期贯串，特因当时采摭甚博，其中或有古书善本，世不恒见，今就各门汇订，可以凑合成部者，亦足广名山石室之藏。着即派军机大臣为总裁官，仍于翰林等官内选定员数，责令及时专司查校，将原书详细检阅，并将《图书集成》互为校核，择其未经采录而实在流传已少，尚可裒缀成编者，先行摘开目录，奏闻候朕裁定。其应如何酌定规条，即着派出之大臣，详悉议奏。……”

（四）乾隆三十八年二月十一日谕旨：“昨据军机大臣议朱筠覆条奏校核《永乐大典》一折，已降旨派军机大臣为总裁，拣选翰林等官详定规条，酌量办理。兹检阅原书卷首序文，其言采掇搜罗，颇称浩博，谓足津逮四库，及核之书中别部区函，编韵分字，意在贪多务得，不出类书窠臼，是以踳驳乖杂，于体例未能允协。即如所用韵次，不依唐宋旧部，惟以《洪武正韵》为断，已觉凌杂不伦，况经训为群籍根源，乃因各韵辏辖，于《易》先列《蒙卦》，于《诗》先列《大东》，于《周礼》先列《冬官》，且采用各字不论《易》《书》《诗》《礼》《春秋》之序，前后错互，甚至载入六书篆隶真草字样，摭拾米芾、赵孟頫字格，描头画角，支离无谓。至儒书之外，阑入释典道经，于古柱下史专掌藏书守先待后之义，尤为凿枘不合。朕意从来四库书目，以经史子集为纲领，裒辑分储，实古今不易之法，是书既遗偏渊海，若准此以采撷所登，同广石渠金匮之藏，较为有益。着再添派王际华、裘曰修为总裁官，即令同遴简分校各员，悉心酌定条例，将《永乐大典》详悉校核，除本系现在通行，及虽属古书而词意无关典要者，亦不必再行采录外，其有实在流传已少，其书足资启牖后学，广益多闻者，即将书名摘出，撮取著书大旨，叙列目录进呈，俟朕裁定，汇付剞劂，其中有书无可采，而其名未可尽没者，只须注出简明略节，以佐流传考订之用，不必将全部付梓，副朕裨补阙遗、嘉惠士林至意。再是书卷帙如此繁重，而明代蒇役仅阅六年，今诸臣从事厘辑，更系弃多取少，自当刻期告竣，不得任意稽延，徒诮汗青无日，仍将应定条例，即行详议，缮折具奏，钦此。”（以上两原折均存故宫博物院，并见《四库提要》卷首）。

（五）大学士刘统勋覆奏校勘《永乐大典》折（乾隆三十八年二月十一日见春季上谕档）：“大学士臣刘统勋等谨奏，为遵旨详议具奏事，乾隆三十八年二月十一日，内阁奉上谕钦此，仰见我皇上稽古右文，表章典籍，综群书之渊海，广四库之储藏，补缉搜罗，实为至周且备。臣等伏查《永乐大典》一书，成自前明，但夸捃拾之繁，未协编摩之式，虽善本之流存不少，而遗编之丛杂尤多，仰蒙论断精微，折衷至当，钦承训谕，复奉准绳。窃惟采录固在无遗，而别择尤宜加审，今欲征完册以副秘书，则部分去取之间，不可不确加详核，臣等恪遵谕旨，将应行条例，公同悉心逐一酌议，谨拟定十三条，另缮清单进呈，恭请训示，俟发下臣等即行遵照作速办理，如其间尚有应行斟酌查办之处，臣等再行随时妥核，定议奏闻请旨。再查翰林院衙门内，现有迤西房屋一区，从前修辑《皇清文颖》及《功臣传》各书，皆在此纂办，今奉旨校核《永乐大典》，应请即将此项房屋作为办事之所，于检查较为近便，惟是此项书籍，几及万本，篇帙浩大，头绪纷繁，所有查校人员中，须多为派出，分头赶办，方能迅速排纂，克期集事。臣等谨遵旨于翰林等官内，择其堪预分校之任者，酌选三十员，耑司查办，仍即令办事翰林院，并酌派军机司员一二员作为提调，典簿厅等官作为收掌，常川在署，经理催趱，毋致稍有作辍。但现在并非另行开馆，其派出之翰林官等，俱毋庸请支卓饭银两。至此书卷册繁重，出入搬运，需人执役，翰林院原设供事人等额数有定，不敷派拨，应请酌设供事十名，皂役四名，纸匠二名，以供差遣，俱照例给与公费，俾资口食。其誊录一项，现在当无需用之处，应俟摘出目录，全行分别奏定后，其中如有应采之本，另须缮录全函者，再行奏明，酌定员数，选取充备，所有桌凳纸张等项，查明必需应用者，行文户工二部支取，照例核销。如此立定章程，上紧趱办，该员等责成既专，自可作速厘订成书，不致有稽时日，为此谨奏请旨。”（原折存故宫博物院）

（六）检出《永乐大典》二十本进呈奏片（乾隆三十八年二月初十日——见春季上谕）：“臣等查《永乐大典》原书共一万一千余本，今现存九千余本，丛杂失次，一时难以遍查，今谨将目录六十本内检出首套十本，及全书内首套东冬字韵十本，一并检出，先行进呈御览，谨奏。”（原折存故宫博物院）

《永乐大典》辑本之缺点

上述各文件，足资证明下列诸事实：

（一）乾隆时采辑《永乐大典》，已非全书。全祖望曾言，纂修《三礼》时，《大典》阙失几二千册（《鲒埼亭集外编》卷十七《钞永乐大典记》），上记乾隆三十八年二月刘统勋奏折及是年二月初十日奏片，均言明《永乐大典》“现存在库者，共九千余本”（原书共一万一千零九十五册）。北平图书馆近购入旧钞本《永乐大典目录》（刊于《北平图书馆馆刊》六卷一号），上有翰林院官印，于当时存佚各卷详为注明，统计此目所列，存书册数亦为九千余本，而佚去之卷数又与《四库提要》所载者适合。此四点均足证明《大典》在修四库时决非全书，《大典》既系残帙，则由《大典》采辑之书自非足本，乃极显然之事实也。

（二）《永乐大典》引用之书，割裂全文，前后不易贯串。上记刘统勋奏折，谓《大典》引用古书用韵统字，“或依其音，或从其类，随字收载，多系割裂琐碎”。乾隆三十八年二月十一日谕旨“编韵分字，意在贪多务得，不出类书窠臼，是以踳驳乖杂，于体例未能允协”。《乾隆御制诗》四集卷十一：“别部区函，意在贪多务得，细大不捐，而编韵分字，沓杂不伦，则由当时领书局者，惟一姚广孝，因而滥引缁流，逞其猥琐之识，雅俗并陈，举释典道经，悉为阑入，其无当于古柱下史藏书之义乎。”以上所引，均足证明《大典》体例割裂庞杂，漫无条理，今北平图书馆藏有重录本及影照本150余册，可覆按也。

（三）《永乐大典》分韵编次，入韵之法参差无绪，凌杂不伦。乾隆谓“《大典》依韵分函，贪多滥取，已为踳杂不伦，而书成又未详校，岂足昭示艺林?”《乾隆御制诗》卷三十五题《文源阁诗》小注：案《永乐大典》以《洪武正韵》为纲，以韵统字，以字系事，所载各书，均散列于各韵之中，有以一字一句分韵者；有析取一篇，以篇名分韵者；有抄录全书，以书名分韵者；而入韵方法又参差无绪，如《窃愤录》，不隶于“窃”，而隶于“录”，卷一九七四二，《灌顶经》不隶于“灌”或“经”，而隶于“顶”卷一一九五一之一一九五二。乾隆谕旨谓其各韵轇轕，前后互错，描头画角，支离无谓，确非虚语也。

（四）四库馆臣，采辑《大典》，弃多取少，菁华未尽。因以上三种困难，故四库馆臣于辑佚时，既多凑合成书，而遗漏之处亦不尠，且有业经辑出而并未收入《四库》者（如《宋元两镇志》、《九国志》等），《四库提要》谓前后共辑出经部六十六种，史部四十一种，子部一百三十种，集部一百七十五种，共三百八十五种，四千九百四十六卷，并谓“菁华已采，糟粕可捐”，但就事实上言之，实大有不然者，复有下列四种事实，可资证明。

（1）章学诚《周书昌别传》：“宋元遗书，岁久湮没，畸篇剩简，多见采于明成祖时所辑《永乐大典》，时议转从《大典》采缀，以还旧观，而馆臣多次择其易为功者，遂谓搜取无遗逸矣。书昌固执以争，谓其中多可录，同列无如之何，则尽举而委之书昌。书昌无间风雨寒暑，目尽九千巨册，计卷一万八千有余，丹铅标识摘抉编摩，于是永新刘氏兄弟《公是》《公非》诸集以下，又得十有余家，皆前人所未见者，咸著于录。好古之士以为书昌有功斯文，而书昌自是不复任载笔矣。……”（《章氏遗书》卷十八）

（2）《四库》修成以后，学者接踵钞录，钞出之书为数颇多（详民十三《学衡》杂志第二十六期拙著《永乐大典考》），徐星伯所钞之《中兴礼书》（今藏蒋民衎芬草堂），及《宋会要》（今藏北平图书馆），及与文道希所钞之《经世大典·驿站门》（今藏《东洋文库》），其最著者也。

（3）四库馆臣采辑者，仅三百八十五种，友人赵万里曾撰“《永乐大典内辑出之佚书目》”（《北平图书馆馆刊》二卷三四号），列馆臣及以后诸家所辑，得书四百九十余种，竟超出一百余种，此外并有已经馆臣校辑而实未佚者，约近五十种，尤足证明馆臣之疏忽也。

（4）北平图书馆现就国内外现存之《大典》，为辑佚之工作，仅就现存残帙而言，发现馆臣之遗漏失辑之处，不一而足，如王质《雪山集》，赵鼎臣《竹隐畸士集》，舒岳祥《阆风集》，张侃《拙轩集》，其逸文见于《大典》者尚多，此外宋元旧志为馆臣失辑者，亦不下四五百种，可见“菁华已采”者，非确论也。

由以上种种事实观之，则四库全书中《永乐大典》辑本之缺点，一一可见矣。（附记，《大典》辑本与原本之比勘工作，另有人为之，兹不赘）。

（原载《国立北平图书馆馆刊》第七卷第五号）

影印《四库全书》往来笺

张菊生致袁守和书

守和先生大鉴：敬复者，昨得斐云兄十一日手书，展诵祇悉。影印《四库》未刊本，公主张拟用善本替代，并联合南北各学术团体及地学者，即日草具公函，向教育部当局建议，甚感甚感。惟弟窃以为兹二事者不妨兼营并进，而不必并为一谈。《四库》所收，非尽善本，且有残缺讹误，无庸讳言，但其间有未经刊行，或虽已刊行而原本不易购求者，如能及早影印，俾得流传，当亦大雅之所许。曩者敝公司两次陈请借印，业奉正式批示，装箱待发，忽生阻梗，事败垂成，流光荏苒，今已十余年矣。此十余年来，历劫无算，是书岿然尚存，可称万幸，过此以往，殆不可知。此次教育部以印事见委，敝公司灰烬之余，虽喘息未定，不敢稍有推诿，固为自身了夙愿，亦为学者效微劳也。至流通善本，尤为弟之素志，今得二公提倡，海内公私藏书家苟愿出其所藏，赞成兹举，抚衷欣幸，岂可言喻。二十余年来，先后辑印《续古逸丛书》、《四部丛刊》、百衲本《二十四史》者，皆此意也。若无一二八之变，《四部丛刊续集》又早已发行矣。至以善本代库本，则鄙见窃以为不必，且于事势亦有所不能。善本难遇，乞假尤难，往返商榷，更多耽搁，如是则观成无期。且善本亦正无穷，先得一明本，以为可以替代矣，未几而有元本出，又未几而有宋本出，若以明本自画，则于目的有违，若必进而求元本，更进而求宋本，则观成更无期。故弟窃以为二公高见与教部原意，分之两利，合之两妨，方台驾莅沪之初，辱承见教，弟均以此意上答。今斐兄复传述守兄雅意，殷殷垂诲，当与王朱二君商酌，均以为于印行库本外，所有公私善本，允假敝馆影印者，苟于照相制板技术上认为可能，极当勉力承印，与库本并行不悖。此则敝公司愿竭其棉薄，而与各学术团体及学者通力合作者也。谨布区区，伏维亮察，顺颂暑祺百益。弟张元济拜启。廿二年七月十三日

袁守和复张菊生书

菊生先生尊鉴：前奉七月十三日手教，以有青岛之游，未及作覆为歉。流通古籍，采用善本，我公提倡最先，海内钦仰。此次选印《四库》，同人拟议以善本代替库本，盖本我公向来之主张，聊备当局之采择而已。曩者贵公司两次陈请借印，以政治关系功亏一篑，但先后均以贵公司名义影印发行。此次则系由政府主持，而只从事于抽印，与以前两次情形微有不同。同礼职司校雠，而于文津、文渊两本，又与孑

民、叔海两公共负典守之责，见闻所及，不得不图补救，区区若衷，当为国人所共谅。诚以当局如有贻误，匪特在学术上为致命伤，于国家颜面尤不能不顾到也。矧近年来中国学术上之进步，已迥非十年前所可比拟，而目录之学，则已蔚为大观，骎骎乎司群学之枢键而司其营养焉。善本难致，似已无庸过虑，同人不敏，深愿勉尽棉薄，共襄盛举，以期能底于成，不敢再蹈前人之失。至尊函所述耽搁一层，自当力图避免，但吾人为国家办文化事业，亟应屏除敷衍苟且之陋习，而万不宜草率将事也。兹闻编订目录委员会业已组织成立，其中委员如先生等又为版本大师，此后进行当可脱离政治，而入纯粹学术范围。想贵公司诸公当亦乐观其成也。谨布区区，伏维亮察，顺颂著祺。袁同礼拜启。廿二年八月十四日

（与张元济合著，原载《青鹤》第一卷第二十期）

评范志熙辑《四库全书总目韵编》

汪辉祖（一七三〇——一八〇七）之《史姓韵编》，将二十四史列传之标名者，分姓汇录，依韵编次，为乾嘉时大规模之索引。此外汪氏之著作，如《二十四史同姓名录》，《九史同姓名略》，《辽金元三史同名录》，均是代表其在索引界之势力。其友人章学诚（一七三八——一八〇一）在《校雠通义》中，亦主张取《四库》之藏，中外之籍，择其中之人名地号官阶书目，凡一切有名可治，有数可稽者，略仿《佩文韵府》之例，悉编为韵，乃于韵本之下，注明原书出处及先后篇第，自一见再见以至数千百，皆详注之，藏之馆中，以为群书之总类。可见当时学者对于索引需要之迫切。至道光十七年，李兆洛（一七六一——一八四一）取正史之有地志者，析其郡县之名，以韵隶之，为《历代地理韵编》；于是姓氏地理二门，均有索引是资检查，便于学子者甚巨。同治八九年间，范志熙又有《四库全书总目韵编》之作，遂与汪李之书，在索引界鼎足而三。

范志熙字月槎，为武昌名宿，近北京图书馆购入《总目韵编》为藕香簃钞本。字极工整，似将付剞劂者。首有光绪壬午（八年）潘熹序，光绪元年萧穆序，光绪四年刘寿曾序，冯煦序，及同治辛未（十年）范志熙序，其自序谓“己巳（同治八年）量移淮北，公务较简，遂获检校藏书。正欲随手纂录，适从泰邮旅舍，晤京江戴泽民延年，出其尊甫培之先生植所辑《提要别目》五卷见示，多依韵分编，先得我心，极为称快。然钞胥草率，不无鲁鱼亥豕之讹，且去入韵亦多未备。爰细心校订其未备者，复补缀之，以成完璧。即颜之曰《四库全书总目韵编》，藉副初心，用付剞劂。”则此书盖成于同治八年至十年，迄今将近六十载，未见刻本，洵可宝也。

此书共五册，首册上平声，二册下平声，三册上声，四册去声，五册入声，均以书名首字，按平仄排次，不拘经史子集。每一书名之下，则列著作者姓名类目及其页数。凡不谙门类之人。依韵求之，即知为某卷某类也。

陈乃乾君前编《四库》索引，惜未见此书。其人名索引，依著作者姓名首字笔画多寡，分别先后，一览可知《四库》所收某人之著作及其种数；惟不注明卷数册数页数，而索引之书目，亦未将笔画标出，故检查上仍不甚便。前年上海中华图书馆，曾有印行《四库提要》之广告，并附书名索引（简明检查表），年来屡经函询，迄无覆音，至今尚未问世，然其体例，则以书名首字依部首排比，而首字相同之书名，仍依《提要》次序为之先后，且并不列著作人，尤失索引之本意。此外就余所知者，刘纯君、黄文弼君及北京大学图书馆各有《四库索引》之编制，均依笔画多寡，分别排次。北京大学之索引分著者书名两种，未编就而陈氏索引出版，加以经费困难，遂于民国十五年停止进行。刘君之索引，未见全书，然据其报告（《图书馆学季刊》一卷四期），颇便检查。黄君之索引，则于书名著者之外，又按著者爵里，编一索引，表明某区域之著作，收入于《四库》者，共有若干种。于乡邦文献，颇资考订。惜以卡片排列，未成专书。总之，此种工作，均受时代之要求而产生者也。然如有一适当之索引，则群受其赐，实无重复之必要。惜范氏书未能早出，供编制诸人之参考也！

（原载《中华图书馆协会会报》第三卷第五期）

关于《图书集成》之文献

《古今图书集成》之编纂及内容，曾由万国鼎君介绍于本刊读者（第二卷第二期页二三五至二四五）。年来检查档案，发现奏折两件，对于所印部数已能确定，爰录在左，藉供关心此书者之参考焉。

一、内务府奏清查武英殿修书处余书请将监造司库等官员议处折

总管内务府谨奏，为议处事，据武英殿修书处咨称，本处奏称，前经臣等具奏，据监造绍言报出武英殿修书处，除黄蓝册内所载书籍外，尚有散贮成部及不全书籍甚多，臣等以库贮正项书籍卷帙浩繁，恐系抽放错乱，未经归类，随派员同绍言逐部逐套彻底详查，统俟查明，实有余书若干，另行办理具奏等因，奏闻在案。今查得武英殿前库存贮正项书共一百七十六种，后库存贮正项书共五百十种，按黄蓝册所载数目逐一点查，均属相符，尚无舛误。至绍言所报，余书共五十六种，内有十三经二十一史等书二十四种，原系远年抄没之项，当时业已造入另册，但安置错乱，未能按部胪列，一一标明，遂致视同废籍，今仍照册点清。此外又有朱批谕旨底本，并各种书籍图板四十九种，或全或缺，又有不全《古今图书集成》一部，内每典缺欠不一，共少六百八十一本。查此一书，于雍正六年刷印六十四部之后，并未重印，今已将各处陈设并颁赏现存《古今图书集成》数目，按册逐一详查，与原刷六十四部之数相符，是此一部，或系当时初刷样本，历年久远，遂至散佚不全。但该处既有此项余书，从前久应报明，载入册档，乃不加登记，年复一年，任其散置，是该处官员，平时疏懈，漫不经心；而监造等职在专司，尤难辞咎。应请将历任官员监造等，交该处照例分别议处。其余书籍内，除上谕底本并不全《古今图书集成》等项，应仍登记，敬谨存贮外；又有成部书十种，计二百八十五部，如《执中成宪》等类，均系殿中刊刷之书，查明档册既所不载，而通行各书，现在亦俱不缺少，实为余书无疑。但其何以有此余书，现在官员栢唐阿等俱称实不知来由。臣等再三详察，此项余书，盖系从前初办通行书籍之时，该处官役人等，就板私行刷印，或欲自用，或应亲友所求，甚或希图市卖以渔利，其情弊所必有，迨后查核渐严，不敢持出，日复一日，年久人更，遂至遗留在库，恐不出此弊。但当年行私者，不过一二人，而通殿官员人役，茫如聋聩，从未查报办理，则其漫不经心，全不以公事为务，实属不堪。今虽年远人更，难以究诘，不可不加惩创，以警其后。除将成部全书拨入通行书内办理，残缺不全者交崇文门变价外，所有从前该殿官员栢唐阿等，应请一并交该处分别严加议处等因，于乾隆四十一年二月初四日具奏，本日奉旨依议钦此，钦遵移咨到臣衙门，随咨查应行议处

之历任官员，监造栢唐阿职名去后，续据武英殿将现任已故各官职名查送前来。臣等查武英殿通行书籍，均于钱粮攸关，理宜随用随刷，勿致糜滥，乃额外私行刷印，积至二百余部，遗留在库，又不登记档册，其中显有情弊。虽年久人更，无从究讯，但后任官员，于接代之时，亦未能详查，以致余书数十种，任其散置，实属漫不经心。除库掌于保住、宝庆、永安，监造三格姚文斌、满金，郎中雅尔岱，四格员外郎永泰、安泰，业经物故，应勿庸置议外，请将监造司库吉兰泰，副内管领六格苏州织造处司库苏尔通阿、副内管领今升任内管理扎钦、库掌六达塞，均照官员不将钱粮等项清白造册交代罚俸一年例，各罚俸一年；六达塞系食钱粮，应罚钱粮一年办理，该处事务官员，六库郎中六十九郎中，诚意中敏，均照不行详查罚俸六个月例，各罚俸六个月；为此谨奏请旨。乾隆四十一年四月十八日具奏，奉旨，依议，钦此。管理总管内务府大臣事务多罗质郡王臣永瑢，镶白旗汉军都统总管内务府大臣革职留任四格经筵讲官署理工部尚书正白旗蒙古都统兼正蓝旗汉军都统仍兼工部左侍郎兼办总管内务府大臣事务仍兼管上驷院钦天监事务公中佐领降十级留任迈拉逊。

二、总理衙门奏遵旨石印书籍酌拟办法折

光绪十六年十月十四日本衙门递正折，称为遵旨石印书籍酌拟办法，恭折仰祈圣鉴事：本年六月间，臣等面奉谕旨，着照殿板式样石印《图书集成》，臣等查石印书籍以上海商人办理最为熟悉，当即电知上海道聂缉槼就近饬商估计，详细声复，以凭办理。迭据电复，价值之增减以印书之多寡、纸张之大小为断。现与同文书局核实，估计议用料半开三纸，照殿板原式印一百部，每部计价规平银三千五百余两。惟料半纸出于安徽，常年制造为数无多；此书帙浩繁，必须添造，约计须以三年为期，方能供用。议即立限三年，令其印齐，先行购买殿板原书一部，以为描润照印底本，另给价银一万三千两，事竣仍将原书呈缴。并于一百部之外，报效黄绫本一部，不给价值。臣等公同商酌，所议当属妥协，拟请旨饬下两江总督督饬该道，照议办理；并由该督遴派正途出身精细勤慎之员，前往驻局，逐篇详校，以臻完善。所须印书百部价银共计规平三十五万一千余两，暂由出使经费内提用。书成之后，由臣等奏明请旨，留用若干部，令其运京；此外若干部，令该道暂行存储，由两江督臣知照京外各衙门，如有学宫书院拟购此书者，即由该处按照每部三千五百余两备价银，即解缴江海关道库，归还原款，并随时报知，臣衙门存案。如此办理，成书不致过迟，用款亦不致多费，较之木刻摆印，实属事半功倍。所有臣等遵旨筹办书籍缘由，理合缮折具陈，恭候命下，敬谨遵行，伏乞皇上圣鉴，谨奏。光绪十六年十月十四日具奏，奉朱批，依议，钦此。

（原载《图书馆学季刊》第六卷第三期）

皇史宬记

皇史宬建于明嘉靖十三年（西历一五三四），为明清两代藏《实录》、《圣训》之所。民国以来，封蔽甚严，由清内务府派人守之。十三年秋，溥仪被逐出宫，政府组织清室善后委员会，乃归该会保管。十四年十月，故宫博物院成立，又由该院保管。十五年五月以后，奉系来北平，所设处置官产之机关，前后不下六七处，屡有献计出售皇史宬者。经同人之奔走呼号，赖以保全。其后内务部以该地各殿光线较暗，复拟借用为审查通俗电影之机关，尤属荒谬！幸赖当局之阻止，事遂寝。余以此地为我国图书馆史上特有之建筑，亟有特别注意之必要，屡有建议，以政局变迁，当局无暇及此。兹特将其沿革及现状，略记如左：

皇史宬建于明嘉靖十三年，在重华殿西，门额以史为叓，以成为宬。左右小门曰龖历，以龙为龖，皆嘉靖自制之字而手书也。中贮列朝《实录》及《宝训》（《宝训》为《实录》中可传诵宣布者），每一帝山陵，则开局纂修，告成，焚稿椒园，正本贮此（孙承泽《春明梦余录》卷十三）。宬中四周上下，俱用石甃，中具二十台，永陵、定陵各占二台（《春明梦余录》卷十三，又《日下旧闻》引《客燕杂记》）。至宬之意义，则与盛同。庄子以匡宬矢，《说文》曰：宬，屋所容受也（《日下旧闻》引《燕都游览志》）。盖当时以列朝《实录》《宝训》尊为正史，爰取金匮石室之意，置于其中，以垂久远。嘉靖四十一年，重录《永乐大典》，又以副本贮皇史宬，则当时对于此地之重视可知矣。

清定国后，仍袭明制。凡列朝《实录》、《玉牒》、《圣训》皆藏其中，由旗员年老者八人守之。其地在南池子迤南，太庙之东南。虽属明内府地，然建筑始于何时，则不可考。龖历门额久废，今已无存。外院长方形，入其三座门则为内院。有北殿庑七楹，东西殿庑各五楹。楹前各有高台，惟均无廊。而房檐至短，与其他宫殿式之建筑迥异。扉牖楹楣，均以石代之。此殿之扉牖，在其左右两墙，而位置高，以致殿中光线极弱。殿有五门，其在中间之三门，距离较近。左右二门，则较远。入门则见五尺余之高台，台前有阶，由阶上台，则金漆柜也。柜极为美观，以铜覆之而雕以龙。每行南北七柜，东西二十三行，计得一百六十一柜。东北西北二角，各有石碑，以殿中过暗，未能详瞻其内容。惟每柜中则藏中文满文及蒙文之《圣训》或《实录》，均以红绫包裹之。历年虽久，而毫无潮湿或虫嗅之患。保存之法，有足多者。北殿庑之东北角有碑亭，碑为乾隆十五年《御制恭瞻皇史宬诗》："五代神谟秘典垂，崇宬扃钥壮鸿规。兰台令史无惭笔，纶阁元臣有职司（内阁所掌）。百世聪听钦宝训，万年永茂衍宗枝（玉牒并藏于此）。瑶函金匮前朝制，殷鉴兢兢念在兹（此诗亦见《御制诗》二集卷二十一）。"其东西两殿庑各有三门。而扉牖具为小四方形，凡三十有一，紧接于房檐之下。亦一特殊之设备也。

至所储之《永乐大典》，已于雍正年间移置于翰林院（《澄怀园语》卷三）。全祖望亦谓清圣祖《实录》成，词臣摒挡皇史宬书架，则副本在焉，因移贮翰林院（《鲒埼亭集外篇》卷十《钞永乐大典记》）。其后清礼亲王闻李穆堂言，谓其中所藏全份《大典》，较翰苑所储者多一千余本（《啸亭续录》卷一），盖不知翰苑所储者，即皇史宬之副本也。

此地之建筑，盖取古人金匮石室之意，而所藏者又为一代之重要文献，今积草盈庭，竟无插足地，亦鲜有人过问者，殊异事也！一俟政局稍定，仍拟从事整理，并促当局之注意也。

（原载《图书馆学季刊》第二卷第三期）

杨惺吾先生（一八三九——一九一五）小传

先生名守敬，字惺吾，湖北宜都人。生于道光十九年己亥（一八三九）四月十五日。先生之祖名某。父名有纯，字粹然，两世皆业商。先生四岁丧父，稍长，母教以识字读书。十一岁时以祖年老，需人襄助，遂辍读学商。虽每日专心生意，夜间则诵书学文不辍。十四岁应县考，终覆第十三名。十七岁与李宗允先生之女公子结婚。次年三就院试，皆不售。十九岁应府试，五场皆第一名。是年院试入学。同治元年壬戌，（一八六二）先生二十四岁，应乡试，获中举人。后屡应会试，皆不售。先生每次入都，与当代学者相往还。得交潘孺初存及邓铁香承修，共研金石之学。光绪庚辰（一八八〇）赴日本，充当随员，于其书肆颇得旧本，又研目录之学。晚年致力舆地，为一代绝学。故先生于金石、地理、目录三门，各有贡献，兹分述之。

（一）金石　同治元年先生赴礼部试，由陆路至樊城，遇陈一山乔森，奉为至友。次年正月入都，由一山得见潘孺初及邓铁香，潘邓皆以学问文章称一时，先生日接其言论，进德甚速，一生学业，多得力于此时。乙丑（一八六五）铁香归粤。先生馆于东草厂胡同苏次屏维翰家，距琉璃厂逾三四里。每日散学后，便前往物色碑板文字，往来徒步以为常。逾五六年，在都中所搜汉魏六朝金石文字已略备。因念翻刻古碑，以双钩之法为最善，钩摹之精，能存其神采。乃先以碑之不存者或最旧拓本，付之剞劂，六朝唐碑则以有名之迹附焉。而黄氏易《小蓬莱阁》及徐氏渭仁《随轩金石文字》所收者，俱不复刻。始于同治庚午，讫光绪丁丑（一八七〇——八七七），是为《望堂金石初集》。壬申癸酉（一八七二——八七三）在家授读。次年复入都。每与谭仲修廷献、李莼客慈铭、袁爽秋昶、孺初、铁香、一山诸人，文酒往还，引为乐事。丙子（一八七六）编《楷法溯源》十四卷。旋得倪豹臣文蔚、饶季音敦秩之助，遂开雕焉。先是潘孺初仿翟文泉云升《隶篇》之例成此书，名《今隶篇》，先生以《晋书·卫恒传》已有楷法之称，故定今名。先生酷嗜金石文字，南海吴荷屋荣光有《帖镜》一书，详载宋以来集帖。其细目为其乡人伦孟臣所得，既而失之。先生乃与黄燮云家驹日日携笔墨于琉璃厂各帖店，又访收藏家补其缺。庚辰（一八八〇）遂成《集帖目录》十六卷。是年四月，先生赴日本始研目录之学。晚年虽治地理学，然关于金石之著作亦不尠。癸卯（一九〇三）先生年六十五，刻《壬癸金石跋》。次年以所藏古泉异品及己卯年所得李宝台古泉，拓本为《古泉薮》，而以日本朝鲜古泉附入其中，集古泉之大观焉。丙午（一九〇六）应端午桥方之招，赴金陵题跋陶斋所藏金石。次年刻《泰山石经峪刻字》六卷。泰山石经峪刻石，今存九百余字。惟字体过大，不便临习，先生乃去其重复之字，缩摹之。而山东邹县城东北小铁山西侧，有北周匡喆《刻经颂》，先生亦于是年刻之。宣统元年己酉（一九〇九），再赴金陵，为端午桥题跋金石碑板。返里后，复刊成辽东凤凰城所出《高丽好大王碑》六卷。又石印《续辑寰宇贞石图》（石印初集在光绪壬午）。次年刻《望堂金石二集》，而《三续寰宇访碑录》十六卷写定未刊。时先生年已七十有二，盖寝食于吉金乐石之中者数十年矣。

（二）地理　咸丰戊午（一八五八）先生年二十。孙玉堂璧文避乱宜都，乃与先生各影绘六严《舆地图》，无间昕夕，先生治地理学自此始。同治初年，先生在京，颇有志斯学，潘孺初、邓铁香实怂恿之。先生与铁香同撰《历代舆地沿革险要图》。光绪丙子（一八七六），东湖饶季音招先生至其家，复增编而刊之。次年倪豹臣为荆州知府，续修府志，延先生为编纂。先生归自海外之翌年（乙酉，一八八五），长洲彭勺庭祖贤修《湖北通志》，以先生任沿革一门。嗣彭公病殁，未蒇事而辍修。乃与门人熊崮芝会贞同起草为《隋书地理志考证》九卷。旋崮芝以亲老辞去，先生乃独任之。增订补校，稿凡五易；补苴罅漏，至于再三，甲午始以全书付梓。次年先生丧母，营葬毕，复发图籍比勘之，增删数万言：此《重订隋志地理志考证》之名所由来也。己亥（一八九九）张香涛之洞总督两湖，电招先生充两湖书院教习，专任地理。次年刻《汉书地理志补校》及《晦明轩稿》。壬寅（一九〇二）改两湖书院为学堂，而别立勤成学堂，以先生为总教长。时先生之《历代舆地沿革险要图》，岁久漫漶，翻本讹谬兹多，乃请熊崮芝任校雠之役，补其缺略，陆续刊印，至晚年始成。甲辰（一九〇四）《水经注疏》脱稿，盖费二十余年之力而成者也。郦道元《水经注》，沈霾千载，至明朱谋㙔（字郁仪，宁献王七世孙）乃为之笺；清全谢山祖望为七校。遗书未刊，同时赵诚夫一清有《注释》，亦未即镌板，戴东原震入《四库》馆，始云以《大典》本校刊，辨明经注混清，删正四五千字（《重订水经注》一百二十五卷，乾隆刻本），嘉庆间赵氏刻本出（《水经注释》四十卷《附录》二卷《刊误》十二卷），而所校与戴氏十同八九，赵氏未见《大典》本，而所据订正者，一一皆出原书，是戴之袭赵，证据确凿矣。先生以郦氏之阃奥，诸家多有未窥，间有郦氏不误而诸家反误者，乃与熊崮芝为之疏，厘为八十卷。凡郦氏所引之典皆标所出，又为《水经注图》以经纬之。先是黄子鸿仪始创为补图，而未闻传世，汪梅林士铎复为之图。顾其学未博，参藉未周。先生则循郦氏步趋，一一与之吻合，开舆地学之新纪元焉。先生之《水经注疏要删》，亦于是年刻成。以《水经注疏》卷帙浩博，故先以《要删》问世。丙午（一九〇六）刻《禹贡本义》。次年勤成学堂改名为存古学堂，以先生为总教。是年刻《三国郡县表补正》八卷。先生以《三国志》无志表，洪稚存亮吉之《补疆域志》二卷，大抵多参己意，未能尽合史文；武进谢钟英为之《补注》，多所纠正，然沿讹者仍不少；吴可园增仅之《三国郡县表》，沿革灿然，出洪谢二家之上，惟亦不免间有遗漏。先生乃为之《补正》，并为之图。越二年刻《水经注疏要删补遗》及《续补》。次年以魏伯起收《北魏地形志》及谢蕴山启昆《西魏书》内多疏略，各补札记一册。是年又开通志局，延先生为纂校。越四年，辛亥事起，先生避居沪上，终日仍校《水经注疏》不倦；惜以卷帙浩繁，迄未能付印也。

（三）目录与辑佚　光绪庚辰之春，何子峨如璋以侍读出使日本，召先生充当随员。先生日游其市上，物色古书。凡板已毁者皆购之；其不可以金币得者，乃以所携汉魏六朝碑板及古本古印以交易之。每得一书，即考其源委，别纸记之，得二十余册，是为异日之《日本访书志》。次年黎莼斋庶昌接任公使，见所为日本访书缘起，谋刻《古逸丛书》，先生搜访愈勤。又得森立之《经籍访古志》，遂按籍求之，且有为森君所不载者数百种。积久，惊人秘册，遂盈筐箧。自壬午（一八八二）起，校刻《古逸丛书》。每刻一书，必先择艺之高者为准绳，余人规模笔法既成，而后始动工。先生精于鉴别，一毫不假借，不待印刷样本，即以白板分优劣。一日先生至工人家，其店主谓：今此十八工人中，有一领袖，请于十八板中一择之。先生寻绎再四，拈一板曰：此当是领袖所刻。于是合座惊叹，欢呼之声不绝。甲申（一八八四），《古逸丛书》凡二百卷成。五月先生返国，赴黄冈教谕任。戊子（一八八八），在黄州以《古诗纪》为蓝本，各著所出，仿严铁桥可均《全上古三代秦汉晋六朝隋文》之例，辑《古诗存》一百二十卷。辛卯（一八九一）补严铁桥《古文存》二十卷。己亥（一八九八）以后，就馆省垣，而图书则仍藏于黄州。辛丑（一九〇一）刻《日本访书志》及《留真谱》。次年成《丛书举要》二十卷。以醇正典雅者为内篇，驳杂鸿博者为外篇，写成待刊。戊申（一九〇八）以《汉书》旧注颜师古多所删削，特辑《汉书二十四家遗注》。又以古地志皆有所受，惜其书多不传，而乾隆间王谟之辑本亦多遗漏，乃辑《古地志》三十二卷。均未写定。《汉书古今人表》，分上中下九等，本多疏略，先生乃为之补正，不分等第，依韵而编次之。又著《汉唐经籍存佚考》，惜未刊行也。

（四）飞青阁刻书及藏书　先生好刻书，除上述各书外，光绪己巳（一八六九）刻《论语事实录》，己卯（一八七九）刻景宋淳熙本《古文苑》九卷，乙酉（一八八五）刻魏默深源之《诗古微》，壬辰（一八九二）刻《邻苏园帖》，癸巳又续之，庚子（一九〇〇）为柯巽庵逢时刻《大观本草》。此外如翟云升之《隶篇》、吴荣光之《筠清馆金石》、黄易之《小蓬莱金石文字》、倪祖模之《古今钱略》，先生皆为之付剞劂焉。先生观海堂藏书大半得自日本，以医籍及朝鲜之书为最多。适值欧风东渐，举国视中籍无足重轻，而先生得森立之《经籍访古志》抄本，其时森君尚存，乃按目索之，其能购者不惜重质，旧籍市价于以大昂。已弃之肉，复登于俎，至今日人尤乐道之，甲申（一八八四）五月返国，尽携之归。戊子（一八八八）在黄州筑邻苏园以储之，自号邻苏老人，以城北为东坡赤壁故也。癸卯（一九〇三）在武昌菊湾又起书楼。辛亥国变，先生仓皇出走，日人寺西秀武请于黎都督，保护其书。民国元年以《水经注疏》尚待校定，乃将所藏图书尽运于沪上。三年，被召入京为参政，其图书亦次第运京。四年一月九日，卒于都中，享年七十有七。其藏书以七万余金鬻诸政府，藏于政事堂，日久颇多散佚。七年冬，徐总统以一部分拨付松坡图书馆，约十之五六。所余者储于集灵囿。十三年秋，余由欧返国，供职国务院，曾以公开阅览进言于黄君膺白。未几黄君去职，事遂寝。本年一月，由国务院拨归故宫博物院保存，储于景山西之大高殿，为故宫博物院图书分馆。余忝任典守之役，得以寝馈于古香古色之间，因记其小传如右。

（原载《图书馆学季刊》第一卷第四期）

序 跋 编

《图书馆学季刊》发刊辞

图书馆学成为一专门科学，最近二十余年间事耳。顾斯学年龄虽稚，然在欧美则既蔚为大国，骎骎乎筦群学之枢键而司其荣养焉。我国他事或落人后，而士大夫好读书之习则积之既久。故公私藏书之府彪炳今昔者，未易一二数，于是目录之学缘之而兴，自刘《略》班《志》以下，迄于逊清中叶，衍而愈盛，更分支派，其缥帙庋藏之法，亦各有颛家。至如类书编辑，肇创萧梁，丛书校刊，远溯赵宋，自尔以来，岁增月益，其所以津逮学子者亦云美盛矣。所惜者宝存爱玩之意多，而公开资用之事少。坐是一切设备乃至纂录，只能为私家增饰美誉，而不适于善群之具。比年以来，学校日辟，自动教育之主旨亦随而日昌，于是图书馆之需要乃日益迫切。承学之士，负笈海外肄精斯学者，与夫国内大学特设专科讲习者，既皆不乏；虽然，以此有限之人才，供今后发展之需求，其竭蹶之形盖不待问。如何而能使斯学普及——使多数人得获有现代图书馆学最新之智识，且谙习其运用，以为改良旧馆增设新馆之资？此国人所宜努力者一也。学问天下公器，原不以国为界，但各国因其国情不同，有所特别研究贡献。以求一科学中支派内容之充实，此则凡文化的国民所宜有事也。图书馆学之原理原则，虽各国所从同，然中国以文字自有特色故，以学术发展之方向有特殊情形故，书籍之种类及编庋方法，皆不能悉与他国从同。如何而能应用公共之原则，斟酌损益，求美求便，成一“中国图书馆学”之系统，使全体图书馆学之价值缘而增重？此国人所宜努力者又一也。同人不揣棉薄，创此季刊，冀以嘤鸣之诚，幸获丽泽之益。海内外好学深思之士，或锡鸿篇，或纠疵误，惠而教之，所愿望也。

（原载《图书馆学季刊》第一卷第一期）

《老子考》序

学术随时代而增进，其园地亦随时代而扩展；当今之世，学者每以个人精力有限，兼习为难，势必分道扬镳，于是专精尚焉。欧美学术界自十九世纪中叶以来，即趋重于专门。盖既尊专门矣，则必于前人研究之结果，先事泛览涉猎，方能继长增高。专科目录缘之而兴，目录之学遂蔚为大国，骎骎乎莞群学之枢键焉。我国载籍浩如渊海，尤有赖于专门目录为之统系贯穿。乃前此之治目录学者，或偏重学术流源，或偏重板本，若夫专门目录之书，朱彝尊《经义考》、谢启昆《小学考》而外，殊不多觏，此今日学者所亟应补救者也。王君重民从余治目录学，近辑《老子考》一书，其书其志均足继朱谢二氏之后。虽资力方有限，未能著录无遗，然其博访穷搜之功，于治斯学者贡献多矣。故乐而为之序。国民十六年七月一日袁同礼。

（原载王重民《老子考》，中华图书馆协会1927年出版）

Preface to *Union Catalogue of Books In European Languages In Peiping Libraries*

In presenting to the public the *Union Catalogue of Books in European Languages in Peiping Libraries*, a few words as to the reasons that have led the National Library to undertake the preparation of the catalogue may not be out of place.

First and foremost, the *Union Catalogue* has been published to enable scholars in China to locate books and periodicals which exist in Peiping, but which are not found in libraries elsewhere, to which they may have immediate access. Naturally, scholars in this city will be benefited most, but with the adoption of the inter-library loan system and the equipment of a photostat machine at the National Library, scholars all over China should profit from this publication. If one will examine a few pages of this volume, he will be surprised to find that much valuable material is to be found in libraries to which he has not hitherto paid any attention.

Besides serving as a tool for scholars, the *Union Catalogue* should also enable the local libraries to develop their resources more rationally. It is generally recognized that one of the most lamentable use of library funds is the unnecessary duplication of valuable but little used research material among institutions in one locality. This is particularly true in the case of back files of periodicals, which are now extremely expensive, made doubly so by the depreciation of silver. Ignorance as to the existence of certain books and periodicals in Peiping has often resulted in expenditures that could have been devoted to other purchases. If the *Union Catalogue* should merely be used by libraries to bring about better coordination among themselves, it will have more than justified the labor and cost put into it.

A card supplement to the printed catalogue will be kept at the National Library, and printed supplements as are required will be issued at intervals.

Acknowledgements of thanks are cordially due to Mrs. T. C. Tai, Librarian of the Peiping Union Medical College, for revising a large part of the German entries, and also to the co-operating libraries, without whose whole-hearted support, the *Union Catalogue* would never have been made possible.

The publication of the *Union Catalogue* has been facilitated by the financial assistance of the National Academy of Peiping. All persons who welcome this catalogue will appreciate the far-sighted generosity of the Academy.

Peiping, March 23, 1931. T. L. YUAN

（原载 *Union Catalogue of Books in European Languages in Peiping Libraries*，国立北平图书馆、国立北平研究院 1931 年出版）

《清季外交史料》序

史料者，史籍之母。有完备史料，然后有可传之信史。晚近以来，国人治近代外交史者实繁有徒，究其取材，每有钞袭旧著，或节译外籍，人云亦云，以讹传讹，其能利用中西之直接史料者盖鲜，则其书之声价，从可知矣。前岁故宫博物院影印《筹办夷务始末》，为外交史学界别开一新生路，然其书仅限于道咸同三朝，后无续辑，阅者憾焉。黄岩王弢夫太常于清季供职枢垣时，曾手录光绪元年至三十年间有关外交之朝廷诏令、疆吏章奏及密电秘稿百余册。其哲嗣希隐就其遗稿悉心雠校，复搜集光绪季年至宣统三年之交涉文件，赓续编入，上承《夷务始末》，下逮民国初元，于是清代之外交史料粲然大备矣。且是编取材不限于存档，凡枢垣进呈留中不发之本，暨外部与各使会议语录，悉经采集，故其内容详赡丰富，较近刊之《中日交涉史料》《中法交涉史料》等书尤为完善。希隐以同礼曾有助于斯举，杀青既竟，征序于余，因念君家是书实为近代外交史之重要文献，若在欧美各国，早经政府为之刊行，乃比岁以来，国家多故，未暇修文，以致此项秘稿湮而弗彰。希隐常叹国家内忧外患至今已极，此中经历程序须有翔实记载，庶几鉴往辙而励来遒，亦今日之急务，乃独力经营，勉成先志，其坚贞不拔之精神诚足令人钦羡，而后之治史者得以藉此辨正世传之谬说，与夫外籍之附会，使当年史实之真相复昭示于来兹，则王氏父子纂辑之功，洵有裨于邦人之肇讨者矣。民国二十二年徐水袁同礼序。

（原载王彦威辑《清季外交史料》，1932 年铅印本）

《观海堂书目》序

宜都杨惺吾守敬氏于光绪庚辰从大埔何子峨如璋出使日本，时值彼国变法维新之际，举国士大夫弃古书如敝屣。杨氏广搜秘籍，日游于市，板已毁者莫不购之，其不可以金帛得者，则以所携汉魏六朝碑版交易之。又得森立之《经籍访古志》，按目索之，且有为森君所不载者数百种，每获一书，即考其原委，别纸记之，是为异日之《日本访书志》。甲申五月返国，舶载而归，我国久佚之书，赖杨氏之力复见于中土，则杨氏保存古籍之功殊不可没也。民国乙卯，杨氏归道山，享年七十有六，其藏书全部以国币三万五千元鬻诸政府。己未，徐总统以一部分拨交松坡图书馆。所余者储于集灵囿，丙寅一月拨归故宫博物院保存，藏于大高殿，为故宫图书分馆，己巳冬移于寿安宫，专室庋藏，公开阅览。今就故宫所藏者由何君澄一编成简目，聊备稽考而已。窃念此目虽非观海堂藏书之全部，然所著录为其他书目所不及者有二：一曰古钞本，二曰医书。日本所传古钞本多存隋唐之旧，其价值当出宋元旧刊之上，今岿然独存而为一般收藏家所未见。至医籍秘本大抵皆小岛学古旧藏，学古三世以医学鸣于日本，藏书之富罕有其匹。今观其所收者，多为各书目所未载，宁非书城之巨封、文苑之宝藏耶？编竣付梓，爰述其梗概如右。民国壬申仲秋袁同礼序于北平。

（原载《图书馆学季刊》第七卷第一期）

《北平图书馆方志目录》序

方志者，地方之史也。疆域建置之沿革，典章制度之变迁，于是焉备。惟自明清以来，各地府州县志虽不乏硕彦秉笔，然僻陋之区往往为功令所迫，因而出于胥吏之手者辞义芜浅，致不为通儒所重，弃置于屋壁山崖者久矣。近今学风丕变，文史道分，凡著述之可资探讨者，不以其辞之不雅驯而轻之。于是学者渐以读方志相倡，中外各图书馆翕然景从，并皆广务搜集，编次专目。本馆自清季成立之初，即由内阁大库拨交方志千数百部（江阴缪氏《学部图书馆方志目》所载即此），又由国子监移藏方志百余部。至民国五年，教育部征集全国方志，凡征得二部以上者拨交本馆一部，计得三百余部，至民国八九年间，由坊间购入者又约百部。民六至民十八，陆续由各地人士捐赠者亦百余部。国府成立，教育部又以前所征得仅有一部者移拨本馆，凡三百余部，此前京师图书馆之旧藏也。北海图书馆自民国十五年开办，陆续购入先后约得五百部，多为京师图书馆所未备。十八年九月两馆合并迄于今，兹陆续购入捐入者凡千数百部，总计都凡五千二百余部。除复出外，计三千八百余种。其中内阁大库旧藏，及近三年来采购范氏天一阁、毛氏汲古阁、陈氏稽瑞楼古地志书，无一非孤本秘籍，开海内外藏家未有之著录。第以本馆创办以来多经改组，此五千余部之方志乃分载于六种书目中（见凡例），因之义例未能划一，阅者病焉。同礼承乏馆事，督率在事诸人重为理董，先汇为一编，然后舛者正之，歧者一之，至于今日而始蒇事，区区之意，或稍偿阅览诸君之愿望尔。校印既成，爰述其缘起如右。中华民国二十二年五月，徐水袁同礼序。

（原载谭其骧《北平图书馆方志目录》，北平图书馆1933年出版；
又载《图书馆学季刊》第七卷第二期）

Foreword to *Libraries in China*

The brochure entitled *Libraries in China* published by the Library Association of China in 1929 was so enthusiastically received by the public, Chinese as well as foreign, that it prompts the Association to put out another one bearing the same title, in order to bring the information up to date.

Furthermore, in commemoration of the tenth anniversary of the inauguration of the Library Association of China, we deem it appropriate to review the progress made by Chinese libraries within a brief span of ten years. Indeed, the year of 1925 will go down in the annals of Chinese library history as an important landmark inasmuch as the Association, serving as a central and coordinating agency, has since contributed a great deal in the promotion and acceleration of library activities in China and in widening the mental horizon of the nation.

This booklet contains mostly general articles on Chinese library conditions, with special reference to the changes that have been brought about within the last decade. While it is true that library facilities in China are far from being perfect, yet a perusal of the articles on different phases of library work will undoubtedly leave one the impression that the Chinese libraries, beset with one handicap or another, have forged ahead, steadily and persistently. The conscientious and pains taking labor of Chinese librarians has indeed contributed greatly toward the advancement of the profession. In presenting this series of articles, it is our intention to bring up some problems which the Chinese libraries are facing and which need immediate solution. It is sincerely hoped that with the publication of this booklet, Chinese library conditions will become better known to similar institutions in foreign countries so that closer and better cooperation between the Chinese and Western libraries can be effected.

T. L. Yuan

Chairman, Executive Committee

August 1, 1935.

（原载 *Libraries in China*：*Papers Prepared on the Occasion of the Tenth Anniversary of the Library Association of China*，中华图书馆协会 1935 年出版）

《国立北平图书馆善本书目乙编》序

民国二十二年春，本馆有增设善本书库之议。筹设之始，先就善本及普通两库旧存清代刊本抄本中，选取其流传至罕而刊刻较精与夫名贤手校精抄者，共得两千余种，其后陆续采购又不下五六百种，因别室贮之，颜之曰“善本乙库”，以别于藏宋元明本之甲库也。二载以还，粗有端绪，仿甲库例，先为简目，以便读者。窃按乙库所藏与甲库殊未可以时代轩轾，约略举之，其重要之资料有五：一曰库藏方志。本馆成立之初，即由内阁大库拨来方志千数百部，大都为清康乾间修《大清一统志》时各地进呈者，二百年来甚少传本，且多经馆臣钩乙删削，盖皆修《一统志》时之底本也。二曰清顺康间《赋役全书》。清代赋役书历朝均有，而乾隆以前所修流传于世者最罕，馆中所藏皆由大库移来，各省均备，足以考见有清初叶经济状况。三曰昇平署戏曲。本馆前购入昇平署剧本，皆乾嘉以降昇平署演习底本，内中大小剧本约五百余种，类多清乾嘉间廷臣所制大本剧曲，如《昭代箫韶》、《昇平宝筏》、《楚汉春秋》、《封神天榜》、《锋剑春秋》、《盛世鸿图》、《征西异传》、《平龄会》等，外间极不易见，每本间有多至二百数十折者，演习一本须经数岁，当时帝室物力之充裕，岁月之闲逸，实可于此窥其大凡，亦近代戏曲史中重要资料也。四曰稿本及批校本。清代学者精于校勘，本馆历年所收之稿本，未刊者为数颇多，如邵晋涵《旧五代史考异》，严可均《说文解字考异》，张澍《姓韵》，汪曰桢《二十四史月日考》、《历代长术》、《推策小识》，焦循《里堂道听录》，管廷芬《花近楼丛书》，罗士琳《音纬》，周广业《循陔纂闻》、《过夏杂录》，雷学淇《竹书纪年义证》，方迈《经义考异》，校本如卢文弨校《四书考异》，许瀚校《尔雅疏》，毛岳生校《元史》，王念孙校《经义述闻》，张廷济校《历代钟官图经》，龚橙校《金石萃编》、《筠清馆金文》等，而李越缦手校书八十余种、王静安手校书百七八十种，尤称巨观。五曰罕传本。本馆陆续收得者如宋绵初《韩诗内传征》，盛世佐《仪礼集编》，胡文英《吴下方言考》，诸以敦《熊氏后汉书年表校补》，陈介祺《簠斋印集》，邢澍《关右经籍考》，法式善《陶庐杂录》，陈梦雷《松鹤山房集》，杨椿《孟邻堂文抄》，李斗《永报堂全集》，沈钦韩《幼学堂诗文稿》，梁廷枏《粤海关志》等，海内尤罕流传。凡此五类，皆承学之士研究文史者所必取资。夫一代学术之兴，往往有待于新材料之发现，地下古器物固无论矣，即图书之流传，亦显晦有时，其间或存或亡，实与学术升降有关。乙库之藏颇富材料性，实近于读书家之藏书，倘世之君子亦稍留意而利用之，则同人等采访典守之微劳庶不虚掷矣。此目为安邱赵君孝孟录绰所编例得书。民国二十四年十二月。

（原载赵录绰《国立北平图书馆善本书目乙编》，国立北平图书馆1935年出版；
又载《图书馆学季刊》第九卷第三、四期合刊）

《现代德国印刷展览会目录》序

欧洲印刷术在十八世纪以前为手工时期，艺术精良，胥赖人力，唯是规模粗具，未足语于印刷工业也。其后蒸汽发明，机械勃兴，印刷业遂利用之以增其效能，昔日人工能为者，今胥以机械代之。迨采用电力，印机之进步愈为迅速，故欧洲印刷技术之改善，实归功于最近三四十年之各种发明。但出品量数虽因之增加，而手工之技能则无由表现，于质的方面不无遗憾，于是乃有复古之运动。英国 Morris 出品实为此项改革运动之代表。欧战以还愈趋积极，所用字模形态百变，于利用机械之中而努力保守手工印刷之美，尤以私家出品为最著，此现代印刷术之特征也。

欧洲活字印刷术，滥觞于德国，历史相沿，进步未已，而自十九世纪末叶以来，德国莱城 Leipzig 实为印刷业之中心，一九一四年在该城举行国际图书展览会，颇极一时之盛。旋由全国书业协会组织一大规模之圕，Deutsche Bücherei，凡德国及其属地所印之刊物，俱以二份保存于该馆，以资观摩。比年以来，印刷术虽受经济影响未能积极改进，而出品之精美，成绩之卓越，已隐然在欧美各国之上，盖风尚所趋，自有其传统的优点也。

尝考我国印刷术，肇始于李唐，发达于五代，至两宋而号称极盛，庆历中毕昇之活字，前夫古腾堡 Johannes Gutenberg 者凡四百年，而我国插图书、五彩套印书，早于欧洲者又若干百年，至今传世诸本，其精美者直是艺林珍品，以视欧洲名作并无多让。至于纸之发明，盛于纪元后二世纪之初，其后千余载，欧洲始展转得其术，与罗盘、火药、印刷共称四大发明，为近世泰西文明展一新页。而印刷发明最早之东方古国，至今反声光日坠，以视其先人且犹不逮，宁不大可哀乎？此所以有现代德国印刷展览会之举。国人览此，庶几足以发思古之幽情，启愤悱于未来耳。

此次展览承德国使馆及德国书业协会之赞助，无任感谢。陈列诸籍胥由该协会所征集，大都足以代表近年来德国印刷术进步之一斑，而欧洲诸国在印刷术上之造诣，于兹亦可窥其大概。邦人君子，幸览观焉。

附展览书籍种类

A 类　印刷术

第一部：关于印刷术及字体学，刊物样本之一般部分。

第二部：百科字典和目录学。

第三部：文学。

第四部：科学、艺术与工程学。

B 类　插图

第一部：一般的插图，自然科学插图，医学插图。

第二部：艺术插图（包括建筑学和照相）。

第三部：工程学插图。

第四部：儿童读物插图。

C 类　珍贵版与私家刻版

第一部：日历、纪念刊等项。

第二部：文学书。

D 类　影印本

E 类　宗教书籍

第一部：圣经的原本与译本。

第二部：祈祷书，赞美歌本，宣讲本，弥撒书。

第三部：家庭圣典，神学书籍。

F 类　关于中国的书籍

（原载《中华图书馆协会会报》第九卷第三期）

《现代英国印刷展览目录》序

欧战以还，英国印刷术有极显著之进步，此可证之于一般出版界之成绩。要而言之，约有数端：

其一，曩时执美术印刷事业之牛耳者，胥赖私家经营，规模较小，今则入于专门印工与规模宏大之出版家之手。私家印刷在英国印刷史上虽其影响至深且巨，但英国一般印刷术之勃兴，且由少数人之手而普及于广大之范围，则大战后之特征也。

其二，现代之机械印刷，殆尽取旧时之手工印刷而代之。手工排印之技能，在 William Morris，Cobden-Sanderson 与 Emery Walker 诸人倡导之下，虽有伟大之成绩，然自大战以后，机械之运用繁兴，于是美术印刷方法遂由手工一变而为机械，不可谓非印刷史上之一革命也。近代机械之运用，其术愈高，而出品亦愈精良，此亦促进现代印刷术进步之一端焉。

其三，各式机械字模之加增，形态百变，于利用机械之中而努力保存手工印刷之美，于英国近代印刷之优良所关甚大。近年以来所制各式字体，如 Granjon，Venezia，Centaur，Arrighi，Blado，Poliphilus，Perpetua，Gill Sans-Serif，Pastouchi，Garamond，Baskerville 及 Fournier 等，皆有裨于印刷之精美，而 Stanley Morison 氏于此尤有殊功，氏为伦敦单体印刷公司 Monotype Corporation 印刷顾问，专究心于仿古字体之规划，印刷家采用此类字模，其出品未有不美观而尽善者也。

其四，近年英国尚新兴一种雕板印刷，雅丽而饶风趣，从事之者如 Blair Hughes-Stanton，Agnes Miller Parker，John Farleigh，Eric Gill，Robert Gibbings，John Nash，A. E. Coppard，R. A. Maynard，H. W. Bray 与 Panl Nash 诸人，对于插图艺术之提倡均有极大之贡献，故书册之装饰，木刻与铜版兼而用之，倍增都丽，实为英国现代印刷术之特色也。

总之，以保存曩时手工印刷之典型者，自以 Kelmscott 与 Doves 两印书馆为翘楚。但今日印刷术复兴之扩大，与印刷兴趣之普遍于一般社会，则欧战以来印刷改革上最著之趋势也。

此次展览，即尽量选择足以代表英国现代印刷之最优出品。展览诸品中以 William Morris 所印 *Child Christopher and Goldilind the Fair* 一书为起首，其书印于一八九五年，为 Kelmscott 印书馆出版，以见近代印刷术与 Morris 氏提倡印刷之关系焉。此外尚有 Morris 所印 *Chaucer* 一书之样本与 Doves，Essex House 及二十世纪初年印刷物数种，余均为大战后之出品，兹一一详列于本届展览会目录焉。

此次展览之目的，盖以示近年英国印书事业之精进，而有以资吾国人士之省览与观摩。夫印刷术为吾国所发明，书籍之镂版，自唐以来，宝刻瑶函，号为极盛，校雠之谨严，行款之疏密，纸墨之精良，印工之慎重，至今展视宋元旧椠，每令人不忍释手，欣快之感，不觉朗诵终篇，非徒发怀古之幽情已也。古称左图右史，其义虽别有说，然观佛教刻经及元明小说，多加插画，盖优美之印刷可以增进读书之兴趣也。吾人近年以来曾举行德国及美国印刷展览，颇为各界所称许，此后自当赓续进行，以鼓励出版界印书事业之改善，与读书界优美印刷之欣赏。此为国人所不注意者久矣，倘因斯举而获得良好之影响，是岂区区所企望者哉。

（原载《中华图书馆协会会报》第十一卷第三期）

《现代中国作家笔名录》序

文人游戏笔墨，往往出于假托，或署别号，而自隐其名；伊古已然，于今为烈，盖亦韬晦逃名之意欤！近年新刊叠出，不著撰人姓名，而仅署别号者，亦数见不尠；图书馆为之著录编目，钩稽检索，诚为匪易。袁君涌进以公余辑成是编，得著者真实姓字五百五十余人，用首字笔画铨其次第，而以别号一一为之附注，又益以索引，俾易翻检，其于编目与供学者参校探索之所需，裨益至巨。倘能更进不已，取明清野史杂剧笔记诸书，悉以其所署异名别号，仍依此例，续纂成篇，则所以益于人者，当更为宏远矣！袁君其有意乎？

中华民国二十有四年二月　袁同礼序

（原载袁涌进《中国现代作家笔名录》，中华图书馆协会 1936 年出版）

《石刻题跋索引》序

晋陈勰撰《杂碑》二十二卷，《碑文》十五卷，为辑录石刻文字之始。宋代欧赵诸公，笃学嗜古，锐意收集，咸有谱录，遂奠金石学之基础。迄乎有清，斯学弥盛，搜访考订，著作如林，金石学遂骎骎焉蔚为大国。至于今日，则益为世人重视焉。盖金石文字，出于当时所作，身与事接，自免讹妄，不似文籍之誊写模印，易致夺误，故以之证文字，考订史籍，皆确然可信；嗜古之士，汲汲于此，良有以也。唯自宋代以还，著述繁多，检索匪易，亟思宜有以统摄之，爰属杨君殿珣，先就记载石刻书籍，制为索引，历四年竣事，共收书百四十种，计得四万条。为便翻检计，分为七类：曰墓碑，曰墓志，曰刻经，曰造像，曰题名题字，曰诗词，曰杂刻。每类之中，时代可稽，则依其时，名物足征，则从其类。有此一书，学者庶可稍省翻检之劳，其有志于此者，亦可藉以窥金石学之门径，此编辑此书之微意也。民国二十六年一月，袁同礼。

（原载杨殿珣《石刻题跋索引》，商务印书馆 1941 年出版）

《国立北平图书馆藏碑目（墓志类）》跋

右历朝墓志目三千四百零七通，附释氏塔铭目七十四通，皆本馆历年征集购置所得。前京师图书馆及福山王氏之藏约十之一，余皆近世邺下芒洛所出，赖郭君玉堂之力，得以入藏。夫志墓之制，昉自两京，而盛于北朝。太和以降，规制方整，文体亦渐趋邃密。下迄李唐，几于贩夫走卒，人尽有志，名德之滥，于斯为盛。读之上足以见先哲之功烈，下足以正旧文之缺失，欧赵所见，洵非虚语。此编所载元魏宗子多至百数十通，唐季宰相世家亦可数十通，读此目者，如仿嘉定钱氏《金石跋尾》例，一一据以引证旧史，则所采获定可突过前贤，此则有待于好学深思之士焉。继此而往，如有所得及其他馆藏墓碑古冢墓文字，当别为目，以与此编并行。为此目者，宁乡范君九峰腾端。范君服务本馆已十余年，工小篆，有邓完白风。其草此目，于疑似及赝品均一一剔除，以归于正，临事不苟，有足多者，因并书之，以谂多士。中华民国三十年七月徐水袁同礼书于香岛般含道之旅舍。

（原载范腾端《国立北平图书馆藏碑目（墓志类）》，上海开明书店1941年出版）

《海外中国铜器图录》序

我国古物历年流失于国外者，不可胜记。近人虽有《海外吉金图录》诸作，乃收藏既不限于一隅，征访更非朝夕所克奏功，偶获吉光片羽，诵览者犹以未窥全豹为有憾也。民国二十三年适有欧美之行，爰从事调查列邦所藏之中国古器物，稿已盈尺，未克刊布。二十五年复承中央古物保管委员会之委托，乃继续征集；本拟将影片记录，分类刊行，工作未竣而卢沟变作，进行事宜胥受影响。本年春乃将铜器部分重行整理，并承陈梦家先生之赞助，编成图录，分集印行，今后仍当继续采集，蕲成全帙。先民遗物，纵不获睹其真形，亦应识其影象，承先考古，因质见文，非仅为艺术玩赏而已。惟是散布既广，兼有迁移，展转访征，颇需时日；且原器之款识文饰，既不获一一摄取，色彩斑斓，合金成分，又非影片所克具传，安得遍叩公私藏家之门，而一一为之摩挲鉴别耶？是可憾也。然海外诸收藏家不秘所藏，惠然示以影片，俾斯集得以印行，其盛意良可感矣。民国二十九年六月袁同礼

（原载陈梦家辑《海外中国铜器图录》第一集，商务印书馆1946年出版）

Introduction to *Economic And Social Development of Modern China: A Bibliographical Guide*

This compilation is in no sense a complete bibliography on China's economy. Within the necessary limitation of space, it is intended merely as a practical guide through the maze of publications dealing with the various aspects of the economic development of modern china. Accordingly, it includes only the essential titles available in leading American libraries.

The scope of this bibliography is limited to monographs and pamphlets published in English, French and German from the beginning of the present century down to the end of 1955. It should be noted, however, that owing to the delay in the receipt of French and German publications it has not been possible to include all their contribution issued in the final months of 1955.

For one reason or another, a number of publications issued in China are not found in American collections. This is especially true in the case of periodicals, the holdings of which are not quite complete in this country. Since it has not been possible to check with the collections in mainland China, the terminal dates assigned to certain Chinese serial publications should be considered tentative.

During recent years periodical literature has grown to voluminous proportions and is perhaps more important for research than monographs. Isolated in hidden places and harder to control than book titles, periodical articles should be assembled to make up a supplement to the present work. Only in this way can complete documentation be made available.

In connection with the study and research on China's economy, the need for a systematic bibliography has long been felt and its absence has proved a great handicap to students and investigators. In compiling the present bibliography, I have specially kept in view the needs of these students. If it facilitates their study of the subject, my labors will be amply rewarded.

As Chinese authors follow different schemes in the transliteration of their names, to identify them is by no means an easy task. For those already identified, their names in Chinese characters are to be found in the Index. As I am fully aware of the defects of this preliminary survey, any information concerning unidentified authors, or any suggestions and criticisms which users of this volume may offer, will be gratefully appreciated.

I am deeply grateful to the Human Relations Area Files. Inc. , under whose auspices this bibliography is being published. I am under great obligation to Dr. Milton, Dr. Graham and Dr. C. T. Hu whose encouragement and counsel contributed so much to the completion of this survey.

Lastly, I wish to take this opportunity to pay a tribute of gratitude to Messrs. Kungtu C. Sun, D. K. Lieu, K. T. Wu and Chia-pi Hsü for valuable suggestions and for identification of Chinese authors.

Tung-li Yuan

Washington, D. C.
March 25, 1956

(原载 *Economic and Social Development of Modern China*: *A Bibliographical Guide*. New Heaven: Human Relations Area Files, 1956)

Preface to *China in Western Literature*

The first edition of Henri Cordier's monumental *Bibliotheca Sinica*, published in two volumes between the years 1878 and 1885, represents the first systematic attempt to record western publications on China from the sixteenth century to the eighties of the nineteenth century. A supplement published in 1895 lists such literature to the end of 1894. That Cordier's work filled a substantial need is attested by the fact that within a few years the first edition was exhausted. Considerably enlarged and revised, a second edition in four volumes was published between 1904 and 1908; and a supplementary volume appeared in 1924.

The need for a continuation of Cordier's bibliography is obvious—all the more so because there has been a vast output of sinological studies, in recent decades, studies often unknown even to specialists. The present work is intended to fill this need.

The scope of this continuation is limited in several respects: it is restricted to the period from 1921 to 1957; it does not include articles in periodicals unless they were issued subsequently as independent monographs; it comprises only works in English, French and German; an exception being made for Portuguese, a language rich in works on Macao. Chinese texts with added titles in western languages, such as the Harvard-Yenching Sinological Index series, are generally excluded. Maps and charts are omitted because they require special treatment. Notwithstanding these limitations, the bibliography represents a comprehensive survey of all types of writings on China, with no attempt to select or reject, but rather, to record and describe.

It would have been a great help to investigators had it been possible to list articles in journals, for these are fugitive in character and often appear in unexpected places. Indeed, an effort was made in this direction, the labor being apportioned between my friend the late Dr. Cheuk-woon Taam and myself. While I was concentrating on monographic publications, he recorded articles in journals. Furthermore, we adopted a similar classification with a view to publishing the two bibliographies simultaneously. But Dr. Taam's untimely death on October 20, 1956 not only deprived me of his valued collaboration, but also prevented the carrying out of our plan. It is now my earnest hope that support may be found to bring his labors to fruition.

In the past thirty-five years, an increasing number of Chinese authors have written about China in western languages. But since their names do not generally appear on the title pages in Chinese characters, it is often very hard to identify them. The difficulty is increased by the natural desire of Chinese authors to romanize their names according to the sounds in their own local dialects. Furthermore, those who studied in France or Germany frequently adopted the French or German systems of romanization. To overcome this difficulty, efforts have been made to make a clear identification of all Chinese names, irrespective of the way they happen to be spelled. This is done by inserting the Chinese characters beside the romanized form, It is hoped that this more precise identification will be of help to students of Chinese studies and to librarians for the years to come.

In the catalogs of American and English libraries, Chinese names are usually romanized according to the Wade-Giles system as established in H. A. Giles' *Chinese-English Dictionary*. But since this system seems to many Chinese authors not to represent properly the pronunciation of their names, the forms adopted by the authors themselves are accepted for the main entry in the present work. Any readers, however, who have access to the printed catalog cards of the Library of Congress will find there the names of these authors with the Wade-Giles romanization added in parentheses.

However great the debt we owe to the labors of Cordier, it has long been recognizd that his scheme of classification was far from satisfactory. Hence, on the advice of a number of scholars, I have arranged the titles under broader subject groups in the hope that readers may find more readily the items desired. The geographical divisions, designed as they are for convenience, should not be taken too literally. For example, works on archaeological discoveries at Tunhuang are grouped with those under Sinkiang rather than under Kansu. It stands to reason that such classifications must be arbitrary, hence it is not expected that every reader will fully agree with them.

The bibliographical data comprising this work were collected at the Library of Congress and at twenty other leading libraries in the United States. Subsequently, search was made in London, Oxford, Cambridge, Paris, Frankfurt, Marburg, Munich, Zurich, Berne, Brussels, Leyden, and The Heague. The cordial assistance which I received from librarians of these institutions promoted the fulfillment of my task, and will always be remembered with gratitude. Titles not found in the above-mentioned depositories were culled from various national bibliographies. In particular, the National Union Catalog at Washington was a continual help, and greatly facilitated the work of checking.

Efforts have been made to render the entries complete in every detail, only the dimensions of the books have been omitted. In a work of this range and detail, omissions and misprints are inevitable. Despite every effort to be inclusive for the years treated, titles unknown to the compiler will doubtless be found. Any corrections and additions will be gratefully received, for it is hoped that important omissions may appear in a supplementary volume. The present work is to be regarded as no more than the first step in an unfulfilled task and a modest contribution toward a more thorough and systematic study of China.

Obviously, a work of this magnitude could not have been brought to completion without the help of many scholars. It is with sinere appreciation that I express my gratitude to Dr. Arthur W. Hummel and Dr. Hu Shih for their inspiration, guidance and continuing interest. I am indebted to Dr. Horace I. Poleman, Chief of the Orientalia Division, and Dr. Edwin G. Beal, Head of the Chinese Section in the Library of Congress, for their advice and constructive criticism. Grateful acknowledgement is due to Dr. L. Quincy Mumford, Librarian of Congress, and Mr. Verner W. Clapp, President of the Council on Library Resources, Inc. for their encouragement. In particular, I wish to record my indebtedness to Dr. A. Kaiming Chiu, Librarian of the Chinese-Japanese Library at Harvard University; Miss Gussie Gaskill, Curator of the Wason Collection at Cornell University; Miss Ruth Lapham Butler, Custodian of the Newberry Library; Dr. Rudolf Löwenthal of Georgetown University; and F. W. Paar of the New York Public Library; who generously verified many bibliographical details. I must express my gratitude also to Mr. Beverley H. Brown, Dr. J. M. Coopersmith, Mr. Nathan K. Kaganoff, Mr. Russell Le Gaer, Dr. Walter H. Maurer, Mrs. Grace E. M. May, Mr. Peter Petcoff, and Dr. K. T. Wu, my colleague at the Library of Congress, for their invariable and generous assistance. For help in identifying Chinese authors, I wish to express my appreciation to Professor Chen Chou-Yi of the Claremont Graduate School; Professor Franklin L. Ho of Columbia University; Dr. Tch'en Hiong-Fei of the Chinese Embassy, Paris; Mr. Frank Tao of the Chinese News Service; Mr. Tao Pung-Fei of Los Altos, California; and Mr. Chia-pi Hsu of the East Asiatic Library at Columbia University.

In the course of my researches in Europe, I incurred obligations to Professor Walter Simon of the School of Oriental and African Studies, University of London; Mr. A. F. L. Beeston of the Bodleian Library; Professor Charles R. Boxer of the King's College, University of london; Professor Paul Demiéville of the Collège de France; Madame Marie R. Guignard of the Bibliothèque nationale; Madame Collette Meuvret of the Ecole nationale des langues orientales vivantes; Dr. W. Seuberlich of the Westdeutsche Bibliothek; Dr. Walter Heissig of the Universität Göttingen; Dr. Wolfgang Franke of the Universität Hamburg; Dr. A. F. P. Hulsewe of the Sinologisch Instituut at Leyden; and Dr. Gosta Montell of the Statens Etnografiska Museum at Stockholm, who responded cheerfully to my inquiries and requests. They saved me from many errors and their counsel and encouragement materially lightened my work.

My acknowledgements would be incomplete if I did not mention the assistance I received from the Osterreichische Nationalbibliothek, the Bibliothèque royal de Belgique; the National Library of Canada; the Commonwealth National Library at Canberra; the Raffles Library at Singapore, the National Library of India, the National Library of Philippines; the National Central Library at Taipei; the National Diet Library at Tokyo and the Library of the University of Hong Kong. To their directors and staff, I extend my hearty thanks.

To the Rockefeller Foundation, I am under a great debt of gratitude for the generorus support which enabled me to spend a year in Europe. The China Foundation furthered the completion of this work by several grants; to the Trustees of that Foundation, I express my grateful appreciation.

My obligation is great to Professor Serge Elisséeff, Director of the Harvard-Yenching Institute, and to Dr. Chang Chi-yun, Minister of Education, Republic of China, for substantial help in securing a subsidy toward the cost of printing.

A special word of acknowledgement is due to Professor George A. Kennedy, Director of Far Eastern Publications, Yale University, who took pains to see the bibliography through the press. In particular I wish to express my heartfelt thanks to Mr. and Mrs. Toshio Kono for their constant and invaluable service in expediting the production of this volume. To Mrs. Patricia Fleischer and Mr. George C. Hatch, Jr. I owe a special debt for their help in typing and reading proof. Mention should also be made of the assistance of my son, Cheng Yuan, who from time to time made valuable suggestions.

Finally, I must acknowledge the forbearance of my wife, Hui-Hsi Yuan, who saw me through the more difficult stages of research and who rendered valuable assistance in the preparation of the Index. Without her understanding help, this bibliography could hardly have been completed.

Tung-Li Yuan

（原载 *China in Western Literature*: *A Continuation of Cordier's Bibliotheca Sinica*. Yale University, 1958.）

Preface to *Russian Works on China 1918 – 1960*, *in American Libraries*

The increasing importance of Sino-Russian relations is ample justification for a bibliographical guide to Russian works on China which have appeared since the October Revolution. The phenomenal growth of Russian interest in China makes it difficult for the Western scholar to keep up with the current output of Russian literature in this field. The present compilation represents a modest attempt to acquaint the reading public with the wide range of sources that are now available for serious study.

The contribution of Russian scholars to an understanding of China has been conspicuous; but their studies remain unknown in many academic circles mainly perhaps because they are written in a language not yet widely read. In view of this limitation there is need for a systematic Russian translation program. The present compilation meets this need in part; available translations are indicated under a number of authors. Russian translations from other languages are also cited.

As a practical guide to Russian monographic publications dealing with China, this bibliography is limited to items issued between the years 1918 and 1960. It has not been possible, however, to include all the publications issued in the final months of 1960, owing to acquisition delays by American libraries.

Originally designed as a supplement to my work *China in Western Literature*, this bibliography was started in 1953 at the Hoover Institution, Stanford University, then known as the Hoover Institute and Library. Quite a number of items were selected from that collection, as well as from the University of California at Berkeley and Los Angeles. Since then, I have kept it current by culling additional titles from the Library of Congress, the New York Public Library, the libraries of Chicago, Columbia, Harvard, Indiana, Johns Hopkins, Pennsylvania, Princeton, and Yale universities. Although the present work reflects the holdings of major libraries in the United States, the record can in no sense be considered complete owing to the rapid growth of new materials being added to their collections.

For convenience of classification, the entries are grouped by subject matter under six main divisions in accordance with specific areas of Russian interest: (Ⅰ) China proper, (Ⅱ) Northeastern Provinces, (Ⅲ) Mongolia, (Ⅳ) Sinkiang, (Ⅴ) Tibet, and (Ⅵ) Taiwan. All entries are made in accordance with the Library of Congress rules for cataloging and transliteration. For Chinese names, the Wade-Giles system of romanization has been followed. Cross references from Russian names and titles to their English equivalents are found in the Index. Whenever possible, the full name of the author and his dates are given. For each entry, only the latest edition is cited, the dates of earlier editions being indicated in the annotations.

Considerable pains have been taken with bibliographical details. Chinese characters are inserted to help identify Chinese names and titles. I have not attempted to translate the names of publishers since this serves no immediate purpose.

In the preparation of this volume, I have had advice, guidance, and encouragement from a number of my colleagues in the Library of Congress. In particular, I wish to thank Mr. Peter Petcoff who followed the project from its inception and whose unfailing interest and counsel contributed much to its completion. I am also under great obligation to my friend Dr. Rudolf Loewenthal who was kind enough to give me the benefit of his wide knowledge of Russian bibliography and who, despite his many other duties, read the manuscript in its entirety and made many helpful suggestions. To Mrs. Nina Peacock I owe a special debt for her care, competence, and perseverance in the preparation of the final manuscript. Her assistance in translations, in proof-reading, and in preparing the Index deserves particular recognition.

A portion of the bibliography dealing with Chinese history and culture originally appeared as an article in the *Monumenta Serica*, vol. XVIII (1959). I am grateful to its editorial board for permission to reproduce it in the present volume.

The completion of the project was made possible by a grant for travel from the Association of College and Research Libraries, whose Executive Secretary is Mr. Richard Harwell. To its Committee on Grants, expecially to the Committee's Chairman, Mr. Robert W. Orr, I express my gratitude. For a publication subsidy, I also owe sincere thanks to the Joint Committee on Contemporary China of the American Council of Learned Societies and the Social Science Research Council.

TUNG LI YUAN

Washington, D. C.

(原载 *Russian Works on China 1918 - 1960*, *in America Libraries*, Yale University Press, 1961.)

Preface to *A Guide to Doctoral Dissertations by Chinese Students in America, 1905 – 1960*

The purpose of this compilation is to provide a complete record of the doctoral dissertations submitted by Chinese students, and accepted by American universities, between the years 1905 and 1960. Although these dissertations represent a permanent contribution to scholarship, only a limited number of them have been published in book-form, in periodical literature, or on microfilms; the rest are in typescript and therefore remain relatively unknown.

The importance of making these studies known is self-evident, for they not only give an indication of the academic interests of the students themselves, but also reveal which of the dissertations are already available for consultation. Moreover, a knowledge of their availability helps to prevent unnecessary duplication by future doctoral candidates.

During the past fifty-five years, more than three thousand Chinese students have reached the coveted goal of academic training in the United States. The high degree of specialization which the efforts of these young men and women reveal is impressive especially when it is remembered that they wrote in a language they had to acquire. Theirs is indeed a record of scholarly achievement of which China can be proud.

In compiling this record, I have used for my principal source the commencement programs of the universities concerned. In addition, I have consulted the following: (a) printed and typewritten lists of doctoral dissertations; (b) abstracts of dissortations published by various universities; (c) *L. C. Lists of American Doctoral Dissertations*; (d) *Doctoral Dissertations accepted by American Universities*; (e) *Microfilm Abstracts*; and (f) *Dissertation Abstracts.*

My original intention was to include the following details for each entry: (a) author's name in full; (b) his Chinese name; (c) his year of birth; (d) title of the degree; (e) institution awarding the degree; (r) date of the degree; (g) title of the dissertation; (h) pagination; (i) illustrations, plates, diagrams, etc; and (j) the name of the publisher or the journal , if published in whole or in part. But since many universities do not give full descriptions of their dissertations, and since it has not been possible to examine every one of them, many of the entries fall short of this intention. Consequently, I have reluctantly decided to omit pagination and other details of collation.

Thanks to the introduction of microfilms, many dissertations completed after 1938 are now more readily available. University Microfilms, Inc, at Ann Arbor, Michigan, publishes abstracts of filmed dissertations through its regular publication, *Dissertation Abstracts* (known from 1938 to 1951 as *Microfilm Abstracts*). Libraries and individual scholars may order positive microfilms made from the original negatives at a modest cost. Dissertations available on microfilms are designated in this volume by the symbol DA (*Dissertation Abstracts*) and MA (*Microfilm Abstracts*). For axample, DA v. 15, p. 1044 indicates that an abstract of the dissertation in question appears in *Dissertation Abstracts*, vol. 15, p. 1044. Readers can readily locate these abstracts if they have access to these two publications.

Although more than three thousand Chinese students have received doctorates from American universities, a number of professional degrees such as M. D., J. D., D. M. D., D. D. S., D. D. Sc., D. V. M., D. V. S., D. Phar., D. V. S. C., etc. are conferred without dissertation requirements. Insofar as we can ascertain, Yale University is one of the few institutions at which dissertations are required for the M. D. degree; these are therefore included.

The present listing begins with the late Dr. Wang Chung-hui (D. C. L. Yale) and the late Dr. Yen Chin-yung (Ph. D. Columbia), both of whom were awarded their doctorates in 1905. As the following pages' show, the number of doctorates has steadily increased since 1930 with a marked rise after 1949. Altogether 2789 dissertations are registered in this compilation. They are arranged under two broad classes: (1) the humanities, social, and behavoral sciences, and (2) the physical, biological, and engineering sciences. Within each class, the entries are arranged alphabetically by author. Women who were married either before or after they obtained their degrees appear under their married names, with cross references from their maiden names. In addition, there is a listing of 28 doctoral dissertations submitted by Chinese students and accepted by Canadian universities.

Two appendixes contain: (1) a listing of the recipients of honorary degrees conferred by Chinese and foreign institutions of higher learning, and (2) statistical tables of degrees granted by institution and field of study. It is hoped that this additional data may be of some interest to the academic world.

As the work of listing proceeded, a special difficulty arose, namely, in the identification of Chinese name; for no standard system of romanization has become universal, and not a few authors romanized their names according to the dialects of their localities. Then, too, the absence of reference books made the task doubly frustrating. With the exception of four directories of Chinese students for the war years, published by the China Institute in America, and the current series of student directories, compiled by the Office of the Cultural Counselor of the Chinese Embassy at Washington, no comprehensive directories of Chinese students in America (giving their names in Chinese characters) have ever been published. In view of these limitations, one can readily see how difficult was the task of identifying the author's Chinese names.

In any compilation of this nature, cmissions and errors are inevitable. I shall be grateful for any suggestions, in order that corrections may be made in any addendum to a future edition. It is hoped that the Guide will be kept up to date by supplements from time to time.

The editorial work could not have been accomplished without the cooperation and assistance of many friends and institutions. My debt to each of them can scarcely be repaid by a simple acknowledgment. In particular, I have been aided by the encouragement and counsel of Dr. Arthur W. Hummel and Dr. P. W. Kuo, President, and Vice-President respectivelt of the Sino-American Cultural Society under whose auspices the work is published. To Dr. Tsao Wen-yen, Cultural Counselor of the Chinese Embassy, and to Messrs. Chu Yao-tsu and Bao You-yu, I am indebted for other aid and cooperation. I owe also a special debt to Mrs. Nina Peacock who spent many hours in preparing the final manuscript, in checking details, and in proof-reading. I wish to thank her here for her unremitting labor and efficient assistance.

Finally, I wish to express my thanks to the Trustees of the China Foundation for a travel grant which enabled me to bring the work to completion.

Tung-Li Yuan

(原载 *A Guide to Doctoral Dissertations by Chinese Students in American, 1905 – 1960*. Washinton: Sino-Ameriean Cultural Society, 1961.)

《新疆研究文献目录》序

新疆古称西域，久为我国西北之屏障。十九世纪以还，中原多故，战乱频仍，塞外边陲，鲜暇顾及。英俄两大强邻凭借其政治经济之力，角逐于葱领内外，举世属目。欧美学者遂移其视线转向中亚一带，探讨史地，实地考查，勒成巨帙。新疆一隅因此成为各种科学研究之宝藏。

一九〇〇年斯坦因亲历其境，富于收获，以成其巨卷。次年大谷光瑞继之，获古语文书多种于库车，为学术上扬其异彩。一九〇八年及一九一〇年橘瑞超两次入新，所获尤称丰富。于是西域史地语言之研究，在东邻学术界树其壁垒，焕若列星。一时笃学之士，先后多所发明，其间如白鸟库吉、桑原隲藏、羽田亨、石田幹之助、石滨纯太郎、松田寿男、伊濑仙太郎诸氏之著述，征考文献，贡献尤富。除一部分之专著已译成中文外，其他则散见于各学术期刊及还历祝贺集之内，国人殊鲜注意，不无遗憾。

余对新疆研究素感兴趣。鉴于他人知我，胜于我之自知，涉猎所及，随笔记录，日就月将，篇帙遂巨。久拟编制书目，俾承学之士有所稽寻。惟以海外资料不备，未克窥其全豹，中心弃置，欲罢未能。去冬请益于石田幹之助教授，荷蒙赞许，并介渡边宏君从旁协助，赓续纂辑，七阅月而书成。石田教授精通史学及中亚语言，文章翰墨蜚声士林，霑溉学者，毋俟缕述。渡边氏为其高足，学有本原。所辑《伊斯兰记事目录》，参稽群籍，条贯分明，探究伊斯兰文化者得此如登初桄，可以扶梯直上。今余赖两君之助，克偿夙愿，欢欣鼓舞，匪言可宣，爰于卷端，虔致谢悃。好学深思之士因类以求，此目实为津逮，并可窥见东邻学者研究中西文化之总绩，从兹发扬而光大之，此则余所馨香企祷者也。

除此目外，另将有关新疆中西文献各列一篇，分别印行，俾研究人士，资以致力而无暗中摸索之苦。惟率尔成篇，罅漏犹多，倘荷当代明达进而教之，感恩幸甚。

袁同礼

一九六二年八月华盛顿

（原载袁同礼、渡边宏《新疆研究文献目录：1886—1962（日本文本）》，袁同礼东京1962年印行）

重印《西疆交涉志要》序

新城王晋卿树枏先生总纂《新疆图志》，都一百十六卷，二百余万言，诚晚清编纂省志中之巨制。其中《交涉志》六卷，出钟声叔镛先生之手，旧题《西疆交涉志要》。清宣统三年，金息侯梁为之刊行，流传未广。余旧藏本及钟氏自印之《湖滨补读庐丛刊》，均得之于沪上蟫隐庐。抗战播迁，藏书星散。今春忽得此书于东京书肆，俨然金氏故物也。持与《图志·交涉志》校，文字颇有出入，盖此为原稿而《交涉志》则经删改后始行列入者也。钟氏又字笙叔，号愻盦，晚名广生，杭县人，光绪十九年举人。清末以事下狱，遣戍新疆，被邀参与编纂省志之役，除《交涉志》外，并撰《新疆职官志》、《新疆志稿》等。《图志》卷首所载纂校衔名，列其为“前五品警官”，盖记实也。当其荷戈西陲，疚心国难，采集交涉史实，穷其原委，于他人略不厝意之端揭其窍要。于边防、国界、订约、设领诸大端，记载翔实，首尾俱备。凡中俄交涉得失之林，成败之迹，昭然在是矣。美国国会图书馆及胡佛图书馆各藏有民国三年排印本，题“伏羌吴棣芬撰述”，前有甲寅六月黄安李云庆序，行款文字与此本同。除删去金梁序文及著者例言外，无所增益。较金氏本晚出三载，盖赝本也。金梁，辽宁铁岭人，著有《奉天古迹考》、《盛京故宫书画录》、《辛亥殉难记》、《满洲老档秘录》、《瓜圃丛刊叙录》及《续编》、《光宣小纪》、《光宣列传》、《清宫史略》、《清帝外纪》、《四朝佚闻》等书。复主印《清史稿》之“关外本”，其言论义例盖忠于清室者也。民国十三年废帝溥仪出宫，余奉黄膺伯郛先生之命，参加清室善后委员会，以故宫文物筹设图书博物两馆。翌年七月，余等揭发金梁密谋复辟文件，举世属目。今重印其校定之本，乃谋史料之传播，而不以人废也。又念钟氏之书与王氏《新疆国界图志》，互有发明，爰付铅椠，以广流传。今后研究中俄关系者，对于条约之起原，交涉之本末，益有所据，而近代史实亦可赖以保全，此则区区之微旨也。民国五十一年十一月袁同礼。

（原载《新疆研究丛刊》第七种《西疆交涉志要》，台湾商务印书馆 1963 年出版）

《中俄西北条约集》序

吾国边疆东北西三面悉邻俄，蜿蜒数万里。自尼布楚订约以还，每划分边界，吾国土咸蒙浩劫。俄人明侵暗占，官书记载，斑斑可考。而时贤著述，趋重东北。新疆一隅，殊鲜探讨。查咸丰元年西北之交涉，为俄人与地方政府直接谈判之始。其意不仅在通商，乃在边界调查，借以开拓疆土也。咸丰十年中俄续约第二款云："西疆尚在未定之交界，以后应顺山岭大河之流，及现在中国常驻卡伦等处及一千七百二十八年即雍正六年所立沙宾达巴哈之界牌末处起，往西直至斋桑淖尔湖，自此往西南，顺天山之特穆尔图淖尔，南至浩罕边界为界"，缘是巧取豪夺，加我桎梏，实为不平等条约之厉阶。同治三年塔城订立《勘分西北界约》，因此款之羁缚，乃为城下之盟。将"常驻"卡伦以外之土地，一并划归于俄。按卡伦向分三等，有"常驻"、"移设"、"添设"之分。"常驻"卡伦为永远驻守之地。余则暖则外展，寒则内移，进退盈缩，或千里或数百里不等。原为禁止游牧人私行出入，固无关于界址也。循是以往，失地愈多。因塔城之约，而有同治八九年勘界之约。因光绪七年改订之约，而有翌年各段分界牌之约。因喀什之约，而有光绪十八九年勘分帕界之纠纷。前后立约十余次，莫不互为因果。中枢既昧于外情，复胁于强力。定界者既不谙边防地理，又未能详细履勘。以致地图红线，多出自俄人之手。立约既定，无以自拔。此我西北失地之痛史，可为太息流涕者也。民国二十三年，余衔命访俄，俄派西夏文专家伊凤阁博士款接。余屡请检视中俄条约底本，均婉辞谢绝。年来翻阅俄外部编印各种条约集，凡关于我西北边界者多不登录。岂因地方性之协定，弃而不取耶。窃念此类约文关系至大，前车已逝，来轸方遒。倘无真实记载，何从昭示来兹。爰于治事之暇，采集有关资料，订讹补阙，都为是编。与王氏《新疆国界图志》、钟氏《西疆交涉志要》，同付剞劂，俾学人手此一编，而知其得失兴衰之概，而今后谋国者，惩前毖后，亦有所取资焉。一九六二年十月袁同礼。

（原载《新疆研究丛刊》第四种《中俄西北条约集》，袁同礼1963年印行）

Preface to *Bibliography of Chinese Mathematics, 1918 – 1960*

An eminent French analyst of the 20th century once stated that the only history of mathematics that would have meaning to a mathematician would be a compilation of thousands of technical papers. If this is so, the present bibliography should contain the essence of an approach to the history of modern mathematics in China.

That mathematics is making rapid advances in China is made manifest by the increasing abundance of the available literature. Dr. Chia-kuai Tsao's *Bibliography of Mathematics Published in Communist China during the Period 1949 – 1960* (American Mathematical Society, 1961) gives a picture of current mathematical activity in mainland China. To assess the significance of this growing output one should have some knowledge of the mathematical achievements prior to the Communist regime in 1949. In the interest of securing a truer perspective of the development of mathematics in China in the 20th century, I have undertaken the preparation of the present volume. The task has been a welcome one, partly because of my interest in scientific information and documentation, but primarily through personal association with many Chinese mathematicians whose significant contributions in the fied have won admiration and respect.

Mathematical activity in China received some stimulation during the twenties and thirties from the basic training given in Chinese universities. Advanced students of mathematics were sent to Japan, Europe and the United States for further training and were encouraged to publish their papers in western journals. Despite the havoc produced in the scientific and cultural life of China by the Japanese invasion of 1937 – 1945, mathematical studies continued to flourish, aided in part by the regular arrival of western scientific journals in free China via Indo-China and the Burma Road. When the flow of these journals ceased because of the closure of these routes, scientific research was able to continue through the assistance of the U. S. Department of State and the British Council, which sponsored a microfilm program administered by the International Cultural Service at Chungking, the compiler of the present bibliography serving as its Executive Secretary. Through the same channels a regular transmission of Chinese scientific papers for publication in the West was organized. This two-way traffic in scientific literature explains how it was possible for a large number of mathematical parpers to be published abroad at a time of national crisis.

Although scientific contacts with the West stimulated mathematical teaching, the major factor in broadening mathematical research was the founding of mathematical institutes in leading Chinese universities and the regular publication of science reports and journals. In 1946 under the direction of Professor Shiing-shen Chern, the Institute of Mathematics of the Academia Sinica was founded. In spite of its short duration, the Institute trained a number of young scholars who later contributed papers of great originality. In 1950 the Institute was reorganized in Peking and its journal *Acta Mathematica Sinica* has appeared regularly since 1951. During recent years an Institute of Mathematics of the Academia Sinica at Taipei, Taiwan, headed by Dr. Chih-bing Ling, has continued the work of its predecessor.

The output of mathematical literature has become so great that even specialists find it difficult to keep abreast of all the relevant literature in their own fields. In bringing together scattered research studies in this field, I hope to present a full cross-section of the various branches of mathematical research to which Chinese mathematicians have contributed. In addition to the writings of professional mathematicians, I have also included a selection of papera by mathematical workers in related fields such as elasticity, fluid mechanics, quantum mechanics, hydrodynamics, thermodynamics, computing mechanics, applied statistics, etc.

The present bibliography is limited to monographs and papers published in western languages during the period 1918 – 1960. The year 1918 was noteworthy because the first Ph. D. thesis by a Chinese mathematician, the late Dr. Hu Min-fu Tah 胡达（明复）appeared in a Western journal, the *Transactions of the American Mathematical Society*. In compiling this record I have consulted leading mathematical journals as well as the abstracts that have appeared in such journals as *Mathematical Reviews*, the *Jahrbuch über die Fortschritte der Mathematik*, the *Zentralblatt fur Mathematik*, and the *Referativnyi Zhurnal Matematiki*.

The present work would not have been possible without the cooperation of many friends. I am indebted in particular to Dr. Shiing-shen Chern, Professor of Mathematics at the University of California, and to Dr. Chih-bing Ling, Director of the Institute of Mathematics, Academia Sinica, Taipei, Taiwan, for their constant aid and encouragement. I am grateful to the staffs of the National Academy of Sciences, the U. S. National Bureau of Standards, and the Fine Hall Library at Princeton for checking certain bibliographical information. Finally, I should like to express my gratitude to the American Mathematical Society for a grant-in-aid for the preparation of this bibliography.

Tung-li Yuan 袁同礼

Washington, D. C.
March 15, 1962

（原载 *Bibliography of Chinese Mathmatics, 1918 – 1960*. Washinton, 1963）

Preface to *A Guide to Doctoral Dissertations by Chinese Students in Continental Europe, 1907 –1962*

This work is a sequel to the two previously published guides to doctoral dissertations, one submitted by Chinese students to universities in the United States, the other, to universities in Great Britain. * It is hoped that, with the additional information provided in this volume, the academic work of Chinese students abroad will become better known and the intellectual kinship between China and the West be better understood.

In the period between the two world wars thousands of Chinese students flocked to Europe to attend various institutions of higher learning. Following a policy of *laissez-faire*, the Chinese government left the choice of universities to the students themselves. Among the great number who went not a few completed the requirements for the doctorate, as this work shows.

European universities, as a rule, grant academic degrees in five traditional faculties: Arts, Sciences, Law, Medicine, and Theology. In Germany, the most common degree in the legal, medical, and philosophical faculties is still only the doctorate (*Dr. Jur.* , *Dr. Med.* , *Dr. Phil.*), the majority of students taking the degree under the faculty of philosophy. Modeled after the university degrees, is the title of Doctor of Engineering (*Dr. Ing.*) -conferred by the technical high schools. In recent years there is a tendency to add new designations such as *Dr. rer. pol.* (Political Science), *Dr. rer. eco.* (Economics) *Dr. rer. nat.* (Natural Science); *Dr. rer techn.* (Technology). In France, the doctor's degrees consist of those given by the State and those given by the universities. The *doctoral d'état*, a state title, carries with it all professional rights and privileges, whereas the *doctorat d'université*, does not carry any professional prerogative. In addition, there is the degree of doctor of engineering (Ingénieur docteur), granted in the field of engineering sciences.

Prior to World War II all doctoral dissertations had to be printed at the author's expense. But restrictions on paper during the war put an end to this practice, and it has not since been restored. Consequently, most French dissertations of the post-war period are either typewritten or mimeographed ('dactylographié'). In Germany the so-called 'Inaugural Dissertation' is published either in book form or in a scientific journal—a practice generally followed

---

* *A Guide to Doctoral Dissertations by Chinese Students in America, 1905 – 1960.* Washington, 1961. *A Guide to Doctoral Dissertations by Chinese Students in Great Britain and Northern Ireland, 1916 – 1961.* Taipei, 1963.

by other European universities.

In the last years of the Ch'ing dynasty, there existed a strong intellectual affinity between China and France. Indeed, Rousseau's *Le contrac social* and Montesquieu's *L'esprit des lois* were among the first Western works translated into Chinese. Fascinated by the new liberal ideas, Chinese youths went to France for intellectual guidance, most of them taking courses in law and political science. On their return they helped to disseminate French liberal ideas and to contribute to the modernization of the Chinese judicial and administrative systems. As shown in this record, Chinese students of law and political science outnumbered those of other faculties.

In contrast to the students who went to France, their counterparts in Germany tended to specialize in science, engineering, and medicine. As early as 1907 the late Li Fo-ki was awarded the doctorate by the University of Bonn for his dissertation entitled *Spektroskopische Untersuchungen über P. Lenards Theorie der Spektren der Alkali-Matalle.* It has the distinction of being the first doctoral dissertation written by a Chinese student in Europe. After the First World War German universities also attracted a considerable number of Chinese students, and their influence on Chinese education has been substantial. At the same time Chinese students in Germany made an outstanding record in various technical fields and thus played a significant role in the modernization of China.

The dissertations here listed are grouped by country such as France, Belgium, Switzerland, Germany, Austria, Netherlands, Italy, and Spain. They are further regrouped alphabetically by author under various disciplines. Statistical tables can be found in the Appendix. In compiling this record, I have checked the holdings of various leading libraries in Europe and have consulted such available printed sources as the *Catalogue des Thèses at Ecrits Académiques*, the *Jahresverzeichniss der Deutschen Hochschulschriften*, the *Catalogue des Ecrits Académiques Suisses*, the *Verzeichnis der an der Universitat Wien approbierten Dissertationen*, etc. Although every effort has been made to make the list of dissertations complete, it is not improbable that some have been overlooked. I shall be grateful therefore for any notices of omissions and corrections, in order that these may be included in a supplement.

The task of identifying the Chinese as over against the Europeanized names of these authors was not an easy one. I should like therefore to take this opportunity to thank the many friends who took the trouble to help me in that laborious search. I owe a special debt to the registrars of various European universities who often furnished information not available in printed sources. I am especially grateful to Dr. Li Shu-hua for his continuing interest in this work and for honoring it with a foreword. Finally, I wish to express my thanks to the China Foundation for a travel grant which enabled me to bring the research to completion. Grateful acknowledgment is due to the Editorial Board of *Chinese Culture* under whose auspices this *Guide* is now published.

Washington, D. C. Tung-li Yuan 袁同礼
December 19, 1963

（原载 *A Guide to Doctoral Dissertations by Chinese Students in Continental Europe, 1907–1962*. Washington, 1964）

杂 著 编

我国艺术品流落欧美之情况

我国历史悠久，幅员辽阔，古物埋藏于地下及存留于地上者，不可数计。晚近以来，西方学者，竟尚东方艺术，每成立大规模之组织，为系统之搜集，又不惜重资，百方购求，奸商渔利，助其盗窃，而荒山僻寺，废墟野冢，亦遭洗劫，我国文物之损失，以最近二十年为尤甚，良可慨也！历年出口古物，虽无确切统计，然试涉足欧美各大博物馆及古玩商店，吾国文物，琳琅满目，几不暇睹。考其收藏之富，不外二途，（一）采掘，（二）购买，兹分述之：

收藏之来源

（一）采掘　一八九八年，俄国学士院派克里门自（Klements）赴吾国新疆吐鲁番探险。西人结队游历我边徼者，自此始。其主要工作，在于调查山川风土，而兼收古物。继是而往者，相望于途。斯坦因、伯希和、格伦维德尔、勒扣克柯斯罗夫，其著者也。斯氏受印政府之委托，组织中亚探险队，一八九〇年来，三至新甘藏考察。其采集之品，有垩质物品。有木刻，有金属器用，有钱币，印章，有丝毛织品，有衣服，约八千余件。又得壁画五十余方，木简及写本四千五百余件。出自敦煌千佛洞之写本及印本七千卷，丝绢之类一百五十件，绘画五百幅。今存大英博物馆及印度京城博物馆。伯氏于一九〇六年至敦煌摄取石窟壁画等图像，并取其藏书、经卷、绘画以归。今分存巴黎图书馆及罗浮及吉美博物馆。一九〇二年以来，格、勒二氏先后到新疆探险发掘者四次，所得物品有壁画、石刻、俑像、造像、经卷及建筑饰物。今存柏林民族博物馆。柯氏于一八九三年旅行新疆，一九〇七年复先后赴四川蒙古新疆探险。采掘织绣、绘画、衣服、首饰、印章颇多。今存列宁格拉之博物馆。吾人观其专著卷帙之繁多，内容之丰富，莫不叹其捆载而去者之博且精也。

（二）购买　除挟巨资来华采购者外，欧美收藏家多委托古玩公司代为搜罗，英人猷摩佛蒲拉司足未履中士，而收藏至富即一例也。海外中国大古玩公司有二：曰通运，曰卢芹斋。一设于纽约，一则兼于巴黎设分行。吾国珍贵文物，类多经彼等售出。卢氏既雄于资，又具眼力，神通广大，网罗至富。其错金银诸铜器，一九二七年罗司托甫剌夫（M. Rostovtzeff）为撰图谱，赛息亚式铜器，一九三三年萨尔门尼（A. Satmony）撰成图录，一九三五年冬，并以其藏铜玉、陶瓷、石刻、书画，分批展览于伦敦，印有目录。浏览其书，知其搜罗之富。能与日本开设欧美之山中商会抗衡者，卢氏一人而已。至于西人所设此类公司，亦有多家。若纽约之 Parish-watson and Co.，柏林之 Otto Burchard & Son，Bluett and Sons，Lenygon & Morant 皆贩卖中国古物。法人 T. Gulty、美人 Thoma's R. Abbott 亦时来北平购求古玩，运之海外，转售各国。

公私收藏机关

运输国外之吾国艺术品，或售之私人，或归诸公家，均能保存完好，供人研究。兹将诸大博物馆，或东方陈列馆，多藏有吾国文物者，略举所知，以见一斑。

美国：

纽约艺术博物馆　波士敦美术博物馆　费城艺术博物馆及宾省大学博物馆　秃莱窦艺术博物馆剑桥佛格艺术博物馆　堪萨斯市奈尔逊艺术陈列馆　待察蒂艺术学会博物馆　布鲁克林艺术与科学学会博物馆

英国及坎拿大

大英博物馆　威多利亚及爱尔博特博物院　昂托利欧博物馆

法国

国立图书馆　鲁浮博物院　吉美博物馆　赛奴斯给博物馆　图案博物馆（一称装饰博物馆）

德国

国家博物院民俗馆　汉堡美术工艺博物馆　德莱斯敦瓷器博物馆　门森民俗博物馆　客勒恩工艺博物馆及东亚艺术博物馆

奥国

维也纳艺术史博物馆

瑞典

斯托柯木国立博物院及东方博物馆

荷兰

安斯特当亚洲艺术博物馆　海牙市立博物馆及吉民特博物馆

土耳其

君士坦丁（现改名伊士坦堡）托坡加布博物馆

欧美私人收藏，每不能守，其情形与中国略同，惟故后则以所藏捐之公家，有足多者，然亦有平时喜收吾国艺术品以为风雅。迨兴致消失，则随手卖去。私人收藏展览求售之书目，繁不胜计也。其他若法人吉美 M. E. Guiment、赛奴斯给 M. H Cernnschi 以其所藏全数捐入公家者，为例亦不在少。英国乔治五世及其后玛丽雅好东方艺术，后尤爱玉器，其藏品可观者少，而收聚颇富。瑞典皇太子，性亦嗜古，收藏吾国铜玉之类，量博而质精。美之煤油大王拉克斐莱夫人，法银行界之大维德威，均以资本家而好东方艺术，颇多精绝之品。支加哥白金汉之收藏 Lucy Mand Buckingham Gollection 亦不少珍奇。他如英人拉斐尔之玉器，猷摩佛蒲拉司之铜器，大维德之瓷器，德人哈尔德之铜石织绣，戴尔海德伯爵之石刻，比人斯托克莱特之铜器，或自编图谱，或见于国际艺术展览目录。或精或博，皆好古名家。兹限于篇幅，未能一一详述也。

收藏艺术品之种类

吾国瓷器发明最早。精美可玩，世无其匹。西人尤深好之。是以吾国艺术品之流落海外者，以瓷器为最多。美好一道泑器，英好青花器，法好五采器，日好素洁之器。皆就所好，从事罗致。D. Abbes，M. Calmann，Van Grote，A Clark，M. Ezekiel，C. O. Liddell，Wm. H. Whitridze 皆以收藏古代陶瓷著。法人格郎的爱氏 Grandier 之瓷甚博，吉美氏甚精。苏格兰人高氏 Lconard Gon 藏品虽多系民窑，而重器极伙。大维德器，大部购自北平盐业银行，历代名窑几无不有，皆清室旧藏，类皆精绝之品。其他私人收藏之中，唐越窑、邢窑、宋陈窑等器，皆故宫博物院所无者。至若粉采珐瑯彩以及铜胎玻璃胎等珐瑯彩器亦有之。一九三一年霍蒲孙以英国诸博物馆及猷摩佛蒲拉司以外私人藏品，著为一书，其间不乏佳器。盖西人对于吾国瓷器，不只有好尚之心理，且亦有相当之鉴别力也。

吾国艺术品，若铜器、若明器、若玉石雕刻、若剔红、若琉璃、若景泰蓝、若书画、版刻、经卷、若织造、若衣服、若像具，皆西人所好。欧美探险家，得自吾西北边地者，固多重要之艺术品，而其零星购去，有学术价值者，为数亦伙。铜玉等器，多生坑所出，凡形制奇特，图案精巧，泑色悦目者，十之八九为外人所有。如河南近年出土之铜器，多未经国内学者寓目，即为商人捆载而去。宝鸡发见之铜禁及礼器，易州之齐侯四器，均归纽约艺术奝；浑源李峪之周器，寿县朱家集之楚器，欧洲亦有收藏。雕刻若云冈龙门等石窟造像，亡佚尤多。天龙山石窟东西二区，全遭砍伐，尤为痛心！丹阳萧梁陵墓石辟邪，重千五十磅，曲阳崇光寺开皇五年所造大理石弥陀像，重二十吨，皆为卢芹斋运去，一在巴黎，一在纽约。唐太宗昭陵六骏石刻，经人盗卖，后截留其四，而枫露紫，拳毛骗诸刻，则安抵美洲矣。国外保存吾国之古代陶器，多明器之属。易州泰陵后八佛洼，有明代陶制坐像八尊，高与人齐，造形优美，欧人呼为“唐三采罗汉。”民国三年，经人窃取，售之欧美。纽约艺术奝得其二，波士敦美术奝，宾省大学奝，昂托利欧奝，大英博物院，日本松版氏，各得其一。美之渥海渥克利佛来艺术奝有其上部残片，法之鲁浮博物院，德之富郎克伐特工艺奝则有其下部残片。盖一罗汉毁于运输途次，卢氏即以分赠各博物馆也。绘画之中，以大英博物院所藏顾恺之之《女史箴图》为最著。至如美国纹术奝之江参《百牛图卷》，通运公司之宋徽宗《松枝鹳鸽》，波士敦美术奝之徽宗摹张萱《捣练图》，宾省大学奝之周文矩《宫女图卷》，费城艺术奝之巨然《烟江叠嶂图卷》，及刘寀《游鱼》，秃莱窦艺术奝之郭熙《溪山积云图卷》，克利佛莱艺术奝之米友仁《云山图》，堪萨斯市奈尔逊艺术陈列馆之夏珪《山水图卷》，待察蒂艺术学会之钱选《荷塘早秋图卷》，佛格艺术馆之伍仁发《神骏图》，火奴鲁鲁艺术学院之马贲《百雁图卷》，英伦欧贲海穆之许道宁《携琴访友图》，猷摩佛蒲拉司之马远《月夜泛舟图》，及伍仁发《饲马图》，法国吉美奝之郎士宁《哈萨克贡马图卷》，德国国家博物院之戴嵩之《秋林归牧纨扇》，及谢时臣《江山无尽图卷》……皆真而精之作品也！一九三五年冬至一九三六年春。伦敦举行中国艺术展览会，参加者十九国，致送展品四千余件（其后选陈三千四百余件，编号三千零八十件）。其中，英国及其属地出品千五百七十九件；吾国八百七十五件（送去一千二十三件，有未陈列者）；法百七十九件；美百一十五件，瑞典百一十三件；德八十五件；荷兰四十九件；日本四十五件；卢芹斋公司三十八件；比利时二十八件。而美国独以时局关系，未能充分择要选送。吾国艺术品流布世界各地之广漠，与夫数量之巨大，可想见矣！

结　论

以上所述，仅举其最重要者约略言之。吾人知欧美人士对于吾国艺术品之好事搜集，努力研究，则国人对于吾国固有之古迹如何保护？固有之文物如何保存？古物出口之如何防范与限制？不可不予以深切之注意！晚近学术竞争，首重资料，如何能使吾先民精神所寄托之精萃文物，永存国内，供人研究，则全国人士共同之责任也。

（原载滕固编《中国艺术论丛》，商务印书馆 1938 年发行）

如何发扬我国之艺术

一　艺术乃民族性之特殊表现

艺术之妙，在于使有情众生一经与之接触之后，即能引起快感；艺术家之妙，在于集中自己之思想情感、聪明才力，透过出品而使之艺术化。有情众生对于所作出品，一经闻见触觉之后，遂将种种复杂之情感，被主动的集中起来，因而发生自由的快感。凡属有情众生，莫不具有美的欲望，此乃随有生以俱来。而其艺术之进化，亦由浅而深，由实而精，由细而巨，由卑而高，由简而繁，由实而玄，由石器时代穴居人而雕绘之驯鹿野牛犀象，以至现代之宏伟建筑，金碧辉煌，与夫山水人物各种雕绘，盖不知经过若干时期，逐步进化，始有今日。禽兽仅知利用其天性之丽质，以之炫耀，而人类则知鉴赏大自然之山龙藻火，风月云霞，引为法式，以调和自己之思想情感，培养自己之聪明才力，更抒写自己心目中所想像之大地山河、人物花鸟，而点缀于金石丝竹匏土革木各种自然材料之上，以造成艺术出品，人类之所以超出于一般动物之上者在此。其采用法式运用材料之范围愈广，则其所想像之境界愈以超远广大，所以施展其聪明才力者愈以巧妙，而出品之种类愈繁赜，品质愈高尚，高级艺术与低级艺术之所区别者在此。前者侧重审美，而后者侧重实用。侧重审美，则聪明才力所活能之范围，较为宽博；侧重实用，则其对于艺术所可运用之聪明才力，不免受有若干限制束缚。

艺术既为人类之思想情感聪、明才力所构成，而人类之思想情感、聪明才力，程度趋向多不尽同，故依据人类之思想情感、聪明才力以构成之艺术，亦各有其特点，虽或互相摹仿，互相参合，然而善于摹仿参合者，决非抄袭刻板陈文，依样而画葫芦之谓。善于摹仿参合者，大都取其神而非取其迹，且必以自身为主体，采众体之所长，补自身之所短，故所采之众长，仍属主人所有，由此乃克从补充之作用，而发生新的创造。

艺术既为人类之思想情感、聪明才力之所构成，故作者之思想情感、聪明才力即寄托于出品之中，而引起一般赏鉴者之观感，于是个人少数之审美化而为大多数之审美，此个人特有之思想情感、聪明才力由是而大众化，所谓某一民族之特性即由是而构成其一部分。此个人之特性，不必概出于其个人，而实受社会与时代之影响，不过众人不察而艺术家察之，众人不知运用光大之而艺术家独能于同中见异而异中又见其同，故克鉴别同异，善择师资，杂取众长，以补己之所短，于是集其大成，自成系统，加以心裁，遂成创作。万事万物，原不外夫同异二字，同中见异，故人与物有别，物与物亦有别，同为声而有五音，同为色而有五彩，五音之中又有阴阳清浊之分，五彩之中又有浓淡深浅之别，虽有五音五彩及阴阳清浊浓淡深浅之分，而仍统于声与色，亦由之万物分为若干类，类又分若干门，又此而下，又细分为若干纲目系统。甲类异于乙类，而属甲类者同为甲，属乙类者同为乙，正因甲乙二类之异，乃益有以显夫甲与甲、乙与乙之为同类。艺术家之辨别同异，比较短长，正无异于兵家之知己知彼，惟能取鉴于外来之敌，而后对于自身之本来面目乃愈清晰，故庄周谓“以马喻马，不如以非马喻马也”。

二　我国艺术之特点

西方文化由埃及、巴比伦、希腊、罗马递衍至于现代欧美诸族为一系统，东方文化以中国为中心，凡毗邻中国之诸国诸族如日本、朝鲜、越南以及既往之东胡西族，大都取法于中国而引为摹仿之师资。印度文化则介于东方西方之间而自成一系统，与中国文化互有沟通，而介于中印之间之高昌、吐蕃、缅甸、暹逻诸国诸族，又每每杂取中印二种文化而参用之，此不仅艺术为然，而艺术尤为特显。

我国之陶瓷、建筑、雕塑、绘画以及丝绣髹漆，都有其自身创造之特点，与西方所有根本不同，而书法、金、石、玉器四项，蔚然大观，自成一系，尤为西方之所罕见。其发育时期之早，其创造能力之健全，其美感艺术之丰富，其包容并蓄气量之伟大，以及因革损益推陈出新之巧妙，处处可以表现。故我国之古铜器、古玉器、古石刻、木简，以及新旧陶器、丝绣、髹漆，大都为文明各族所珍视；书法碑帖，则因文字系统不同，西方了解之人较少，而在汉文系统下之日鲜诸族，则尺幅片石亦珍如拱璧。英国 Herbert Read 教授尝谓：“中国艺术起源于纪元前十三世纪，中间虽经过黑暗与摇撼不稳之时期，但其精神是始终一贯的。世界上艺术活动之丰富畅茂，无有过于中国，而艺术上之成就，亦无有出于中国之右者。尤其是绘画和雕塑，已能臻吾人理想中之完善境地，且此类善美的作品屡见不鲜，绝非偶然获得之产物。”又云：“东方艺术之各种特质之一归宿点，厥为对于宇宙之态度。此种态度与西人的完全不同，东方人对于宇宙，不能如希腊人一样，采取一种镇静接受与感觉；受的态度，亦不能如峨特一样，采取一种恐惧而虔敬的态度。中国人的态度，可说是神秘的，他之接受宇宙，与希腊无异，但他却不佯作了解宇宙，这却与希腊人不同；他之于一切事物中观察到神秘，与峨特人无异，但他并不因神秘而畏惧，这便与峨特人不同。”（见郑昶编《中国美术史》节引 *The Meaning of Art* 译文）

西方人之推崇中国艺术，于此可见一斑，而我国艺术所以克臻进化而见重于世者，要非无故而然：一者，我国开辟较早，程度高于四邻，而又富有胞与为怀、与众同乐之度量，各族优点类能吸收融合，创为新制，虽数度失败于武力政治，而仍能以文化艺术之力，使战胜之族同化于我，而成一更大之新族。二者，我国疆域江海纵横，山原交错，寒燠并存，夷险与具，朔北终年积雪，南部四季皆春，风云变幻，气象万千，遂使耳目之所接触，心境为之开拓，而且嘉卉异木，灵兽珍禽，三带生物，无美不具，均足以启审美之心灵，供艺术之资料，故能取精用宏，为他处所不及。三者，儒墨黄老，概以节欲为教，外来佛教，此点亦同，故虽在专制之朝，恒生高尚之士，此辈傲王侯，藐商贾，常以欣赏自然为无上之快乐，其心境纯洁，其情绪超远，耳目所接，别具会心，故一般艺术之题材，虽多偏重实用，欲以艺术补助政治宗教道德之不及，而作者实多抱有为艺术而艺术之心理，苟非知音，不轻予许可，更不轻予投赠，视后世之以市道为艺术者正属相反，其作风亦多偏重于审美，故虽不能如希腊艺术之富有想象能力，而亦绝不似近代法兰西派之仅以写实象生为务。以此各门创作代有伟人，大都问世经心，自辟蹊径，绝非依样葫芦，千篇一律，此点与二点具有连带关系，惟能有容，其德乃大，而地大物博，见闻特广，应用之材料亦丰，故其常往来于海阔天空，而不为实际之环境所囿也。所惜艺术常识不能普及于平民，苟非天才，无从学艺，而天才之未得师傅遭湮没者，亦正不少。又或挟长自私，秘不传授，遂使艺术系统若断若续，正有类于人亡政息，而循环于一治一乱之中。又以政局既失其长治久安之道，而民众缺乏赏鉴艺术爱护古物之心理，一经变乱，古物作品经遭大劫，自项羽咸阳一火之后，历经赤眉、董卓、五胡、黄巢、闯献诸役，烽火烬余，已什亡七八。我国宝，明攘暗窃，捆载以行，以致三代鼎革，胥沦于异域，而考求国故，反须问礼于野人。盗固可诛，而数典忘祖，守藏不固，主人亦不得辞开门揖盗之咎矣。

三　今后改进之道

改进之道，端在截长补短，推陈出新，举其大者约有数端：

1. 艺术常识必须普及。任何事物，可大可久，历代之人亡政息，一治一乱，概由政治常识不能普遍之故，艺术亦然。现代教育进步之国民，大都富有艺术常识，以涵养其性灵，此与古人制礼作乐歌弦为治之旨正相符合。民国初年，教育部提倡尚美，与尚德尚武并重，实属卓见。今后应于国民教育之中增加美育分量，更须注重社会教育博物馆、民众教育馆、音乐会、展览会、电影、公园等项，予公众以高尚之娱乐，以提高大众美感之水准，而改善其低级卑劣丑陋之艺术。在此过渡期间，高度艺术未免与民众隔阂，而有扞格难通之处，自当由浅入深，使之逐步递进，然断不可降格以迁就低级艺术，而使雅乐变为郑声。

2. 作品务求公开。习艺术者必须殚精竭虑，聚精会神，乃克工而成名家，故艺术最足以窥见人之特性，即可以见民族之特性。此二者必须浑合无间，故须普及艺术常识，以成大众领略艺术之能力，须更公开展览，予国民以赏鉴艺术之机会。艺术无国界，况在国内？何得据为己有，秘而不宣。况艺术之为物，赏鉴愈多，效率愈大，本身之价值亦因而愈增，此与其他物品之因分享而减量者，正相反对。历代颇有吝刻之作家，密而不传，遂成绝学者。更有收藏家恃金钱势力，据国宝为私有，锢诸金柜，秘不示人，而己亦不得自由展览者。此辈胸襟狭隘，大悖于艺术公开之本旨，子期死而伯牙摔琴者，盖以知音难得，不欲效明珠之暗投，非吝也。今后国民智识日高，知音日众，艺术家正当各献所长，公诸同好，收藏家亦应出其珍藏，参加公开展览。其尤精美之古物国宝，更应捐诸公家，或托公家代为保存。如其不愿，亦须由公家登记，以便查考。

3. 采众长以推陈出新。我国艺术所以能发展结构为世界所推崇者，固由于民富有创造能力，由无生有，亦以休休有容，乃克兼收并蓄。唐虞以降，诸族之所发明冶为一炉，乃有三代之文化。战国之世，齐魏楚鲁卫诸邦，学术称盛，至秦合而一之，乃以孕育两汉之昌明。六朝虽经丧乱之余，南北分立，干戈不休，然老庄流行，士人多具有出世之想，且与西域印度，交通往还，因此吸收印度西域之艺术，而孕育初唐之黄金时代。不幸中唐以后，武人专政，国势凌夷，而契丹女真蒙古诸族，文化较低，罕有师法。明清二代，对新输入之西洋文明，又复深闭固拒，而且专制愈益严格，思想不得自由，拘牵忌讳，不一而足。而且此一时期，宗教亦属萎靡不振，故与宗教为缘之艺术，出路愈狭。此时代之艺术作品，多属陈陈相因，其宫笔画匠竞尚纤巧，而朱门清客或假此为衣食之资，以致小名家虽多，而新作品殊少，虽有少数杰出之才，亦属曲高和寡，未足挽此颓风，故论者谓此一时期为中国艺术消沉时代。今后欲矫前失，必须扩大心胸，求智识于世界，采彼众长，补我所短，庶几推陈出新，使僵化者得以复起。西洋艺术，其在古代亦尝为政治宗教之所利用，与我略同，十九世纪以后，乃有浪漫派高唱之为艺术而艺术，及康德、克洛契一系之形式美学，于是浪漫主义、自然主义、颓废主义之艺术家，大部以艺术独立为归，是乃近代美学思潮之一大关键：我国六朝时期之文艺，亦尝萌芽相类思想，惜未臻发育耳。

4. 编纂中华艺术史。我国史学发达最早，迄少间断，所惜后世忌讳既多，史官资料出于君主之起注，而政治以外之各门专史都付缺如。晚清以来，学术衰落，一切国故迄未得作有系统整理，外人遂得乘隙而入，而日本居心尤为叵测。彼明知东洋文化以中国为中心，所谓东方文化实即中国文化，然而经彼一度研钻，据为己有，吾人讲求国故，亦须假手于彼，彼遂得炫耀于欧美人，自认为中国文化之继承人，此乃吾族之大耻也。且三代以降之艺术作品，菁英多已流于外国，黄帝子孙反不得认识其祖先之真容遗像，宁非人间最可痛心之事？今后愿以国家力量，编纂中华艺术史，第一步，先派专家环游各国，就彼中所藏之中国各种艺术出品，无论真伪精粗，逐项描绘摄影制型，所有尺度、颜色、材质、品质、收藏经过，凡有记载可考者，拟为述录，按照门类，编为目录。第二步，则就所得资料，集合各项专家，详为研讨，以考较其派别源流，优劣真伪，作成有系统之中华艺术史及中国历代艺术丛编，精印成册，俾一般国民均得仰瞻先哲遗迹，以启发其思古之幽情，又不仅为艺术之参考临摹而已，是则仰望于在朝当局与在野有志者矣。

（原载《社会教育季刊》第一卷第二期）

对于膺白先生参加华盛顿会议之回忆

一

民国十年，余游学美洲，适膺白先生奉命考察各国战后政治经济，道出纽约，时相过从。是年六月，美哈定总统发起召集华盛顿会议，借以解决各国限制军备问题。复以裁减军备不能离远东问题而独自解决，爰同时举行太平洋远东会议，除原邀英法意日外，并邀我国参加。此会议既图解决各国所纷争而能引起战争之远东问题，则对于吾国国际关系之重要自不待言。暑假多暇，乃为膺白先生搜集此项资料。时膺白先生旅居纽约长岛，曾著一文《华盛顿会议发起之内容及将来之趋势》，载于十年九月五日、六日及七日之上海《新闻报》，借以唤起国人对于此会议之注意。九月二十日，北京政府聘膺白先生为代表团顾问，乃约余同赴华京，委以秘书之职，固辞不获。自是年九月至翌年二月，追随其后，朝夕承教，余协助膺白先生之处甚微，而得其教益者则甚大也。去岁十二月，膺白先生作古，距此会之召集忽忽十有五年，其中关于中国问题经膺白先生参加讨论者，或为局外人所未知，仅就记忆所及，略述梗概焉。

二

在北京政府时代，参加任何国际会议，对于实际问题事前每无具体之研究，已属司空见惯。此次会议，当然亦不能例外。三代表之人选，因恐遭南政府之反对，久未确定。至开会之前数日，顾王两代表始抵华京，接洽宣传，无机进行。某日膺白先生索阅某种文件，始发现代表团带来之箱子尚未开箱。先生目睹此种情形，屡建议于施代表，代表团内首先应有健全之组织，各负专责，而尤应有一贯的整个政策，方不为国际环境所左右。但彼时国内政治混乱影响外交，有非人力所能挽回者。故膺白先生虽努力从中斡旋，但为环境所限，仅能从事于补救之工作，其中苦心孤诣、委曲求全之处，不胜枚举。兹就当时所谓“十原则”及山东问题二端，分段述之如左。

三

华盛顿会议于民国十年十一月十一日开幕，美国国务卿许士致词，对于裁减军备为极明了具体之表示，各国代表咸为感动。闻许士对于远东问题亦有具体的计划，只以关于海军提案过于坦白，颇遭反对，因之中途取消，而怂恿中国代表自动提出。十五日晚间，美国国务院忽来一通知，谓“明日之会议，美国对于远东问题不能提案，请中国自提”云云。于是我国三代表及两顾问（蓝莘及韦罗贝）于夜十二时至三时之间，草成所谓十原则。次晨（十一月十六日）未及斟酌，遂于许士演说后，由施代表当众宣读。兹将其原文直译如下。

第一，（甲）各国从事尊重并遵守中华民国领土的完全与政治的及行政的独立，（乙）中国自身预备不割让其领土或领海之任何部分与任何国。

第二，中国既完全赞同所谓“门户开放主义”，即为各与中国有条约国之商业工业机会均等主义。现在预备承受该主义，应用于全中华民国各地方，无有例外。

第三条，为巩固相互信用与维持太平洋及远东和平起见，列强同意不于彼此之间结任何条约或协商，直接关于中国或关于上述区域以内之和平，而不曾事前通知中国和给中国以参与之机会。

第四，一切“特权”“特惠”“特免”或“暂约”，无论其性质及构成的基础如何，为任何国在中国之内或关于中国所要求者，皆须宣布。如一切现有或将有之此项要求，不经宣布，认为无效。“特权”“特惠”“特免”或“暂约”，凡已明知或将宣布者皆须审查其范围与效力。如属有效，当使其彼此调和，并合于此次会议宣布之主张。

第五，立即或随境遇之所许，现尚存在对于中国政治的、司法的与行政的行动自由之限制，皆须废除。

第六，凡中国之现在“暂约”（Commitment），其无期限者，概须注明相当确定之期限。

第七，解释让与“特权”或“特惠”之条文，当遵守条约解释之公认原则。严格的解释此种让与，须利于让与者。

第八，将来战争时，如中国不在战团之内，则中国之中立权，当完全尊重。

第九，关于和平解决太平洋及远东之国际纷争，有所规定。

第十，规定将来时时召集会议，讨论关于太平洋与远东之国际问题，为对于该处有关系之各签约国决定共同政策之基础。

此十原则系于夜间拟就，既如上述，膺白先生及代表团高级职员，事前均未与闻，发表以后，莫不为之哗然。次日代表团举行会议，膺白先生首先陈述十原则之不妥达二小时以上。关于第一条，膺白先生认为措辞失当，盖中国既为独立国，则“领土的完整及政治的独立”，无须要求各国尊重及遵守；而“今后不割让领土”一段文字尤欠斟酌。关于第二条，膺白先生认为最严重，盖“门户开放”为外人联合共同侵略之名词，今我方列为原则，则不啻正式承认，而范围较前扩大，由商埠而推及于全国，从商业而加入工业。似此不加任何条件之“门户开放”，将遗后患于无穷。此外各条除第四第五第六尚可差强人意外，均嫌空洞，词句之间待考虑者尚多。而全国以及全世界注意之实际问题（山东问题及二十一条）毫未提及，凡表同情于中国者亦莫不为之扼腕。但第一步既已失着，此后除在分条讨论力谋补救外，亦无其他办法。不意二十一日美代表路德忽提出四决议案，且由八国正式通过（中国除外）。兹译录如左。

第一，尊重中国主权与独立，及领土与行政之完整。

第二，供给中国充分的与最不受窘的机会，以自行发展并维持其有效力而稳固之政府。

第三，用其影响并求其有实效，以建设与维持全体各国在中国全境以内工业商业之机会均等主义。

第四，不乘现在之情状，寻求“特权”或“特惠”，致损害友邦人民在中国之权利，并不取有危害此种友邦人民之安全行动。

此四决议案代表美国远东政策，自不待言，中国代表事前既不知之，经八国通过后，亦无补救良策。此后讨论远东事件，概以路德四决议案为应用公式，事实上虽代替十原则，但仅合十原则第二条之全体及第一条之上半部而已。

四

膺白先生见我国在讨论原则上既已失算，此后唯一补救办法，认为应特别注意实际问题，内中以山东问题及廿一条问题尤为重要。盖此二问题之提交大会，已为彼时全国国民一致之要求，希望能在华盛顿会议内谋一圆满之解决。但开会三星期后，代表团始终犹豫不决，未能提出。未提出之原因，实因英美深恐牵及军备计划，故暗中压迫，不令提出。爰由许士及贝尔佛作调人，使中日纠纷在会外解决，乃于十二月一日开始直接交涉。会议初开时，先议各小问题，如海关、海电、公共财产、驻兵撤退、行政交代等，而对于铁路及矿产等等重要问题置而不顾。彼时膺白先生以代表团深受英美之威吓，事事处于被动，遂于十二月初旬愤而辞职。继之者尚有刁作谦、蔡廷幹诸氏，而王代表亮畴亦有辞职之表示。此时我国代表团意见不一已成公开之秘密，然在对外交涉上未始非一转机，盖此后进行较前顺利，而日本之要求亦较低减。例如关于铁路，日本最初要求合办，后则要求赎路须借日款；摊还期限，最初要求为四十五年，后则减为十年；最初并要求聘日人为运输总管、总工程师、总会计，后则改为运输会同总管，而放弃总会计及总工程师。不意新年休会之时，代表团忽接北京政府梁士诒之训令，谓“山东问题，已在北京谈判，拟借款赎路自办，中国借此推广借款，万勿坚持”等语。代表团接电后，惊皇失措。王代表亮畴对膺白先生言：“吾等此来，原非代表国民，仅代表北京政府，今并北京政府亦不能代表矣。”此时日本既得控制北京政府，于是态度转趋强硬。赎路年限由十年增至十五年，运输会同总管改为运输总管及总会计。代表团自接梁士诒电后，进退维谷，后由膺白先生建议，提出下列条件：

一、现款赎路　中国俟日本将铁路归还后，立将现款存储于第三国银行，充赎路之用（按上海中国银行团曾有密电致代表团，谓该团可以出资赎回）。

二、分年赎路　1. 三年后起首付款，用以铁路作抵之国库券或中国银行团之支票，十二年内付清路款。但三年后，中国如于六个月前通知日本，得一次付清。2. 胶济路之工程师，得由中国聘用日人。

日本对于我国所提此项条件不肯接受，交涉至此复归停顿。后经英美调停，许士高压（如山东问题不解决便不讨论二十一条），中国不得不屈服。乃于一月廿七八日调停成熟，二月四日正式签字矣。山东条约全部共分十一章二十八条，及附约六条。其主要者为：

一、胶州归还中国。

二、公有财产无条件交还中国，但在日本占领以后所建筑或修补者，中国须以公平之价值偿还日本。其财产为建筑日本驻青岛领事馆所需要者，仍归日本保留。属于日本人民团体所需要者，如学校、庙宇、坟地等，仍归各该团体所有。

三、日本铁路守备队一俟中国警察开到，即尽三个月内分段撤退。其全部撤退时期，不得逾签约后六个月。青岛守备队应于移交后三十日之内完全撤退。

四、青岛海关归中国管理。

五、胶济铁路，中国得以铁路及其收入作保之国库券，依照德国在巴黎和会之评价五千三百四十万六千一百四十一金马克，于十五年内赎回，但中国于五年后如能一次清偿，于六个月前通知日本，得立即赎回。在国库券未还清前，中国须用日本人作车务总管及总会计。此总会计中日两国各置一员，与车务总管同受铁路局长节制。

六、顺胶、高徐两支线，由国际财团承筑。

七、旧时德国所着手经营之淄川、坊子、金岭镇三矿，由中国政府特准组织公司，归中日合办，但日本资本不得超过中国资本额。此项细则条件由中日合组之委员会决定之。

八、胶州由中国辟为商埠，许外人自由居住贸易，中国并须声明尊重外人在德国或日本占领时依正当手续所获得之财产。

九、青岛盐田由中国备价赎回，但中国须允许以一定之盐量，依合理之条件，售与日本。

十、青岛烟台间及青岛上海间两海底电线交还中国，日本保留青岛佐世保间之海底电线。

十一、青岛济南间之无线电台，于日本撤兵后由中国备价收回。

五

总观条约全部，山东问题如此解决，虽未能满足吾人之希望，但以彼时北京政府之昏聩，得此结果亦实不易。其中膺白先生任劳任怨，费尽唇舌，其勇于负责之精神，及对于国家之忠勤均是昭明之事实，凡参加华盛顿会议者莫不留有极深刻之印象也。

（原载《黄膺白先生故旧感忆录》，1937年出版）

In Memoriam: Dr. Tsai Yuan-Pei 蔡元培, 1868 – 1940

Dr. Tsai Yuan-Pei, deeply respected by all scholars both in China and abroad, passed away at the Hongkong Sanatorium and Hospital, Hongkong, on the morning of Tuesday, the fifth of March, 1940, in his seventy-second year. He had been in his usual sound health during the previous week and it was only on the third of March that an attack of stomach hemorrhage forced him to fall down on the floor and he succumbed to it two days later. His sudden and unexpected death is a very severe loss to China especially at this critical time when his services are urgently needed by the Nation.

Born on January 14, 1868 at Shaohsing, Chekiang, Dr. Tsai received his classical education at home. He was admitted to the baccalaureate at the age of seventeen and became a member of the Hanlin Academy in 1889. After the Sino-Japanese War of 1894 and the events that followed it, he advocated political reform as the only road to national salvation. Not being able to push forward his plans, he gave up his political career and devoted his life to education. He first taught at the Chung-Hsi School in his native town and later at the Nanyang Academy which has long since been famous for the great number of noted men it has produced. He was a kindly teacher, revered and beloved by the various generations of students working under him. A pioneer in creating equal educational opportunities for women, he was the founder of the Ai-Kuo Girl's School in Shanghai.

His service to the cause of education did not prevent him from assisting in the propaganda of revolutionary ideas. As the chief editor of the *Ch'ing-Chung* (Jih-Pao) —the Alarming Bell (Daily) —he strongly advocated political reform and revolution. When that newspaper was forced to suspend its publication by order of Manchu officials, he joined the revolutionary party which was then organized by Dr. Sun Yat-sen in Tokyo.

In 1907 he went to Germany to pursue advanced studies. After a year spent in Berlin he attended lectures at the University of Leipzig from 1908 – 1911, his interests being philosophy, literature, cultural history and aesthetics. He was always a great admirer of Kant and other German philosophers and these years spent in Leipzig remained the most important of his life.

In 1911 he was made the first Minister of Education of the Nanking Provisional Government and later of the Peking Government. Finding it difficult to carry out his plans under the Presidency of Yuan Shih-Kai, he resigned and went back to Europe in 1913, remaining there until 1916.

In January 1917, he accepted the appointment to become Chancellor of the National University of Peking. In the midst of political chaos and disintegration, he stood for academic freedom and intellectual truth. Scholars of different schools and different shades of opinion were alike invited to join the faculty of the University. His constructive activities and influence were of great importance in fostering the Renaissance Movement in China. It was his administration that the University gained its position as a distinguished centre of learning and played its role in the intellectual and spiritual life of modern China.

In the autumn of 1921, he resigned from the Chancellorship as a protest against political pressures. From 1922 to 1924 he travelled abroad in Europe and America. In the autumn of the latter year he went to Strassburg, remained there for a year and returned to China in 1925.

In 1924 , he was elected member of the Central Supervisory Committee of the Kuomintang. Later on he served as member of the Central Political Council. After the establishment of the National Government in 1927 he became the Minister of Ta Hsueh-yuan (Ministry of Education) and later as State Councillor. Since 1928 he served as President of the Academia Sinica until the time of his death.

Dr. Tsai was a man of great personal charm, always humble, modest, friendly, sincere and inspiring. He possessed a brilliant mind, a keen power of analysis, and an unusual memory. He had the esteem and affectionate regard of his many friends and followers who were attached to him for his personal qualities. His was a noble life and a shining example to all who knew him.

With his death there is an overwhelming sense of irreparable loss. That loss is universally felt. Chinese scholars now experience a particularly deep sorrow, because they keenly feel the loss of one who has contributed so much to the intellectual history of China over a period of forty years.

To those of us who were more intimately associated with him, Dr. Tsai's death would mean much more. He who has inspired us all can no longer give us his valued counsel. Nevertheless, he will remain one of the greatest names in the history of modern China and by none will his name be held in more grateful veneration or in more affectionate remembrance than by those whom he had inspired and guided in their work. He will long be remembered as a spiritual and intellectual leader.

(原载 *Quarterly Bulletin of Chinese Bibliography* (New series), Vol. I, No 1.)

Editorial Comment to *Quarterly Bulletin of Chinese Bibliography* (New Series) Vol. I, No. 1

To Our Readers

The need of a bibliographical bulletin covering current Chinese books and periodical literature has long been felt by foreign scholars and scientific institutions. To meet this demands, the Quarterly Bulletin of Chinese Bibliography was published from 1934 until 1937.

With the fall of Peiping and the events that followed it , the Bulletin was placed in a position of extreme difficulty so it was obliged to suspend its publication after Vol. 4, Nos. 3/4 issued in December 1937.

After the establishment of its Kunming office, the National Library has frequently been asked to resume its publication. The Chinese edition has been published regularly since March 1939. Owing to the paper shortage and other technical difficulties during this period of national emergency, the reappearance of the English edition has been delayed.

Although the interruption was made inevitable by the demands of the war, we shall endeavour to keep the flag flying. We believe that the Bulletin has proved its usefulness during the four years of its existence and that it would be a matter for regret in many quarters if it fails to survive.

The purpose of the Bulletin is to record recent advances in research as reflected in Chinese books and periodicals. Although such research is bound to be seriously deminished in war-time, yet a considerable volume of current literature is being poured out daily from the press especially at a time when cultural activities are beginning to show signs of life in free China.

The general plan of the Bulletin is unchanged, preserving the scope and spirit of previous issues. An index to periodical literature will be included in the next issue, and scholarly articles and useful bibliographies will be published from time to time. As foreign scholars find it increasingly difficult to have access to learned journals published in China at this time, the importance of publishing these aids will become more apparent.

But if the Bulletin is to be kept going, there will be need for the exercise of patience and good-will on the part of our readers and subscribers whose help will be invaluable at the present time. It is hoped, therefore, that they will direct the attention of their friends and colleagues to the services rendered by the publication of the Bulletin. We confidently appeal to them for continued support.

Publishing in War-Time

Since the outbreak of hostilities, the publishing establishments in China have suffered colossal losses. Taking the Commercial Press alone, its financial and material loss is estimated to several millions of dollars. In addition to the losses sustained at Shanghai, Nanking, Chungking, Hengyang, Wuchow and Kweilin, its physical plant at Yangtzepoo had been seized and destroyed by the Japanese invading forces. This fate is shared by many other publishers and printing establishments. Thus, it has forced the publishers to face the dilemma of either acquiescing in inactivity and standstill, or removing to the interior or other places of safety. The result has been a mass exodus from war-inflicted areas. Centres which were formerly noted for publishing activities are now deserted or remaining idle. Hundreds of new offices have been set up in cities like Chungking, Chengtu, Kunming, Kweilin, etc. Among these is a multitude of new publishers who for one reason or another keep secret their activities and do not make their addresses known to the public. Moreover, they are migrating from one place to another. However, the case is not rare that several offices and plants are operating simultaneously in different cities. Again, take the Commercial Press as a concrete example: while all the books and magazines issued in 1938 bore the name of Changsha as its general office, those of 1939 and afterwards bore no place name whatsoever. At any rate, we may be allowed to say that this situation will last for some time, which will make the task of the bibliographer much more difficult than in normal times.

Preservation of Art Treasures

Art lovers throughout the world will be happy to learn that the national treasures in the collection of Chinese museums have all been removed to places of safety. It is estimated that over $1,200,000 have been spent by the Chinese Government in effecting removal from the war-affected areas. Special protection has been given to the unique objects of art, even of type specimens in natural history.

At a time when the energies of the Nation are directed to winning the war, there has been a tendency to overlook the importance of museums. These institutions contain collections which are of great importance, not only to China, but to the whole civilized world. Not only should such collections be adequately safeguared and preserved, but additional funds should be secured to enable the museums to extend their educatioal activities in war-time.

Scientific and Technical Literature

The outbreak of hostilities has brought about considerable dislocation in the various activities that are concerned with the provision of scientific literature and information. Chinese publishing activities have been greatly curtailed. The spirit of free inquiry has to encounter forces beyond one's control. Owing to the Government's control over foreign exchange, the supply of foreign scientific literature is cut off in various centres of research.

Nevertheless, it is matter of no small importance that Chinese scientists, restricted as some of their activities necessarily must be, should carry on their work to the fullest extent possible. After two years' delay due to the war of resistance, a number of scientific journals have resumed their regular publication and new journals of scientific interest have been founded.

Of outstanding importance in this connection is the constant supply of current scientific and technical journals from abroad. In addition to Japan's blockade along China's coast, the war in Europe has also affected seriously the supply of scientific literature, not to mention the destruction of publications due to enemy action or accident.

The National Library, in its new location at Kunming, continues to exhibit a great number of scientific and technical journals published in Europe and the United States and maintains a lending service to meet the increasing demand for its facilities. A union catalogue of war-time holdings of important foreign periodicals has already been compiled which serves as a clearing-house of information. Such a service is of special value at the present time when, owing to war conditions, many people are engaged on work of national importance.

Fortunately, the British and American abstracting services are continuing to function. Chinese workers can rely upon a steady supply of such abstracts. As far as we know, those emanating from Germany still keep up with their publication and so long as they are mailed via Siberia, they will be regularly received here.

As a central body for the supply and use of current scientific and technical literature, the National Library acts as a repository of information and is performing a constructive service to the Nation.

Friends of the National Libraries

The annual report for 1938-39 of the Friends of the National Libraries in London has just been published. It records again a number of important gifts made both through and by the Friends to various National Libraries in Great Britain. It is a unique institution and its program of activities deserves the gratitude of scholars throughout the world.

A somewhat similar organization is needed for the National Library of China. The provision of means of intellectual and spiritual refreshment is of the first importance for the maintenance of the courage and moral tone of the nation in this time of trial. In her great task of keeping abreast with the growth of knowledge in western countries, China must enlist the aid and cooperation of foreign scholars and learned institutions. The diffusion of thought and learning between the East and the West has a far-reaching significance which should not be overlooked.

Publication Fund for the National Library

For many years the National Library has been working harmoniously with other scientific institutions, both in China and abroad, for the purpose of adding to the sum-total of human knowledge and understanding. Geographical distances, political boundaries and the difference of language are no barriers to the unity of effort.

It has been frequently the case that a certain study conducted in New York had been based upon materials either published or supplied by the National Library. The constant interchange of correspondence and ideas seeks to find only the scientific and intellectual truth. All scholars should thus cooperate generously toward this common end.

In order to be able to serve as a medium of cultural diffusion, the National Library must have larger resources in funds and trained personnel. The National Library has a large collection of rare books which is of great historical and literary significance and which should be made available to scholars through modern methods of photo-lithographical reproduction. Those who are able to help can feel confident that in contributing to this publication fund they are doing something of real practical value for the dissemination of knowledge and learning.

（原载 *Quarterly Bulletin of Chinese Bibliography*（New Series）Vol. Ⅰ, No. 1）

Editorial Comment to *Quarterly Bulletin of Chinese Bibliography* (New Series) Vol. I, No. 2

Looking Ahead

After three years' prolonged war in China, war conditions have become normal life and we settle down to a long and exhaustive struggle. While Sir John Simon and a few British Tories bear a heavy responsibility for letting the Far Eastern situation getting out of hand in 1931, the largescale American export of war materials to Japan must be blamed to a considerable extent for the continuance of the war.

Apart from the appalling human price and the heavy economic losses involved, the war has unintentionally contributed a great deal towards the solution of China's problems. While all eyes are now centred on Europe, developments are well under way in China which may in the long run prove to be of even greater significance for the future of the world. The remarkable unity and political integration as well as the organized will-power of the Nation have not only accounted for the immense activity in economic reconstruction during war-time, but have kept alive all forces of culture and learning in the midst of grave difficulties.

One of the outstanding features of the war is the widespread eagerness to discuss not merely how the war will end in terms of victory and defeat, but how a new order can be built after it. The prolonged war, the American export of war materials to Japan, the future peace of the Pacific, the European War, the disarmament and the many proposals for world federation are being considered and discussed in the daily press and on the radio. This remarkable change of attitude in the study of international affairs as a result of Japan's aggression may lead to a new birth of activity in critical inquiry and constructive thinking.

As there could be no alienation of Asia from Europe, there is an ever-increasing interdependence of the East and the West. In working out an economic basis for a lasting peace, Chinese scholars and scientists should join their western colleagues in making their voice heard at the Conference table. They should participate to a considerable extent in the organization of a just and durable peace,—a peace which will be an effective prevention of all aggression in all parts of the world.

Scientific Research and National Defence

While the special character of the war in China depends very largely on science, progress seems slow in utilizing some of the best brains available. Although scientific research is being carried on by a variety of institutions, there is a serious lack of direction and a considerable amount of overlapping. In spite of the intense anxiety on the part of the scientific community to be of service, not much has been done in the use of scientific methods and research for national defence.

What appears to be immediately required is a central body specially charged with the coordination of research on a grand scale, in order to ensure the pooling of knowledge and the rational allocation of scientific work. This body should provide facilities for scientific men to keep in close contact with various practical problems of national importance and to ensure adequate coordination between all units concerned.

While we do not wish to exaggerate the part which science has to play in the immense task lying before us, we wish to call the attention of the National Government as to the desirability of creating a central body similar to the British Advisory Council on Scientific Research and Technical Development recently set up by the Ministry of Supply in London. The main work of the Council, as we understand, is to ensure that the work of the Directorate of Scientific Research is carried out with due regard to recent advances in scientific knowledge, to introduce new fields of research and development and to make recommendations regarding the most effective use of scientific personnel. It is a senior advisory body of the Ministry of Supply upon all matters of pure and applied science. It will not only help to make weapons superior to those of the enemy, but also to assist in the development of new process of rapid production. It is expected that the Council will also be able to assist in the utilization and conservation of raw materials and in the discovery of substitutes for materials wherever that might be desirable.

As there is plenty of experts outside of the government staff capable of helping to win the war, their services should be fully utilized by the government to the best advantage under a central body as outlined above.

American Help for Chinese Libraries

Ever since the outbreak of the Sino-Japanese War, a strong tide of sympathy has been flowing to China from the hearts and minds of the people in the United States. No one will doubt the warmth of sympathy universally felt for China and the strong desire of the American people to express it in a practical form.

In response to an appeal from the Library Association of China , the American Library Association launched in October 1938 a campaign for books for Chinese war-torn libraries. Up to the time of writing, over 300 cases of books and journals have been received and allocated to various institutions. The Smithsonian Institution, in particular, has been most generous in forwarding consignments from Washington to Hongkong. These helpful efforts on the part of so many individual Americans are deeply appreciated here in China as a practical expression of good-will.

Yet it is not the material benefits that moved our hearts to gratitude; it is the sympathy itself, the gesture of confidence and the fellowship of learning that are peculiarly appreciated by a book-loving people particularly at this hour of their need.

Despite of the invasion and the difficulties of war, scientific and scholarly work is being carried on steadily in China. Seriously handicapped by lack of books and equipment as well as by the Government's strict control over foreign exchange, Chinese institutions of learning are having greatest difficulties. But the continued work in scholarship demonstrates the principles which have characterized the Chinese people, their contribution to civilization and their belief in high ideals.

On this account, it is hoped that with the vast resources at their disposal, more substantial aid will come from American scholars and institutions. Those who are able to help can feel confident that in contributing funds or books to this cause, they are doing something of practical value which will cement the foundations of the future cultural life of China.

Oil for the Lamps of China

In these days of stress and turmoil, it is difficult to maintain a healthy body and a calm and steadfast mind. While the needs of the body are not likely to be overlooked, mental wants are apt to receive scanty attention.

We have now been three years at war. Except a limited circle of intellectuals, very few people have had time or opportunity, still less inclination, to turn their minds to such apparently irrelevant matters as books and libraries. But it is no good to keep the bow always at full stretch. It may be a relief to turn, even in the midst of war, to the finer things of life, the things which could refresh our mind and our spirit, and the things which would give them the necessary rest and solace. For this reason, China has been showing the utmost heroism and determination in maintaining her shattered seats of learning and in keeping alive the flame of civilization even in the face of great difficulties. But if the lamps should be relit, the constant supply of oil is of paramount importance.

In this connection, it is most gratifying to report that Mr. H. N. Spalding of Oxford has taken the initiative in collecting books for Chinese universities. The Congregation has passed a decree making the effort official and and *ad hoc* committee under the Vice-Chancellor of the University has been formed. Gifts of books and periodicals should be sent to the University Registry, Oxford, Whence they are shipped to the central receiving office in China.

As this number of the *Bulletin* goes to press, over sixty cases of books from the University community of Oxford are being received at Kunming and allocated to various institutions and universities in accordance with their needs. While we are unpacking these cases, we can not but express our grateful appreciation to Mr. Spalding and the University of Oxford for their munificent and timely gift. It is not only a practical expression of sympathy and good-will, but also a spontaneous and generous gesture of close intellectual co-operation between China and England.

500th Anniversary of Printing

The year 1940 is being observed as the five-hundredth anniversary of the invention of printing from movable type. The world-wide celebration of this event can do much to bring together in common cause many and varied groups of people interested in books and libraries.

Seldom does the world approach an anniversary whose importance is so universally recognized, a date which so clearly marks a new turn in the trends of civilization. Without the press and movable type, the accumulated wisdom of the previous centuries would not have been available to give impetus to the new learning; and the new learning could not have spread and multiplied so as to change the thinking of five centuries.

Although the genesis of typography is also shrouded in mystery in China as well as in Europe, yet, as the existing examples clearly show, printing in China originated several centuries long before Gutenburg. But as Chinese characters are not suitable for the movable type, their use for efficient printing had fallen far behind.

It is hardly necessary to repeat how much we all owe to the invention of types and printing, both in the West and in the East. The true significance of this invention is not only measured by the spreading of knowledge and understanding through the printed word, but by means of the mechanical process in rapid production and distribution, it is an important milestone of human progress and achievement.

Yung-Lo Ta-Tien

The burning of the Han-lin Academy in 1900, with the consequent destruction of the sole remaining copy of the *Yung-Lo Ta-Tien*, a monumental encyclopaedia of the Ming dynasty, was to scholars an important incident of those lurid days. It is well-known that foreigners rescued a few volumes of the great work, but no one knows how many volumes are still extant nor where they are. A census of the existing volumes was made in 1923 by the Managing Editor which was published in the (Chinese) *Critical Review* 学衡, February 1924.

Since then many volumes have been located, and the latest census was published in the Chinese edition of this *Bulletin*, n. s., vol. 1, no. 3 for September 1939. As this census can not be regarded as complete, it would be useful to sinology to know what other volumes are extant, what their contents are, and in whose possession, public or private, they remain.

The Managing Editor begs to receive reports on every existing copy of this encyclopaedia, whether it is preserved in scientific institutions or in the hands of private owners: the volume, the sections therein, and the subjects treated. The results of this enquiry will be published in this *Bulletin* as they are received, so that a complete list of the *disjecta membra* may ultimately be prepared.

The *Yung-Lo Ta-Tien* serves as a source book in which many Chinese works now lost are to be found. Out of the extant volumes of this encyclopaedia, the National Library has been able to compile 280 lost works of great historical and literary significance. The work of collation and emendation has been going on continuously since 1935, and it is now proposed to publish these works in a special series to be known as *Yung-Lo Ta -Tien Tsung-Shu* 永乐大典丛书. This important series will consist of 100 volumes and will be made available to the scholarly world as soon as the necessary funds for its publication could be secured.

Friends of the National Library

It is a pleasure to announce that an organization of "Friends" of the National Library of Peiping has recently been formed on the lines of the Friends of the National Libraries in London. The National Library is famous for possessing one of the finest collections of materials for students of sinology and is particularly rich in rare manuscripts and early printed books. Ever since its foundation it has made distinguished contributions in the preservation of important records and in the advancement of scholarship, and has occupied a unique position in the world of letters.

But war-time conditions have made inevitable some curtailment of the much-needed service which the Library has in the past afforded to its readers and inquirers. To encourage gifts of books and manuscripts and to assist in bringing funds for special needs, this organization of "Friends" has been formed, which will not only help to build up its collections, but will also assist in the development of its services in ways and to an extent not allowed by its present income.

A cordial invitation is hereby extended to all scholars who are interested in the growth and development of the National Library. In joining this organization they will certainly perform a valuable service and actually participate in the heroic efforts which China has been making to maintain her cultural life in the face of the most formidable difficulties.

（原载 *Quarterly Bulletin of Chinese Bibliography*（New Series） Vol. Ⅰ, No. 2）

Editorial Comment to *Quarterly Bulletin of Chinese Bibliography* (New Series) Vol. I, No. 3

Organization of Peace

Recent American mail has brought us a variety of letters and cuttings which throw some light on the extraordinary medley of forces playing on public opinion in the United States in regard to the war and the organization of peace. An organization known as the Commission to Study the Organization of Peace was set up early in the year. Sponsored by six national organizations, the Commission is now composed of more than seventy persons who are experts in their respective fields. While the Commission does not propose to give the final answer to any international problem, it has produced a comprehensive report which is a clear analysis of the international situation with recommendations for a just and durable peace among free nations.

Peace cannot be established once for all by treaties. It is a dynamic process, a continual adjustment of disputes through pacific means, a constant opposition to violence. It must be based on the prosperity and well-being of the peoples of the world. It must be organized.

With ideal principles for the organization of peace and with intelligent leadership and vision, man can build a new and better world. But a more equitable world order can only be achieved after a long time, because of the required process of education. It is inevitable that extensive experimentation, education and modification in human attitudes should have to transpire before such an innovation could establish itself firmly.

The tragic struggle going on today will profoundly affect for all time to come the economic, political and social life of nations. As one democracy after another crumbles under the mechanized columns of the dictators, it looks as if the future of civilization were being decided upon the battlefield. But human freedom, political security and economic and social progress do not die easily. After having experienced the present catastrophe, nations will strive to cooperate more closely in the task of creating a permanent peace on the foundation of world community which will be a stepping-stone toward international sanity and stability. We believe that all the people in the world have a common interest in the long-range peace terms that must follow the wars both in Europe and in Asia. But there would not be any hope for a permanent settlement unless there is a complete abandonment of aggression and the use of armed force as an instrument of policy. If there were to be a rule of law, there must be an international force of such overwhelming strength that no would-be aggressor would dare to challenge. The creation of a strong international machinery is necessary if a new Europe and a new Asia are to emerge from the present upheavals.

The Case of Bertrand Russell

The controversy over the appointment of Bertrand Russell as Professor of Philosophy at the College of the City of New York has aroused a great deal of interest in Chinese academic circles.

Mr. Russell lectured in Chinese universities in 1921. Since then his visit has frequently been remembered with vividness by a large number of his admirers. We have long cherished the hope that he would eventually find it possible to revisit this country even for a short period, as we are dependent upon scholars of this type for stimulation and leadership in relation to many segments of our intellectual activity.

No one would have disputed Mr. Russell's competence in the subjects which he has been called upon to teach at the City College of New York, but this is not the ground of the present controversy. As far as we are able to learn, the following is a summary of the facts:

Mr. Russell was appointed by the Board of Higher Education of the City of New York to teach, for a two-year term, advanced logic and the philosophy of mathematics at City College beginning in February 1941. Over this appointment there had been much agitation among his opponents who accused him of promulgating a moral code ranging from bolshevism to the advocacy of "eternal triangles." The agitation hastened the summoning of a meeting of the Board of Higher Education which on March 18 reconsidered but reaffirmed Mr. Russell's appointment by a vote of 11 to 7. On March 30 in the Supreme Court of New York, in a taxpayer's suit initiated on March 19, Justice John McGeehan, speaking for the court in a lengthy opinion, announced the dicision revoking Mr. Russell's appointment. Russell's views on marriage were held to make him unfit to give instruction in the logic of mathematics and his very presence was viewed as a moral danger to the young men at City College.

Thus, a court has overruled and nullified the action of an administrative board even though is created according to the statutes of New York State. Aside from the question of academic freedom which apparently is involved in the situation, the real issue is whether, in an instiution supported by public funds, a court has the power to void a faculty appointment on account of an individual's opinions. Should such jurisdiction be maintained, faculty appointments in tax-supported institutions would be thrown into a state of uncertainty and a serious blow would be struck at the intellectual independence of the teaching profession.

In view of the serious consequences for the administration of higher education, the issue has been carried to, and will be reviewed by, a higher judicial tribunal. While we have been waiting for its dicision with considerable interest, we wish to quote the words of Mr. Russell written in 1922 which have proved prophetic in his own case:

> "The habit of considering a man's religious, moral and political opinions before appointing him to a post or giving him a job is the moderm from of persecution, and it is likely to become quite as efficient as the Inquisition ever was." ——*Free Thought and Official Propaganda* (1922)

Reconstruction in China

The extension of the theatre of hostilities has brought about considerable dislocation in the normal life of the Nation. As the war spreads, destruction continues on a wide scale.

Whilst the world may shake with the horror of senseless murder and destruction, one consequence of the war has been the rapid development of the far western provinces of China. Although much of this development is unnoticed in the West the patient work of reconstruction has been carried on in spite of formidable difficulties. All projects have been prosecuted along realistic lines, based not on war economy but on plans for long-time development. In this, as in many other aspects, the war is doing for China what peace can never do.

The growing interaction between Far Eastern and European conflicts was clearly illustrated by the recent closure of the Indo-China-Yunnan railway and the Burma Road. While the effect of this blockade on reconstruction work in China is most serious, the ingenuity of the Chinese has rapidly adapted itself to changing situations. The exigencies of war have thrown us back to the simpler ways of living and to the use of more primitive appliances. Under these and similar difficulties, the Chinese peolple have shown an amount of heroism and fortitude in carrying out their programme of reconstruction with unparalleled buoyancy and vigour.

Although the ability of the Chinese to carry on under seemingly hopeless conditions has never been better illustrated than in the present emergency, yet all the hardships are not without far-reaching consequences. When we have passed through the present ordeals, we would be better fitted for the greater task of post-war reconstruction.

Preoccupation with the European war will cause people in the West to forget the needs and interests of China. But China has a powerful effect on the shape of things to come. What happens in this country will decidedly affect the rest of the world. In her prodigious task of rebuilding, China must solicit the advice and technical assistance from foreign countries. The world at large should feel it a duty to make unstinted efforts to help her in her immense task of reconstruction. The aid thus given would represent not only sympathy and support for the Chinese cause, but strong confidence in China's political and economic stability as a great potential power.

Chinese Culture Moves West

Before the outbreak of the Sino-Japanese war, the western and southwestern provinces were the most remote and backward provinces of China. They figured very little in the minds of the educated leaders of the Nation. With the removal of higher institutions of learning from the seaboard to the interior, these provinces have become areas of amazing contrasts. One can walk through dusty and narrow streets where the vast majority of the people would certainly not understand a word of any foreign language, turn in at a humble gate and find oneself in a company of professors and intellectuals who will discuss in English, French or German, Herr Hitler's invasion of the British Isles, the British appeasement policy in the Far East, the American export of war materials to Japan, the joint defence of the United States and Canada, the new world order, the federation of Europe—any subject one may think of.

The policy of transferring China's men of learning and the best of her sons and daughters from the old educational centres to the western and southwestern provinces is not moved solely by the determination to preserve the *literati.* There is also the earnest desire to hurry the pace of political and economic reconstruction among the people of the hinterland. As has been expected, Chinese higher institutions of learning have already made vital contributions to the New China which is being emerged out of the present difficulties.

Cut off entirely from seaports and from the financial resources of the coast, national energies are now concentrated in the westward re-orientation of domestic policy. Working in virgin fields, it is by no means an easy task to integrate the life of the provinces all over night. Although the present conflict in China has accelerated the evolutionary process, it will be a matter of very gradual progress in overcoming great diffculties. But through better means of communication and through free development of modern education, great transformations of these provinces are taking place day by day.

While cultural tradition cannot easily be transplanted, this intellectual migration has been one of the most striking and perhaps, in the long run, one of the most significant results of the war. It may well mark the renaissance of west and southwest China, just as wars in other places and at other times have started great intellectual movements. From all points of view, it augurs well for the future.

Arts in War-time

In spite of the concentration of our national efforts upon winning the war, the Chinese government have made it plain that they are anxious to preserve the cultural and artistic life through the difficult days before us.

The Ministry of Publicity has chosen a number of artists to record the war work from every angle. They were enrolled as civil servants and given a free hand. Bands of artists and actors now roam all over China, and by posters and plays instil the meaning of the war in the most remote villages. The response has been electric. There is a general awakening of China's artistic life.

At the same time the Government will hold a national exhibition of modern art in the spring of 1941 in order to encourage the arts throughout the entire country. Provincial Governments have also made special efforts in employing artists for various types of war work. In all these ways, there is a clear recognition that the arts are a necessary part of the national life in war-time and deserve to be supported by voluntary and official assistance even in times of extreme financial difficulties.

Development of Microphotography

Reproducing methods in their various forms have now become an integral part of library service. Formerly photostat was used to preserve texts and to make them available to a wider public. But in recent years microfilm as a new form of documentary reproduction has been extensively adopted. The permanence of the product has been assured and the instruments have been stabilized. By this method it is now possible to duplicate important materials for preservation and for extensive use with a minimum of expenditure.

One of the interesting features of the photostat is that the operator makes the exposure, and the prints are processed and dried automatically. It is still the most economical method for the production of from one to five prints and is often employed when full size reproductions are required.

Different from photostat, microphotography is a dual process involving on the one hand the physical production of a reduced scale copy, and on the other the organization, administration and application of the technique to various problems. Thus, on a small strip of film, the photographer reproduces each page of copy in proper sequence which can easily be read with the aid of a projector. Of special importance to libraries is the fact that whole books may be copied and the film stored in very little space, and that out-of-print books may be easily duplicated. Manuscripts, charts and all materials in flat service are equally adaptable to preservation and secondary use. By an economic system for duplicating, storing and displaying the printed page, microphotography has thus revolutionized the technique of facsimile reproduction.

In view of the low cost of its reproductive process, Chinese librarians are particularly interested in its installation and its great possibilities. If China had microfilm equipment before the war, much of her irreplaceable material destroyed during the invasion would have been saved.

But although microphotography has won world-wide acceptance, its mechanical side is still in the process of rapid development. While we have been slow in its utilization in China, the delay has not been without its advantages since we shall eventually be benefited by its latest inventions and devices as experimentation in the West goes forward.

(原载 *Quarterly Bulletin of Chinese Bibliography* (New Series) Vol. I, No. 3)

Editorial Comment to *Quarterly Bulletin of Chinese Bibliography* (New Series) Vol. I, No. 4

A Word of Appreciation

When this Bulletin resumed its publication in March, we appealed to our readers for their continued support. A year's experience has more than justified our hope. From many quarters, we have received a chorus of praise and favorable comments. This encouragement gives us new strength. With the completion of the first volume of the new series, we wish to record our gratitude and appreciation.

The war has brought about considerable dislocation in communications. To avoid further destruction, publishing establishments as well as educational and learned institutions have repeatedly changed their sites, each time moving to a more remote and isolated area. With the closure of the Haiphong route, it is becoming increasingly difficult to have prompt access to current publications and scientific information. Even the office of the Editorial Board has been subjected to constant bombing. Under such trying conditions, it is most gratifying to report that we have been able to cover our fields fairly well. Nevertheless, delays are unavoidable. For these, we again appeal to our readers and subscribers for the exercise of patence and good-will.

A Means Serves Both Ends

Owing to the language barrier, Chinese publishers and booksellers have achieved little in making their book news available to interested libraries and individuals in the West. It often happens that important publications are not found in the Chinese collections in western libraries until a considerable time has elapsed. While it is the object of this Bulletin to bridge over the gap, there still exists a lapse of weeks and sometimes even months before important book news can reach our friends abroad. The delay has frequently deprived foreign scholars of prompt access to materials which are important to them in connection with their research.

Another difficulty often experienced by western librarians is how to secure promptly desired Chinese pulications. This situation prevailed even before the outbreak of hostilities in China; it is now becoming increasingly deplorable in view of the disorganization of the book trade as a result of the war. There is a strong demand that some sort of an agency be established to render the necessary service.

In our columns, we have more than once pointed out that the lack of books and equipment has been a serious handicap to Chinese scholars engaged in scientific research. Although the government fully realizes the importance of the marshaling of scientific brains to win the final victory in its war of resistance, yet the limited amount of foreign exchange at its disposal has forced it to attend first to the immediate military needs. With the reopening of the Burma Road, it is again possible to keep Chinese scientists informed of the latest advances in their respective fields. If a plan could be devised to assure a constant flow of scientific information, it would be of invaluable service to those who are engaged in scholarly work.

To meet the situation as described above, it is thought that it should not be difficult to find a solution which would work to the advantage of all concerned. If an organized system of exchange could be arranged, it could include among its activities the acquisition of Chinese publications for foreign libraries and vice versa. Important current publications will automatically be sent to interested libraries as soon as they appear. In this way, foreign libraries will get prompter and better service, while Chinese institutions will be benefited by a regular supply of foreign scientific literature. Such an arrangement under expert supervision between China and other countries would make their cultural resources more readily available to each other and will surely work to the best advantage of all.

(原载 *Quarterly Bulletin of Chinese Bibliography* (New Series) Vol. Ⅰ, No. 4)

Editorial Comment to *Quarterly Bulletin of Chinese Bibliography* (New Series) Vol. II, Nos. 1-2

The Voice of the Press

When this issue of the Bulletin reaches the hands of our readers, the Sino-Japanese War will have already entered its fifth year. The year 1941 finds the Chinese newspapers assuming a more confident tone about the final victory than ever since the outbreak of hostilities. The press, as a whole, expresses its gratification at the gradual realization by the western Democracies that appeasement in the Far East only leads to further aggression just as what took place in the West before September, 1939. The consensus of Chinese opinion is that verbal protests should be converted into action.

In editorial writings, there has been much discussion on the ABC front and in particular Sino-American cooperation. It is by now generally accepted that the rising tide of aggression began with the invasion of Manchuria in 1931. The Chinese people have been fighting the most bloody war in history not only in the defense of their own country but also for a better world order ruled by law and justice instead of by brutal force. Concerted action by the three Powers, America, Britain and China, will make the aggressor think twice before he embarks on any new venture in the Pacific area. Combined forces will render the odds overwhelmingly in favor of the Democracies.

Some leading papers, in their lengthy editorials, emphasized the fact that China is fighting a war no less important than that being fought by England for the sake of democracy. Whatever strengthens democracy in the East strengthens it in the West. While expressing their grateful appreciation of President Roosevelt's promise of increasing aid to China under the Lease and Lend Act, they Stressed the necessity of accelerating the extension of economic assistance in order to turn the tide of the war on the Asiatic continent.

A question which is being asked with increasing frequency in the papers nowadays is why the United States continues to sell oil to Japan in ever increasing volume. Nothing is more disconcerting than this American action, a decided contrast to the proclaimed policy of the American government and the sympathy of the American people. As the struggle against Japan's Axis partners grows tighter, the question becomes even more perplexing to the Chinese mind. But since a promise of material help has come from the lips of the American

President, China not only faces her powerful enemy with a new hope, but will redouble her effort to stamp out aggression in order to make the world safe for democracy. In this task, she has just as much to give as to take and will look forward to closer and more determined cooperation among the Democracies.

Sino-British Intellectual Cooperation

The two separate statements from Oxford and Cambridge signed by distinguished members of the two Universities and Colleges, the full texts of which are here reproduced, are addressed to the Chinese people and in particular to the universities in Free China. Both statements come to us not only as an expression of Sino-British friendship but also as a sign of intellectual health and vigour in wartime England. Among other things, they refer to the particular research facilities which each University is prepared to offer to Chinese scholars and suggest the working out of some plan of intellectual collaboration between English and Chinese universities along the line of exchange of students and research fellows.

It is significant to note that this offer of cooperation has come from a feeling of the exigent need for "a standard of the spirit to which the thing achieved is little and the quality of the mind that achieves it is much." It goes to prove that despite the consequences of war the English mind remains unswerved in its aims and activities. There can be no intellectual blackout in countries where the cause of liberty and learning is cherished both as a tradition and as a condition of civilized existence. That this cause is nowhere better understood than in England and in the United States is felt by every Chinese who is interested in seeing liberty and learning preserved through this period of crisis.

It is encouraging to know that in England as well as in China there are men whose mind is already preoccupied with the ways and means of reconstructing a new world and that instead of treaties and conferences they are quietly and patiently getting at the root of the essential problems. It is hoped that these statements of cooperation will pave the way to a better understanding of English and Chinese traditions and to an era of intellectual collaboration in the service of humanity and learning.

(原载 *Quarterly Bulletin of Chinese Bibliography* (New Series) Vol. Ⅱ, Nos. 1-2.)

Editorial Comment to *Quarterly Bulletin of Chinese Bibliography* (New Series) Vol.Ⅲ, No. 1

TO OUR READERS

The Quarterly Bulletin, published in Peiping from 1934 to 1937, was temporarily suspended after the fall of Peiping. In March 1940, in response to a wide demand, a new series was issued in Kunming. The outbreak of the Pacific War prevented our last issue (New series, Vol. Ⅱ, nos. 3-4), printed in December 1941 in Shanghai, from reaching interior China. Feeling, however, that a bulletin of Chinese bibliography in time of war is essential to both Chinese and Western readers, we are going to press again in spite of the many almost insurmountable obstacles.

Difficulties in printing and communication are a painful fact which is only too obvious to all in interior China today. We must apologize if the war has made this Bulletin somewhat thin and has delayed its reappearance, but we can say with confidence that its old spirit is still here. We shall be very happy if our readers will extend to the Bulletin in its present form the same indulgence they have shown in the past.

We are at the same time publishing a Chinese edition of this Bulletin which in content is not identical with the English edition. A microfilm copy of the Chinese edition will be sent to the Library of Congress and to the British Museum where it is to be made available to Western scholars.

The English edition of this Bulletin is printed with funds jointly supplied by the Chinese-American Institute of Cultural Relations and the National Library of Peiping. This joint enterprise is a form of scholarly collaboration which, we hope, will be continued in the years to come.

MICROFILMS FOR CHINESE LIBRARIES

In a previous issue of this Bulletin (n. s. Vol. 1, no. 3, Sept. 1940) we pointed out the extensive use now being made of microfilm as an indispensable tool of research. In view of its great possibilities, we urged its wide adoption by Chinese libraries and scientific institutions.

Since the outbreak of the Pacific War, China has been cut off from the intellectual world of the West, and because of their weight, books and magazines from abroad have not been transported into the country. A solution has been found, however, by the use of microfilm. Some time ago a program for the bringing in of periodicals from the United States on microfilm was initiated by the China Foundation for the Promotion of Education and Culture, and about the same time a program for the production and shipment of such microfilms was inaugurated by the Cultural Relations Division of the American Department of State. The implementation of this program in China has now been undertaken by the International Cultural Service of China, a committee of Chinese scholars and administrators in Chungking appointed by the Ministry of Education.

The use of microfilm to solve the transportation problem into interior China has never before been tried on so large a scale. For several years past the possibilities of microfilm have been explored by certain libraries in the United States, and by using non-inflammable safety film of the ordinary moving picture size, librarians found that they could store enormous volumes of old and perhaps unused records and newspaper files in a relatively compact and permanent form, thus saving a great deal of space in overcrowded archives and book-stacks. Microfilm was also found to be most useful in the reading of rare books or manuscripts. A scholar whose library lacked a certain rare volume could write to the library which possessed it, and obtain a microfilm copy for his own use at very little cost. Thus many rare books and inaccessible newspaper files have been copied and stored on microfilm in the leading libraries in the United States and to a certain extent in Europe and Australia.

More recently the outbreak of the war has led to the microfilming of a great number of books in the British Museum, copies on film being taken for safety to the United State, while many of the most treasured Chinese rare books have been copied on microfilm in the Library of Congress, Washington, D. C. Now the war has created a new use for microfilm, and Chinese universities and research workers are beginning to be supplied with publications from the United States and soon, it is hoped, from England and Australia. By reducing the weight of the published materials and putting 1600 pages of reading matter onto 100 feet of film which weighs less than one pound, it is now possible to span the gap of ten thousand miles between the Western publisher and the Chinese reader and bring books on microfilm to China by airplane.

The comprehensive program of supplying American learned journals on microfilm is widely appreciated by Chinese scholars and research workers. As science is international, it is but fitting to internationalize the program in order to establish a community of interest and to promote closer cultural understanding among all the United Nations.

VISIT OF PROFESSOR DODDS AND DR. NEEDHAM

Now that the great Democracies have been united in war, we should exert every effort in the futherance of cultural understanding among the United Nations, especially China, the United States, Great Britain and the U. S. S. R. As a matter of fact, the friends of China in these countries have long been trying to establish closer contact with war-time China. In the June 1941 issue of this Bulletin (n. s. Vol. Ⅱ nos. 1-2) we reproduced two separate statements by the Universities of Oxford and Cambridge to the Chinese people in general and Chinese universities in particular. As this issue is going to the hands of the printers, we are happy to announce the arrival in China of Professor Dodds and Dr. Needham, both of whom are signatories of the above-mentioned statements. The visit of two such outstanding figures in the academic world is a gesture of intellectual cooperation which is widely appreciated. It is our sincerce hope that their presence in China will inspire and stimulate our intellectual activities and that their examples will be followed by other Western scholars, in order to maintain intellectual solidarity between China and the other United Nations.

SCIENTIFIC RESEARCH AND NATIONAL DEFENSE

In a previous issue of this Bulletin (n. s. Vol. 1 no. 2, June, 1940) we made the following statement:

> While the special character of the war in China depends very largely on science, progress seems slow in utilizing some of the best brains available. Although scientific research is being carried on by a variety of institutions, there is a serious lack of direction and a considerable amount of overlapping. In spite of the intense anxiety on the part of the scientific community to be of service, not much has been done in the use of scientific methods and research for national defense.
>
> What appears to be immediately required is a central body specially charged with the coordination of research on a grand scale, in order to ensure the pooling of knowledge and the rational allocation of scientific work. This body should provide facilities for scientific men to keep in close contact with various practical problems of national importance and to ensure adequate coordination between all units eoncerned.
>
> While we do not wish to exaggerate the part which science has to play in the immense task lying before us, we wish to call the attention of the National Government to the desirability of creating a central body similar to the British Advisory Council on Scientific Research and Technical Development recently set up by the Ministry of Supply in London. The main work of the Council, as we understand it, is to ensure that the work of the Directorate of Scientific Research is carried out with due regard to recent advances in scientific knowledge, to introduce new fields of research and development and to make recommendations regarding the most effective use of scientific personnel. It is a senior advisory body of the Ministry of Supply upon all matters of pure and applied science. It will help not only to make weapons superior to those of the enemy, but also to assist in the development of new processes of rapid production. It is expected that the Council will also be able to assist in the utilization and conservation of raw materials and in the discovery of substitutes for materials wherever that may be desirable.

Almost three years have elapsed since those words were written, but there still remains a serious lack of coordination among different scientific institutions and among individual research workers. More efficient organization of science in China is much to be desired.

Experts in different vital fields are not lacking, but while the number of research workers has greatly increased, the general organization of scientific work remains at a prmitive level. Difficulties of communication natrually constitute a great obstacle to effective collaboration among scattered institutions. Whatever the causes, our scientific production is falling far behind the requirements of the enormous expansion of scientific activity which is now occurring in the West and must sometime occur in China.

We possess learned societies in China for each branch of science, but they are quite inadequate to deal with the present day problems of scientific advance. None of them provides an adequate basis for organization, to say nothing of the initiative needed to stimulate and direct research. Thus many competent workers and many valuable fields of work are being neglected largely through lack of organization.

But far more important is the lack of contact between different sciences. It is increasingly realized that the different branches of science are intrinsically related; but the present absence of contact has resulted in a regrettable delay in the appreciation of the relevance of one field of science to another.

Furthermore, this lack of contact among the different sciences retards the development of the specialised techniques of each individual branch. Closer coordination is absolutely necessary to improve both the quality and the scope of scientific work in this country.

As one step in helping to remedy this situation, a selected group of technical experts has been sent from the Division of Cultural Relations of the American Deparment of State to work with certain agencies of the Chinese government. Experts in the fields of soil conservation, cooperative management, potato breeding, animal husbandry, and long distance telephonic communications have thus far arrived in Chungking to begin their year of work with Chinese colleagues. Undoubtedly these experts will survey the work being done in their respective fields in China. It is to be hoped that their assistance can be obtained in setting up a greater degree of coordination among Chinese workers.

PRESERVATION OF CHINESE SCHOLARLY PERSONNEL

After the outbreak of the Sino-Japanese war, friends of China in Great Britain and the United States expressed grave concern as to the future of Chinese educational institutions. During the past five years they have learnt of the way in which our evacuated uiversities have carried on in face of great difficulties. Professors and students alike have proved themselves willing to undergo all manner of hardships to keep alive the scholarly tradition, and the National Government spends increasing amounts every year to subsidi ze students from occupied areas and enable them to complete their courses.

In present circumstances, however, the preservation of Chinese scholarly personnel, by a system of grants in aid of research, is as necessary as the training of new scholars, and is a task of international concern.

It is well known how exiled Euopean scholars, many of them German Jews, have been enabled by means of grants from private agencies, such as the Rockefeller Foundation, to gain their living and at the same time make valuable contributions to the intellectual advancement of the countries which adopted them. These grants will be remembered in the history of the progress of world culture, for they have meant a mutual enrichment, an intellectual stimulus, and a deeper international understanding.

In China the position of research workers is scarcely less precarious than that of those in Europe, not on account of political persecution but because of the increase of prices as a result of the inflation. Many promi sing scholars have had to postpone research work for the duration in order to earn enough to support their families, being forced either to abandon academic careers or else to produce work of popular interest—such as the translati on of Western bestsellers. The prohibitive prices of books or the impossibility of obtaining newly published Western literature has made scientific research exceedingly difficult, if not impossible, in all cases.

We suggest that direct grants by private agencies to carefully selected recipients are the most effective means of preserving Chinese scholarship in war-time, without the delays which inhibit official programs.

Although technical experts are essential to China during war-time, we feel an urgent need for more scholars in the field of the humanities and social sciences, since this field of studies has been seriously neglected during the past decade, and its cultivation is a sure means of promoting cultural understanding among the United Nations.

SINO-BRITISH AND SINO-AMERICAN TREATIES

The signing of the Sino-British and Sino-American Treaties on January 11th of this year constitutes an event of historical importance, symbolising, as it does, the recognition of China as an equal partner in the alliance of United Nations.

Extraterritoriality has been in the process of modification and abandonment since the end of the last war. Extraterritorial rights were renounced by Soviet Russia after the Revolution, and were withdrawn by Germany by the Peace Treaty. In 1927 Great Britain handed back concessions in three trading centres, the most important of which was Hankow. This move was followed the next year by the abandonment of tariff restriction rights by all the powers.

The case for the abandonment of this system rests on the growth of China, during the last century, into a vigorous and modern nation, —a process which has been accelerated since the revolution of 1911. It is well known that a statement of its desire to have this system ended and China admitted to full *de jure* equality with the Great Powers was included in the will of Dr. Sun Yat-sen.

The final abandonment of the privileges implies the relinquishment of the International Settlement in Shanghai and of the British Concession in Tientsin and Canton, as well as of the exemption from the jurisdiction of Chinese courts of all American and British subjects in all parts of China.

This change which is admittedly overdue, is the formal recognition of the status which China herself has won among the United Nations as an equal partner and an honoured collaborator. The decision also serves to emphasize the honesty of the allied purpose, which is to fight for world freedom and not for economic or political domination.

(原载 *Quarterly Bulletin of Chinese Bibliography* (New Series) Vol. Ⅲ, No. 1)

Editorial Comment to *Quarterly Bulletin of Chinese Bibliography* (New Series) Vol.Ⅲ, Nos. 3-4

TO OUR READERS

Apology is again necessary to our readers for the delay and miserable appearance of our Bulletin. Our March-June issue was six months in press, during which time the paper-supply had failed, so that we were obliged to leave out the *Index to Periodical Literature.* We apologize for this and for the fact that our paper and printing leave much to be desird. Owing to printing difficulties and the high cost of paper, we are forced to issue combined numbers for the duration of the war—that is to say, two issues are to appear each year. Chinese readers will understand the circumstances which render these defects inevitable and we can only hope that our foreign friends will take the Bulletin as a symbol of the Chinese soldier, who, ill-equipped and under-nourished, but undaunted in spirit, still carries on.

BRITISH SCIENTIFIC AND CULTURAL MISSION TO CHINA

Scientific and cultural cooperation between China and England has been strengthened during the year by the recent visit of Professor Erich Robertson Dodds and Dr. Joseph Needham, the one representing Oxford University, the British Academy and the arts, and the other representing Cambridge University, the Royal Society and science. These distinguished professors brought messages of greeting to the Academia Sinica from a number of learned bodies in the British Empire. The text of two of these messages, given below, reveals the genuine desire of English scholars for closer intellectual collaboration with Chinese scholars for the benefit of humanity.

From the British Academy:

"The British Academy desires to take the opportunity of Professor Dodd's visit to Chungking to send its fraternal greetings to the Academia Sinica. It has watched with sympathy and admiration the efforts, courageous and successful, of the Chinese Government to maintain education and spiritual culture in the midst of a long and calamitous war, in which many centres of study have been deliberately destroyed by the enemy. It is by the maintenance of high spiritual standards that ultimate victory will be gained, and the world once more established in the ways of peace; and the British Academy wishes the Academia Sinica all success in its great contributions to the scientific and cultural achievements of its country. The Academy will be glad to cooperate in any way that may be possible, both during and after the war."

From the British Association for the Advancement of Science:

"On behalf of the Council of the British Association for the Advancement of Science, and of the Division for the Social and International Relations of Science, the President and General Officers of the Association gladly avail themselves of the opportunity afforded by Dr. Joseph Needham to forward to their scientific colleagues in Academia Sinica this message of greeting and good will.

They do not doubt that in a happier future, when the shadow of aggression and the present misapplication of science by the forces of evil have been set aside, the cultivators of science in the East and in the West will unite in their efforts to apply the benefits of their researches to the lasting betterment of humanity."

Such messages reveal a genuine insight into China's problems, together with an appreciation of China's efforts to maintain education and carry out research, in spite of wartime dificulties. These greetings and offers of collaboration from some of the highest institutions of learning in the West are deeply valued by our scholars and serve to encourage and inspire them in their work of teaching and research.

VISIT OF PROFESSOR CRESSEY

As this issue is going to press, we are happy to announce the arrival in China of Professor George B. Cressey, the eminent American geologist and geographer, who has made special studies in the Asiatic field. Professor Cressey's visit to China marks a new chapter in the history of Sino-American cultural relations, for he has come as the distinguished representative of the National Academy of Sciences, the National Research Council, the American Council of Learned Societies and the American Association of University Professors.

These learned institutions send to Chinese scholars their warmest greetings and expressions of their keen desire for closer intellctual cooperation. The text of two of these messages is given below:

From the American Council of Learned Societies:

"The American Council of Learned Societies, which, like the Academia Sinica, is a member of the International Union of Academies, takes advantage of the mission of Dr. George B. Cressey to extend its salutations to the Academia Sinica and, through that distinguished body, to the scholars of China in general.

The American Council of Learned Societies is particularly glad to have this opportunity to express to the scholars of China the great interest that American scholars take in their work. The Council ventures to hope that information respecting Chinese scholarly work and publications may, through the intermediary of Dr. Cressey, be made more promptly known in the United states than has hitherto been possible.

For some fifteen years the American Council of Learned Societies has had the privilege of taking a leading part among American scholarly organizations in the planning and development of Chinese Studies. Our efforts have been devoted particularly to the training of young scholars to teach and to carry on research in these studies, to producing the important implements and tools of research that are needed by American scholars, and to bringing about the gradual introduction into the curricula of American institutions of learning of courses in Chinese language, history, and civilization, in order that the youth of the United States may have more adequate knowledge of the great civilization that has been developed over many centuries in China.

Dr. Cressey will be able to inform you respecting some of the more interesting details of this Council's work and of the results of our efforts. We shall be glad to have opportunities to send information from time to time to all who may be interested, and we shall be especially happy to extend the correspondence which we are already privileged to have with the scholars of China respecting their activities.

The Council desires to serve as a medium of making better known to American scholars the important work that is being done in China in the various fields of learning. We seek every opportunity to enter into closer relations with the scholars of China, and we are confident that the Academia Sinica will be happy to cooperate with us."

From the American Association of University Professors:

"The visit of Professor George B. Cressey to the colleges and universities of China gives me this opportunity to send you greetings on behalf of the members of the American Association of University Professors, I wish you to know that your problems during the stressful war years have been of serious concern to us and that your unfaltering courage in carrying on the work of education under great difficulties has our profound respect and admiration.

The American Association of University Professors is a professional society of men and women who are engaged in teaching or research in the colleges and universities of the United States and Canada. The purposes of this Association are to bring about a more effective cooperation among the members of the academic profession in the discharge of their special responsibilities as custodians of the interests of higher education and research; to promote a more general and methodical discussion of the problems and issues relating to higher education to create means for the authoritative expression of the public opinion of the body of college and university teachers to the end that there may be collective action in advancing and maintaining the ideals and the standards of the profession. A motivating ideal of the Association is the achievement and the preservation of intellectual freedom.

The American Association of University Professors envisions for the post-war world a resurgence of learning which will transcend all national boundaries and which will be universally free. Basic in the philosophy of the Association is the belief that educational institutions should be conducted not for the good of any particular regime nor for the good of any particular institutions nor for the good of and individual but for the common good of all mankind. This common good can be realized only through the free search for truth and its free exposition.

The college and university teachers of the United States and Canada are making and will continue to make all the sacrifices and adjustments necessary to achieve victory over the enemies of freedom and democracy. Many teachers have joined and many are now joining the armed forces. Many of them have abandoned and many are abandoning their academic positions for the duration of the war and have offered or are offering their knowledge and their special skills to industry and to their government in the prosecution of the war. I mention this that you may be assured that the teachers of the United States and Canada, like those of China, have faith in the values of freedom and democracy for which we fight and that we are confident in the ultimate victory of these ideals for which true scholars in all lands and in all times have labored."

The sincere spirit of friend ship and respect revealed in these greetings encourages and inspires Chinese scholars and convinces them that Sino-American cultural collaboration, which has had so happy and fruitful a past, will enjoy an even more cordial and profitable future.

SCIENTIFIC LIAISON BETWEEN CHINA AND THE WEST

Soon after his arrival in China, Dr. Needham was instrumental in organizing the Sino-British Science Cooperation Office in Chungking. Similarly, an American Publications Service was set up in October 1942 under the direction of Dr. John K. Fairbank of Harvard University. The activities of these offices comprise a two-way traffic. On the one hand, each of them supplies to the Chinese scientists information from the West in the form of microfilms, technical memoranda and other official documents. On the other hand, knowledge of science in China is imparted to the West by the transmission of important scientific correspondence, technical memoranda and scientific literature.

Recently the International Cultural Service of China has been entrusted by the Cultural Relations Divsion of the American Department of State with the task of gathering scholarly and scientific articles suitable for publication in the United States. It is the desire of the Division to assist Chinese scholars by bringing their writings to the attention of western readers with a view to promoting closer intellectual exchange between China and the United States.

All these steps are being taken to break through Japan's blockade and free Chinese scientists from their virtual isolation from the Western world. But Sino-Western scientific cooperation must not end with the war, for after the war one of the greatest tasks of humanity will be the industialization of the industrially backward countries. The exploration of China's natural resources can be done only by the Chinese but science transcends all national barriers, and the sum of scientific knowledge should be shared by the nations of the world.

In spite of special efforts made in war-time, the existing machinery for coordinating scientific enterprise is still totally inadequate and governments should be made to realize the fundamental world community of interest in science and technology. There should be an organization on an international scale to convey from the West to the East unbiassed accounts of the most up-to-date scientific thought and technological advances. Only when science is internationally controlled and liberally supported by the governments of all countries, whether in war or peace, can the reconstruction of the world proceed equitably and efficiently.

THE NEED FOR HUMANISTIC SCIENCES

The exigencies of war have demonstrated the supreme importance of science to national life, with the result that scientific studies are being encouraged and scientific research sponsored by the Government. This in itself is a healthy development; but closely allied to it there is a tendency which we deplore—that is, the neglect of humanistic studies in China today.

Modern science tends to exalt machinery and method, to the exclusion of that vital factor in progress—the mind and heart of man; and over-emphasis on technology may lead to a narrow, technical form of education, detrimental to the highest interests of the community. While specialization is essential in the modern age, undue stress upon it is to be avoiled, and the loss of the liberal tradition in Chinese education is too heavy a price to pay for rapid industrialization.

Yet when a nation is engaged in a grim struggle for its very existence, it is inevitable that humanistic studies should be relegated to the background; and cultural workers today, confronted with the difficult task of maintaining both their livelihood and their former standard of values may be forgiven if they feel depressed by the lack of recognition and support formerly granted them by the government and the community at large. But the outlook for cultural workers, when peace is achieved, is not a depressing one. Already we are faced with the wartime paradox that China is more isolated in space and yet closer in spirit to her allies than ever before; while among all the democracies of the world there is evident desire to bind more closely the intellectual ties of sympathy and understanding that would ultimately do away with national prejudices.

These facts are bound to influence educational policy in China, and this new tendency towards cosmopolitism should be utilized by our educators to foster a liberal attitude and world outlook among our students. To this end they should promote the culture studies such as Philosophy, History, Literature, Political Economy and Sociology—subjects which are called the Humanities using the word in its broadest sense; for these subjects, coming down through the ages, have proved their unique ability to broaden men's outlock and develop universal understanding.

Chinese education, it would be well to recall, consisted almost entirely of humanistic studies until the end of the nineteenth century, when, on account of the need for industrialization, many new subjects crowded into our curricula, each clamoring for recognition. China's debt to the West for modern science is inestimable; but we should remember that it is in the field of cultural studies that Westerners will look to us for contribution to international scholarship in this generation.

Thus, although our national energies are now keyed to the war effort, we advocate that greater attention be paid to humanistic sciences in this country, that they be given the place they deserve in the postwar program of recons-truction, and that, in preparation for this future expansion, at least a small percentage of the students sent abroad should be delegated to the study of the humanities in the West.

SINO-INDIAN CULTURAL COOPERATION

China's cultural debt to India goes back nearly two thousand years and can be seen in many deparments of Chinese life, for Chinese Buddhism, mathematics, astronomy, philosophy, art, literature, music and architecture all bear the imprint of Indian influence in varying degrees. The last century has witnessed the assimilation of many Western elements into Chinese life, but there are signs now that China and India have realized their great common heritage and will cooperate more closely in the future to study and enrich the cultural tradition of Asia.

The late Gurndeva Rabindranath Tagore was profoundly conscious of the spiritual affinities between China and India, and when he visited China in 1924 he advocated closer intellectual cooperation between the two countries. He founded Visva Bharati, the International University in Santiniketan, with the following objects in view:

"To study the Mind of Man in its realization of different aspects of truth from diverse points of view.

"To bring into more intimate relation with one another, through patient study and research, the different cultures of the East, on the basis of their underlying unity.

"To approach the West from the standpoint of such a unity of the life and thought of Asia."

In Visva Bharati was established a Chinese College to which Professor Tan Yun-shan was invited to teach in 1928. Part of the program of the college is to retranslate from Chinese the lost Sanskrit books about 5000 volumes in all.

In 1933 the Sino-Indian Cultural Society was founded in Nanking under the direction of Mr. Tai Chi-tao. Interest was stimulated by the visit of Jawaharlal Nehru in 1939, and by the return visit made by Generalissimo and Madame Chiang Kai-shek in 1941, on which occasion they donated ten sets of the Chinese Buddhist Tripitaka to Indian Universities. Ten graduates of the Central Political Institute have gone to India for post-graduate work at the invitation of the Government of India, while the Chinese Ministry of Education has invited several Indian students to come to China to study. Cultural cooperation between China and India has been further strengthened by the recent visit of the Chinese Educational and Cultural Mission to India.

Now that Calcutta has become, as it were, the back door of China, the Chinese people are growing increasingly conscious of being neighbors of India. It is too not much to hope that closer cooperation between these two great Asiatic civilizations may serve to safeguard Asia from the materialism which has stained the industrialization of the Western world.

(原载 *Quarterly Bulletin of Chinese Bibliography* (New Series) Vol. Ⅲ, Nos. 3-4)

国家图书馆出版社简介

国家图书馆出版社，原名书目文献出版社，1979 年成立。1996 年更名为北京图书馆出版社，2008 年改为现名。

本社是文化部主管、国家图书馆主办的中央级出版社。2009 年 8 月新闻出版总署首次经营性图书出版单位等级评估定为一级出版社，并授予“全国百佳图书出版单位”称号。

建社三十年来，通过与各图书馆密切合作，形成了两大专业出版特色：一是编辑出版图书馆学和信息管理科学著译作，出版各种书目索引等中文工具书；二是整理影印中文古籍等各种稀见历史文献。此外还编辑出版各种文史著作和传统文化普及读物。

本社设有社长总编办公室、财务部、历史文献影印编辑中心（下设文史编辑室、古籍影印编辑室、民国文献影印编辑室）、图书馆学情报学编辑室、中华再造善本编辑室、营销策划部、发行部、储运部等部门。